JavaServer Pages

D1617921

Informatik

Sandra Krüger, Helmut Balzert
HTML5, XHTML & CSS, 2. Auflage
Websites systematisch & barrierefrei entwickeln

Heide Balzert
Basiswissen Web-Programmierung,
2. Auflage
XHTML, CSS, JavaScript, XML, PHP, JSP, ASP.NET, Ajax

Heide Balzert, Uwe Klug, Anja Pampuch
Webdesign & Web-Usability, 2. Auflage
Basiswissen für Web-Entwickler

Helmut Balzert
Java: Der Einstieg in die Programmierung,
3. Auflage
Strukturiert & prozedural programmieren. Mit Einführung
in die Sprache C

Helmut Balzert
Java: Objektorientiert programmieren,
2. Auflage
Vom objektorientierten Analysemodell bis zum
objektorientierten Programm

Ergänzend zu diesen Bänden gibt es »Quick Reference Maps«
zum Nachschlagen und Wiederholen:
JSP, SQL, UML 2.

Zu diesen Bänden gibt es »E-Learning-Zertifikatskurse« unter
www.W3L.de.

Dieter Wißmann

JavaServer Pages

Dynamische Websites mit JSP
erstellen

3. Auflage

unter Mitwirkung von
Helmut Balzert

W3L-Verlag | Herdecke | Witten

Autor:
Prof. Dr. Dieter Wißmann
E-Mail: wissmann@hs-coburg.de

Bibliografische Information Der Deutschen Nationalbibliothek:
Die Deutsche Nationalbibliothek verzeichnet diese Publikation in der Deutschen
Nationalbibliografie. Detaillierte bibliografische Daten sind im Internet über
http://dnb.ddb.de/ abrufbar.

© 2012 W3L AG | Herdecke | Witten | ISBN 978–3–86834–038–9

1. Auflage: Juli 2003
2. Auflage: September 2009
3. Auflage: September 2012

Gesamtgestaltung: Prof. Dr. Heide Balzert, Herdecke

Herstellung: Miriam Platte, Nadine Schmidtke, Witten

Satz: Das Buch wurde aus der E-Learning-Plattform W3L automatisch generiert. Der
Satz erfolgte aus der Lucida, Lucida sans und Lucida casual.

Druck und Verarbeitung: CPI buchbücher.de gmbh, Birkach

Vorwort

Es freut mich, dass Sie sich für JSP *(JavaServer Pages)* interessieren und sich für dieses Buch entschieden haben. Die Beschäftigung mit JSP lohnt sich für jeden, der in die Welt der Web-Anwendungen eintauchen möchte, gleichgültig, ob er selbst Web-Anwendungen entwerfen und entwickeln will oder nur den Aufbau einer Programmiertechnik für Web-Anwendungen untersuchen und mit bekannten andern Programmiertechniken vergleichen möchte.

JSP wurde 1999 von der Firma Sun Microsystems erfunden und wird von der Firma Oracle, welche die Firma Sun Microsystems im Jahr 2010 übernommen hat, weiterentwickelt. Der Hintergrund für die Entstehung von JSP war, Web-Entwicklern, die keine oder wenig Java-Kenntnisse haben, die Erstellung von Web-Anwendungen zu ermöglichen. JSP sollte die Servlet-Technik, eine Java-basierte Technik von Sun Microsystems zur Programmierung von Web-Anwendungen, ergänzen. JSP fundiert zwar auch auf der Programmiersprache Java, kann allerdings zu großen Teilen ohne Java-Kenntnisse eingesetzt werden. Java kommt aber immer zur Laufzeit von JSP ins Spiel, d. h. der Webserver, der JSP verarbeitet, muss Java integrieren. JSP wird oft in Verbindung mit Servlets eingesetzt, weil dies in Entwicklungsteams eine Arbeitsteilung gemäß den Rollen Web-Designer und Web-Programmierer erlaubt. Der Web-Designer, der oft über wenig Java-Kenntnisse verfügt, arbeitet mit JSP und der Web-Programmierer setzt Servlets ein. Mit JSP lässt sich nämlich die Layoutstruktur einer Webseite sehr gut umsetzen und mit Servlets lässt sich besonders gut die anwendungsspezifische Logik einer Web-Anwendung programmieren. Der Einsatz von Servlets zur Umsetzung der anwendungsspezifischen Logik ist aber keinesfalls zwingend. Die Logik einer Anwendung lässt sich auch stets mit JSP alleine programmieren.

Motivation für JSP

JSP ist eine Technik zur Programmierung von Web-Anwendungen, die eine große Bandbreite an Teiltechniken bietet. Die Teiltechnik JSP-Skripting erlaubt Einsteigern schnell einfache, aber komplette Web-Anwendungen zu realisieren und damit sofort Erfolgserlebnisse zu verbuchen. Die Unterstützung von Konzepten wie Sitzungen und Cookies ist heute in jeder Programmiersprache für Web-Anwendungen selbstverständlich und ist auch in JSP vorhanden. Zusammen mit weiteren JSP-Techniken wie EL *(Expression Language)*, JSTL *(JavaServer Pages Tag Library)* und *Custom Tags* und der Verknüpfung mit Servlets erlaubt JSP die Realisierung von professionellen Web-Anwendungen, die höchsten Ansprüchen genügen.

JSP-Techniken

Praxisrelevanz   Mit JSP lassen sich »kleine« und auch »große« Web-Anwendungen programmieren. Mit »groß« ist dabei gemeint, dass diese Web-Anwendungen sowohl aus einer großen Menge von Webseiten mit umfangreicher Funktionalität bestehen als auch sehr vielen Benutzern gleichzeitig Zugriff gewähren müssen. In der Praxis werden JSP-Anwendungen, also mit JSP entwickelte Web-Anwendungen, häufig als Web-Frontend für Enterprise-Applikationen, die nach dem Java EE-Standard entwickelt sind, eingesetzt. Die Vielzahl von Ansätzen für Web-Architekturen für JSP- und Servlet-Anwendungen sowie die zahlreichen Frameworks, die auf JSP und Servlets basieren, zeigen die hohe Praxisrelevanz dieser Techniken.

Für wen?   Das vorliegende Buch ist als Lehr- und Arbeitsbuch konzipiert. Um als Einsteiger Nutzen aus dem Buch zu ziehen, müssen Sie Zeit zum Durcharbeiten der Kapitel und zur Lösung der Übungsaufgaben mitbringen. Das Buch eignet sich sowohl als Begleitbuch zu einer Lehrveranstaltung als auch zum Selbststudium. Sie sollten vor dem Beginn des Studiums des Buches Kenntnisse in HTML erlangt haben. Kenntnisse in XML und Java sind von Vorteil. Kenntnisse in CSS und JavaScript, beides weitverbreitete, clientseitige Webtechniken, sind nicht notwendig.

Stil der Wissens-
vermittlung   Der Ansatz der Wissensvermittlung ist, aus Beispielen zu lernen. In einem Schnelleinstieg werden die wichtigsten Konzepte und Programmieranweisungen von JSP an einem Beispiel, welches fortlaufend weiterentwickelt wird, demonstriert. Dadurch erhalten Sie schnell ein Gefühl für die Konzepte und die Programmierung mit JSP, ohne sich mit theoretischem Hintergrund belasten zu müssen. Anschließend werden alle im Schnelleinstieg demonstrierten sowie viele weitere Konzepte und Sprachmittel systematisch und detailliert behandelt. Zu den Konzepten wird der theoretische Hintergrund und zu den Sprachmitteln die Spezifikation erläutert. Dabei wird zusätzlich jeweils durch Beispiele der praktische Einsatz veranschaulicht. Als Zusammenfassung des Gelernten wird die komplexe Fallstudie Web-Anzeigenmarkt diskutiert.

Neue Didaktik   Um Ihnen das Lernen zu erleichtern, wurde für die W3L-Lehrbücher eine neue Didaktik entwickelt. Der Buchaufbau und die didaktischen Elemente sind auf der vorderen Buchinnenseite beschrieben.

Kostenloser
E-Learning-Kurs   Ergänzend zu diesem Buch gibt es den kostenlosen E-Learning-Kurs »Schnelleinstieg JSP«. Sie finden den Kurs auf der Website http://Akademie.W3L.de. Unter Startseite & Aktuelles finden Sie in der Box E-Learning-Kurs zum Buch den Link zum Registrieren. Nach der Registrierung und dem Einloggen geben Sie bitte die folgende Transaktionsnummer (TAN) ein: 3704516138.

Zusätzlich gibt es zu diesem Buch einen umfassenden, gleichnamigen Online-Kurs mit Mentor-/Tutorunterstützung, der zusätzlich zahlreiche interaktive Übungen, Tests und Aufgaben enthält, und der mit qualifizierten Zertifikaten abschließt. Sie finden ihn ebenfalls unter `http://Akademie.W3L.de`.

Kostenpflichtiger E-Learning-Kurs

Obwohl die Grundlagen zu JSP unverändert geblieben sind, entwickelt sich das Umfeld, ohne das JSP nicht auskommt, weiter. So sind die wesentlichen Änderungen in der 3. Auflage des Buchs der Bezug auf Servlet-Version 3.0, die zur aktuellen JSP Version 2.2 gehört, die Anpassung von Beispielcodes von XHTML 1.1 auf HTML 5, und die Aktualisierung von Namen. Darüber hinaus wurde die Fallstudie Web-Anzeigenmarkt etwas vereinfacht und es wurden, wie üblich, Fehler der 2. Auflage korrigiert.

Neu in der 3. Auflage

Ein Buch zu schreiben, braucht einen Anlass oder ein Angebot. Deshalb danke ich zu allererst Herrn Prof. Dr. Helmut Balzert für das Angebot, dieses Buch zu schreiben und damit sein Buch »JSP für Einsteiger« aus dem W3L-Verlag, Erscheinungsjahr 2003, abzulösen. Auch ergeht mein besonderer Dank nochmals an Herrn Prof. Dr. Helmut Balzert für seine Mitarbeit bei der Bucherstellung und für die kritische Prüfung der Inhalte, wodurch die Darstellung der Themen an Schärfe gewonnen hat. Des Weiteren geht mein herzlicher Dank an Frau Prof. Dr. Heide Balzert für die Begleitung der Bucherstellung als Lektorin. Ihre Verbesserungsvorschläge inhaltlicher und didaktischer Art haben wesentlich zur verständlichen Umsetzung des Lernstoffs beigetragen. Frau Dr.-Ing. Sandra Krüger gebührt mein aufrichtiger Dank für die intensive Prüfung des gesamten Manuskripts. Durch ihre Hinweise wurden viele versteckte Fehler und Inkonsistenzen vor dem Druck korrigiert. Die fachlichen Diskussionen mit ihr führten zu etlichen Klarstellungen. Auch bedanke ich mich bei ihr für die Durchführung von vielen redaktionellen Änderungen, die mich von dieser lästigen Arbeit entlasteten. Erwähnt sei auch, dass mein Sohn Thorsten erste Vorabversionen des Kapitels Schnelleinstieg durcharbeitete und mir dann als *Newbie* Rückmeldung gab, ob der Schnelleinstieg wirklich für Einsteiger verständlich ist. Auch hierfür sei Dank. *Last but not least* danke ich allen Mitarbeitern der W3L GmbH, die ich mit Fragen bezüglich der Bucherstellungswerkzeuge löcherte und die mir stets weiterhalfen.

Mein Dank

Jetzt wünsche ich Ihnen viel Freude und Erfolg beim Durcharbeiten des Buches und bei der Erstellung Ihrer eigenen Web-Anwendungen mit JSP.

An den Start

Ihr
Dieter Wißmann

Inhalt

1 Aufbau und Gliederung *

Die Technik JSP *(JavaServer Pages)* wird zur Programmierung von einfachen bis sehr komplexen Web-Anwendungen eingesetzt. Je nach Komplexitätsgrad der Web-Anwendung und den speziellen Anforderungen an diese werden nur ein Teil oder alle der JSP-Techniken genutzt. Genauso wie der Komplexitätsgrad der Web-Anwendung variiert, skaliert auch das JSP-Know-how des Web-Entwicklers, das er für die Realisierung benötigt. Dieser Tatsache wird im vorliegenden Buch Rechnung getragen, indem Ihnen zunächst einfache JSP-Techniken und danach komplexere JSP-Techniken vermittelt werden.

Im Gegensatz zum Arbeiten mit einer Programmiersprache werden bei einer Web-Anwendung mehrere Werkzeuge benötigt. Damit Sie von vornherein die Programmbeispiele nachvollziehen und erweitern können, sollten Sie als Nächstes die notwendigen Werkzeuge auf Ihrem Computersystem installieren und konfigurieren. Im kostenlosen E-Learning-Kurs zu diesem Buch finden Sie Installations- und Konfigurationsanleitungen für die Verwendung der Open-Source-Eclipse-Entwicklungsumgebung und des darin integrierten WTP-Pakets *(Web Tools Platform)*. Außerdem wird die Installation und Nutzung des Tomcat-Servers erklärt. Sie können natürlich auch andere Entwicklungsumgebungen und Werkzeuge nutzen. Zusätzlich wird die UML *(Unified Modeling Language)* benutzt, um Modelle zu erstellen und Zusammenhänge aufzuzeigen. Eine Einführung in einen kostenlosen UML-Editor finden Sie ebenfalls im Kurs.

Vorarbeiten

Den Quellcode der Programmbeispiele des Buches finden Sie an dieser Stelle im Online-Kurs.

Quellcode

Ziel des Schnelleinstiegs ist es, Ihnen ein intuitives Gefühl von der JSP-Technik und ihren Möglichkeiten zu vermitteln. Sie werden auf Anhieb nicht alles verstehen, aber Sie erhalten einen ersten Eindruck von JSP:

Schnelleinstieg

- ■ »Der Schnelleinstieg«, S. 5

Die Vertiefung der Konzepte erfolgt in den späteren Kapiteln.

Bevor auf die eigentlichen JSP-Konzepte im Detail eingegangen wird, werden die allgemeinen Grundlagen für Web-Anwendungen wie die prinzipielle Architektur einer Web-Anwendung und das HTTP-Protokoll erläutert. Diese Grundlagen gelten für jede Web-Anwendung, gleichgültig mit welcher Technik sie programmiert ist:

Grundlagen Web-Anwendungen

- ■ »Web-Anwendungen – Grundlagen«, S. 37

Grundlagen JSP Teil 1

In diesem Kapitel, werden die Grundlagen von JSP in Form der elementaren JSP-Techniken wie JSP-Skripting, JSP-Direktiven und Standardaktionen detailliert behandelt:

■ »JSP – Die Grundlagen 1«, S. 53

Servlets

Zum tieferen Verständnis von JSP ist es hilfreich, zu verstehen, wie JSP-Seiten im Webserver abgearbeitet werden. Dabei werden HTML-Dokumente, die auch JSP-Anweisungen enthalten, JSP-Seiten genannt. Bei der Abarbeitung einer JSP-Seite kommt eine weitere, auf Java basierende Technik, nämlich die Servlet-Technik, ins Spiel. Um diesen Teil des Buches zu verstehen, ist es nicht erforderlich, mit der Servlet-Technik vertraut zu sein. Zum Verständnis ist nur die Kenntnis eines kleinen Teils der Servlet-Technik notwendig, der hier auch eingeführt wird.

■ »Servlets: Basis von JSPs«, S. 93

Fehlersuche in JSP-Seiten

Die Fehlersuche in JSP-Seiten ist eine schwierige Angelegenheit, weil es verschiedene Kategorien von Fehlern wie Syntaxfehler im JSP-Quellcode, Fehler im Java-Quellcode, Laufzeit und Konfigurationsfehler gibt. Eine systematische Vorgehensweise zur Fehlersuche finden Sie in:

■ »Fehlersuche in JSP-Seiten«, S. 113

Grundlagen JSP Teil 2

In diesem Kapitel, werden die Grundlagen von JSP vertieft. Implizite Objekte, Kontexte als Gültigkeitsbereiche, der Aufbau der Verzeichnisstruktur einer JSP-Anwendung, d. h. einer mit JSP programmierten Web-Anwendung, und deren Konfiguration wird beschrieben in:

■ »JSP – Die Grundlagen 2«, S. 127

JavaBeans

JavaBean-Klassen sind spezielle Java-Klassen, die bei JSP fast immer eingesetzt werden. Hier lernen Sie die Kriterien kennen, damit eine Java-Klasse eine JavaBean-Klasse ist und wie JavaBean-Klassen in JSP verwendet werden.

■ »JavaBeans«, S. 169

Cookies in JSP

Was Cookies sind und wie diese in JSP-Seiten genutzt werden, lernen Sie in:

■ »Cookies in JSP verwenden«, S. 187

JSP-Sitzungen

In diesem Teil wird behandelt, was unter dem Konzept der Sitzungen zu verstehen ist und wie Sitzungen in JSP eingesetzt werden.

■ »JSP-Sitzungen«, S. 205

Lebensdauer & Nebenläufigkeit

In JSP-Anwendungen werden intern Objekte erzeugt, benutzt und wieder gelöscht. Objekte haben also eine Lebensdauer und einen Lebenszyklus. Eine genaue Kenntnis dieser Vorgänge ist notwendig, wenn komplexere Anwendungen erstellt werden sollen. Des Weiteren werden im Betrieb einer Web-Anwendung viele Benutzer gleichzeitig auf diese zugreifen. Dabei werden der Code und die Daten ein und desselben Objekts gleichzeitig benutzt. Diese, ohne kausalen Zusammenhang, parallele Benutzung heißt Nebenläufigkeit und kann zu besonderen Fehlersituationen führen, die bei der Realisierung der Web-Anwendung berücksichtigt werden müssen. Die Details dazu werden hier behandelt.

▨ »Lebenszyklen und Nebenläufigkeit«, S. 233

Bei komplexeren Web-Anwendungen ist darauf zu achten, dass ihre Realisierung arbeitsteilig, d. h. von mehreren Personen, vorgenommen werden kann. Außerdem entwickeln sich Web-Anwendungen über die Zeit von einer ersten Version zu weiteren Versionen mit zusätzlicher Funktionalität. Damit die Realisierung und Weiterentwicklung einer Web-Anwendung effizient möglich ist, braucht sie eine geeignete interne Strukturierung in Komponenten, d. h. eine gute Architektur. In diesem Teil der Darstellung werden gängige Architekturen vorgestellt und etablierte Entwurfsmuster für Architekturen behandelt.

Architekturen von Web-Anwendungen

▨ »Architektur von Web-Anwendungen«, S. 257

Nachdem alle grundlegenden Techniken von JSP genau besprochen sind, wird deren Verwendung in einer komplexeren Web-Anwendung WAM, nämlich einem Web-Anzeigenmarkt, demonstriert. Dabei werden auch Architekturmuster berücksichtigt.

Fallstudie WAM

▨ »Fallstudie: WAM (Web-Anzeigenmarkt)«, S. 281

Die historische Entwicklung von JSP in Form von JSP-Versionen und fortgeschrittenen Techniken von JSP werden hier behandelt. Die historische Entwicklung der Techniken wird mit Webservern und deren Versionen, welche die jeweilige JSP-Version unterstützen, in Verbindung gesetzt. Fortgeschrittene JSP-Techniken wie EL *(Expression Language)*, JSTL *(JavaServer Pages Standard Tag Library)* und *Custom Tags* werden im Sinne eines Schnelleinstiegs behandelt. Eine detaillierte Darstellung dieser Techniken würde den Rahmen dieses Einführungswerks bei Weitem sprengen.

JSP-Versionen & weitere JSP-Techniken

▨ »JSP-Versionen und weitere JSP-Techniken«, S. 391

Rund um die Techniken JSP und Servlets haben sich in der Praxis Ansätze gebildet, die verbunden mit JSP und Servlets eingesetzt werden. Diese Ansätze werden kurz gestreift.

Ausblick

▨ »Ausblick«, S. 437

2 Der Schnelleinstieg *

Dieser Überblick ist für Leser gedacht, die noch keine Vorkenntnisse in JSPs *(JavaServer Pages)* besitzen. Grundwissen zu HTML, wie es beispielsweise in dem W3L-Buch und -E-Learning-Kurs »HTML5, XHTML und CSS« vermittelt wird, ist allerdings erforderlich. Außerdem sollten Sie über Grundkenntnisse einer **objektorientierten Programmiersprache** – idealerweise **Java** – verfügen.

Was Sie wissen sollten

HTML, XHTML, CSS und **JavaScript** sind sogenannte **clientseitige Webtechniken**. Sie sind die Sprachen, mit denen die **Webseiten**, die der Webbrowser auf dem **Webclient** verarbeiten kann, programmiert sind (Abb. 2.0-1).

Clientseitige Techniken

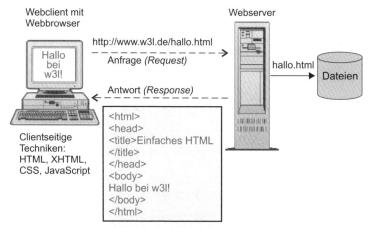

Abb. 2.0-1: Das Bild zeigt, wie die Anfrage eines Webbrowsers nach einer HTML-Datei abläuft. Der Webbrowser fordert die Datei hallo.html an. Der Webserver liest die Datei von seiner Festplatte und schickt den Dateiinhalt zum Webbrowser, der ihn dann interpretiert und anzeigt.

Eine Webseite, die mit HTML programmiert ist, wird **HTML-Dokument** genannt. Analog ist ein **XHTML-Dokument** eine Webseite, die mit XHTML erstellt ist. Der Begriff HTML-Dokument bzw. XHTML-Dokument wird auch benutzt, wenn neben HTML bzw. XHTML weitere, jedoch nur clientseitige Techniken wie CSS und JavaScript für die Programmierung der Webseite eingesetzt werden.

HTML- & XHTML-Dokument

Bei einer **Website** – die in der Regel aus einer Vielzahl von Webseiten besteht – lässt sich nicht alles clientseitig erledigen.

Serverseitige Techniken

Beispiele

○ Es muss bei einer Zugangsberechtigung der Name und das Passwort mit den Werten verglichen werden, die auf dem Webserver gespeichert sind (Abb. 2.0-2).

○ Bei einer Suchanfrage hängt die Antwortseite vom Suchbegriff ab, den der Benutzer im Webbrowser eingibt. Da es sehr viele Suchbegriffe gibt, kann nicht für jeden Suchbegriff eine fertige Antwortseite vorgehalten werden. Es kann die Antwortseite erst nach der Anfrage (d. h. zur Laufzeit) bei Kenntnis der Suchbegriffe vom Webserver generiert werden.

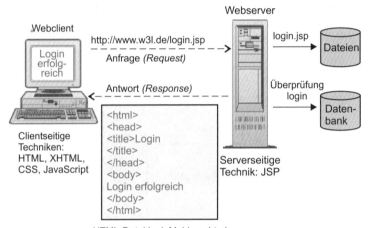

Abb. 2.0-2: Dieses Bild zeigt, wie ein Programm auf dem Webserver abgearbeitet wird. Der Webbrowser fordert die Datei login.jsp an. Der Webserver lädt die Datei von seiner Festplatte in seinen Arbeitsspeicher und führt das Programm aus, d. h. er überprüft die Login-Daten (Zugriff auf die gespeicherten Daten in einer Datenbank). Das Ergebnis der Überprüfung ist ein HTML-Dokument, das an den Webbrowser gesandt wird.

Web-
Anwendung

Die Beispiele zeigen, dass man Programme braucht, die erst nach einer Anfrage des Webbrowsers den Inhalt eines HTML-Dokuments auf dem **Webserver** berechnen. Ein solches Programm heißt **Web-Anwendung**. Zu ihrer Erstellung gibt es verschiedene **serverseitige Webtechniken**.

JSP & Java

Eine der wichtigsten serverseitigen Webtechniken sind **JSPs**. Diese beruhen bezüglich ihrer Implementierung auf der Programmiersprache Java und enthalten für manche Operationen Javabasierte Anweisungen.

JSP 2.1

Dieses Buch basiert auf der JSP-Version 2.1.

Voraussetzungen

Damit Sie selbst JSPs erstellen und verwenden können, sind folgende Voraussetzungen erforderlich:

- Sie benötigen einen **Texteditor**, um den Quellcode zu JSPs erstellen zu können.
- Komfortabler können Sie mit speziellen **Entwicklungsumgebungen** für JSP und Java arbeiten.
- Sie brauchen einen **JSP-Server**, der in der Lage ist, JSPs zu verarbeiten. Für die Beispiele in diesem Buch ist ein JSP-Server notwendig, der die JSP-Version 2.1 und die Servlet-Version 2.5 oder neuere Versionen unterstützt.
- Sie benötigen ein JDK *(Java Development Kit)*, z. B. von Oracle, welches zu Ihrem JSP-Server bezüglich der Version passt.

Im kostenlosen E-Learning-Kurs zu diesem Buch finden Sie Installationsanleitungen und Bedienungshinweise für geeignete Entwicklungsumgebungen.

Bevor Sie weiter lesen, sollten Sie alle notwendigen Programme installieren und die Beispielprogramme auf Ihr Computersystem herunterladen. Im kostenlosen E-Learning-Kurs zu diesem Buch finden Sie die Programmbeispiele in diesem Kapitel zum Herunterladen. Programm-beispiele

Wenn Sie diese – zugegeben lästigen Arbeiten zur Installation abgeschlossen haben, können Sie endlich loslegen.

Die Arbeit mit mehreren Werkzeugen erschwert die effektive Entwicklungsarbeit und erhöht die Fehleranfälligkeit der Entwicklung. Diszipliniertes und sorgfältiges Arbeiten ist daher unumgänglich. Disziplin & Sorgfalt

In diesem intuitiven Schnelleinstieg werden zunächst wichtige Grundkonzepte von JSPs vermittelt. Es wird mit einem einfachen Beispiel gestartet, das während des Schnelleinstiegs fortlaufend weiterentwickelt wird:

- »JSP – Erste Begriffe und Konzepte«, S. 8
- »JSP-Skriptelemente«, S. 14
- »JSP – Einfache Formularverarbeitung«, S. 20
- »Informationen in der Web-Anwendung merken«, S. 24
- »Strukturierung mit JavaBeans«, S. 29

2.1   JSP – Erste Begriffe und Konzepte *

Eine JSP-Seite ist ein HTML-Dokument, in das JSP-Anweisungen eingestreut sind. Die Standardsyntax von JSP-Anweisungen ist `<% JSP-Anweisung %>`. JSP-Seiten werden auf einem JSP-Webserver verarbeitet. Als Ergebnis der Verarbeitung entsteht ein Dokument ohne JSP-Anweisungen. Dies ist in der Regel ein HTML-Dokument. JSP-Seiten werden mit weiteren Dateien wie HTML-Dokumenten, Bilddateien etc. zu einer Web-Anwendung zusammengefasst. Damit eine JSP-Seite angesprochen werden kann, muss sie im Rahmen einer Web-Anwendung beim Webserver installiert sein.

Die Grundidee

JSP-Anweisung

Die JSP-Technik enthält im Kern eine Programmiersprache, die viele Sprachkonstrukte, genannt **JSP-Anweisungen**, enthält. Die JSP-Anweisungen sind in verschiedene Kategorien mit eigenen Namen eingeteilt, auf die noch eingegangen wird.

JSP-Seite

Eine **JSP-Seite** ist ein HTML-Dokument, in das JSP-Anweisungen eingestreut sind. JSP-Seiten werden auf einem Webserver, der die JSP-Technik versteht, verarbeitet. Der Einfachheit halber kann man sich den Ablauf zur Anfragezeit folgendermaßen vorstellen:

Berechnung zur Anfragezeit

Zur **Anfragezeit** (Zeit während der Verarbeitung einer HTTP-Request-Nachricht) werden die JSP-Anweisungen in einer JSP-Seite gesucht und ausgeführt. Durch die Ausführung entstehen Teilergebnisse, die statt der JSP-Anweisungen in die JSP-Seite eingefügt werden. Die JSP-Anweisungen werden also durch die Teilergebnisse ersetzt.

Ergebnis einer JSP-Seite

Das Verarbeitungsergebnis einer JSP-Seite ist der Inhalt der JSP-Seite nach allen Ersetzungen. Das Verarbeitungsergebnis wird **Ergebnis der JSP-Seite** oder kurz Ergebnisdokument genannt.

Schablonentext

Die Teile einer JSP-Seite, die keine JSP-Anweisungen sind, also die HTML-Elemente, werden einfach in das Ergebnis übernommen. Diese Teile werden als **Schablonentext** bezeichnet.

Antwort: reines HTML

Nach der Verarbeitung entstehen dann HTML-Dokumente (ohne jegliche JSP-Anweisungen), die als Antwort vom Webserver an den Webclient zurückgesendet werden.

JSP-Server

Ein Webserver, der JSP versteht, heißt **JSP-Server**. Die Komponente des Webservers, die JSP verarbeitet, wird **JSP-Engine** genannt.

Dateiendung .jsp

Eine **JSP-Datei** ist eine Datei, in der eine JSP-Seite abgelegt ist. JSP-Dateien haben per Konvention die Dateinamensendung `.jsp`.

Im vorliegenden Buch wird HTML 5 gemeint, wenn von HTML gesprochen wird. JSP funktioniert auch mit Webseiten, die nach dem Standard HTML 4 oder dem Standard XHTML 1.1 geschrieben sind. Das für HTML 5-Dokumente Gesagte gilt für die Dokumente, die nach diesen anderen Standards aufgebaut sind, in analoger Weise.

HTML – Standards & JSP

In der Literatur sind gelegentlich auch die Begriffe HTML-Seite bzw. XHTML-Seite zu finden. Diese Begriffe sind Synonyme für HTML-Dokument bzw. XHTML-Dokument. Im Zusammenhang mit JSP werden auch die Begriffe JSP-Seite und JSP-Dokument verwendet. Bei JSP haben diese Begriffe jedoch geringfügig unterschiedliche Bedeutung.

Hinweis

»Hallo Welt«-Beispiel

Im einfachsten Fall besteht eine Webseite aus statisch vorgegebenem Inhalt. Als Einstieg soll eine Seite betrachtet werden, die außer statisch vorgegebenem Inhalt auch noch eine JSP-Anweisung enthält.

```
1  <!DOCTYPE HTML>
2  <html>
3  <head><title>Hallo Welt</title></head>
4  <body>
5  <h1>Hallo Welt!</h1>
6  <jsp:include page="hallowelt-modul.jsp" />
7  <p>
8  <a href="index.htm">Zur Indexdatei</a>
9  </p></body></html>
```

Beispiel 1a
hallowelt.jsp

Das Beispiel 1a zeigt den Inhalt einer JSP-Datei hallowelt.jsp. Wie Sie sehen, besteht der Inhalt aus HTML-Code, in den in der 6. Zeile eine JSP-Anweisung eingestreut ist. Diese JSP-Anweisung legt fest, dass die Datei hallowelt-modul.jsp eingebettet wird. Was das bedeutet, wird später erklärt. Die eingebettete Datei hat folgenden Inhalt:

```
1  <p>Heute ist der <%= new java.util.Date() %>.</p>
```

hallowelt-modul.jsp

Wie Sie sehen, besteht hallowelt-modul.jsp aus einem HTML-Element und eine JSP-Anweisungen. Der Inhalt der Datei ist kein vollständiges HTML-Dokument. Die Aufteilung des Quellcodes des »Hallo Welt«-Beispiels auf zwei JSP-Dateien erfolgte nur, um eine erste JSP-Anweisung zur Strukturierung von JSP-Seiten demonstrieren zu können und wäre sonst nicht notwendig gewesen.

Bei Abruf der JSP-Seite hallowelt.jsp vom Webserver entsteht das in der Abb. 2.1-1 gezeigte Erscheinungsbild im Webbrowser.

Abb. 2.1-1: Erscheinungsbild der JSP-Seite hallowelt.jsp im Webbrowser.

Hinweis

Bei diesem Beispiel wurde der Vollständigkeit halber auch der **Dokumententyp** angegeben. Zur besseren Lesbarkeit wird diese Information bei der Darstellung weiterer Beispiele im Text weggelassen. In den Quellcode-Dateien sollten diese Information stets vorhanden sein.

Groß- & Kleinschreibung

Bei den Dateinamen müssen Sie auf Groß- und Kleinschreibung achten, da ein JSP-Server dies unterscheidet.

Deployment

Zum Ausprobieren müssen Sie die Quellcodes von `hallowelt.jsp` und von `hallowelt-modul.jsp` jeweils in einer Textdatei erfassen und dann bei einem Webserver, der JSP unterstützt, also ein JSP-Server ist, produktiv stellen. Das Produktivstellen wird **Deployment** genannt und bedeutet, dass eine Web-Anwendung beim Webserver bekannt gemacht und installiert wird. Welche Vorgehensweise dazu notwendig ist, ist vom Webserver abhängig.

Wie das *Deployment* einer Web-Anwendung beim Webserver Tomcat erfolgt, wird im kostenlosen E-Learning-Kurs zum Buch beschrieben.

JSP-Anwendung

Allen JSP-Servern ist gemeinsam, dass JSP-Seiten beim *Deployment* nicht isoliert betrachtet, sondern zu Gruppen zusammengefasst werden. Die zu einer Gruppe zusammengefassten JSP-Seiten zusammen mit ihren Hilfsdateien definieren eine **JSP-Anwendung**. Die Bündelung von JSP-Seiten zu einer JSP-Anwendung sollte sinnvollerweise so erfolgen, dass mit der entstehenden JSP-Anwendung genau die Funktionalität einer Anwendung aus Sicht eines Webclients erzielt wird.

Web-Anwendung

Die Gruppierung von Webseiten, die Programmcode enthalten, der im Webserver ausgeführt wird, und statischen Webseiten zu funktional sinnvollen Anwendungen gibt es praktisch für alle serverseitigen Ansätze der Web-Programmierung. Diese Gruppierung wird **Web-Anwendung** genannt. JSP-Anwendungen sind in diesem Sinne also spezielle Web-Anwendungen.

Wenn der Zusammenhang klar ist und keine Betonung auf JSP gelegt werden soll, wird der Begriff Web-Anwendung auch benutzt, wenn es sich genauer gesprochen um eine JSP-Anwendung handelt.

Hinweis

Die JSP-Seiten einer JSP-Anwendung können untereinander Informationen austauschen und sich gegenseitig benutzen. Sie können auch auf gemeinsame Daten zugreifen und werden einheitlich initialisiert. Dadurch können sie gemeinsam die Funktionalität einer Anwendung erbringen. Die Möglichkeiten, die sich dadurch eröffnen, werden Sie noch kennenlernen.

Charakteristika

Doch nun zurück zum Beispiel 1a. In der jetzigen Form ist das Beispiel eine Web-Anwendung, die aus zwei JSP-Seiten besteht: Einer Hauptseite `hallowelt.jsp` und einer inkludierten Seite `hallowelt-modul.jsp`. Der Beispielcode funktioniert folgendermaßen:

Beispiel 1a Erklärung

Bei Eintreffen einer HTTP-Request-Nachricht nach der JSP-Seite `hallowelt.jsp` lädt der Webserver die JSP-Datei, analysiert und verarbeitet diese, um ein Ergebnis zu erzeugen, das als Inhalt in der HTTP-Response-Nachricht zurückgeliefert wird. Dabei werden alle HTML-Anweisungen unverändert in das Ergebnis übernommen. Die JSP-Anweisungen werden bei der Verarbeitung durch den Text ersetzt, den sie erzeugen. Der erzeugte Text wird anstatt der JSP-Anweisungen in das Ergebnis übernommen.

Im Beispiel 1a werden also die Teile `<html>`, `<head>`, `<title>` `<body>`, `<h1>`, `<p>` und der **Hyperlink** `<a>` in das Ergebnis übernommen. Sie gehören zum Schablonentext.

Die JSP-Anweisung
`<jsp:include page="hallowelt-modul.jsp" />`
in der 6. Zeile zählt zur Anweisungskategorie **Standardaktion** und bewirkt, dass an dieser Stelle die Datei `hallowelt-modul.jsp` inkludiert wird. Dabei bedeutet Inkludieren, dass das Verarbeitungsergebnis der JSP-Datei `hallowelt-modul.jsp` ins Ergebnis von `hallowelt.jsp` eingefügt wird. Besteht eine eingefügte Datei nur aus Schablonentext, dann ist das Verarbeitungsergebnis wieder der Schablonentext selbst, der dann eingefügt wird. Enthält die eingefügte Datei JSP-Anweisungen, so werden diese verarbeitet und das so erstellte Verarbeitungsergebnis eingefügt.

Standardaktion

Mit Hilfe der JSP-Standardaktion `include` können also andere JSP-Seiten zur Laufzeit gestartet und deren Ergebnisse in die aufrufende Datei eingefügt werden. Anschließend wird die ursprüngliche Datei weiter ausgeführt. Die Abb. 2.1-2 veranschaulicht nochmals das Prinzip.

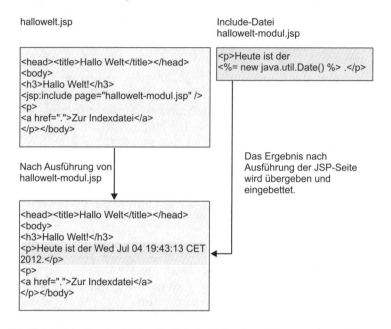

Abb. 2.1-2: Die Standardaktion include bewirkt, dass die angegebene JSP-Seite ausgeführt und das Ergebnis in das Ergebnis der ursprünglichen JSP-Seite eingefügt wird.

JSP-Anweisungen

Im Vorgriff sei an dieser Stelle erwähnt, dass es folgende Kategorien von JSP-Anweisungen gibt:

- Standardaktionen
- Skriptelemente
- Direktiven
- Kommentare
- *Custom Tags*
- *Expression Language*

Syntax

Für JSP-Anweisungen gibt es zwei Syntaxnotationen:

- Die XML-Syntax, die der Sprache XML entspricht, und
- die **JSP-Standardsyntax**, die ursprünglich für JSP verwendet wurde.

Die im Beispiel 1a, Zeile 6, angegebene Anweisung entspricht der XML-Syntax:

```
<jsp:include page="hallowelt-modul.jsp" />
```

Die Anweisung ist in die Markierungen *(Tags)* < und /> eingeschlossen. Hinter der Anfangsmarkierung < steht der Namensraum gefolgt von einem Doppelpunkt und dem Elementnamen der Anweisung, hier jsp:include. Anschließend folgt ein Attribut, gekennzeichnet durch einen Attributnamen, hier page und dem Attributwert in Anführungszeichen, hier "hallowelt-modul.jsp".

Meistens wird jedoch heute noch JSP-Standardsyntax die für JSP-Anweisungen benutzt:

```
<% JSP-Anweisung %>
```

Als Anfangsmarkierung einer JSP-Anweisung werden die Zeichen <% und als Endmarkierung die Zeichen %> verwendet. Ein Beispiel dafür ist die Anweisung

```
<% out.println("Hallo Welt"); %>
```

Eingefügte Dateien könnten, was den JSP-Verarbeitungsmechanismus angeht, zwar auch vollständige HTML-Dateien sein, man erhält aber meist *nicht* das gewünschte Ergebnis.

Vollständig oder Fragment?

> Würde statt der Datei hallowelt-modul.jsp die vollständige HTML-Datei hallowelt-volldok.jsp (siehe unten) inkludiert, so würde scheinbar, wenn man das Erscheinungsbild im Browser betrachtet, das gleiche Ergebnis entstehen.
>
> Beispiel 1b
>
> ```
> 1  <html>
> 2  <head><title>Hallo Welt - Erg&auml;nzung</title></head>
> 3  <body>
> 4  <p>Heute ist der <%= new java.util.Date() %>.</p>
> 5  </body>
> 6  </html>
> ```
>
> hallowelt-volldok.jsp
>
> Ein Blick hinter die Kulissen in den Seitenquelltext im Browser würde jedoch zeigen, dass als Ergebnis kein korrektes HTML-Dokument entstanden ist. Der Schablonentext der Datei hallowelt-volldok.jsp, der auch ein html-Element, ein head-Element, und ein body-Element enthält, würde natürlich auch unverändert in das Ergebnis übernommen, was zu mehreren html-Elementen, head-Elementen und body-Elementen im Ergebnis führen würde.

Führen Sie für die Dateien hallowelt.jsp und hallowelt-modul.jsp das *Deployment* auf Ihrem JSP-Server durch. Rufen Sie die Datei hallowelt.jsp dann in einem Browser von Ihrem JSP-Server ab. Sehen Sie sich das Erscheinungsbild im Browser und den Quellcode der Seite im Browser an.

Kopieren Sie anschließend die beiden Dateien hallowelt.jsp und hallowelt-modul.jsp. Ergänzen Sie die Datei hallowelt-modul.jsp zu einem vollständigen HTML-Dokument hallowelt-volldok.jsp. Binden Sie nun diese vollständige HTML-Datei in die Kopie von hallowelt.jsp ein. Vergleichen Sie jetzt das Erscheinungsbild von hallowelt.jsp und Ihrer Kopie im Browser und untersuchen Sie Unterschiede im jeweiligen Quellcode im Browser.

Modularisierung & Wiederverwendung

Das Beispiel 1a zeigt schon, wie JSP die Modularisierung von Webseiteninhalten und deren Wiederverwendung durch die Standardaktion <jsp:include/> unterstützt.

Dynamik

Typischerweise werden serverseitige Techniken aber gebraucht, um auf Anfragen dynamisch Ergebnisse zu berechnen, weil diese von der Anfrage abhängen. Die Hauptstärke von JSP liegt auch gerade in diesem Bereich von Aufgabenstellungen, wie die Beispiele in den weiteren Kapiteln zeigen.

2.2   JSP-Skriptelemente *

JSP-Skriptelemente erlauben es, Java-Code in JSP-Seiten zu integrieren (JSP-Skripting). Der Haupteinsatz von JSP-Skripting ist die dynamische Berechnung von Ergebnisbeiträgen zur Anfragezeit. Außerdem kann der Kontrollfluss einer Web-Anwendung mit JSP-Skripting gesteuert werden. Spezielle JSP-Skriptelemente dienen zur Ausgabe von Java-Objektwerten in das Ergebnis der JSP-Seite.

JSP-Skriptelemente ermöglichen es, Codefragmente, die in der Programmiersprache Java geschrieben sind, in JSP-Seiten einzubetten. Zur Anfragezeit wird der Java-Code bei der Verarbeitung der JSP-Seite ausgeführt. Der Einsatz von Java-Code in JSP-Seiten wird **JSP-Skripting** genannt. Typische Aufgaben, die mit JSP-Skripting erledigt werden, sind:

Einsatzgebiete JSP-Skripting

- Erzeugung von Ergebnisbeiträgen, die berechnet werden müssen, weil sie von der Anfrage abhängen.
- Steuerung des Kontrollflusses durch eine Web-Anwendung in Abhängigkeit des aktuellen Zustandes.
- Ansprechen von Schnittstellen von Systemen wie Datenbanken oder Java-Hilfsklassen.

JSP-Skriptelemente

Es gibt folgende Arten von **JSP-Skriptelementen**:

- JSP-Deklarationen
- JSP-Skriptlets
- JSP-Ausdrücke
- JSP-Kommentare

Java-Klasse zur JSP-Seite

Im Kontext der JSP-Technik ist es wichtig zu wissen, dass aus jeder JSP-Seite eine spezielle Java-Klasse – genannt **JSP-Klasse** – generiert wird, zu der automatisch genau *ein* Objekt erzeugt wird. Zur Laufzeit wird dann der Java-Byte-Code des Objekts ausgeführt und dadurch ein Ergebnis für die JSP-Seite berechnet. Das Ergebnis der JSP-Seite ist ein HTML-Dokument (Abb. 2.2-1).

JSP-Deklarationen

Eine **JSP-Deklaration** hat die Syntax:

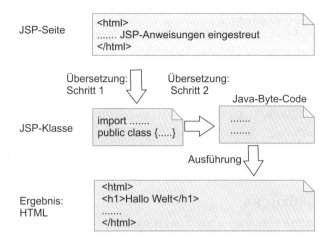

Abb. 2.2-1: Eine JSP-Seite wird in eine Java-Klasse übersetzt, die zur Laufzeit ausgeführt wird.

```
<%! Attribut- oder Methodendeklaration %>
```
Syntax

```
<%! int anzahlZugriffe; %>
<%! int getZugriffe() {return anzahlZugriffe;} %>
```
Beispiel

Eine JSP-Deklaration dient zum Hinzufügen von Attributen oder Methoden zu der aus der JSP-Seite generierten Java-Klasse. Der Text zwischen der Anfangsbegrenzung <%! und der Endbegrenzung %> muss *korrekter* Java-Code sein. Das Einfügen einer Deklaration bewirkt also nicht das Ausführen von Code während der Verarbeitung einer JSP-Seite, sondern stellt nur Attribute und Methoden zur Verfügung, die für JSP-Skripting verwendet werden können.

JSP-Skriptlet

Aus einer JSP-Seite wird automatisch eine JSP-Klasse erzeugt (Abb. 2.2-1). Diese automatisch erzeugte Klasse erhält immer eine Methode _jspService(). In diese Methode werden die JSP-Anweisungen der JSP-Seite platziert und zwar in der Reihenfolge, in der sie in der JSP-Seite stehen.

JSP-Skriptlets ermöglichen es, in der automatisch erzeugten Methode _jspService() Java-Anweisungen einzufügen. Die Syntax eines JSP-Skriptlets sieht wie folgt aus:

Java-Codefragmente

```
<% Java-Anweisungscodefragment %>
```
Syntax

```
<% Date aktuellesDatum = new Date(); %>
```
Beispiel

Der Java-Anweisungscode eines einzelnen JSP-Skriptlets *muss kein* korrekter Java-Code sein. Allerdings müssen alle JSP-Skriptlets zusammen mit den sonstigen Inhalten einer JSP-Seite beim Generieren korrekten Java-Code ergeben. In JSP-Skriptlets können Sie alle Java-Sprachelemente benutzen. Insbesondere können Sie in JSP-Skriptlets auf die Attribute und Methoden zugreifen, die Sie mit JSP-Deklarationen innerhalb einer JSP-Seite definiert haben.

Hinweis   JSP-Skriptlets werden meist kurz als Skriptlets bezeichnet.

JSP-Ausdrücke

Zur Ausgabe von Werten in das Ergebnis einer JSP-Seite verwenden Sie **JSP-Ausdrücke**. Die Syntax von JSP-Ausdrücken lautet:

Syntax   `<%= Java-AusdruckOhneSemikolon %>`

Beispiel
```
<%= getZugriffe() %>
```

JSP-Ausdrücke werden in Methodenaufrufe übersetzt, die in `_jspService()` ausgeführt werden. Der Term `AusdruckOhneSemikolon` wird dabei als Parameter an die gerufene Methode übergeben. Deshalb muss das sonst notwendige, abschließende Semikolon bei `AusdruckOhneSemikolon` fehlen. Sie können als `AusdruckOhne Semikolon` alle Java-Terme verwenden. Das Ergebnis der Termberechnung wird in einen String konvertiert und in das Ergebnis der JSP-Seite eingefügt.

JSP-Kommentare

Ein **JSP-Kommentar** besitzt in JSP-Seiten die Syntax:

Syntax   `<%-- Kommentartext --%>`

Beispiel
```
<%-- Dies ist ein JSP-Kommentar --%>
```

JSP-Kommentare werden bei der Verarbeitung der JSP-Seite durch die JSP-Engine entfernt, d. h. sie sind nicht Bestandteil des Verarbeitungsergebnisses einer JSP-Seite und werden *nicht* zum Browser übertragen.

Beispiele

Skriptlet &   Das erste Beispiel einer JSP-Seite mit JSP-Skriptelementen ver-
Ausdruck   wendet JSP-Skriptlets und JSP-Ausdrücke.

Beispiel 1
datumzeit.jsp   Es sollen die aktuelle Zeit und das aktuelle Datum in das Ergebnis der JSP-Seite eingetragen werden.

```
1  <html>
2  <head><title>Demonstration von Scripting</title></head>
3  <body>
4  <h3>Hallo Welt!</h3>
5  <% java.util.Date d = new java.util.Date(); %>
6  <p>Heute ist der <%= d %>.</p>
7  </body></html>
```

Im JSP-Skriptlet wird in der Zeile 5 die lokale Variable d definiert, die ein neu erzeugtes Date-Objekt referenziert. Die lokale Variable d steht in allen nachfolgenden JSP-Ausdrücken
der JSP-Seite zur Verfügung. In der Zeile 6 wird die Variable d
im Ausdruck <%= d %> verwendet. Dabei wird das über d refe-
renzierte Objekt mit seiner toString()-Methode implizit in eine
Zeichenkette gewandelt, die ins Ergebnisdokument eingefügt
wird.

Das zur Anfragezeit erzeugte Ergebnisdokument, d.h. der
Quelltext, der zum Browser übertragen wird, sieht wie folgt
aus:

```
1  <html>
2  <head><title>Demonstration von Skripting</title></head>
3  <body>
4  <h3>Hallo Welt!</h3>
5  <p>Heute ist der Thu Feb 19 15:46:20 CEST 2009.</p>
6  </body></html>
```

Ergebnis
datumzeit.jsp

In diesem Beispiel ist es alternativ möglich, die gleiche Ausgabe alleine mit einem Ausdruck zu erzeugen:

Hinweis

`Heute ist der <%= new java.util.Date() %>`

Dieser Ausdruck würde auch das Datum und Uhrzeit in das
Ergebnis der JSP-Seite einfügen.

Das nächste Beispiel verwendet zusätzlich JSP-Deklarationen. Es
wird dem Benutzer die Anfragezeit, wie beim Beispiel 1, und die
Zeit des letzten Aufrufs im Ergebnis angezeigt.

JSP-Deklaration

```
1   <%@ page import="java.util.Date" %>
2   <html>
3   <head><title>Demonstration von Skripting 2</title></head>
4   <body>
5   <h3>Hallo Welt!</h3>
6   <%! Date letztes; %>
7   <% Date aktuell = new Date();%>
8   <p>Heute ist der <%= aktuell %>.<br/>
9   Der letzte Aufruf erfolgte am <%= letztes %>.</p>
10  <%-- Umsetzen von letztes auf den aktuellen Zeitwert --%>
11  <% letztes = aktuell; %>
12  </body></html>
```

Beispiel 2
datumzeit2.jsp

Die JSP-Deklaration <%! Date letztes; %> in Zeile 6 definiert in
der Java-Klasse, die zu der JSP-Seite erzeugt wird, eine neue
Objektvariable letztes. Sie gehört zur generierten Klasse und

Objektvariablen
versus lokale
Variablen

nicht zur Methode _jspService() der generierten Klasse. Die Objektvariable letztes benutzen Sie dann im zweiten JSP-Ausdruck (Zeile 9) genauso wie die lokale Variable aktuell im ersten JSP-Ausdruck (Zeile 8). Im letzten JSP-Skriptlet (Zeile 11) wird dann der Wert der lokalen Variablen aktuell in die Objektvariable letztes übertragen, damit der Wert beim nächsten Aufruf einer Methode des Objektes, insbesondere bei der nächsten Anfrage nach der JSP-Seite, wieder zur Verfügung steht (Abb. 2.2-2).

JSP-Seite: datumzeit2.jsp   JSP-Klasse

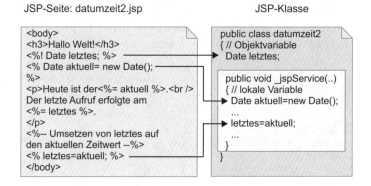

Abb. 2.2-2: Abbildung von JSP-Deklarationen und Skriptlets auf eine JSP-Klasse.

Java-import

Durch die JSP-Anweisung <%@ page import="java.util.Date" %> (Zeile 1) wird die Klasse Date als im **Java-Paket** java.util vorhanden bekannt gemacht. Deshalb kann im JSP-Skriptlet die Paket-Angabe entfallen. Die JSP-Anweisung <%@ page import ="java.util.Date" %> zählt zur Anweisungskategorie **Direktiven**.

Das zur Anfragezeit erzeugte Ergebnisdokument, d. h. der Quelltext, der zum Browser übertragen wird, sieht wie folgt aus:

Ergebnis
datumzeit2.jsp

```
1  <html>
2  <head><title>Demonstration von Scripting 2</title></head>
3  <body>
4  <h3>Hallo Welt!</h3>
5  <p>Heute ist der Thu Feb 19 16:00:35 CEST 2009.<br/>
6  Der letzte Aufruf erfolgte am Thu Feb 19 15:57:20 CEST 2009.
7  </p>
8  </body></html>
```

Mehrere
Skriptlets

Das dritte Beispiel zeigt JSP-Skriptlets, die jeweils für sich genommen *keinen* korrekten Java-Code darstellen. Erst durch das Zusammenfügen der Skriptlets entsteht korrekter, übersetzbarer Java-Code.

```
1  <%@ page import="java.util.Date" %>
2  <html>
3  <head><title>Demonstration von JSP-Skripting 3</title>
4  </head>
5  <body>
6  <h3>Hallo Welt!</h3>
7  <% Date aktuell= new Date();%>
8  <p>Heute ist der <%= aktuell %>.<br />
9  <%-- Skriptlet 1 --%>
10 <% String aktuellStr=aktuell.toString();
11   String teilStr=aktuellStr.substring(0,3);
12   if (aktuellStr.charAt(0)=='S')
13   {
14 %>
15   Es ist Wochenende (<%= teilStr %>)
16 <%-- Skriptlet 2 --%>
17 <%
18   } else
19   {
20 %>
21     Es ist unter der Woche (<%= teilStr %>)
22 <%-- Skriptlet 3 --%>
23 <%
24   }
25 %>
26 </p></body></html>
```

Beispiel 3
datumzeit3.jsp

Das Grundprinzip der Ausgabe mit JSP-Ausdrücken haben Sie bei den ersten beiden Beispielen kennengelernt. Deshalb werden hier nur die JSP-Skriptlets betrachtet, welche die Java-if-else-Anweisung enthalten. Sie sehen, dass diese Java-Anweisung über drei Skriptlets verstreut ist. Zwischen den JSP-Skriptlets finden Sie neben statischem Schablonentext sogar JSP-Ausdrücke. Insgesamt müssen Sie die JSP-Seite so schreiben, dass die daraus erzeugte Java-Klasse korrekten Java-Code ergibt.

Der Vollständigkeit halber sehen Sie nachfolgend das Ergebnisdokument dieses Beispiels, d. h. den Quelltext, der zum Browser gesendet wird:

```
1  <html>
2  <head><title>Demonstration von Scripting 3</title></head>
3  <body>
4  <h3>Hallo Welt!</h3>
5  <p>Heute ist der Thu Feb 19 16:40:01 CEST 2009.<br>
6  Es ist unter der Woche (Fri)
7  </p></body></html>
```

Ergebnis
Beispiel
datumzeit3.jsp

An den Beispielen, insbesondere dem letzten Beispiel, merken Sie, dass Sie für die Verwendung von JSP-Skriptelementen die Programmiersprache Java gut kennen sollten und wissen müssen, welcher Java-Code aus einer JSP-Seite generiert wird.

2.3   JSP – Einfache Formularverarbeitung *

Formularparameter, die mit einer Anfrage an den Server gesendet werden, können in JSP-Skriptelementen verarbeitet werden. Der Zugang zu den Formularparametern erfolgt über das implizite Objekt request, welches in Skriptlets und JSP-Ausdrücken automatisch zur Verfügung steht.

JSP ist vor allem für die dynamische Erzeugung von Ergebnissen gedacht, wenn die Ergebnisse von den Anfragen *(Request)* abhängen. Ein Ergebnis hängt von einer Anfrage ab, wenn mit der Anfrage Parameter, genannt **Request-Parameter**, gesendet werden. Dabei ist der häufigste Fall der, dass mit der Anfrage Parameterwerte aus **Formularfeldern** gesendet werden, die der Benutzer eingegeben hat. Diese Request-Parameter heißen **Formularparameter**.

Beispiel 1a
gruesse.jsp

Im diesem Beispiel wird demonstriert, wie Formularparameter mit JSP-Skriptelementen verarbeitet werden können.

```
<body>
<%-- *1* --%>
<h3>Hallo Welt!</h3>
<h4>Geben Sie Ihren Namen und Ihre Gru&szlig;worte ein,
um die Welt über diese JSP-Seite zu grüßen.</h4>
<form method="post" action="">
<table>
<tr><td style="text-align:right">Name</td>
<td><input type="text" name="benutzer" size="40" /></td>
</tr>
<tr><td style="text-align:right">Gru&szlig;worte</td>
<td><input type="text" name="gruesse" size="80" /></td>
</tr>
<tr><td><input type="submit" value="Absenden" /></td>
<td><input type="reset" value="Rücksetzen" /></td>
</tr>
</table>
</form>
<%-- *2* --%>
<%-- Auswertung der Request-Parameter --%>
<% String benutzer = request.getParameter("benutzer");
   String gruesse= request.getParameter("gruesse");
   if (benutzer !=null && gruesse!=null &&
     !benutzer.equals("") && !gruesse.equals(""))
     {
%>
    <jsp:include page="gruesse-modul1.jsp" />
<% } else
     {
%>
    <p>Information: Erster Aufruf dieser Seite oder
       Aufruf ohne Parameter in der aktuellen Sitzung.</p>
<% }
```

```
%>
</body>
```

Beim Aufruf der JSP-Seite erhält man das Erscheinungsbild im Webbrowser, das Sie in der Abb. 2.3-1 sehen.

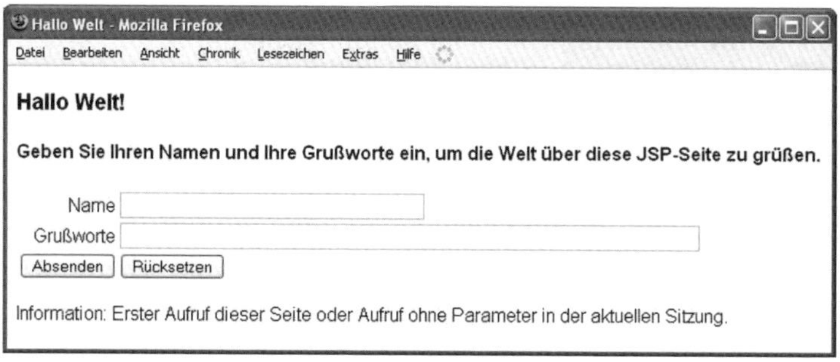

Hallo Welt - Mozilla Firefox
Datei Bearbeiten Ansicht Chronik Lesezeichen Extras Hilfe
Hallo Welt!
Geben Sie Ihren Namen und Ihre Grußworte ein, um die Welt über diese JSP-Seite zu grüßen.
Name
Grußworte
Absenden
Rücksetzen
Information: Erster Aufruf dieser Seite oder Aufruf ohne Parameter in der aktuellen Sitzung.

Abb. 2.3-1: Formularseite nach erstem Aufruf.

Codeerklärung

Die erste Hälfte der JSP-Seite ab Markierung `*1*` enthält nur HTML-Elemente, insbesondere auch das Formular, in dessen Felder der Benutzer seine Informationen einträgt. In der zweiten Hälfte ab Markierung `*2*` findet die Verarbeitung der Formularparameter durch JSP-Skriptelemente, hier ausschließlich JSP-Skriptlets, statt. Die Formularparameter werden vom Browser beim Erzeugen der Anfrage in gleichnamige Request-Parameter abgebildet.

Implizites Objekt `request`

Request-Parameter sind über das **implizite Objekt** `request` in Skriptelementen zugänglich. Das implizite Objekt `request` wird beim Übersetzen einer JSP-Seite in eine Java-Klasse automatisch erzeugt. Der Abruf von Request-Parametern erfolgt über die Methode `getParameter(String parametername)`.

Beispiel 1b

```
String benutzer= request.getParameter("benutzer");
String gruesse= request.getParameter("gruesse");
```

Prüfung der Parameter

Nach dem Ermitteln der Parameter wird in einer Java-if-Anweisung geprüft, ob überhaupt Parameter und auch Parameterwerte mit der Anfrage gesendet wurden.

Beispiel 1c

Test, ob Parameter gesendet: `benutzer!=null`
Test, ob Parameterwert gesendet: `!benutzer.equals("")`

Falls die Parameter `benutzer` und `gruesse` zusammen mit Werten gesendet wurden, wird eine Teilergebnisberechnung an die JSP-Seite `gruesse-modul1.jsp` delegiert, und zwar mit der JSP-Anweisung `<jsp:include page="gruesse-modul1.jsp" />`.

Ansonsten wird der HTML-Schablonentext aus dem Java-else-Zweig als Teilergebnis übernommen. Da beim ersten Aufruf keine Request-Parameter gesendet werden, wird der else-Zweig ausgeführt und es entsteht das gezeigte Ergebnis im Browser.

Auch in diesem Beispiel ist zu sehen, dass einzelne Skriptlets kein vollständiger Java-Code sein müssen. Erst die Gesamtheit der Skriptlets ergibt korrekten Java-Code.

Verhindern von Laufzeitfehlern

Das Prüfen der Request-Parameter ist wichtig, da es folgende Anfragesituationen gibt, in denen die JSP-Seite ohne **Laufzeitfehler** reagieren muss:

- Erstaufruf der JSP-Seite:
  - ☐ Es werden gar keine Formularparameter mit gesendet und dementsprechend in der JSP-Seite auch keine gefunden.
- Ein Benutzer sendet das Formular ab, hat aber keine Werte für die Formularparameter eingegeben:
  - ☐ Formularparameter werden ohne Werte gesendet. Formularparameternamen werden in der JSP-Seite gefunden, aber als Werte nur die leere Zeichenkette.
- Das Formular enthält noch falsche Namen für Formularparameter:
  - ☐ Es werden unerwartete Formularparameternamen empfangen, aber erwartete Formularparameternamen werden nicht gefunden.

Falls z. B. keine Request-Parameter mit gesuchtem Namen mitgeliefert werden, gibt request.getParameter() den Wert null als Objektreferenz zurück. Wird diese Objektreferenz nun einfach benutzt, so kann es zu Java-Laufzeitfehlern und für den Benutzer unerklärliches Verhalten der Web-Anwendung (ggf. sogar Absturz der Web-Anwendung) kommen. Die Prüfung auf die leere Zeichenkette erfolgt in der Regel, um eine korrekte Logik der Web-Anwendung sicherzustellen.

Beispiel 1d

Nach Eingabe von Texten in das Formular entsteht das Browserbild der Abb. 2.3-2.

Nach Absenden wird das Ergebnis berechnet und zurückgeliefert, welches in der Abb. 2.3-3 dargestellt ist.

Da vollständige Informationen zu einem Grußwort eingegeben wurden, wird die Datei gruesse-modul1.jsp ausgeführt und deren Ergebnis eingebunden.

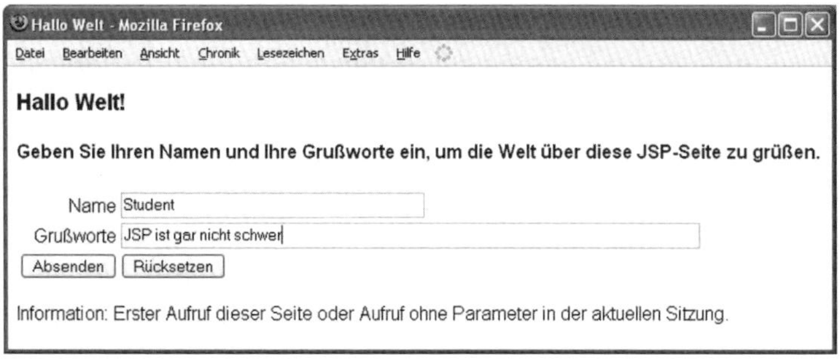

Abb. 2.3-2: Formularseite mit ausgefüllten Feldern.

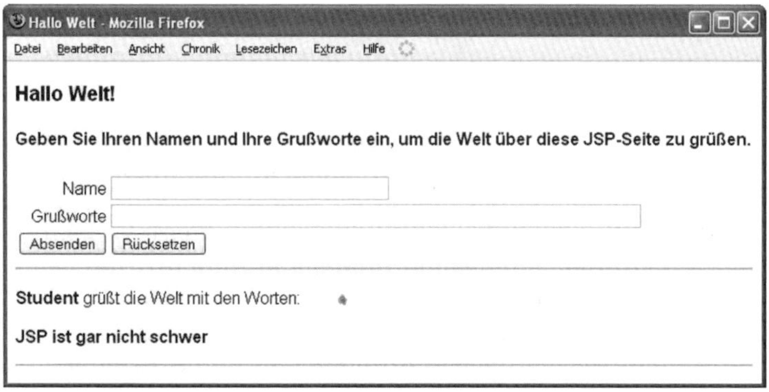

Abb. 2.3-3: Ergebnisseite nach Versenden des Formulars.

```
<hr />
<p><b><%= request.getParameter("benutzer") %></b> grüßt
 die Welt mit den Worten:</p>
<p><b><%= request.getParameter("gruesse")%></b></p>
<hr />
```

gruesse-
modul1.jsp

Auch in gruesse-modul1.jsp werden mit Hilfe des impliziten Objektes request die übertragenen Request-Parameterwerte ermittelt und in das Ergebnis der JSP-Seite über einen JSP-Ausdruck eingebaut. Die Abb. 2.3-4 verdeutlicht anhand eines UML-Sequenzdiagramms die Abläufe.

Überlegen Sie sich, warum der Test auf das tatsächliche Vorhandensein der Request-Parameter in gruesse-modul1.jsp entfallen kann.

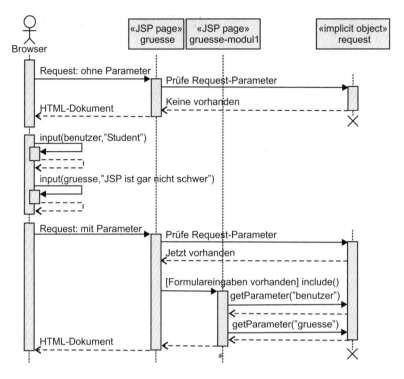

Abb. 2.3-4: UML-Sequenzdiagramm, das die Abläufe bei der Formularverarbeitung zeigt.

2.4   Informationen in der Web-Anwendung merken *

Informationen, die vom Benutzer in Formularfeldern eingegeben und mit der Anfrage an den Webserver gesendet werden, können in der Web-Anwendung über die Verarbeitung der Anfrage hinaus gemerkt und allen JSP-Seiten einer Web-Anwendung verfügbar gemacht werden. Das implizite Objekt application lebt genau solange wie die Web-Anwendung selbst. Ihm können Informationen in Form von Attributen dynamisch zugeordnet werden. Von ihm können die Attributwerte und damit die Informationen wieder abgerufen werden. Dadurch ist ein Informationsaustausch zwischen JSP-Seiten und über Anfragen hinaus möglich.

Die von Benutzern in Formularfeldern eingegebenen und mit der Anfrage an den Webserver geschickten Informationen sollen in vielen Fällen in der Web-Anwendung gemerkt werden.

Als Beispiel wird eine »Hallo Welt«-Anwendung betrachtet, bei der Grüße übermittelt werden. Es soll dann jeweils der aktuelle Gruß und der vorherige Gruß im Ergebnis angezeigt werden. Zum vorherigen Gruß sollen zusätzlich Datum und Uhrzeit dargestellt werden. Das Erscheinungsbild der Web-Anwendung ist in der Abb. 2.4-1 zu sehen.

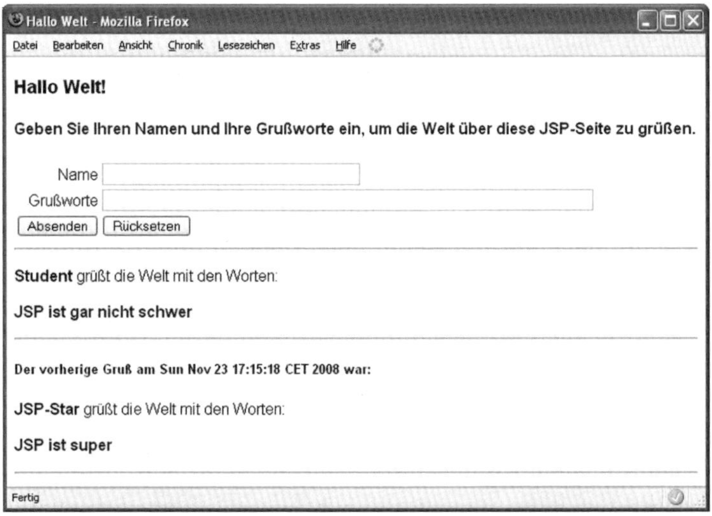

Beispiel 1a

Abb. 2.4-1: Erscheinungsbild von merken.jsp zum Merken der Grüße.

Wie man sieht, ist das Beispiel eine Erweiterung des Beispiels gruesse.jsp (siehe »JSP – Einfache Formularverarbeitung«, S. 20). Der Quellcode dieses Beispiels ist daher nur eine erweiterte Variante des Quellcodes von gruesse.jsp. Durch die Erweiterung besteht die JSP-Anwendung jetzt aus vier JSP-Seiten, die, wie in der Abb. 2.4-2 dargestellt, zusammenarbeiten.

Die JSP-Seite merken.jsp entsteht durch Ergänzung von gruesse.jsp. Nachfolgend werden für merken.jsp nur die Abweichungen im Quelltext dargelegt und besprochen.

merken.jsp
(Ausschnitt)

```
...
<!-- Erste Hälfte wie Beispiel gruesse.jsp aus
 JSP - Einfache Formularberarbeitung -->
<%-- Auswertung der Request-Parameter --%>
<% String benutzer = request.getParameter("benutzer");
   String gruesse= request.getParameter("gruesse");
   if (benutzer !=null && gruesse!=null &&
       !benutzer.equals("") && !gruesse.equals(""))
   {
%>
```

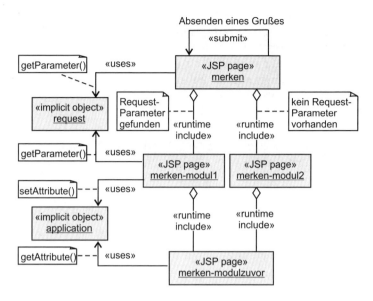

Abb. 2.4-2: Die Beziehungen zwischen den JSP-Seiten sowie die Verwendung von impliziten Objekten sind durch ein UML-Diagramm dargestellt.

```
        <jsp:include page="merken-modul1.jsp" />
<% }
    else
    {
%>
        <jsp:include page="merken-modul2.jsp" />
<% }
%>
...
```

Die Auswertung der Formularparameter erfolgt in einer Java-
if-Anweisung. Wenn die Parameter und ihre Werte vorhanden
sind, dann wird die JSP-Anweisung

```
<jsp:include page="merken-modul1.jsp" />
```

ansonsten die JSP-Anweisung

```
<jsp:include page="merken-modul2.jsp" />
```

ausgeführt.

Es ist schön zu sehen, dass über <jsp:include> eine Strukturierung und Modularisierung der Web-Anwendung erreicht werden kann.

merken-
modul1.jsp

```
<hr />
<p><strong><%= request.getParameter("benutzer") %></strong>
grüßt die Welt mit den Worten:</p>
<p><strong><%= request.getParameter("gruesse")%></strong></p>
<hr />
    <jsp:include page="merken-modulzuvor.jsp" />
<hr />
<%
```

```
/* Aktuelle Grüße merken */
String benutzerZuvor=request.getParameter("benutzer");
String gruesseZuvor=request.getParameter("gruesse");
application.setAttribute
  ("benutzerZuvor",benutzerZuvor);
application.setAttribute
  ("gruesseZuvor",gruesseZuvor);
String datumZuvor=new java.util.Date().toString();
application.setAttribute("datumZuvor",datumZuvor);
%>
```

Das Ermitteln der Formularparameter über das implizite Ob-   *Wieder-*
jekt `request` ist bekannt. In `merken-modul1.jsp` wird dann als   *verwendung*
weitere JSP-Datei `merken-modulzuvor.jsp` eingebunden. Die Ermittlung und Darstellung des vorherigen Grußes ist dort-
hin ausgelagert und kann damit in `merken-modul1.jsp` und
`merken-modul2.jsp` wieder verwendet werden.

Ein noch zu lösendes Problem ist das Merken der Grußworte über   *JSP-Deklaration*
eine Anfrage und eine JSP-Seite hinaus. Mit dem Skriptelement   *reicht nicht*
JSP-Deklaration ist es möglich, in einer JSP-Seite ein Attribut zu
deklarieren, das in der generierten JSP-Klasse als Objektvariable
erscheint. Der Wert der Objektvariablen bleibt über eine Anfrage
hinaus erhalten. Da durch die Modularisierung jedoch die ge-
merkten Grußworte in verschiedenen JSP-Seiten verfügbar sein
müssen, ist das Problem mit JSP-Deklarationen *nicht* zu lösen.
Ein weiteres implizites Objekt hilft hier weiter.

Das implizite Objekt `application` gibt es für jede Web-Anwendung   *Implizites*
genau einmal. Es lebt solange wie die Web-Anwendung selbst   *Objekt*
und ist in jeder JSP-Seite der Web-Anwendung zugreifbar. Eine   `application`
Web-Anwendung lebt solange, wie der Webserver, z. B. der Tomcat-Server, auf dem sie läuft, nicht gestoppt wird. Dem Objekt
`application` können Attribute mit Werten zugeordnet und wieder
abgerufen werden. Damit lassen sich Informationen zwischen
JSP-Seiten einer Web-Anwendung austauschen. Von allen JSP-Seiten der Web-Anwendung kann auf dieses Objekt zugegriffen werden.

In `merken-modul1.jsp` werden die Attribute `benutzerZuvor`,   *Beispiel 1b*
`gruesseZuvor` und `datumZuvor` bei `application` hinterlegt. Dies ge-   *Attribute*
schieht mit der Methode   *ablegen*

```
setAttribute(String attrname, Object value)
```

Das Attribut wird unter dem Namen `attrname` mit einem Wert,
der durch das Objekt `value` repräsentiert wird, bei `application`
abgelegt.

```
<p>Information: Erster Aufruf dieser Seite oder Aufruf
  ohne Parameter in der aktuellen Sitzung.</p>
<hr />
```

merken-
modul2.jsp

```
<jsp:include page="merken-modulzuvor.jsp" />
<hr />
```

Hier wird ein Text ausgegeben und dann die Verarbeitung der vorherigen Grußworte an die Datei merken-modulzuvor.jsp weitergeleitet.

merken-
modulzuvor.jsp

```
<% if (application.getAttribute("benutzerZuvor") != null &&
application.getAttribute("gruesseZuvor") !=null)
    {
%>
<h5>Der vorherige Gruß am
<%= application.getAttribute("datumZuvor")%>
war: </h5>
<p><strong><%= application.getAttribute("benutzerZuvor") %>
 </strong>grüßt die Welt mit den Worten:</p>
<p><strong><%= application.getAttribute("gruesseZuvor")%>
</strong></p>
<% }
   else
    {
%>
<h4>Kein vorheriger Gruß vorhanden. </h4>
<% }
%>
```

Attribute
ermitteln

Zur Darstellung der vorherigen Grußworte müssen diese zunächst ermittelt werden. Dies geschieht durch Abruf der Attribute vom impliziten Objekt application. Es wird dazu die Methode getAttribute(attrname) verwendet, die als Argument den Attributnamen attrname hat und als Ergebniswert ein Objekt zurückgibt. Im vorliegenden Fall wird als Attributwert, der Wert benötigt, den die implizit in Java vorhandene toString()-Methode des Objektes liefert. Daher kann das Objekt direkt in einem JSP-Ausdruck der folgenden Art zur Ausgabe verwendet werden:

```
<%= application.getAttribute("datumZuvor")%>
```

Hinweis

Der Typ des Ergebniswertes der Methode getAttribute() ist der allgemeine Java-Typ Object. Falls von dem Objekt, welches mit getAttribute() ermittelt wird, Methoden ausgeführt werden sollen, dann muss der Ergebniswert zunächst in den richtigen Typ gewandelt (casting) werden, bevor die spezifischen Methoden des Objekts aufgerufen werden können.

Ergänzen Sie die obige JSP-Anwendung, in dem Sie im Formular ein Feld zur Eingabe des Ortes einfügen. Der Ort soll dann auch gemerkt und bei der Ausgabe des letzten Grußes ausgegeben werden.

Merken
komplexer
Strukturen

Das Merken von einigen wenigen Attributen im impliziten Objekt application ist recht einfach. Falls aber viele Attribute gemerkt werden sollen, dann wird es schnell unübersichtlich. Es wird ein Ansatz gebraucht, bei dem mehrere Attribute in einem Containerobjekt gruppiert werden können (siehe »Strukturierung mit JavaBeans«, S. 29) und das Containerobjekt als Attribut bei `application` abgelegt werden kann.

2.5 Strukturierung mit JavaBeans *

JavaBeans sind spezielle Java-Klassen, die Komponenten darstellen. JavaBeans zusammen mit der Standardaktion `include` **bieten eine gute Möglichkeit, eine Web-Anwendung strukturiert aus Komponenten zu gestalten.**

JSP-Seiten dienen dazu, eine Verbindung zwischen HTML-Seiten und Java-Klassen herzustellen. In JSP-Seiten soll möglichst wenig geschehen. Die Fachlogik soll in Java-Klassen erledigt werden. Im Zusammenhang mit JSP werden Java-Klassen verwendet – bezeichnet als **JavaBeans** –, die folgende Konventionen einhalten:

- Sie besitzen einen parameterlosen Konstruktor.
- Ihre **Propertys** (öffentliche Informationen) werden über sogenannte **Getter** und **Setter** zugänglich gemacht.

Getter und *Setter* sind get- bzw. set-Methoden, die bestimmten Namenskonventionen gehorchen.

```
class BeanPerson()
{
  private String name1;
  private String name2;
  public int id;
// Konstruktor
  public BeanPerson()
  {
    id = Global.getId();
  }
// Getter
  public String getVorname() { return name1;}
  public String getNachname() { return name2;}
  public String getName() { return name1 + " " + name2;}
// Setter
  public void setVorname (String n) { name1 = n;}
  public void setNachname (String n) { name2 = n;}
} // class BeanPerson
```

Beispiel 1a

Die Klasse `BeanPerson` hat die drei *Propertys* vorname, nachname und name. Zu den *Propertys* vorname und nachname gibt es sowohl get- als auch set-Methoden. Diese *Propertys* können deshalb gelesen und geschrieben werden. Die *Property* name hat nur eine get-Methode. Sie kann daher nur gelesen werden. Die Namen der get- und set-Methoden definieren per Konvention die Namen der *Propertys*. Die Namen der Objektvariablen der

Klasse, welche die Daten der *Propertys* enthalten, spielen für die Namen der *Propertys* keine Rolle. Wie Sie bei der *Property* name sehen, gibt es gar keine Objektvariable, welche zu dieser *Property* korrespondiert, vielmehr wird der Property-Wert bei jedem Zugriff berechnet. Die öffentliche Objektvariable id der Klasse BeanPerson ist dagegen keine *Property*, da keine get- oder set-Methoden definiert sind. Der im Konstruktor auftretende Aufruf Global.getId() soll nur andeuten, dass beim Erzeugen eines Objektes dieser Klasse eine eindeutige Identifizierung für das Objekt erzeugt wird. Details hierzu sind für das Verständnis von JSP aber nicht von Belang.

Hinweise

In einer JavaBean sollten Sie keine public-Objektvariablen wie im Beispiel die Objektvariable id definieren. Alle Objektvariablen, deren Werte öffentlich zugänglich sein sollen, sollten Sie nur als *Property* zugänglich machen. Neben den *Getter* und *Setter* darf eine JavaBean auch weitere Methoden enthalten. Neben einem parameterlosen Konstruktor darf eine JavaBean auch Konstruktoren mit Parametern enthalten.

Beispiel 1b

Alle Grüße, die während der Laufzeit der Web-Anwendung eingehen, sollen jeweils in einem Objekt und die Objekte in einer Liste gespeichert werden.

Strukturierung

Zur Strukturierung werden die JavaBeans BeanGruss und BeanGrussListe verwendet.

BeanGruss.java

```java
package jsplernen;
import java.util.Date;
public class BeanGruss
{
    private String autor;
    private String text;
    private Date datum;
    // Konstruktoren
    public BeanGruss()
    {
        autor="";
        text="";
        datum=null;
    } // BeanGruss()
    public BeanGruss(String a, String t)
    {
        autor=a;
        text=t;
        datum=new Date();
    } // BeanGruss()

    /* Getter und Setter */
    public String getAutor()
    {
```

```
    return autor;
  } // getAutor()
  public void setAutor(String v)
  {
    autor=v;
  } // setAutor()
  public String getText()
  {
    return text;
  } // getText()
  public void setText(String v)
  {
    text=v;
  } // setText()
  public Date getDatum()
  {
    return datum;
  } // getDatum()
  public void setDatum(Date v)
  {
    datum=v;
  } // setDatum()
} // class BeanGruss
```

Die JavaBean BeanGruss hat die *Propertys* autor, text und datum. Neben dem parameterlosen Konstruktor gibt es noch einen Konstruktor mit zwei Parametern, um einfacher Objekte der Klasse BeanGruss erzeugen zu können.

Die JavaBean BeanGruss wird dem Paket jsplernen zugeordnet, weil die Zuordnung zu einem Paket für die Verwendung in einer JSP-Seite erforderlich ist. BeanGruss übersetzen Sie mit einem Java-Compiler in eine .class-Datei. Die Datei BeanGruss.class muss im Verzeichnis der Web-Anwendung an die richtige Stelle, d.h. ins Unterverzeichnis WEB-INF/classes/jsplernen, kopiert werden.

Pakete verwenden

Die Klasse BeanGrussListe dient zum Verwalten einer Liste von BeanGruss-Objekten. BeanGrussListe ist selbst auch als JavaBean ausgelegt.

```
package jsplernen;
import java.util.Vector;
public class BeanGrussListe extends Vector<BeanGruss>
{
  public String grussEinfuegen(BeanGruss obj)
  {
    String res="Kein Gruss eingefuegt.";
    if ((obj.getAutor().length()>0) &&
        (obj.getText().length()>0))
    {
      addElement(obj);
      res="Gruss in Liste eingefuegt.";
    }
    return res;
```

BeanGruss Liste.java

```
    } // grussEinfuegen()
    } // class BeanGrussListe
```

Auch BeanGrussListe wird dem Paket jsplernen zugeordnet und die durch Übersetzung erzeugte Datei BeanGrussListe.class muss genauso wie BeanGruss.class an der richtigen Stelle im Verzeichnisbaum der Web-Anwendung abgelegt werden.

Merken eines Grußes

Ein Überblick über die Komponenten der Web-Anwendung ist in der Abb. 2.5-1 dargestellt.

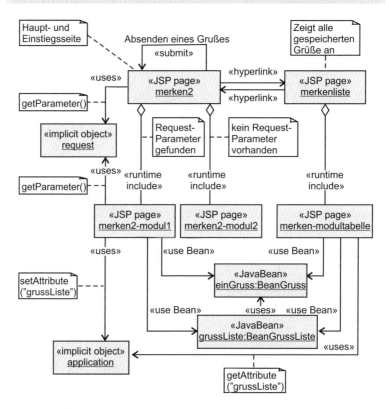

Abb. 2.5-1: Übersicht über die Komponenten der Web-Anwendung und deren Zusammenspiel dargestellt durch ein UML-Klassendiagramm.

Die Haupt- und Einstiegsseite der neuen Web-Anwendung ist merken2.jsp. Beim Aufruf von merken2.jsp wird wie bei merken.jsp (»Informationen in der Web-Anwendung merken«, S. 24) ein Formular zur Eingabe der Grußdaten angezeigt. Nach Absenden der Grußdaten werden diese über merken2-modul1.jsp in JavaBean-Objekten gespeichert. Es werden nach dem Speichern wieder das Formular und der letzte Gruß angezeigt. Neu ist jetzt, dass über einen Hyperlink zur

Seite `merkenliste.jsp` navigiert werden kann, die nicht nur den letzten, sondern alle bisherigen Grüße als Liste ausgibt. Dafür wird über `merken-modultabelle.jsp` auf die JavaBean-Objekte zugegriffen.

Die Hauptseite des Beispiels `merken2.jsp`, welche zur Erfassung der Grüße dient, bleibt zu `merken.jsp` fast gleich. Sie ist nur um einen Hyperlink, der zur Webseite `merkenliste.jsp` (siehe Abb. 2.5-2) führt, ergänzt. Außerdem unterscheidet sich die JSP-Seite `merken2.jsp` noch von `merken.jsp` dadurch, dass andere JSP-Seiten inkludiert werden.

```
...
<%-- Auswertung der Request-Parameter --%>
<% String benutzer = request.getParameter("benutzer");
   String gruesse= request.getParameter("gruesse");
   if (benutzer !=null && gruesse!=null &&
      !benutzer.equals("") && !gruesse.equals(""))
{
%>
   <jsp:include page="merken2-modul1.jsp" />
<%
} else
{
%>
   <jsp:include page="merken2-modul2.jsp" />
<%
}
%>
<p><a href="merkenliste.jsp"> Zur Liste der Grüße</a></p>
...
```

merken2.jsp
(Ausschnitt)

Das Merken eines Grußes in der Liste ist in `merken2-modul1.jsp` implementiert.

```
<%@ page import="jsplernen.*" %>
<hr />
<h4><%= request.getParameter("benutzer") %> grüßt die
Welt mit den Worten:</h4>
<h3><%= request.getParameter("gruesse")%></h3>
<hr />
<%
/* Aktuelle Grüße merken */
String benutzer=request.getParameter("benutzer");
String gruesse=request.getParameter("gruesse");
BeanGruss einGruss=
  new BeanGruss(benutzer, gruesse);
/* Ermittlung des Attributs grussListe von application,
   Attribut erzeugen, wenn es nicht existiert
*/
BeanGrussListe grussListe=(BeanGrussListe)
  application.getAttribute("grussListe");
if (grussListe==null){
  grussListe=new BeanGrussListe();
  application.setAttribute("grussListe",grussListe);
```

merken2-
modul1.jsp

```
    out.println("<p><strong>grussListe erzeugt</strong></p>");
}
grussListe.grussEinfuegen(einGruss);
%>
```

Direktive page import

Die JSP-Anweisung <%@ page import="jsplernen.*" %>, eine **JSP-Direktive**, bedeutet, dass die Klassen des Pakets jsplernen in der JSP-Seite für die Verwendung in JSP-Skriptlets der Seite bekannt gemacht werden. Dann werden die Formularparameter ermittelt und ein Objekt vom Typ BeanGruss erzeugt, welches die Werte der Formularparameter aufnimmt. Dieses JavaBean-Objekt wird über einGruss referenziert. Beim impliziten Objekt application wird das Attribut grussListe, ein Objekt der Klasse BeanGrussListe, abgelegt. Wenn das Attribut dort noch nicht vorhanden ist, wird es erzeugt und entsprechend zugeordnet. Das neue Objekt einGruss wird zum Schluss mit der Methode grussEinfuegen() der Klasse BeanGrussListe in die Liste von grussListe eingefügt.

In merken2-modul2.jsp wird nur eine Meldung ausgegeben. Eine Anzeige des letzten Grußes erfolgt nicht.

merken2-modul2.jsp

```
<p>Information: Erster Aufruf dieser Seite oder Aufruf
ohne Parameter in der aktuellen Sitzung.</p>
<hr />
```

Anzeigen der Grußliste

Ein Hyperlink von merken2.jsp führt zur JSP-Seite zur Darstellung der Grußliste in merkenliste.jsp (siehe Abb. 2.5-2).

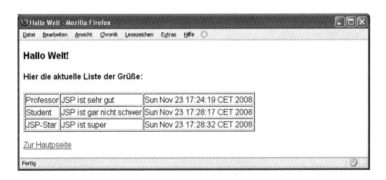

Abb. 2.5-2: Webseite zur Darstellung der Grüße als Liste.

Die Webseite merkenliste.jsp ist als JSP-Seite realisiert.

merkenliste.jsp

```
<body>
<h3>Hallo Welt!</h3>
<h4>Hier die aktuelle Liste der Grüße:</h4>
<jsp:include page="merken-modultabelle.jsp" />
<p><a href="merken2.jsp">Zur Hauptseite</a></p>
</body>
```

Wie Sie sehen, wird in `merkenliste.jsp` nur das Layout der Ge-
samtseite definiert. Die Darstellung der eigentlichen Grußliste
ist nach `merken-modultabelle.jsp` ausgelagert.

merken-modul
tabelle.jsp

```
<%@ page import="java.util.Iterator" %>
<%@ page import="jsplernen.*" %>
<%
BeanGrussListe grussListe=(BeanGrussListe)
 application.getAttribute("grussListe");
%>
<%
if (grussListe != null && grussListe.size()>0)
{
%>
  <table border='1'>
<%
  Iterator<BeanGruss> v=grussListe.iterator();
  while (v.hasNext()){
    BeanGruss einGruss= v.next();
%>
<tr>
<td>
<%=einGruss.getAutor()%>
    </td>
    <td>
<%=einGruss.getText()%>
    </td>
    <td>
<%=einGruss.getDatum()%>
</td></tr>
<%
  } // while
%>
</table>
<%
} else {
%>
<p> Noch keine Grüße vorhanden.</p>
<%
}
%>
```

Zunächst werden über zwei JSP-Direktiven `page import` benutzte Klassen und Pakete bekannt gemacht. Anschließend
wird die Grußliste, die als Attribut beim impliziten Objekt
`application` gespeichert ist, ermittelt. Falls die Grußliste existiert und es mindestens einen Eintrag gibt, werden die Einträge ins Ergebnis ausgegeben. Die Art des Iterierens über die
Grußliste erfolgt gemäß den Iteratoreigenschaften der Java-
Klasse `Vector`.

Der Einsatz von JavaBeans und der Standardaktion `include` reicht
aus, um die Beispiel-Web-Anwendung aus Komponenten strukturiert zusammenzubauen. Also stellt die JSP-Technik einfache

Strukturierung

Mittel bereit, mit denen schon eine große Übersichtlichkeit im Quellcode einer Web-Anwendung und leichte Erweiterbarkeit erzielt werden kann.

Wie Sie gesehen haben, besteht der Hauptteil der JSP-Seiten `merken-modul1.jsp` und `merken-modultabelle.jsp` aus Skriptlets und damit aus Java-Code. In diesen Skriptlets zusammen mit den JavaBean-Klassen `BeanGruss` und `BeanGrussListe` wird die Kernfunktionalität des gesamten Beispiels erbracht.

3 Web-Anwendungen – Grundlagen *

Das Internet ist die Kommunikationsgrundlage, auf dem das Web (auch WWW oder *World Wide Web*) basiert. Technisch gesehen ist das Internet ein Zusammenschluss unzählig vieler Teilnetze, die auf verschiedensten Kommunikationstechniken beruhen. Die Datenübertragung erfolgt im Internet sowohl kabelgebunden als auch über Funk.

Internet

Das Bindeglied und die Gemeinsamkeit dieser verschiedenen Teilnetze im Internet ist das **IP-Protokoll** und die Adressierung der **Rechnerknoten** in allen Teilnetzen durch **IP-Adressen**.

IP-Protokoll & IP-Adresse

Die Stärke und Flexibilität des Internets rührt von der Tatsache her, dass verschiedenste Kommunikationstechniken angeschlossen werden können und das IP-Protokoll samt Adressierung eine allgemein akzeptierte Schnittstelle bietet, um Daten zwischen beliebigen Rechnerknoten im Internet auszutauschen.

Die Adressierung von Zielen (Rechnerknoten) durch IP-Adressen ist für den Menschen nur bedingt geeignet, da IP-Adressen nur aus Zahlen bestehen. Für den Menschen sind *sprechende Namen* wesentlich geeigneter für die Benennung von Zielen. Deshalb hat man das **DNS** *(Domain Name System)* eingeführt, welches eine hierarchische Namensgebung für die Ziele ermöglicht. Z. B. ist www.W3L.de ein **Hostname** (oder **DNS-Name**).

DNS

Menschen geben, wo nötig, z. B. in der Adresszeile eines Browsers, einen Hostnamen an, der dann vom Rechnersystem in eine IP-Adresse übersetzt wird, welche dann zur Adressierung des Ziels intern im Rechnersystem und zur Übertragung der Daten im Internet benutzt wird.

Der Hostname besteht im Beispiel aus dem **Domänennamen** W3L.de und dem vom Besitzer des Domänennamens frei wählbaren Namen www. Ein Domänenname muss bei einer Organisation, die von **IANA** oder **ICANN** autorisiert wurde, registriert werden. Diese Organisationen sorgen für die weltweite Eindeutigkeit der Domänennamen. Durch die Registrierung wird der Domänenname einem Besitzer zugeteilt. Als lokaler Name wird im WWW meist www gewählt, damit der Hostname aus dem Domänennamen abgeleitet werden kann.

Der Datenaustausch auf IP-Ebene geschieht in Paketen begrenzter Länge. Ein **Datenpaket** lässt sich grob in Steuerdaten für den Pakettransport und Anwendungsdaten einteilen. Die Anwendungsdaten, die zwischen Rechnerknoten ausgetauscht werden, sind zunächst einmal (aus Sicht des IP-Protokolls) völlig bedeutungslos.

Datenpakete

Erst weitere Protokolle, welche die ausgetauschten Anwendungsdaten interpretieren, führen zu sinnvollen Anwendungen und Diensten wie E-Mail-Dienst oder Web-Dienst.

Steuerung des Datenaustausches

Das IP-Protokoll dient also lediglich zur Steuerung des Datenaustausches. Typisch sind wenige Kilobyte Paketgröße. Da die Größe der auszutauschenden Anwendungsdaten in der Regel jedoch wesentlich größer ist, haben sich zusätzlich Protokolle etabliert, die zwar noch keine Anwendungsdaten interpretieren, aber Anwendungsdaten, wie z. B. eine E-Mail oder eine Webseite, als Einheit transportieren, damit die Anwendungen und Dienste sich um die Paketierung ihrer Daten nicht kümmern müssen.

TCP & UDP

Sehr häufig verwendete Protokolle für das Paketieren sind **TCP** *(Transmission Control Protocol)* und **UDP** *(User Datagram Protocol)*. Diese Protokolle nutzen meist das IP-Protokoll für den Transport einzelner Pakete. Anwendungen oder Dienste übergeben dann ihre Anwendungsdaten mit Angabe des Ziels an TCP oder UDP, welche dann für den Transport der Anwendungsdaten zum Ziel sorgen.

Anwendungsdienste & Protokolle

Zur Interpretation der Anwendungsdaten werden eigene Protokolle gebraucht. Für den Internetdienst E-Mail sind das die Protokolle SMTP, IMAP, POP3, für den Dienst FTP *(File Transfer Protocol)* das gleichnamige Protokoll FTP und für den Abruf von Webseiten das **HTTP-Protokoll** *(Hypertext Transfer Protocol)*.

Web

Ursprünglich wurde das HTTP-Protokoll nur für den Abruf von Webseiten von **Webservern** definiert. Die Anwendung, die dadurch entsteht, dass Webseiten von einem Webserver angeboten und von einem Webbrowser abgerufen und dargestellt werden können, heißt kurz Web. Die Adressierung einer Webseite erfolgt über eine **URL** *(Uniform Resource Locator)*.

Das HTTP-Protokoll kann aber nicht nur Webseiten, die im Format XHTML oder HTML verfasst sind, sondern beliebige Dateien wie z. B. auch Klartexte, Bilder, Videos, Audio-Dateien oder PDF-Dokumente, d. h. beliebige Text- oder Binärdateien übertragen. Der Transport der Dateien kann dabei vom Webserver zum Browser *(downstream)* und auch vom Browser zum Webserver *(upstream)* geschehen.

Web-Anwendungen

Das Web wurde damals entworfen, um vorhandene Dokumente in Form von verlinkten Seiten (Webseiten mit Hyperlinks) im Internet plattformunabhängig zwecks Informationsverbreitung darstellen zu können. Der heutige Einsatz des Webs geht wesentlich weiter und zwar in Richtung Interaktion des Endbenutzers mit den Webseiten. Der Endbenutzer wandelt sich dadurch vom passiven Informationskonsumenten zum handelnden Akteur.

Eine einfache aktive Handlung des Endbenutzers ist z. B. die Eingabe eines Suchbegriffs auf der Webseite einer Suchmaschine, die dann in Abhängigkeit des Suchbegriffs eine Trefferliste generiert, die in eine Webseite eingebaut dem Endbenutzer angezeigt wird. Dies bedeutet, dass auf dem Webserver ein zusätzliches Programm arbeiten muss, welches die Trefferliste und die Webseite, die an den Endbenutzer zurückgeliefert wird, erzeugt. Programme, die auf dem Webserver abgearbeitet werden, bei denen aber die Benutzerinteraktion nur durch einen Browser erfolgt, werden als **Web-Anwendungen** bezeichnet. Bekannte, komplexere Web-Anwendungen sind Online-Shops, Auktionsplattformen, Reisebuchungssysteme oder im Hochschulbereich auch Web-Portale zur Anmeldung zu Prüfungen und zur Notenbekanntgabe.

An den genannten Beispielen sieht man, dass Web-Anwendungen heutzutage den Anspruch haben, die Funktionalität von Desktop-Anwendungen zu erreichen. Das HTTP-Protokoll leistet hierfür zu wenig. Das Grundprinzip der HTTP-Kommunikation ist, dass der HTTP-Client eine Anfrage (HTTP-Request) an den HTTP-Server stellt, die dieser mit einer Antwort (HTTP-Response) beantwortet und dann vergisst, dass eine Kommunikation stattgefunden hat. Bei Web-Anwendungen spielen aber die **Wiedererkennung** eines Clients (siehe »Cookies – Grundlagen«, S. 187) und das Erkennen der **Zusammengehörigkeit mehrerer Anfragen** zu einer Gesamtaktion (siehe »Sitzungen – Grundlagen«, S. 206) eine große Rolle.

HTTP-Protokoll & Anforderungen

Teilweise werden diese Anforderungen über Erweiterungen des HTTP-Protokolls abgedeckt, teilweise muss die Erfüllung dieser Anforderungen in den Web-Anwendungen selbst implementiert werden.

Wegen der vielen Anforderungen an das Web und an das Internet und wegen der vielen verschiedenen Möglichkeiten, diese Anforderungen zu erfüllen, ist es für das reibungslose Zusammenspiel aller Teile eminent wichtig, dass Standards geschaffen werden. Dazu gibt es nationale und internationale Organisationen.

Die wichtigsten Standardisierungsorganisationen sind

IETF & W3C

- für das Internet:
  - ☐ **IETF** *(Internet Engineering Task Force)*
  - ☐ **IANA** *(Internet Assigned Numbers Authority)*
  - ☐ **ICANN** *(Internet Corporation for Assigned Names and Numbers)*
- für das Web:
  - ☐ **W3C** *(World Wide Web Consortium)*

In diesem Kapitel erhalten Sie einen Überblick über Techniken, die im Internet und im Web angewendet werden und für Web-Anwendungen wichtig sind:

- »URI, URL und URN«, S. 40
- »Das HTTP-Protokoll«, S. 43

Die Grundlagen zu Cookies und Sitzungen sowie ihre Anwendung innerhalb von JSP werden behandelt in:

- »Cookies – Grundlagen«, S. 187
- »Sitzungen – Grundlagen«, S. 206

3.1   URI, URL und URN *

Zur eindeutigen Bezeichnung von Ressourcen im Internet wurden URIs *(Uniform Resource Identifier)* definiert. Eine URI ist eine Zeichenkette mit einer grob vorgegebenen Struktur. Für einen Kontext, genannt Schema, wird die genaue syntaktische Struktur festgelegt. URI ist ein Konzept, welches URL *(Uniform Resource Locator)* und URN *(Uniform Ressource Name)* beinhaltet. Ein wichtiger Kontext ist HTTP, was zur Definition von HTTP-URLs führt. Hyperlinks sind aus dieser Sicht eine Erweiterung von HTTP-URLs. Unterschieden wird zwischen absoluten und relativen URIs.

Im Internet gibt es viele verschiedene Arten von Ressourcen, die alle identifiziert und größtenteils auch adressiert werden müssen. Zu solchen Ressourcen zählen Webseiten genauso wie logische Namen, z. B. Benutzernamen für E-Mail-Konten. Zum einheitlichen Umgang bezüglich eindeutiger Identifikation dieser Ressourcen hat man den Begriff des **URI** *(Uniform Resource Identifier)* geschaffen. Die aktuelle Spezifikation des Begriffs URI findet sich im **IETF** -Standard **RFC** 3986 vom Januar 2005 (siehe [RFC 3986]), der den lange gültigen IETF-Standard RFC 2396 vom August 1998 ablöst.

Beispiele für URIs

```
http://www.ietf.org/rfc/rfc3986.txt
mailto:max.mustermann@w3l.de
ldap://[2001:db8::7]/c=GB?objectClass?one
tel:+1-816-555-1212
urn:oasis:names:specification:docbook:dtd:xml:4.1.2
```

Eine URI wird als Zeichenkette dargestellt und ist als hierarchische Sequenz von Teilen zu begreifen, die von links nach rechts zu interpretieren ist. Der syntaktische Aufbau ist wie folgt:

Aufbau URI   Eine URI hat die folgende Syntax:

```
URI ::= Schema: Hierar-Teil Pfad [? Query ][# Fragment ]
```

Das Schema steht dabei für eine spezielle Spezifikation von Namen. Bekannte Schemata sind http, ftp und mailto. Die obigen Beispiele zeigen, dass es auch Schemata gibt, die weniger bekannt sind.

Die Liste der bereits definierten Schemata für URIs ist recht lang. Für eine Liste der registrierten Schemata sei auf folgende Webseite verwiesen: URI-Schemata (http://www.iana.org/assignments/uri-schemes.html).

Liste Schemata

Die Anteile Hierar-Teil und Pfad sind dann schemaspezifisch definiert. Auf die Teile Query und Fragment wird unten bei HTTP-URIs (URIs mit http als Schema) bzw. Hyperlink-URIs eingegangen.

Die genaue Definition einer URI hat sehr viele Facetten, die aber für ein Grundverständnis nicht betrachtet werden brauchen. Für eine genaue Darstellung der URI-Syntax sei auf [RFC 3986] verwiesen. Je nach Semantik einer URI unterscheidet man:

Definition URI

- **URL** *(Uniform Resource Locator)* und
- **URN** *(Uniform Resource Name)*

Eine URL ist eine **eindeutige Adresse** einer physisch vorhandenen Ressource. Eine Webseite ist z. B. eine physisch vorhandene Ressource, die über eine URL adressiert werden kann.

URL

Eine URN ist ein **eindeutiger Name** für ein logisch vorhandenes Objekt. Ein logisches Objekt ist im Zusammenhang mit XML z. B. ein **Namensraum**. Der Namensraum http://www.w3.org/1999/xhtml von XHTML ist ein konkretes Beispiel für eine URN. Diese URN ist gleichzeitig eine URL und führt bei Eingabe in der Adresszeile eines Browsers zu einer Webseite, die erklärt, dass http://www.w3.org/1999/xhtml ein Namensraum für XHTML ist.

URN

Nicht jede URN muss auch eine URL sein. Da eine URL und eine URN den gleichen syntaktischen Aufbau haben, kann aus einer URN später noch eine URL werden. Typisches Beispiel hierfür ist wieder eine URN als XML-Namensraum, die zunächst nur zur eindeutigen Kennzeichnung von Tags für ein XML-Format dient. Nach einer abgeschlossenen Spezifikation eines XML-Formats kann dann eine Webseite eingerichtet werden, zu welcher die URN als physisch vorhandene Ressource führt. Damit ist die URN auch zu einer URL geworden.

Das Schema http, mit welchem **HTTP-URLs** definiert sind, hat folgende Syntax:

Schema http

```
HTTP-URL ::= http:// Host [: Port ] Pfad [? Query ]
```

Als Host kann ein DNS-Name oder eine IP-Adresse angegeben werden. Der Pfad besteht aus Pfadsegmenten, die als Trennzeichen / benutzen. Einem Pfadsegment können Parameter mitgegeben

werden, was in der Praxis jedoch selten benutzt wird. Die Ortsangabe und die Parameter eines Pfadsegmentes werden durch
das Zeichen ; oder das Zeichen , getrennt.

Beispiel

```
http://localhost:8180/app,id=13/index.html;id=7?q=w3l&s=a
```

Als Host ist im Beispiel localhost, der Name für den lokalen Rechner, angegeben. Eine Portnummer ist nach dem Trennzeichen :
vorhanden und lautet 8180. Der Pfad besteht aus zwei Pfadsegmenten. Das erste Segment ist app,id=13. Es hat als Ortsangabe
den Wert app und als Parameter den Wert id=13. Das zweite Pfadsegment besteht aus der Ortsangabe index.html und dem Parameter id=7. Abgeschlossen wird die URL durch die Query mit Inhalt
q=w3l&s=a, die aus zwei Name-Wert-Paaren besteht. Für weitere
Details zu HTTP-URLs sei auf den IETF-Standard zu HTTP 1.1 verwiesen [RFC 2616].

Absolute URI &
relative URI

Die bisher behandelten URIs werden auch **absolute URIs** genannt. Bei einer HTTP-URL erhält man durch Weglassen der Schemaangabe, des Host-Anteils und ggf. auch der Pfadsegmente
einen **relativen URI**. Relative URIs erhalten ihre Semantik erst
durch den Kontext, in dem sie benutzt werden, durch implizite
Bezugnahme auf eine **Basis-URI**, die im Kontext gültig ist.

Beispiel

Wird eine Webseite durch einen Browser durch Eingabe von
http://www.W3L.de/index.html geladen und befindet sich in dieser Webseite ein Hyperlink mit Wert next.html, so ist next.html
eine relative URL, die im vorliegenden Kontext mit der Basis-URL http://www-W3L.de/ zu http://www-W3L.de/next.html verknüpft wird.

Hinweis

Die Eingabe einer relativen URL in der Adresszeile eines Browsers ist nicht sinnvoll, da dort kein Kontext und somit keine Basis-URL definiert ist. Einer relativen URL ohne Basis-URL
kann keine Semantik zugeordnet werden.

Hyperlink

Hyperlinks zur Adressierung von Webseiten sind auch URIs,
nämlich URIs, die URLs sind. Eine **Hyperlink-URL** ist durch Erweiterung einer HTTP-URL definiert und hat die folgende Syntax:
Hyperlink-URL ::= HTTP-URL [# Fragment]

Als Erweiterung kann nach dem Pfad und nach der ggf. vorhandenen Query noch ein Fragment-Teil angehängt werden. Der Fragment-
Teil dient dem Browser bei größeren Webseiten zur Positionierung innerhalb der Webseite.

Beispiel

```
http://www.W3L.de/seite1.htm#anker1
```
Nach dem Anfordern der Webseite http://www.W3L.de/seite1.htm

muss der Fragment-Teil #anker1 durch den Browser ausgewertet werden.

In einem Element a (Anker in HTML) sind als Werte des Attributs href (Anker wird zum Hyperlink) beliebige URIs zugelassen. Falls jedoch als Wert von href eine Hyperlink-URL angegeben wird, so ergibt sich die gerade erläuterte Funktionsweise der Positionierung innerhalb einer Webseite.

Hinweis

3.2 Das HTTP-Protokoll **

Die Grundlage für den Austausch von Anwendungsdaten im Web ist das HTTP-Protokoll, mit dem HTTP-Nachrichten formuliert werden. Die Kommunikation findet in Form von Nachrichtenpaaren – Anfrage *(Request)* und Antwort *(Response)* – statt. Jede Nachricht hat den gleichen strukturellen Aufbau: Request-Zeile (Anfrage) bzw. Status-Zeile (Antwort), Header-Felder, eine Leerzeile und optional einen *Message Body*. In der Request-Zeile spezifiziert die Request-Methode, wie generell mit der Anfrage verfahren werden soll. Werden Formularparameter übermittelt, dann definieren die Request-Methoden GET bzw. POST, in welchem Teil der Anfrage die Parameter zu finden sind.

Das **HTTP-Protokoll** *(Hypertext Transfer Protocol)* dient zum Austausch von Anwendungsdaten zwischen zwei Komponenten des Webs. Der Datenaustausch findet in Form von Nachrichten statt.

Dabei gibt es zwei Arten von HTTP-Nachrichten:

Nachrichten-arten

- **HTTP-Anfrage** (**HTTP-Request**), kurz Anfrage *(Request)*, und
- **HTTP-Antwort** (**HTTP-Response**), kurz Antwort *(Response)*.

HTTP-Nachrichten sind **Textnachrichten**. Sie sind im Wesentlichen für den Menschen lesbar.

Der Ablauf der Nachrichtenverwendung ist festgelegt. Zunächst muss eine Komponente eine HTTP-Anfrage an eine Zielkomponente versenden. Die Zielkomponente reagiert darauf mit einer HTTP-Antwort. HTTP-Nachrichten treten also stets paarweise auf.

Erst Request, dann Response

Die Komponente, welche die Kommunikation durch Versenden einer Anfrage beginnt, wird **HTTP-Client** und diejenige, welche antwortet, **HTTP-Server** genannt. Bei der Anwendung des HTTP-Protokolls im Web gibt es eindeutige Rollen. Ein Webbrowser ist ein HTTP-Client und ein Webserver ist ein HTTP-Server. Ein HTTP-Server kann per Definition die Kommunikation *nicht* eröffnen.

Rollen

Dies hat im Web die Konsequenz, dass ein Webserver einen Webbrowser nicht selbstständig darüber informieren kann, dass sich Informationen geändert haben.

Polling Ein Webbrowser muss daher zyklisch beim Webserver auf Änderungen prüfen, wenn in einer Webseite Informationsänderungen erwartet werden. Ein typisches Beispiel für einen Webseiteninhalt, der sich ständig ändert, ist die Übertragung einer Schachpartie im Web. Das Konzept des ständigen Nachfragens wird als *Polling* bezeichnet.

HTTP über TCP Das HTTP-Protokoll wird im Internet über das TCP-Protokoll transportiert.

HTTP-Verbindungs-arten Es werden zwei Arten von HTTP-Verbindungen zwischen zwei Komponenten unterschieden:

- **Nicht persistente** Verbindungen:
  - ☐ Ablauf: Bei nicht persistenten Verbindungen wird vor Beginn einer Anfrage vom HTTP-Client eine TCP-Verbindung zum HTTP-Server aufgebaut. Dann wird über diese Verbindung genau ein Zyklus Anfrage-Antwort abgewickelt. Danach wird die TCP-Verbindung sofort wieder aufgelöst.
- **Persistente** Verbindungen:
  - ☐ Ablauf: Vor der ersten Anfrage wird vom HTTP-Client eine TCP-Verbindung zum HTTP-Server aufgebaut. Danach werden ein oder mehrere Anfrage-Antwort-Zyklen über die bestehende Verbindung bedient. Erst auf ein Steuerkommando des HTTP-Clients innerhalb einer Anfrage oder eines Time-outs beim HTTP-Server wird die TCP-Verbindung wieder abgebaut.

HTTP ist zustandslos Unabhängig von der Verbindungsart gilt: Das HTTP-Protokoll bietet *keine* Möglichkeiten, sich über einen Anfrage-Antwort-Zyklus hinweg, Daten einer Anfrage oder einer Antwort zu merken, d. h. einen Zustand zu speichern. Deshalb wird das HTTP-Protokoll als **zustandslos** bezeichnet. Das Führen eines Zustandes ist für Web-Anwendungen, die über das Surfen im Web hinausgehen, meist essenziell. Deshalb gibt es Ergänzungen zum HTTP-Protokoll, die hier unterstützend wirken. Das eigentliche Verwalten eines Zustandes muss aber in der Regel eine Web-Anwendung mit eigenen Mitteln selbst erledigen.

Versionen 1.0 & 1.1 Zurzeit gibt es die beiden Versionen 1.0 und 1.1 für das HTTP-Protokoll. Die Standardisierung des HTTP-Protokolls erfolgt im Rahmen der Organisation **IETF** *(Internet Engineering Task Force)*. IETF ist eine Organisation, die sich mit der technischen Fortentwicklung des Internets durch die Definition von Standards beschäftigt. Die bei IETF entstehenden Standards werden **RFC** *(Request for Comments)* genannt. Für das HTTP-Protokoll relevant sind:

- HTTP-Version 1.0, RFC 1945 vom Mai 1996, HTTP/1.0 (`http://www.ietf.org/rfc/rfc1945.txt`)
- HTTP-Version 1.1, RFC 2616 vom Juni 1999, HTTP/1.1 (`http://www.ietf.org/rfc/rfc2616.txt`)

In [RFC 1945] finden Sie die Spezifikation der HTTP-Version 1.0 und in [RFC 2616] die Spezifikation der HTTP-Version 1.1 als HTML-Dokument.

Aufbau von HTTP-Nachrichten

Der Aufbau von HTTP-Nachrichten ist in Version 1.0 und Version 1.1 gleich. Die Nachrichten sind textbasiert und haben einen **zeilenweisen** Aufbau. Als Zeichen für die Darstellung werden die Zeichen aus dem ASCII-Zeichensatz (manchmal auch als US-ASCII bezeichnet), also ein 7-Bit-Zeichensatz, verwendet. Generell können bei HTTP Werte aus dem Bereich 0 bis 255 dargestellt werden. Für die Übertragung in Nachrichten werden Werte aus dem Bereich 128 bis 255 mit Hilfe der **URL-Kodierung** in jeweils zwei Werte aus dem Bereich 0 bis 127 umgerechnet. Die Schlüsselworte von HTTP bestehen nur aus US-ASCII-Zeichen, können also direkt ohne URL-Kodierung dargestellt werden. Der Zeilenumbruch ist fest als CRLF (*carriage return + line feed*) (ASCII-Nummern: 13 und 10) definiert. Damit ist der Zeilenumbruch im HTTP-Protokoll insbesondere unabhängig von der Plattform, auf welcher der HTTP-Client und der HTTP-Server ausgeführt werden, festgelegt.

Struktureller Aufbau einer HTTP-Anfrage

Eine Anfrage besteht aus vier Teilen in der Reihenfolge: Anfrage

- **Request-Zeile**
- **Header-Felder** (kein oder ein Header-Feld oder mehrere Header-Felder; ein Header-Feld heißt auch **HTTP-Header**)
- **Leerzeile** (markiert das Ende des Teils der Header-Felder)
- *Message Body* (optional)

Die Request-Zeile enthält als Informationen die Methode (Request-Methode), die Request-URI und die HTTP-Protokollversion.

Eine einfache Anfrage sieht folgendermaßen aus: Beispiel 1
    Anfrage

```
GET /index.html HTTP/1.0 CRLF
CRLF
```

Die erste Zeile der Anfrage ist die Request-Zeile. Als Methode wird hier GET verwendet. Die angefragte Web-Ressource beim HTTP-Server ist über die Request-URI /index.html spezifiziert. Der HTTP-Client möchte über die HTTP-Version 1.0 kommunizieren. Im Beispiel gibt es keine Header-Felder. Dies wird dadurch ausgedrückt, dass als zweite Zeile direkt die Endmarkierung der Header-Felder, nämlich eine Leerzeile folgt. Einen *Message Body* hat die Beispielanfrage auch nicht.

Notation

In den Beispielen zu HTTP werden die nicht sichtbaren Zeichen CR und LF im Quellcode als CRLF eingetragen, um das zeilenbasierte Format der Nachrichten und die Leerzeile besser zu verdeutlichen.

Request-URI

Die Request-URI enthält den Pfadanteil und ggf. Query-Anteil einer HTTP-URL und darf nicht die leere Zeichenkette sein.

Zielcomputerfindung

Eine Frage, die hier entsteht, ist: Wie findet diese Anfrage ihr Ziel, da in der Request-URI nur ein lokaler Pfad und kein Domänenname eines Zielcomputers angegeben ist? Bitte erinnern Sie sich an den Ablauf des HTTP-Verbindungsaufbaus. Zuerst wird eine TCP-Verbindung zum Zielcomputer aufgebaut.

Dazu werden natürlich der Host- und Port-Anteil der HTTP-URL als Adresse des Zielcomputers zwingend benötigt. Danach wird über die bestehende TCP-Verbindung kommuniziert. Eine Zielauswahl ist also nicht mehr möglich. Aus diesem Grund wird bei der Request-URI auf die Angabe des Host- und Port-Anteils der HTTP-URL verzichtet.

Hinweis

Die Zielcomputerfindung musste durch die Einführung sogenannter virtueller Webserver neu erörtert und definiert werden. Bei der HTTP-Version 1.1 wird deshalb zwingend der HTTP-Header HOST gefordert, der den Host- und Port-Anteil aus der HTTP-URL enthält.

HTTP-Server 1.1

HTTP-Server zur HTTP-Version 1.1 müssen in der Request-URI auch vollständige URLs verarbeiten können. HTTP-Clients zur HTTP-Version 1.1 senden normalerweise trotzdem nur den Pfad- und ggf. Query-Anteil einer URL.

HTTP-Methoden

Die HTTP-Version 1.0 kennt die Methoden GET, POST und HEAD. Die Wirkung der Methoden wird in der Tab. 3.2-1 vorgestellt.

Für den Methodennamen ist die Groß- und Kleinschreibung relevant. Die HTTP-Version 1.1 kennt als weitere Methoden PUT, DELETE, TRACE, OPTIONS und CONNECT, auf die hier nicht näher eingegangen wird.

HTTP-Header

Zur Steuerung einer Anfrage sind die HTTP-Header vorhanden. HTTP-Header definieren Metainformation für die Behandlung einer HTTP-Nachricht. Man unterscheidet:

- General-Header: Allgemeine Steuerinformationen, die in jeder HTTP-Nachricht vorkommen können, z. B. die Uhrzeit des Versendens der Nachricht.

Methode	Wirkung
GET	Beschafft die durch die Request-URI spezifizierte Ressource. Der *Message Body* der Anfrage bleibt leer. Die Ressource wird im *Message Body* der Antwort erwartet.
POST	Die zu beschaffende Ressource wird durch die Request-URI und den Inhalt des *Message Bodys* der Anfrage spezifiziert. Die Ressource wird im *Message Body* der Antwort erwartet.
HEAD	Ermöglicht ein separates Abrufen der Header-Felder. Wie GET, jedoch wird die eigentliche Ressource nicht als Antwort gesendet. Der *Message Body* der Antwort bleibt leer. Einsatz: Vorweg-Beschaffung von Informationen über eine Ressource ohne diese vollständig abrufen zu müssen.

Tab. 3.2-1: Methoden des HTTP-Protokolls.

- Entity-Header: Zusatzinformationen über den Inhalt des *Message Bodys*. Wichtige Informationen sind z. B. der Inhaltstyp (MIME-Typ) und die Länge des *Message Bodys*.
- Request-Header: Steuerinformationen, die nur in der Anfrage auftreten dürfen. Beispiele hierfür sind Informationen, um welchen HTTP-Clienttyp es sich handelt oder welche Codierungen der HTTP-Client versteht.
- Response-Header: Steuerinformationen, die nur in der Antwort enthalten sein dürfen. Beispiele sind Angaben über den HTTP-Server oder Aufforderungen an den HTTP-Client für eine Authentifizierung, wenn die angeforderte Ressource geschützt ist.

Ein HTTP-Header ist ein Name-Wert-Paar mit der Syntax: Header-Syntax

HTTP-Header ::= Header-Name: Header-Wert CRLF

Für den `Header-Name` ist die Groß- und Kleinschreibung *nicht* relevant. Für den `Header-Wert` kann dagegen in Abhängigkeit des einzelnen HTTP-Headers die Groß- und Kleinschreibung relevant sein.

Eine typische Anfrage eines Browsers sieht wie folgt aus: Beispiel 2
                                                                       Anfrage

```
GET /some-path/index.htm HTTP/1.0 CRLF
User-agent: Mozilla/4.0 CRLF
Accept: text/html, image/gif, image/jpeg CRLF
Accept-language: fr, de, en CRLF
CRLF
```

In diesem Beispiel werden als HTTP-Header drei Request-Header eingesetzt.

Struktureller Aufbau einer HTTP-Antwort

Antwort Eine Antwort besteht aus vier Teilen in der Reihenfolge:

- ▪ **Status-Zeile**
- ▪ **Header-Felder** (kein, ein Header-Feld oder mehrere Header-Felder)
- ▪ **Leerzeile** (markiert das Ende des Teils der Header-Felder)
- ▪ *Message Body* (optional)

Eine Status-Zeile enthält die Informationen HTTP-Version, Status-Code und *Reason Phrase*.

Beispiel 3
Antwort

So sieht eine typische Antwort aus:

```
HTTP/1.0 200 OK CRLF
Date: Thu, 21 Aug 2007 18.15.27 GMT CRLF
Server: Apache/1.3.0 (Unix) CRLF
Last-Modified: Mon, 20 Aug 2007 CRLF
Content-Length: 6821 CRLF
Content-Type: text/html CRLF
CRLF
<html>...........................</html>
```

Die Status-Zeile sagt aus, dass die Anfrage erfolgreich bearbeitet werden konnte und die Antwort die angefragte Ressource zurückliefert. Die erfolgreiche Bearbeitung der Anfrage wird durch den Status-Code 200 und die *Reason Phrase* OK angezeigt. Dann folgen fünf HTTP-Header. Das erste Header-Feld ist ein General-Header, das zweite ein Response-Header und die letzten drei sind Entity-Header. Der Date-Header gibt Datum und Uhrzeit des Nachrichtenversandes an. Der HTTP-Header Server liefert Informationen zum Webservertyp. Das Header-Feld Last-Modified bezieht sich auf die zurückgelieferte Ressource. Für die Verarbeitung im HTTP-Client sind außerdem die beiden noch folgenden Header-Felder besonders wichtig. Das Header-Feld Content-Length gibt die Länge des *Message Bodys* in Byte an und wird vom HTTP-Client benötigt, um genau den Inhalt des *Message Bodys* lesen zu können.

Hinweis Es gibt keine Endmarkierung des *Message Bodys* und auch keine zeilenorientierte Strukturierung des *Message Bodys*. Deshalb muss das Header-Feld Content-Length angegeben werden oder die TCP-Verbindung am Ende des *Message Bodys* geschlossen werden, um dem HTTP-Client das Ende des *Message Bodys* anzuzeigen.

Mit dem Header-Feld Content-Type wird angegeben, dass die Ressource aus einer Webseite im HTML-Format besteht. Damit weiß der HTTP-Client, wie er die erhaltene Ressource interpretieren muss. Nach der Leerzeile folgt der HTML-Inhalt im *Message Body*.

Unterschied: HTTP-Version 1.0 und -Version 1.1

Die HTTP Version 1.1 ist eine Erweiterung von HTTP-Version 1.0. In Version 1.1 gibt es, wie schon erwähnt, weitere Methoden für die HTTP-Anfrage. Außerdem sind viele neue Header-Felder, insbesondere für das **Caching** von Webseiten, hinzugekommen. Das wichtigste neue Header-Feld ist wohl das Header-Feld Host, das den Host- und Port-Anteil einer HTTP-URL enthält. Für Details sei auf IETF-Standard RFC 2616 verwiesen.

Anfrageparameter

Eine Besonderheit bei der Spezifikation der angefragten Ressource bilden die **Anfrageparameter** (**Request-Parameter**). Anfrageparameter ergänzen von der Idee her die Angaben zum lokalen Pfad einer Ressource. Es wird dabei zwischen den Typen *Params* und *Query* unterschieden.

Params-Parameter treten nur als Teil der Pfadsegmente der Request-URIs auf (siehe »URI, URL und URN«, S. 40). Der Typ *Params* tritt eher selten auf und wird eigentlich nur zur Übertragung von sogenannten Session-IDs (siehe »Sitzungen – Grundlagen«, S. 206) verwendet, wenn im Browser Cookies (siehe »Cookies – Grundlagen«, S. 187) ausgeschaltet sind. *Params-Parameter*

Die Params-Parameter sind Bestandteil des Pfades und werden bei jedem Pfadsegment über das Zeichen ; oder das Zeichen , von der Ortsangabe getrennt angefügt. *Syntax*

Parameter des Typs *Query* sind dagegen permanent im Einsatz. Query-Parameter werden in Abhängigkeit der verwendeten Request-Methode in verschiedenen Teilen der Anfrage übertragen: *Query-Parameter*

■ Bei GET in der Request-URI als Anhang an den Pfad-Anteil.
■ Bei POST im *Message Body*.

Bei Webseiten mit Formularen werden nach dem Absenden eines Formulars die Werte der Formularfelder in Form von Name-Wert-Paaren als Query-Parameter kodiert und übertragen.

Diese Query-Parameter werden als **Formularparameter** bezeichnet. *Formularparameter*

Die allgemeine Syntax für Query-Parameter bei Verwendung der GET-Methode lautet: *Syntax*

`Pfad?qname1=qwert1&qname2=qwert2 ...`

Die Query-Parameter folgen nach dem Pfad. Als Trennzeichen zwischen Pfad und Query-Parametern dient das Zeichen ?. Bei den Query-Parametern werden der Name und der Wert durch das Zeichen = getrennt. Als Trennzeichen zwischen zwei Name-Wert-Paaren fungiert das Zeichen &.

```
GET /some-path;sessionid=xyz123?Gestalt=Kreis&Farbe=rot CRLF
... ggf. ein oder mehrere HTTP-Header ... CRLF
CRLF
```

Es werden ein Params-Parameter mit Name sessionid und Wert xyz123 sowie zwei Query-Parameter mit Namen Gestalt und Wert Kreis bzw. Namen Farbe und Wert rot übermittelt.

Die gleiche Anfrage mit der POST-Methode hat folgende Gestalt:

```
POST /some-path;sessionid=xyz123 CRLF
... ggf. ein oder mehrere HTTP-Header
CRLF
Gestalt=Kreis&Farbe=rot
```

URL-Codierung

Ein besonderes Problem stellt sich noch, wenn die Parameter Zeichen enthalten, die *nicht* im ASCII-Zeichensatz vorkommen. Bei den in der deutschen Sprache auftretenden Zeichen sind dies insbesondere die Umlaute Ä, ä, Ö, ö, Ü und ü sowie das Zeichen ß. Da das HTTP-Protokoll nur Zeichen mit Werten <= 127 zulässt, müssen andere Zeichen kodiert werden. Die verwendete Codierung wird als **URL-Kodierung** bezeichnet und funktioniert im Ansatz folgendermaßen:

Man nehme den Wert des Zeichens im verwendeten Zeichensatz und stelle ihn mit zwei Hex-Ziffern dar. Beispielsweise hat der Umlaut ä den Wert 228 im Zeichensatz ISO 8859–1 (im deutschen Sprachraum üblicher Zeichensatz). Der Wert 228 entspricht E4 in Hex-Darstellung. Als Fluchtsymbol wird das Zeichen % verwendet. Übertragen wird dann als URL-Kodierung des Zeichens die Folge % und die zwei Hexziffern. Für das Zeichen ä wird also die Zeichenkette %E4, bestehend aus drei Zeichen, übermittelt.

Die URL-Kodierung muss vorgenommen werden, gleichgültig, ob die Parameter in die Request-URI oder im *Message Body* übertragen werden.

In Webseiten kann bei Formularen definiert werden, dass keine URL-Kodierung vorgenommen wird, wenn die Formularparameter im *Message Body* versendet werden. Dies erfordert dann, dass HTTP-Client und HTTP-Server sich über andere Mechanismen über die verwendete Zeichencodierung gegenseitig verständigen. Weil dieses Vorgehen aber nicht die Standardeinstellung ist, wird es hier nicht weiter betrachtet.

Ein HTTP-Client, z. B. ein Browser, nimmt diese URL-Kodierung automatisch vor. Als Ersteller von Webseiten braucht man sich darum nicht zu kümmern. Bei der Verarbeitung einer Anfrage innerhalb einer Web-Anwendung auf dem HTTP-Server muss man sich prinzipiell um die Decodierung der URL-kodierten Parameter kümmern. Je nach verwendeter Sprache und Programmierumgebung muss die Decodierung vom Entwickler selbst realisiert werden. Bei komfortableren Systemen wird die Decodierung auf einen Funktionsaufruf reduziert oder gar automatisch vorgenommen.

4 JSP – Die Grundlagen 1 *

JSP (*JavaServer Pages*) ist eine Technik, um dynamisch HTML-Dokumente zu generieren. Die dynamisch generierten HTML-Dokumente bestehen dabei aus statischen Inhalten, die unabhängig von der konkreten Anfrage definiert werden können, und dynamischen Anteilen, die zur Anfragezeit in Abhängigkeit von Anfrageparametern berechnet werden müssen. JSP ermöglicht nun, den statischen Anteil direkt als HTML zu formulieren und in den statischen HTML-Anteil **JSP-Anweisungen** zu integrieren. Die JSP-Anweisungen werden zur Anfragezeit ausgeführt und steuern die dynamischen Inhalte zum Enddokument bei. Das Enddokument ist dann ein reines HTML-Dokument.

Grundidee

> Zur einfacheren Sprechweise bezeichnet der Begriff **HTML-Dokument** auch Webseiten, die neben HTML weitere, jedoch nur clientseitige Techniken wie CSS und JavaScript enthalten.

Hinweis

Eine **JSP-Seite** ist ein HTML-Dokument, das mit JSP-Anweisungen durchsetzt ist. Eine JSP-Seite wird in einer Datei mit Dateinamensendung `.jsp` abgespeichert. Die HTML-Anteile einer JSP-Seite heißen **Schablonentext**. Eine JSP-Seite muss keine HTML-Elemente, d. h. statischen Inhalt, enthalten. Sie kann ausschließlich aus JSP-Anweisungen aufgebaut sein. Eine JSP-Seite, d. h. eine Datei mit der Endung `.jsp`, muss keine JSP-Anweisungen enthalten. Sie kann auch nur aus HTML-Elementen bestehen. Eine JSP-Seite wird zur Anfragezeit von der **JSP-Engine** des Webservers verarbeitet. Ein Webserver mit einer JSP-Engine heißt auch **JSP-Server**.

Begriffe

JSP-Anweisungen sind intern mit der Programmiersprache Java verbunden und stellen dadurch letztlich die ganze Mächtigkeit von Java zur Verfügung. Die Verbindung mit Java tritt bei einigen JSP-Anweisungsarten, z. B. den JSP-Skriptelementen, deutlich hervor. Insgesamt lassen sich die JSP-Anweisungen in Gruppen einteilen, die als Teiltechniken aufgefasst werden können. Die Teiltechniken wurden immer weiterentwickelt mit dem Ziel, Personen, deren Erfahrungshintergrund aus dem Bereich Web-Design und Markup-Sprachen stammt, die Anwendung von JSP für die Erstellung von Webseiten zu ermöglichen.

Mächtigkeit

Außerdem ist es ein erklärtes Ziel der Erfinder von JSP, für die Rollen Web-Designer und Web-Programmierer jeweils adäquate Sprachmittel zur Verfügung zu stellen und eine rollenbasierte Arbeitsteilung zu unterstützen.

Rollen

Teiltechniken

Die JSP-Anweisungen, die in HTML-Dokumente eingebaut werden können, lassen sich verschiedenen Teiltechniken zuordnen. Die Menge der Teiltechniken ist seit dem Anfang von JSP im Jahre 1998 ständig gewachsen. Die Verfügbarkeit der Teiltechniken hängt von der JSP-Version ab.

Teiltechniken   Die Teiltechniken sind:

- Grundtechniken
- EL *(Expression Language)*, seit JSP-Version 2.0
- JSTL *(JSP Standard Tag Library)*, seit JSP-Version 1.2
- *Custom Tags*, je nach Variante seit JSP-Version 1.1, 1.2 bzw. 2.0

Die Grundtechniken gliedern sich in:

- Skriptelemente
- Direktiven
- Standardaktionen
- Implizite Objekte

JSP-Anweisungen

Die Gesamtheit aller Sprachkonstrukte dieser Teiltechniken sind die JSP-Anweisungen. Die Sprachkonstrukte der verschiedenen Teiltechniken haben teilweise gleichen syntaktischen und teilweise syntaktisch völlig verschiedenen Aufbau. Schon innerhalb der Grundtechniken werden verschiedene syntaktische Ansätze benutzt, was durch das ständige Wachsen der Techniken und dem starken Aufkommen von XML seit dem Jahr 2000 hervorgerufen wurde.

Syntaktische Gruppen   Die Menge der JSP-Anweisungen lassen sich in folgende syntaktische Gruppen einteilen:

- **Standardsyntaxanweisungen**: JSP-Anweisungen sind durch die begrenzenden Markierungen `<%` und `%>` gekennzeichnet, z. B. `<%= person.alter %>`
- **Standardaktionen**: Standardaktionen
- **EL-Syntaxanweisungen**: Ausdrücke sind in `${` und `}` eingeschlossen, z. B. `${a>b}`.

Groß- und Kleinschreibung   Die Groß- und Kleinschreibung ist für alle JSP-Anweisungen relevant.

Die Grundtechniken werden im Folgenden behandelt:

- »JSP-Skriptelemente im Detail«, S. 55
- »JSP-Direktiven«, S. 60
- »Standardaktionen«, S. 68
- »Implizite Objekte für Skripting«, S. 127

- »Kontexte«, S. 149
- »Standardsyntax und XML-Syntax für JSP-Seiten«, S. 393

Verzeichnisstruktur und Konfiguration einer Web-Anwendung

Eine Web-Anwendung, die eine JSP-Anwendung ist, muss eine vordefinierte Verzeichnisstruktur einhalten. Grob gesprochen, gibt es in der Verzeichnisstruktur einen öffentlich zugänglichen und einen privaten, nur für den JSP-Server sichtbaren und zugreifbaren Teil. Der private Teil liegt im Unterverzeichnis WEB-INF. Im privaten Teil befindet sich z.B. auch der Java-Bytecode der JavaBean-Klassen der JSP-Anwendung. Für den privaten Teil ist eine weitere Unterstruktur vorgegeben.

Des Weiteren können für eine JSP-Anwendung Initialisierungsparameter angegeben werden. Diese werden in der Konfigurationsdatei web.xml abgelegt und können von der JSP-Anwendung zur Laufzeit ausgelesen werden. Dies ist nur ein Beispiel für eine Konfigurationsmöglichkeit.

Die Verzeichnisstruktur und die Konfigurationsmöglichkeiten einer Web-Anwendung sehen wie folgt aus:

- »Verzeichnisstruktur einer JSP-Anwendung«, S. 154
- »Konfiguration einer JSP-Anwendung«, S. 159

Weiterführende Informationen zu JSPs finden hier:

- »Informationen zu JSPs«, S. 441

4.1 JSP-Skriptelemente im Detail *

JSP besitzt die Skriptelemente JSP-Deklarationen, JSP-Skriptlets, JSP-Ausdrücke und JSP-Kommentare. JSP-Deklarationen erlauben es, zusätzliche Attribute der JSP-Klasse zu definieren. Mit JSP-Skriptlets werden Java-Anweisungen in eine JSP-Seite eingebettet. JSP-Ausdrücke dienen zur Ausgabe von Java-Objektwerten in das Ergebnis der JSP-Seite.

Eine JSP-Seite besteht in der Regel aus einem HTML- bzw. XHTML-Gerüst (*template*, Schablone), in das JSP-Skriptelemente eingefügt sind. Es werden vier verschiedene Skriptelemente unterschieden: **JSP-Deklarationen**, **JSP-Skriptlets**, **JSP-Ausdrücke** und **JSP-Kommentare**.

Deklarationen <%! ... %>

- **Ziel:** Vereinbarung von Konstanten, (Objekt-)Variablen, Methoden (Operationen, Funktionen, Prozeduren) und Klassen einschl. inneren Klassen zur Java-Klasse einer JSP-Seite.

■ **Syntax:** `<%! Deklaration;[ Deklaration; ]+%>`
Mehrere Vereinbarungen können in einer Deklarations-Markierung stehen. Deklarations-Markierungen können an jeder Stelle einer JSP-Seite stehen.

Beispiele

```
<%! final int MWST = 19; %>
<%! float zaehler1, zaehler2, zaehler3; %>
<%! Kunde einKunde = new Kunde("Meyer"); %>
```

■ **Initialisierung:** Konstanten und Variablen können initialisiert werden, auch mit beliebigen Ausdrücken. Die Auswertung der Ausdrücke darf aber keine Ausnahmen erzeugen (sonst muss die Initialisierung in einem Skriptlet erfolgen). Die Initialisierung erfolgt automatisch beim Laden des entsprechenden **Objekts zur Java-Klasse**.

■ **Gültigkeitsbereich:** Die vereinbarten Konstanten, Variablen, Methoden und Klassen stehen allen Skriptlets einer JSP-Seite zur Verfügung. Vereinbarte Konstanten, Variablen und Klassen können innerhalb von Methoden verwendet werden. Deklarationen sind außerdem in allen statisch eingebundenen JSP-Seiten gültig. Statisch eingebunden werden JSP-Seiten mit der Direktive `include` (siehe »JSP-Direktive include«, S. 60). Die Deklarationen sind *nicht* gültig in JSP-Seiten, die mit der Standardaktion `<jsp:include>` (siehe: »JSP-Standardaktion include«, S. 70) eingebunden werden.

■ **Nebenläufigkeit**: In Deklarationen können **Variablen** vereinbart werden. Dies sollte man in der Regel nicht tun, denn von jeder JSP-Seite wird genau ein Objekt erzeugt. Auf dieses Objekt, und damit auf die vereinbarten Variablen, greifen alle Benutzer zu, die diese JSP-Seite von ihrem Browser aus aufgerufen haben, d. h. Variablen in JSP-Deklarationen werden von verschiedenen Threads gleichzeitig genutzt. Erfolgt der Zugriff der verschiedenen Benutzer unkoordiniert, dann können die Werte der Variablen eines Benutzers von anderen Benutzern überschrieben werden. Für einen sicheren Zugriff ist eine Synchronisation erforderlich. Die notwendigen Algorithmen dafür stellt die nebenläufige Programmierung zur Verfügung (siehe auch »Nebenläufigkeit in Web-Anwendungen«, S. 241). Konstanten können ohne Gefahr im Deklarationsteil vereinbart werden. Variablen werden deshalb in der Regel in Skriptlets vereinbart, außer sie verwalten Daten über einzelne Aufrufe hinweg. Dann muss man sich jedoch selbst um die Synchronisation kümmern.

■ Es gelten die **Java-Namensregeln**.

■ Eine Variable *darf nicht* mehrfach deklariert werden.

■ Jede Variable und Methode muss vor der ersten Benutzung deklariert sein.

- Variablen und Methoden, die in einem Paket deklariert sind, das mit der Direktive page importiert wird (siehe »JSP-Direktive page«, S. 62), können direkt benutzt werden (ohne erneute Deklaration).
- **Ausführung:** Zur Übersetzungszeit und Ladezeit des Objektes.

Skriptlets <% ... %>

- **Ziel:** Einbettung von Java-Anweisungen.
- **Syntax:** <% *Code-Fragment mit einer oder mehreren Zeilen*; %>
- Anweisungen können unvollständig sein. Die Transformation in eine Java-Klasse muss jedoch syntaktisch korrekten Java-Code ergeben.
- **Empfehlung:** Klammern { } auch dann angeben, wenn sie syntaktisch nicht erforderlich sind.
- **Ausnahmen:** Führen die Skriptlets zu Java-Ausnahmen *(Exceptions)*, dann können sie mit try und catch abgefangen werden; sie müssen es aber nicht. Alternativ kann auf eine Fehlerseite verzweigt werden (siehe »JSP-Direktive page«, S. 62).
- **Ausgabe:** Skriptlets erzeugen in der Regel selbst keine Ausgaben (dies geschieht durch den in HTML geschriebenen Schablonentext). Jedoch kann das implizite Objekt out (Exemplar einer Unterklasse von Writer) verwendet werden. Beim Objekt out handelt es sich um den Ausgabestrom. Alle Ausgaben, die in dieses Objekt geschrieben werden, erscheinen in der HTML-Datei, z. B. out.println("Hallo");. Soll eine Ausgabe im Konsolenfenster des verwendeten JSP-Servers erscheinen, wird die Anweisung System.out.println("Hallo"); verwendet.
- **Gültigkeitsbereich:** Variablen in Skriptlets werden in lokale Variablen der Service-Operation der Klasse zur JSP-Seite übersetzt (siehe »Transformation einer JSP-Seite in ein Servlet«, S. 108). Sie können daher nur in anderen Skriptlets der gleichen JSP-Seite verwendet werden, nicht in deklarierten Methoden. Beachte: <% int Tag; %> (lokale Variable) versus <%! int Tag; %> (Objektvariable in der Java-Klasse).
- **Verwendbare Objekte:** Implizite Objekte (siehe »Implizite Objekte für Skripting«, S. 127) und jedes Objekt, das in einer Standardaktion useBean (siehe »JSP-Standardaktionen für JavaBeans«, S. 86) deklariert ist, können benutzt werden.
- **Ausführung:** Zur Anfragezeit *(request)*.
- **Zeichenersetzungsregeln:** Um die Zeichenfolge %> im Skriptlet verwenden zu können, muss sie durch %\> ersetzt werden. Die Zeichenfolge <% außerhalb von Skriptlets muss ersetzt werden durch <\% : z. B.
  <p>Die Anfangsmarkierung in JSP ist <\%</p>

Das Zeichen \ *(backslash)* wird allgemein als *escape*-Zeichen verwendet.

Stehen mehrere Skriptlets direkt hintereinander, dann sollten sie zu einem Skriptlet zusammengefasst werden.

Beispiel

```
Statt
<% Skriptlet 1; %>
<% Skriptlet 2; %>
besser
<% Skriptlet 1;
Skriptlet 2%>
```

Dies erhöht die Lesbarkeit des Quellcodes der JSP-Seite.

Ausdrücke <%= ... %>

- **Ziel:** Schreiben des Werts eines Java-Ausdrucks in das Ausgabedokument (Ergebnisdokument zu einer Anfrage).
- **Syntax:** <%= *Ausdruck* %>
- **Ausführung:** Der Wert des Ausdrucks wird zur Anfragezeit *(request)* berechnet und bei einfachen Datentypen automatisch in ein Exemplar der Klasse `String` gewandelt.
- **Beachte:** Kein Zeichen ; (Semikolon) am Abschluss.
- <%= *Ausdruck* %> ist äquivalent zu
  <% out.print(Ausdruck); %>

Beispiel

```
<p> Aktuelle Zeit und aktuelles Datum:
<%= new java.util.Date() %></p>
```

- **Ausnahmen:** Müssen nicht behandelt werden.

Kommentare <%-- ... --%>

- JSP-Kommentare werden nicht in das durch die JSP-Seite erzeugte HTML-Dokument übernommen. Schachtelung ist nicht erlaubt.
- HTML-Kommentare werden dagegen ins Ergebnisdokument der JSP-Seite übernommen und können dynamisch mit Inhalt gefüllt werden: z. B.
  <!--Versionsnr.: <%= Version %> -->

Hinweis

Bei den JSP-Skriptelementen Deklaration, Ausdruck und Kommentar darf zwischen den beiden Einleitungszeichen <% und dem Folgezeichen *kein* Leerzeichen stehen.

Beispiele

Nachfolgend ein Beispiel, welches das Zusammenspiel von Deklarationen, Skriptlets, Ausdrücken und Kommentaren zeigt.

Beispiel 1a

buchpreis.jsp

```
1  <body>
2  <%-- Deklarationen --%>
3  <%! final int MWST_ERMAESSIGT = 7;
4  final String BUCH_JSP = "JavaServer Pages";
5  final float PREIS_JSP = 34.90f;
6  %>
7  <h4>Rechnung</h4>
8  <p>
9  Buch: <%= BUCH_JSP %><br />
10 Bruttopreis: <%= PREIS_JSP %><br />
11 <% float Nettopreis_JSP =
12 PREIS_JSP * 100.0f / (100.0f + MWST_ERMAESSIGT);
13 float MWST_JSP = PREIS_JSP - Nettopreis_JSP;
14 %>
15 Nettopreis: <%= Nettopreis_JSP %><br />
16 MWST: <%= MWST_JSP %>
17 </p>
18 </body>
```

Das gleiche inhaltliche Beispiel kann auch *ohne* Skriptlets realisiert werden, indem der Skriptlet-Code in Methoden verlagert wird. Die Methoden werden im Deklarationsteil definiert.

Beispiel 1b

buchpreis2.jsp

```
1  <body>
2  <%-- Deklarationen --%>
3  <%!
4  final int MWST_ERMAESSIGT = 7;
5  final String BUCH_JSP = "JavaServer Pages";
6  final float PREIS_JSP = 34.90f;
7
8  float getNettopreis_JSP()
9  {
10   float nettopreis =
11   PREIS_JSP * 100.0f / (100.0f + MWST_ERMAESSIGT);
12   return nettopreis;
13 }
14 float getMWST_JSP()
15 {
16   float mwst = PREIS_JSP - getNettopreis_JSP();
17   return mwst;
18 }
19 %>
20 <h4>Rechnung</h4>
21 <p>
22 Buch: <%= BUCH_JSP %><br />
23 Bruttopreis: <%= PREIS_JSP %><br />
24 Nettopreis: <%= getNettopreis_JSP() %><br />
25 MWST: <%= getMWST_JSP() %>
26 </p>
27 </body>
```

4.2   JSP-Direktiven *

Der Übersetzungsprozess und die Ausführung von JSP-Seiten können über **JSP-Direktiven** innerhalb der JSP-Seiten gesteuert werden.

Syntax   Die Syntax sieht folgendermaßen aus:

```
<%@ NameDerDirektive Attribut+ %>

Attribut ::= Attributname = "Wert"
```

Die Namen der zulässigen Attribute hängen von der verwendeten Direktive ab. Direktiven erzeugen *keine* Ausgabe.

Es werden drei verschiedene Direktiven unterschieden:

Die JSP-Direktive include erlaubt es zur Übersetzungszeit, Inhalte von anderen Dateien in eine JSP einzufügen:

■ »JSP-Direktive include«, S. 60

Die JSP-Direktive page ermöglicht es, für den Übersetzungsprozess einer JSP-Seite in eine JSP-Klasse Optionen einzustellen:

■ »JSP-Direktive page«, S. 62

Die JSP-Direktive taglib dient dazu, die Funktionalität von JSP durch Bibliotheken zu erweitern. Erweiterungsbibliotheken sind zum einen die JSTL und zum anderen selbst definierte Bibliotheken mit Hilfe von *Custom Tags*:

■ »JSP-Direktive taglib«, S. 66

4.2.1   JSP-Direktive include *

Sollen in verschiedene JSP-Seiten gleiche Elemente eingefügt werden, dann können über die Direktive include eine oder mehrere Dateien mit den wiederkehrenden Elementen zur Übersetzungszeit in die JSP-Seiten eingebunden werden. Die Inhalte dieser Dateien werden textuell in die JSP-Seite, welche die Direktive include enthält, eingefügt, d.h. hineinkopiert.

Anwendungs-   In manchen Websites soll auf jeder Webseite eine einheitliche
fälle   Information, wie z.B. ein Copyright-Hinweis, ein Firmenlogo, ein Menübalken oder ein Verweis auf den Webmaster, stehen. Solche wiederkehrenden Elemente werden am besten in Dateien ausgelagert und in die Webseiten eingebunden. Dadurch wird die Wartung erleichtert und die Änderungsfreundlichkeit erhöht. Wird eine solche eingebundene Datei dann geändert, erhalten alle Webseiten, welche die Datei benutzen, automatisch den neuen Dateiinhalt.

include   Die JSP-Direktive include erlaubt es, den Inhalt von Dateien zur Übersetzungszeit in die JSP-Seite, welche die Direktive include enthält, einzufügen.

Syntax

```
<%@ include file="Pfadangabe" %>
```

Es sind relative und absolute Pfadangaben erlaubt. Absolute Pfadangaben beginnen mit / und beziehen sich auf das Wurzelverzeichnis der Web-Anwendung, zu der die JSP-Seite gehört. Relative Angaben beziehen sich auf das Verzeichnis der aktuellen JSP-Seite, in welche die inkludierte Datei eingebettet wird. Die Pfadangabe muss zur Übersetzungszeit feststehen, d. h. sie kann nicht dynamisch durch ein Skriptlet bestimmt werden.

Die Abb. 4.2-1 zeigt, dass der Inhalt der Datei kopf.jsp zur Übersetzungszeit in die aktuelle JSP-Seite eingefügt wird.

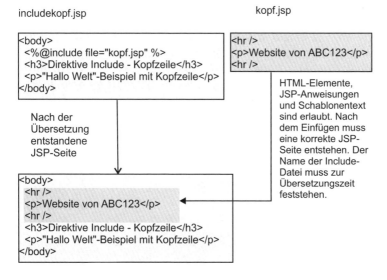

Abb. 4.2-1: Das Konzept der JSP-Direktiven include.

Die eingefügte Datei darf Schablonentext und auch wieder JSP-Anweisungen enthalten.

Die Direktive include ist vergleichbar mit der Präprozessoranweisung #include in der Programmiersprache C bzw. C++.

Die Direktive include kann geschachtelt werden, d. h. in einer mit include eingebundenen Datei kann wiederum eine Direktive include stehen. Es darf aber kein Zirkel entstehen!

Erproben Sie JSP-Direktive include mit einem eigenen Beispiel analog zu dem oben angegebenen Beispiel.

4.2.2   JSP-Direktive page **

Mit Hilfe der JSP-Direktive page können Attribute definiert werden, die für eine JSP-Seite einschließlich aller mit JSP-Direktive include eingebetteten Dateien gelten und den Übersetzungsprozess einer JSP-Seite in eine JSP-Klasse beeinflussen.

Durch die JSP-Direktive page kann der **Übersetzungsprozess** einer JSP-Seite beeinflusst werden. Es wird also gesteuert, welchen Inhalt die JSP-Klasse, d. h. die Java-Klasse, die aus der JSP-Seite erzeugt wird, bekommt. Da Dateien, die mit der Direktive include in eine JSP-Seite eingebunden werden, vor der Übersetzung in eine JSP-Klasse als Text in die JSP-Seite hineinkopiert werden, wirken die Direktiven page auch auf die so inkludierten Dateien. Die genauen Angaben zur Direktiven page werden in Attributen festgelegt. Eine JSP-Seite kann **mehrere** Direktiven page enthalten. Jedes Attribut darf aber nur jeweils **einmal** auftauchen, mit Ausnahme von import. Ist ein Attribut nicht angegeben, dann wird sein Voreinstellungswert verwendet.

Syntax   Die Syntax sieht folgendermaßen aus:

```
<%@ page [ language = "skriptsprache" ]
[ extends = "package.class" ]
[ import = "{ package.class | package.*}..." ]
[ session = " { true | false } " ]
[ buffer = " { none | sizekb } " ]
[ autoFlush = " { true | false } " ]
[ isThreadSafe = " { true | false } " ]
[ info = " text " ]
[ errorPage = " relativeURL " ]
[ contentType = " { mimeType [ ; charset = characterSet ] }" ]
[ isErrorPage = " { true | false } " ]
[ pageEncoding = " characterSet " ]
[ isElIgnored = " { true | false } " ]
%>
```

Attribute   Die Attribute haben folgende Bedeutung:
- language: Der Voreinstellungswert ist java. Mit diesem Attribut kann angegeben werden, welche Sprache als Skriptsprache in einer JSP-Seite verwendet wird. Im Kontext der vorliegenden Darstellung wird stets der Voreinstellungswert verwendet.
- import: Gleiche Funktion wie die import-Deklaration in einem Java-Programm, z. B. <%@ page import="java.util.*"%>.
- extends: Damit lässt sich definieren, von welcher Java-Klasse die JSP-Klasse zur JSP-Seite abgeleitet wird. Dieses Attribut sollte nur von Spezialisten, die auch die Implementierungen der JSP-Klassen genau kennen, verwendet werden.
- session: Ist der Wert true (Voreinstellung), dann steht die implizite Variable session in dieser JSP-Seite für

Skriptlets zur Verfügung. Diese Variable ist vom Typ `javax.servlet.http.HttpSession`. Exemplare dieser Klasse stellen einen Container bereit, in dem JSP-Seiten Informationen ablegen können. Diese Informationen können von allen JSP-Seiten der gleichen Sitzung gelesen und modifiziert werden.

- `buffer`: Erzeugt eine JSP-Seite eine Ausgabe, dann kann diese Ausgabe entweder direkt in den Ausgabestrom geschrieben oder zunächst zwischengepuffert werden. Durch die Zwischenpufferung werden die Schreibvorgänge reduziert und die Effizienz gesteigert. Tritt ein Fehler während der Ausführung einer JSP-Seite auf, dann kann der vorhandene Pufferinhalt gelöscht und stattdessen eine Fehlerseite aufgerufen werden. Mit dem Attribut `buffer` kann die Puffergröße in Kilobytes angegeben werden, z. B. `buffer="20kb"`. Voraussetzung dafür ist, dass der JSP-Server so einen Puffer zur Verfügung stellt. Per Voreinstellung wird ein Puffer mit der Mindestgröße 8KB verwendet (implementierungsabhängig). Ist die Ausführung einer JSP-Seite beendet, dann wird der Pufferinhalt an den Webclient geschickt. Soll kein Puffer verwendet werden, muss `buffer="none"` angegeben werden. Es wird empfohlen, die Voreinstellung dieses Attributs zu übernehmen. Schreibt eine JSP-Seite Informationen in den HTTP-Header, z. B. Cookies, dann muss dies vor der ersten Entleerung des Puffers geschehen, da HTTP-Header vor den Daten übertragen werden.

- `autoFlush`: Ist `autoFlush="true"` (Voreinstellung), dann wird der Puffer geleert und der Inhalt an den Webclient geschickt, sobald der Puffer voll ist. Anschließend wird die Verarbeitung fortgesetzt. Ist `autoFlush="false"`, dann wird bei einem Pufferüberlauf die Ausnahme `IOException` ausgelöst. Die Kombination `buffer="none"` und `autoFlush="false"` ist nicht erlaubt.

- `isThreadSafe` (Voreinstellung: true): Gilt die Voreinstellung, dann wird nur ein Exemplar der JSP-Klasse erzeugt. Jede Anfrage wird innerhalb eines Threads durchgeführt. Dadurch können zu einem Zeitpunkt mehrere Anfragen quasi-gleichzeitig ausgeführt werden. Hat das Attribut den Wert `false`, dann kann der JSP-Server mehrere Exemplare der JSP-Klasse erzeugen. In beiden Fällen muss der Zugriff auf gemeinsame Ressourcen synchronisiert werden. Im ersten Fall muss zusätzlich auch der Zugriff auf die Objektvariablen der JSP-Klasse koordiniert werden (siehe auch »Nebenläufigkeit in Web-Anwendungen«, S. 241).

- `info`: Hier kann eine Zeichenkette angegeben werden, die in Skriptlets über `this.getServletInfo()` abgerufen werden kann.

- `errorPage`: Tritt während der **Laufzeit** einer JSP-Seite ein Fehler auf, dann wird eine Ausnahme *(exception)* ausgelöst. Wird die Ausnahme nicht innerhalb der JSP-Seite behandelt, dann wird die Ausführung beendet. Der Server schickt in diesem Fall den HTTP-Statuscode 500 Internal Server Error an den Client und beendet die Anfrage. Bei einem ausgelieferten Produkt sollte das nicht mehr vorkommen. Zur Fehlerverfolgung von Laufzeitfehlern während der Entwicklung bietet JSP die Möglichkeit, anwendungsspezifische Fehlermeldungen zu erzeugen. Das Attribut errorPage kann als Wert die URL einer JSP-Seite erhalten. Diese JSP-Seite wird JSP-Fehlerseite genannt. Wird eine Ausnahme ausgelöst, dann wird die angegebene JSP-Fehlerseite aufgerufen.

- isErrorPage: Soll eine JSP-Seite als Fehlerseite verwendet werden, dann muss dieses Attribut den Wert true erhalten (Voreinstellung false). Dadurch wird die implizite Variable exception verfügbar (siehe Attribut errorPage). Um weitere Informationen zur Fehlerursache zu erhalten, kann die Operation printStackTrace(PrintWriter p) verwendet werden, welche die Fehlermeldung und die dynamische Aufrufhierarchie in ein Exemplar der Klasse Print-Writer schreibt. Der Aufruf muss folgendermaßen aussehen: exception.printStackTrace(new PrintWriter(out)) (siehe auch »Das implizite JSP-Skripting-Objekt exception«, S. 146).

- contentType: Über dieses Attribut wird der MIME-Typ des Ergebnisdokuments, welches an den Browser gesendet wird, angegeben. Zusätzlich kann mit charset=encoding die Codierung des Ergebnisdokuments spezifiziert werden. Diese Codierung muss vom Browser verstanden werden. Als Voreinstellung dient text/html. Eine typische Angabe für europäische JSP-Seiten ist text/html; charset=iso-8859-1. Für XHTML-Ergebnisdokumente lautet der korrekte MIME-Typ application/xhtml+xml, wobei zu bemerken ist, dass fast alle Browser auch mit dem MIME-Typ text/html für XHTML-Dokumente zurecht kommen. Der MIME-Typ wird stets vom JSP-Server durch Setzen des HTTP-Headers Content-Type in der HTTP-Response-Nachricht an den Browser gesendet.

- pageEncoding: Dieses Attribut gibt an, in welcher Codierung der Quelltext der JSP-Seite verfasst ist. Diese Codierung muss von der JSP-Engine im Webserver verstanden werden. Als Voreinstellung wird der Wert aus dem Attribut contentType Teil charset übernommen. Falls dieses Attribut nicht vorhanden ist oder dort keine Angaben zur Codierung vorhanden sind, ist der Voreinstellungswert bei JSP-Seiten iso-8859-1 und bei JSP-Dokumenten (JSP-Seiten in XML-Syntax) utf-8.

  □ Beispiel: Ist das Quelldokument eine JSP-Seite in Standardsyntax, ist diese JSP-Seite im Format iso-8859-1 kodiert und soll das Ergebnisdokument im Format iso-8859-1 kodiert werden, so sind in der JSP-Seite keine Direktiven für die Codierung notwendig, weil die Voreinstellungen schon die richtigen Werte angeben.

☐ Beispiel: Ist das Quelldokument eine JSP-Seite in Standardsyntax, ist diese JSP-Seite im Format `iso-8859-1` kodiert und soll das Ergebnisdokument im Format `utf-8` kodiert werden, so sind in der JSP-Seite die folgenden zwei Direktiven (oder eine Direktive mit beiden Attributen) notwendig:

○ `<%@ page pageEncoding="iso-8859-1" %>`

○ `<%@ page contentType="text/html; charset=utf-8" %>`

■ `isElIgnored`: Voreinstellung ist `false`. Bei Wert `false` werden EL-Ausdrücke zur Anfragezeit ausgewertet. Ist der Wert auf `true` gesetzt, so werden EL-Ausdrücke wie Schablonentext behandelt und zeichenweise ins Ergebnis übernommen.

Die Verwendung der Direktive `page` wird durch ein Beispiel veranschaulicht. Das Beispiel besteht aus den beiden JSP-Seiten `direktivepageerrorpage.jsp` und `direktivepageiserrorpage.jsp` und verwendet die Direktive `page` mit den Attributen `import`, `errorPage` und `isErrorPage`.

Beispiel

```
1   <body>
2   <%@page import="java.util.Date" %>
3   <%@page errorPage="direktivepageiserrorpage.jsp" %>
4   <h3>Direktive page - Attribut errorPage </h3>
5   <p>Geben Sie bitte eine ganze Zahl ein:</p>
6   <form method="get" action="">
7   <p>Zahl <input type="text" name="zahl" value="0" />
8   <input type="submit" value="Absenden" /></p>
9   </form>
10  <p> die Zahl um eins erhöht lautet:
11  <% int z =0;
12  if (request.getParameter("zahl")!=null)
13  {
14    z=Integer.valueOf(request.getParameter("zahl"));
15    z++;
16  }
17  %>
18  <%=z %>
19  </p>
20  <p>Zeitpunkt der Operation: <%= new Date() %></p>
21  </body>
```

direktivepage errorpage.jsp

Die JSP-Seite `direktivepageerrorpage.jsp` enthält ein Formular, in das der Anwender eine ganze Zahl eingibt. Nach Absenden des Formulars wird auf der Serverseite die Zahl aus dem Request-Parameter entnommen und um eins erhöht. Die um eins erhöhte Zahl wird durch die JSP-Anweisung in Zeile 18 im Ergebnisdokument ausgegeben. Der Zeitpunkt einer solchen Operation wird mit einem Java-Objekt der Klasse `Date` ermittelt und ebenfalls ausgegeben. Mit dem Attribut `import` der Direk-

tive page wird die Java-Klasse Date und deren Paketzugehörig-
keit bekannt gemacht. Fehlerhafte Eingaben des Anwenders,
z. B. Eingabe von Buchstaben statt einer ganzen Zahl, werden
implizit abgefangen. Hat der Anwender eine falsche Eingabe
getätigt, so wirft die Anweisung Integer.valueOf() in Zeile 14
eine Java-Ausnahme. Über das Attribut errorPage der Direktive
page, wird angegeben, dass beim Auftreten von Java-Ausnahmen, die Bearbeitung sofort und ohne Rückkehr an die Seite
direktivepageiserrorpage.jsp weitergeleitet wird.

direktivepageis
errorpage.jsp

```
1  <body>
2  <%@page isErrorPage="true" import="java.util.Date" %>
3  <h3>Direktive page - Attribut isErrorPage </h3>
4  <p>Dies ist eine Fehlerseite, die aufgerufen wird,
5  wenn eine Java-Ausnahme aufgetreten ist.</p>
6  <p>Beschreibung der Java-Ausnahme:<br />
7  <%=exception %>
8  </p>
9  <p><a href="direktivepageerrorpage.jsp">Zur Hauptseite</a>
10 </p>
11 <p>Zeitpunkt der Operation: <%= new Date() %></p>
12 </body>
```

In direktivepageiserrorpage.jsp enthält die Direktive page mehrere Attribute. Es soll dadurch gezeigt werden, dass die Attribute mehrerer Direktiven page auch alle in einer einzigen Direktive aufgeführt werden können. Das Attribut import macht
wieder die Java-Klasse Date bekannt. Das Attribut isErrorPage
mit Wert true gibt an, dass auf diese JSP-Seite von anderen
JSP-Seiten als Fehlerseite weitergeleitet werden darf. Außerdem bewirkt isErrorPage="true", dass in dieser Seite das implizite JSP-Skripting-Objekt exception in Skriptlets zur Verfügung
steht. In der Zeile 7 wird vom impliziten Objekt exception Gebrauch gemacht, um einen Fehlergrund zu ermitteln und ins
Ergebnisdokument auszugeben.

Empfehlung

Ein guter Programmierstil liegt vor, wenn alle Direktiven page
am Anfang einer JSP-Seite und nicht verstreut zwischen den
gesamten JSP-Anweisungen stehen.

4.2.3 JSP-Direktive taglib **

Die JSP-Direktive taglib dient zur gezielten Erweiterung der JSP-
Grundfunktionalität in einzelnen JSP-Seiten durch Bibliotheken,
die weitere Markup-Elemente als JSP-Anweisungen zur Verfügung stellen. Die JSP-Direktive taglib gibt an, welche Bibliotheken genutzt werden können.

Die JSP-Direktive `taglib` ermöglicht es, die Grundfunktionalität von JSP für einzelne JSP-Seiten gezielt zu erweitern. Die Erweiterungen erfolgen durch sogenannte **Tag-Bibliotheken** *(taglibs)*, d. h. Bibliotheken, die neue Markup-Elemente *(Tags)* mit festgelegter Semantik bereitstellen. Bei den Erweiterungen durch Tag-Bibliotheken kann es sich um Standarderweiterungen wie z. B. **JSTL** (siehe »Überblick über JSTL«, S. 419) oder um Erweiterungen, die anwendungsspezifisch sind, sogenannte **Custom Tags** (siehe »Überblick über Custom Tags«, S. 429), handeln.

Das Nutzen der neuen Funktionalität geschieht durch die Verwendung neuer Anweisungen, die als Markup-Elemente in eine JSP-Seite eingebaut werden. Vor der Nutzung müssen die Anweisungen, d. h. die Markup-Elemente, in einer JSP-Seite bekannt gemacht werden.

Zur Bekanntgabe der Anweisungen einer Tag-Bibliothek in einer JSP-Seite dient die Direktive `taglib`. Es gibt zwei Varianten dieser Direktive, welche die Implementierungsarten der Tag-Bibliotheken widerspiegeln:

Bekanntgabe Bibliothek

Syntax der Variante 1:

Variante 1

`<%@taglib uri = "URIzurBibliothek" prefix = "tagPrefix" %>`
Eine so bekannt gegebene Bibliothek ist in Java implementiert, d. h. die Funktionalität der einzelnen Elemente ist in Java-Klassen realisiert. Außerdem muss ein sogenannter Taglib-Deskriptor vorhanden sein, der die Verbindung zwischen dem `uri`-Wert und den Java-Klassen herstellt.

Syntax der Variante 2:

Variante 2

`<%@taglib tagdir = "PfadZurBibliothek" prefix = "tagPrefix" %>`
Bibliotheken der Variante 2 sind selbst als JSP-Seiten implementiert. Solche JSP-Seiten werden *Tag Files* genannt. Zu jedem Element der Bibliothek gibt es eine JSP-Seite, welche die Funktionalität des Elements realisiert. Der Wert von `tagdir` muss mit `/WEB-INF/tags/` beginnen, kann also das Verzeichnis `/WEB-INF/tags/` oder ein Unterverzeichnis davon adressieren. In diesem Verzeichnis müssen dann die JSP-Seiten liegen, welche die Elemente der Tag-Bibliothek implementieren.

Die neuen Elemente werden in der Syntax

Verwendung der neuen Elemente

`<tagPrefix:tagName>` oder
`<tagPrefix:tagName attributname = "attributwert" >`
in JSP eingebaut. Zur Adressierung der *Tags* ist also stets ein Präfix notwendig. Es ist nicht nur ein Attribut, sondern es sind auch mehrere Attribute in einem *Custom Tag* möglich.

Die Verwendung der Direktive `taglib` wird anhand der JSP-Seite `direktivetaglibtagdir.jsp` verdeutlicht. In dieser JSP-Seite wird eine eigene Tag-Bibliothek verwendet.

```
1  <body>
2  <%@ taglib tagdir="/WEB-INF/tags/" prefix="et" %>
3  <h3>Direktive taglib - Attribut tagdir </h3>
4  <p>Diese Seite nutzt das Element fuss aus einer eigenen
5  Tag-Bibliothek.</p>
6  <et:fuss />
7  </body>
```

Das Attribut `tagdir` der Direktive `taglib` gibt den Ort einer Tag-Bibliothek an. Im Beispiel ist der Ort das Verzeichnis `/WEB-INF/tags/` der Web-Anwendung. In diesem Verzeichnis müssen die Dateien zu den *Custom Tags* der Tag-Bibliothek liegen. Das Attribut `tagdir` definiert auch, dass die *Custom Tags* dieser Tag-Bibliothek als Tag-Files implementiert sein müssen. Ein Tag-File ist eine Implementierung eines *Custom Tags* als JSP-Seite. Die *Custom Tags* der Tag-Bibliothek können dann in `direktivetaglibtagdir.jsp` wie vordefinierte Elemente aus JSP verwendet werden. Allerdings müssen die *Custom Tags* mit einem Präfix notiert werden. Das Präfix wird über das Attribut `prefix` der Direktive `taglib` vom Programmierer der JSP-Seite `direktivetaglibtagdir.jsp` definiert, ist also *nicht* in der Tag-Bibliothek vorgegeben. Die Verwendung des *Custom Tags* fuss mit dem Präfix et ist in der Zeile 6 zu sehen. Das *Custom Tag* fuss wird bei der Verarbeitung von `direktivetaglibtagdir.jsp` als eigene JSP-Seite durchlaufen. Dabei wird das Verarbeitungsergebnis von fuss an der entsprechenden Stelle in das Ergebnisdokument von `direktivetaglibtagdir.jsp` eingefügt.

```
<p>Dies ist eine Fu&szlig;zeile aus einem eigenen Tag.</p>
```

Die Implementierung des *Custom Tags* fuss in der JSP-Datei `fuss.tag` ist leicht zu verstehen. Wichtig ist dabei, dass die Dateiendung nicht `.jsp` sondern `.tag` lautet.

Details zur Erstellung von Tag-Bibliotheken sind nachzulesen in

■ »Überblick über Custom Tags «, S. 429

Informationen zur Nutzung der Standard-Tag-Bibliothek JSTL sind zu finden in

■ »Überblick über JSTL«, S. 419

4.3 Standardaktionen *

Eine Teiltechnik von JSP sind die sogenannten **Standardaktionen**. Bei einer Standardaktion handelt es sich um eine JSP-Anweisung, die nur eine XML-Syntax besitzt. Standardaktionen wurden eingeführt, um den Erstellern von JSP-Seiten Programmierfunktionalität vereinfacht, d. h. ohne JSP-Skripting-Programmierung, zur Verfügung zu stellen. Mit den meisten Standardaktionen kann nur programmiert werden, was auch mit JSP-Skripting implementiert werden kann. Allerdings umfasst eine Standardaktion in der Regel eine Funktionalität, die nur mit mehreren Skripting-Anweisungen umgesetzt werden kann. Daher führt die Benutzung von Standardaktionen zu erheblich *kompakterem* Code. Da Standardaktionen sich syntaktisch nahtlos in das Bild der XHTML-Syntax einpassen, wird die JSP-Seite wesentlich übersichtlicher und damit insgesamt wartungs- und änderungsfreundlicher.

Eng verwandt mit Standardaktionen sind **Custom Tags** (siehe »Custom Tags«, S. 429), da diese den gleichen syntaktischen Aufbau wie Standardaktionen haben. Die Unterschiede liegen nur darin, dass Standardaktionen vordefinierte, in der JSP-Technik hinterlegte Namen und festgelegte Funktionalität haben, während *Custom Tags* vom JSP-Benutzer neu definierte Namen besitzen und deren Funktionalität individuell durch den Benutzer implementiert ist. Die Syntax für Standardaktionen sieht folgendermaßen aus:

```
<jsp:Aktionsname Aktionsattribute />
```
Syntax

oder mit Rumpf

```
<jsp:Aktionsname Aktionsattribute >
Schablonentext oder eingeschachtelte JSP-Anweisungen
</jsp:Aktionsname>

Aktionsname ::= { attribute | body | doBody | element | fallback |
forward | getProperty | include | invoke | output | param | params |
plugin | root | setProperty | text | useBean }
```

Die Standardaktionen im Überblick sind:

- ▨ Standardaktionen für das Einbetten und Verknüpfen von JSP-Seiten
  - ☐ `<jsp:include>` (siehe »JSP-Standardaktion include«, S. 70)
  - ☐ `<jsp:forward>` (siehe »JSP-Standardaktion forward«, S. 74)
- ▨ Standardaktionen für JavaBeans
  (siehe »JSP-Standardaktionen für JavaBeans«, S. 86)
  - ☐ `<jsp:useBean>`
  - ☐ `<jsp:setProperty>`
  - ☐ `<jsp:getProperty>`
- ▨ Standardaktionen für Plugins
  (siehe »JSP-Standardaktion plugin«, S. 82)
  - ☐ `<jsp:plugin>`
  - ☐ `<jsp:params>`

- ☐ `<jsp:fallback>`
- ▨ Standardaktionen für XML- und XHTML-Elemente
- ☐ `<jsp:element>` (siehe »JSP-Standardaktion element«, S. 89)
- ▨ Standardaktionen für JSP-Dokumente
  (siehe »Standardaktionen für JSP-Dokumente«, S. 402)
- ☐ `<jsp:root>`
- ☐ `<jsp:text>`
- ☐ `<jsp:output>`
- ▨ Standardaktionen für *Tag Files*
  (siehe »Einführung in Tag Files«, S. 430).
  Tag Files sind eine Implementierungsvariante für *Custom Tags*. Auf diese Standardaktionen wird hier nicht näher eingegangen.
- ☐ `<jsp:doBody>`
- ☐ `<jsp:invoke>`
- ▨ Eingeschachtelte Standardaktionen
- ☐ `<jsp:param>` (siehe »JSP-Standardaktion param«, S. 80)
  (nur nutzbar im Rumpf von `<jsp:include>`, `<jsp:forward>` und `<jsp:params>`)
- ☐ `<jsp:attribute>` (nur nutzbar im Rumpf anderer Standardaktionen oder *Custom Tags*)

Die konzeptionelle Nähe zwischen Standardaktionen und *Custom Tags* kommt auch dadurch zum Ausdruck, dass die Standaktion `<jsp:attribute>` bei beiden Techniken zum Einsatz kommt.

4.3.1   JSP-Standardaktion include *

Mit Hilfe der JSP-Standardaktion include können andere JSP-Seiten zur Laufzeit gestartet und deren Ergebnisse in das Ergebnis der aufrufenden JSP-Seite eingefügt werden. Anschließend wird die ursprüngliche JSP-Seite weiter ausgeführt. Die Pfadangaben der aufzurufenden JSP-Seiten können dynamisch während der Laufzeit ermittelt werden.

Die JSP-Standardaktion include ermöglicht es, die Ausgabe bzw. das Ergebnis einer JSP-Seite zur **Laufzeit** in das Ergebnis einer anderen JSP-Seite einzubetten. Trifft die JSP-Engine während der Abarbeitung einer JSP-Seite auf eine Standardaktion include, dann führt sie zunächst die in der Standardaktion genannte JSP-Seite aus (z. B. Ermittelung von Statistikdaten aus einer Datenbank) und bettet das Ergebnis (z. B. die Statistikdaten) in das Ergebnis der JSP-Seite ein, welche die Standardaktion include enthält. Danach wird die ursprüngliche JSP-Seite weiter ausgeführt.

In `formular.jsp` der Abb. 4.3-1 wählt der Benutzer aus, wel-   Beispiel
che Statistik er sehen möchte. Nach Absenden des Formulars
wird die JSP-Seite `aufruf.jsp` ausgeführt. Wurde die Statistik A
gewählt, dann wird die JSP-Seite `erzeugeA.jsp` aufgerufen und
ausgeführt. Das Ergebnis – hier A1 und A2 – wird in das Ergebnis von `erzeugeA.jsp`, d. h. in die erzeugte HTML-Seite eingebettet. Am Ende von `aufruf.jsp` wird die erzeugte HTML-Seite an
den Browser gesandt. Wurde die Statistik B gewählt, so ist das
Verhalten analog.

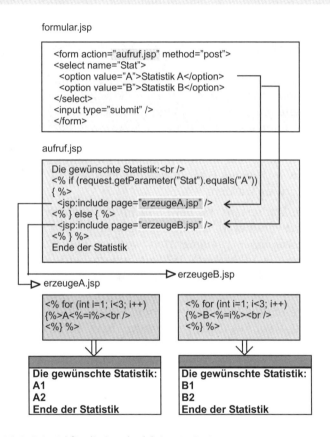

formular.jsp

```
<form action="aufruf.jsp" method="post">
<select name="Stat">
  <option value="A">Statistik A</option>
  <option value="B">Statistik B</option>
</select>
<input type="submit" />
</form>
```

aufruf.jsp

```
Die gewünschte Statistik:<br />
<% if (request.getParameter("Stat").equals("A"))
{ %>
  <jsp:include page="erzeugeA.jsp" />
<% } else { %>
  <jsp:include page="erzeugeB.jsp" />
<% } %>
Ende der Statistik
```

erzeugeA.jsp   erzeugeB.jsp

```
<% for (int i=1; i<3; i++)
{%>A<%=i%><br />
<%} %>
```

```
<% for (int i=1; i<3; i++)
{%>B<%=i%><br />
<%} %>
```

Die gewünschte Statistik:
A1
A2
Ende der Statistik

Die gewünschte Statistik:
B1
B2
Ende der Statistik

Abb. 4.3-1: Beispiel für die Standardaktion `include`.

Die Syntax sieht folgendermaßen aus:

`<jsp:include page="URL" flush="false / true" />`   Syntax

Das Attribut `page` gibt die URL der auszuführenden JSP-Seite an.
Angaben zum Protokoll, zu Portnummern und Hostnamen sind
nicht erlaubt. Möglich sind Angaben relativ zur aufrufenden JSP-
Seite oder absolute Angaben, die sich auf das Wurzelverzeichnis
der zugehörigen Web-Anwendung beziehen. Das Attribut `flush`

kann die Werte true oder false annehmen. Voreinstellung ist
false. Bei true wird vor Aufruf der zu inkludierenden Seite der
Ergebnispuffer geschrieben.

Dynamisch
URL berechnen

Der Wert von page kann dynamisch während der Laufzeit, z. B.
durch einen JSP-Ausdruck, ermittelt werden:

```
<jsp:include page="<%= ... %>"/>
```

Eine dynamisch ermittelte Pfadangabe muss als Zeichenkette
eingesetzt werden.

Beispiel

```
<%
   int i = 5;
   String test_str = "test.jsp?par="+i;
%>
<jsp:include page="<%= test_str %>" />
```

Syntaktisch
vollständig

Eine JSP-Seite, die eine Standardaktion include enthält, muss **syntaktisch vollständig**, d. h. eine komplette JSP-Seite sein, da nur
die erzeugte Ausgabe der inkludierten JSP-Seite ins Ergebnis,
nicht aber deren Quelltext in die JSP-Seite eingefügt wird. Ebenso
muss eine inkludierte JSP-Seite syntaktisch vollständig sein. Eine JSP-Seite kann von mehreren anderen JSP-Seiten mit der Standardaktion include oder sogar von der gleichen JSP-Seite mehrmals aufgerufen werden.

Übergabe
weiterer
Parameter

In der inkludierten JSP-Seite kann in Skriptlets auf alle Request-Parameter der entsprechenden Anfrage mittels
request.getParameter() zugegriffen werden. Sollen weitere Parameter an die inkludierte JSP-Seite übergeben werden, dann
kann dies mit der Standardaktion param geschehen (siehe »JSP-
Standardaktion param«, S. 80).

Alternative:
Direktive
include

Liegt der einzufügende Text statisch vor (z. B. Copyright-Anga-
ben, HTML-Meta-Angaben, Operations- bzw. Methodendeklara-
tionen), d. h. muss er nicht – wie beispielsweise bei einer Statistik
im obigen Beispiel – dynamisch während der Laufzeit berechnet
werden, dann sollte die Direktive include verwendet werden (siehe »JSP-Direktive include«, S. 60). Ein Hauptunterschied ist, dass
der Name der Datei, welche eingebunden werden soll, bei der
Anwendung von <jsp:include> zur Anfragezeit berechnet werden
kann und nicht schon zum Übersetzungszeitpunkt der JSP-Seite
bekannt sein muss.

Gemischte
Verwendung

Beim gemischten Einsatz der Standardaktion <jsp:include> und
der Direktiven include muss bei Verwendung von relativen Pfadangaben genau gearbeitet werden. Bei der Pfadangabe ist zu
beachten, dass relative Pfade sich immer auf die JSP-Seite beziehen, in die eine Datei letztlich eingebunden wird. Sind nur zwei
Dateien beteiligt, dann gibt es kaum ein Verständnisproblem. In
diesem Fall bezieht sich der relative Pfad auf das Verzeichnis,

in dem die inkludierende JSP-Seite abgespeichert ist. Liegen drei Dateien mit Schachtelung vor, kann es zu Missverständnissen kommen. Zur Klarstellung betrachten Sie nachfolgende Fälle.

Es seien folgende Dateien und folgende Verzeichnisstruktur gegeben:

Relative
Pfadangabe

```
/hauptverz/A.jsp
/hauptverz/C.jsp
/hauptverz/Unter1/B.jsp
/hauptverz/Unter1/C.jsp
```

- Fall 1: In `A.jsp` steht die Standardaktion `<jsp:include page="Unter1/B.jsp" />` und in `Unter1/B.jsp` steht `<jsp:include page="C.jsp" />` zur Inklusion.
  Dann wird mit `C.jsp` die Datei `/hauptverz/Unter1/C.jsp` ausgewählt.
- Fall 2: In `A.jsp` steht die Standardaktion `<jsp:include page="Unter1/B.jsp" />` und in `Unter1/B.jsp` steht die Direktive `<%@include file="C.jsp" %>` zur Inklusion.
  Dann wird mit `C.jsp` auch die Datei `/hauptverz/Unter1/C.jsp` adressiert.
- Fall 3: In `A.jsp` steht die Direktive `<%@include file="Unter1/B.jsp" %>` und in `Unter1/B.jsp` steht `<%@include file="C.jsp" %>` zur Inklusion.
  Dann wird mit `C.jsp` die Datei `/hauptverz/Unter1/C.jsp` angesprochen.
- Fall 4: In `A.jsp` steht die Direktive `<%@include file="Unter1/B.jsp" %>` und in `Unter1/B.jsp` steht die Standardaktion `<jsp:include page="C.jsp" />` zur Inklusion.
  Dann wird mit `C.jsp` die Datei `/hauptverz/C.jsp` angesprochen. Es wird nämlich im ersten Schritt beim Übersetzungsvorgang von `A.jsp` die Datei `/hauptverz/Unter1/B.jsp` in den Quelltext von `A.jsp` hineinkopiert. Dabei wird der Wert des Attributs `page` von `<jsp:include>` in der Datei `B.jsp` einfach als Zeichenkette übernommen, weil `<jsp:include>` erst zur Laufzeit ausgewertet wird. Zur Laufzeit von `A.jsp` ist das Bezugsverzeichnis natürlich `/hauptverz/`, weil `A.jsp` dort abgespeichert ist. Also wird zur Laufzeit der Wert von `page` zu `/hauptverz/C.jsp` und nicht zu `/hauptverz/Unter1/C.jsp` evaluiert.

In den ersten drei Fällen entsteht das intuitiv erwartete Ergebnis. Beim vierten Fall entsteht ein Ergebnis, für das der Unterschied zwischen den Abarbeitungszeitpunkten von Standardaktionen und Direktiven entscheidend ist.

Relative Pfade sind bei geschachtelter Inkludierung und Mischung der Standardaktion `<jsp:include>` mit der Direktive `include` fehleranfällig in der Benutzung.

Programmieren Sie ein analoges Beispiel wie oben, bei dem eine JSP-Seite eine andere JSP-Seite mit der Standardaktion `<jsp:include>` einbettet und sehen Sie sich das Ergebnis an.

4.3.2 JSP-Standardaktion forward *

Mit Hilfe der JSP-Standardaktion forward ist es möglich, die Kontrolle an eine andere JSP-Seite oder ein anderes Servlet weiterzugeben. Die Ausführung der aktuellen, aufrufenden JSP-Seite wird dann beendet und es wird nicht mehr zu ihr zurückgekehrt. Die JSP-Seite, welche die Kontrolle übergeben bekommt, kann während der Laufzeit ermittelt werden.

Kontrolle weitergeben

Die JSP-Standardaktion forward ermöglicht es, eine Anfrage an andere JSP-Seite oder an ein Servlet (siehe »Servlets: Basis von JSPs«, S. 93) weiterzuleiten. Die Ausführung der aktuellen JSP-Seite wird beendet und auch nicht wieder aufgenommen. Dies ist ein wesentlicher Unterschied zu der Standardaktion include und zu klassischen Operationsaufrufen! Die Syntax sieht folgendermaßen aus:

Syntax

```
<jsp:forward page="URL" />
```

Semantik

Das Attribut page gibt die URL der auszuführenden JSP-Seite oder des Servlets an. Angaben zum Protokoll, zu Portnummern und Hostnamen sind *nicht* erlaubt. Möglich sind Angaben relativ zur aufrufenden JSP-Seite oder absolute Angaben, die sich auf das Wurzelverzeichnis der zugehörigen Web-Anwendung beziehen.

Dynamisch URL berechnen

Die URL kann dynamisch während der Laufzeit, z. B. durch einen JSP-Ausdruck, ermittelt werden:

```
<jsp:forward page="<%= ... %>" />
```

Eine dynamisch ermittelte URL muss als Zeichenkette eingesetzt werden.

Beispiel

```
<%
    int i = 5;
    String test_str = "test.jsp?par="+i;
%>
<jsp:forward page="<%= test_str %>" />
```

Anwendungsbereiche

Die Standardaktion forward kann in folgenden Situationen eingesetzt werden:

- Überprüfung der Eingaben in Formularen:
  Eine JSP-Hauptseite prüft die Formulareingaben. Sind die Formulareingaben korrekt, so wird per `<jsp:forward>` an die JSP-Seite weitergeleitet, die den nächsten Schritt in der Web-Anwendung darstellt. Sind die Formulareingaben *nicht* korrekt oder unvollständig, dann wird mit `<jsp:forward>` an die JSP-

Seite delegiert, die dem Benutzer die gleiche Formularseite mit zusätzlichen Hinweisen erneut angezeigt.

■ Auswahl anhand mehrerer Kriterien:
Kann der Benutzer mit Hilfe von Auswahllisten mehrere Kriterien kombinieren, dann kann für jede Kombination eine JSP-Seite berechnet werden, an welche die weitere Verarbeitung der Anfrage delegiert wird.

■ Eingabe von Daten und nach Speicherung Weiterleitung zur Anzeige:
Der Benutzer gibt beispielsweise Turnierergebnisse mit Hilfe eines Formulars ein. Nach Absenden des Formulars werden die Daten von einer ersten JSP-Seite verarbeitet, z. B. über eine JavaBean in einer Datenbank gespeichert. Die Anfrage wird nach der Speicherung an eine andere JSP-Seite weitergeleitet, welche die Daten ausliest und als Liste in einer HTML-Seite ausgibt.

In den nachfolgenden JSP-Seiten wird eine Turnierverwaltung in vereinfachter Form realisiert. Ein Turnier besteht aus zwei Spielern, die pro Runde eine Punktezahl erwerben. In einem Formular der JSP-Seite `turniereingabe.jsp` wird diese Punktzahl der Spieler eingetragen und durch Absenden mit den bereits vorher erzielten Punkten verrechnet (Abb. 4.3-2). Die Prüfung und Verrechnung der Eingaben erfolgt in `turnierverarbeite.jsp`. Das Speichern der Punkte erfolgt in einem Java-Objekt der Klasse `BeanTurnier`. Nach der Verarbeitung der Eingaben wird die Erzeugung des Ergebnisdokuments an eine JSP-Folgeseite delegiert. Je nach Eingabe »korrekte Eingabe«, »falsche Eingabe« oder »Eingabe Neues Turnier« wird eine andere Folgeseite angesteuert. Gemeinsam ist allen JSP-Seiten, dass sie das gleiche implizite Objekt `request` nutzen können, was zwei der fünf JSP-Seiten auch tun. Ebenso verwenden drei der fünf JSP-Seiten das gleiche Java-Objekt der Klasse `BeanTurnier`. `BeanTurnier` ist sogar eine JavaBean-Klasse. Was eine JavaBean-Klasse ist, wird später in »JavaBeans«, S. 169 erklärt und ist für das Verständnis des vorliegenden Beispiels nicht relevant.

Beispiel

```
<body>
<h3>Turnier</h3>
<form method="get" action="turnierverarbeite.jsp">
<p>Spieler 1 <input type="text" name="s1" value="" /><br />
Spieler 2 <input type="text" name="s2" value="" /><br /><br />
<input type="submit" name="absenden" value="Absenden" /><br />
<input type="submit" name="neu" value="Neues Turnier" /><br />
</p>
</form>
</body>
```

*turnier
eingabe.jsp*

turnier
verarbeite.jsp

```
<body>
<%@page import="jsplernen.BeanTurnier" %>
<%
String targetpage="turnieranzeige.jsp";
String cmd = request.getParameter("neu");
if (cmd == null)
{
  try
  {
    int s1 = Integer.valueOf(request.getParameter("s1"));
    int s2 = Integer.valueOf(request.getParameter("s2"));
    BeanTurnier turnier=BeanTurnier.getInstance();
    turnier.addPunkte(s1,s2);
  } // try
  catch (Exception e) {
      targetpage="turnierfehlerseite.jsp";
  } // catch
} // if
else {
    targetpage="turnierneu.jsp";
} //else
%>
<jsp:forward page="<%= targetpage%>" />
</body>
```

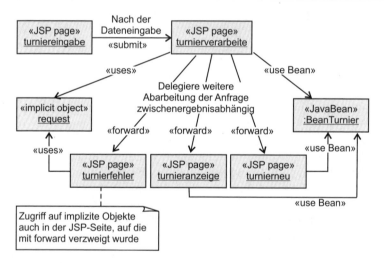

Abb. 4.3-2: Beispielszenario für den Einsatz der Standardaktion forward.

turnier
anzeige.jsp

```
<body>
<%@page import="jsplernen.BeanTurnier" %>
<h3>Turnier: Aktueller Stand</h3>
<%
BeanTurnier turnier=BeanTurnier.getInstance();
int p1=turnier.getPunkte1();
int p2=turnier.getPunkte2();
```

```
%>
<p>
Spieler 1: <%= p1 %> Punkte<br />
Spieler 2: <%= p2 %> Punkte<br />
<a href="turniereingabe.jsp">Zur Hauptseite</a>
</p>
</body>
```

```
<body>
<h3>Turnier: Fehlerseite</h3>
<p>Geben Sie bitte ganze Zahlen ein.</p>
<p>Gefundene Eingabe:<br />
Spieler 1: <%= request.getParameter("s1") %><br />
Spieler 2: <%= request.getParameter("s2") %><br />
<a href="turniereingabe.jsp">Zur Hauptseite</a>
</p>
</body>
```
turnier
fehler.jsp

```
<body>
<%@page import="jsplernen.BeanTurnier" %>
<h3>Turnier: Neues Turnier erzeugt</h3>
<%
  BeanTurnier turnier = BeanTurnier.getInstance();
  turnier.setPunkte1(0);
  turnier.setPunkte2(0);
%>
<p>
<a href="turniereingabe.jsp">Zur Hauptseite</a>
</p>
</body>
```
turnier
neu.jsp

```
package jsplernen;

public class BeanTurnier {
  private int punkte1 = 0;
  private int punkte2 = 0;
  private static BeanTurnier dasTurnier;

  // privater Konstruktor für Singleton-Realisierung
  private BeanTurnier()
  {
  }
  // Zugriff auf einziges Objekt der Klasse BeanTurnier
  public static BeanTurnier getInstance()
  {
    if (dasTurnier == null)
      dasTurnier = new BeanTurnier();
    return dasTurnier;
  } // getInstance()

  // property 'punkte1': getter and setter
  public int getPunkte1() { return punkte1; }
  public void setPunkte1(int v) { punkte1 = v; }

  // property 'punkte2': getter and setter
  public int getPunkte2() { return punkte2; }
  public void setPunkte2(int v) { punkte2 = v; }
```
Bean
Turnier.java

```
//  operation: Punkte eintragen
public void addPunkte(int v1, int v2)
{
   punkte1 += v1;
   punkte2 += v2;
}
} // class BeanTurnier
```

Die Klasse BeanTurnier wird als Singleton realisiert, damit für den Datenaustausch zwischen verschiedenen JSP-Seiten keine noch nicht behandelten JSP-Konzepte wie »Kontexte als Gültigkeitsbereiche« und »Zusätzliche Initialisierung einer JSP-Seite mit init()« notwendig sind. Für das Beispiel bedeutet die Realisierung als Singleton, dass stets nur ein Turnier zur gleichen Zeit verwaltet werden kann. Damit ist die Funktionalität der Turnierverwaltung stark vereinfacht. Eine Abspeicherung der Turnierergebnisse in einer Datenbank erfolgt auch nicht. Einen Datenbankanschluss würde man in der Klasse BeanTurnier implementieren. Für die Verdeutlichung der Wirkungsweise der Standardaktion forward reicht die vereinfachte Funktionalität der Turnierverwaltung jedoch vollkommen aus.

Übergabe weiterer Parameter

Ist die Kontrolle an die per <jsp-forward> aufgerufene JSP-Seite (JSP-Zielseite) übergeben, dann kann in dieser JSP-Zielseite auf alle Request-Parameter der ursprünglichen Anfrage mittels request.getParameter("parName") zugegriffen werden. Sollen von der aufrufenden JSP-Seite weitere Parameter an die JSP-Zielseite übergeben werden, dann kann dies mit der Standardaktion param geschehen (siehe »JSP-Standardaktion param«, S. 80).

Puffer wird gelöscht

Wurde bei der Ausführung der aufrufenden JSP-Seite bereits eine Ausgabe erzeugt und in den Ausgabe-Puffer geschrieben, dann wird der Puffer vor der Weiterleitung der Anfrage gelöscht.

Pufferung abgeschaltet

Hat eine JSP-Seite mit der Direktive page (siehe »JSP-Direktive page«, S. 62) die Pufferung abgeschaltet und wurde schon eine Ausgabe erzeugt, dann löst die Verwendung der Standardaktion forward in dieser JSP-Seite die Ausnahme IllegalStateException aus. Das bedeutet, dass bei abgeschalteter Pufferung nach der Ausführung der Standardaktion include die Standardaktion forward *nicht* mehr möglich ist und zu einem Laufzeitfehler führt.

Implizite Objekte

Die beiden impliziten Objekte request und response (siehe »Implizite Objekte für Skripting«, S. 127) werden an die JSP-Zielseite weitergeleitet. Das Objekt request kann auch bei dieser Aktion dazu verwendet werden, Informationen als Attribute im Kontext *Request* zu hinterlegen und dadurch weiterzuleiten (siehe »Kontexte«, S. 149).

Programmieren Sie ein einfaches Beispiel, in dem sie die Kontrolle an eine andere JSP-Seite weitergeben. Greifen Sie von dort aus
auf die Request-Parameter, die vom Webbrowser gesendet werden, zu.

4.3.3 JSP-Standardaktion include vs. forward **

Die JSP-Standardaktionen include und forward bewirken beide,
dass der Kontrollfluss zu einer anderen JSP-Seite wechselt. Bei
include wird das Ergebnis der aufgerufenen JSP-Seite in das Ergebnis der rufenden JSP-Seite eingebettet und die rufende JSP-
Seite setzt anschließend ihre Arbeit fort. Bei forward kehrt die
Kontrolle *nicht* zur rufenden JSP-Seite zurück. Dies ist ein wesentlicher Unterschied zu klassischen Operationsaufrufen!

Die **Unterschiede** zwischen den JSP-Standardaktionen include
und forward sind in der Tab. 4.3-1 gegenübergestellt.

	include	forward
Abarbeitung der aktuellen JSP-Seite	Wird unterbrochen und danach wieder fortgesetzt.	Wird abgebrochen, d. h. unterbrochen und *nicht* wieder aufgenommen.
Gepufferte Ausgabe	Der Pufferinhalt wird vor Ausführung von include an den Client geschickt, wenn flush="true" gesetzt ist.	Der Puffer wird vor Ausführung von forward geleert. Wurde der Puffer vorher gefüllt und der Inhalt versendet, so wird IllegalStateException ausgelöst.
Ungepufferte Ausgabe	Zugelassen.	Ist schon eine Ausgabe erfolgt, wird IllegalStateException ausgelöst.
Setzen von HTTP-Headern	In aufgerufener Seite nicht möglich.	In aufgerufener Seite möglich.
Ausführung	Zur Laufzeit.	Zur Laufzeit.
Anzahl dieser Standardaktionen in einer JSP-Seite	Beliebig viele; alle werden ausgeführt.	Beliebig viele, aber nur eine wird ausgeführt.
Schachtelung	Erlaubt.	Erlaubt.
Zu beachten	Fehlerseiten nach inclu- de flush="true" ergänzen die bisherige Ausgabe und ersetzen diese nicht.	forward kann nach include flush="true" *nicht* verwendet werden.

Tab. 4.3-1: Gegenüberstellung Standardaktion include vs. forward.

4.3.4   JSP-Standardaktion param *

Mit der JSP-Standardaktion param ist es möglich, Name-Wert-Paare als zusätzliche Parameter (angehängt an die Parameter des HTTP-Requests) an Zielseiten, die mit den Standardaktionen forward bzw. include angesteuert werden, weiterzugeben. Die Standardaktion param tritt dabei im Rumpf der Standardaktion forward bzw. include auf. Innerhalb der JSP-Standardaktion plugin und dort innerhalb der Aktion params können an Java-Applets und JavaBeans ebenfalls Parameter übergeben werden.

Zusätzliche Infos weitergeben

Die JSP-Standardaktion param wird benutzt, um **Name-Wert-Paare** zu definieren, die an andere Standardaktionen weitergegeben werden sollen. Die Standardaktion param kann nur in den Aktionen include, forward und params bzw. plugin verwenden werden. Die Syntax sieht von param folgendermaßen aus:

Syntax

```
Parameter ::= <jsp:param name="Parametername"
value="{ Parameterwert | <%= Ausdruck %> }" />
```

Anwendung in include

Wenn Sie mit der JSP-Standardaktion include (siehe »JSP-Standardaktion include«, S. 70) das Ergebnis der Zielseite in die eigene JSP-Seite einfügen, können Sie mit der Standardaktion param zusätzliche Parameter an die Zielseite übergeben.

Syntax

```
<jsp:include page="URL"> [ Parameter + ] </jsp:include>
```

Semantik

Parameter, die durch die Standardaktion param angegeben sind, werden zu den Parametern der ursprünglichen Anfrage hinzugefügt. Die Zielseite kann sowohl auf die ursprünglichen als auch auf die neuen Parameter in Skriptlets mit request.getParameter("Parametername") zugreifen (siehe »Das implizite JSP-Skripting-Objekt request«, S. 130).

Beispiel

```
<jsp:include page="navigationsbaum.jsp">
  <jsp:param name="Hintergrundfarbe"
          value="<%= aktuelleHintergrundfarbe %>" />
</jsp:include>
```

Der Zugriff auf den Parameter Hintergrundfarbe erfolgt mit request.getParameter("Hintergrundfarbe").

Anwendung in forward

Auch wenn Sie mit der JSP-Standardaktion forward (siehe »JSP-Standardaktion forward«, S. 74) die Kontrolle an eine andere JSP-Seite weitergeben, kann die Zielseite auf alle Request-Parameter der Anfrage zugreifen. Wollen Sie an die Zielseite weitere Parameter übergeben, dann können Sie ein oder mehrere Standardaktionen param dafür benutzen.

```
<jsp:forward page="URL"> [ Parameter + ] </jsp:forward>
```
Syntax

Die Semantik ist identisch mit der bei include beschriebenen (siehe oben). Semantik

Wird in einer Standardaktion param ein Parametername vergeben,
der mit dem Namen eines Request-Parameters übereinstimmt,
dann wird der neue Wert zur Liste mit den bereits existieren-
den Werten des Parameters hinzugefügt. Enthält die Anfrage beispielsweise das Name-Wert-Paar Rabatt=10 und der in param neu
angegebene Parameter das Name-Wert-Paar Rabatt=20, dann wird
folgendes weitergegeben: Rabatt=20,10. Der neue Wert wird an
den Anfang der Werteliste gesetzt! Gleiche
Parameter-
namen

In diesem Beispiel erfolgt eine Parametereingabe über ein Formular. Die JSP-Seite jspforwardmitparam.jsp leitet die Verarbeitung an die JSP-Seite jspforwardmitparamverarbeitung.jsp weiter
und fügt einen neuen Parameter3 hinzu. Außerdem wird für den
Parameter1 der zusätzliche Wert 100 gesetzt. Beispiel

formular
param.html
```
<body>
<h3>Standardaktion &lt;jsp:forward&gt; mit
Parameterübergabe</h3>
<form action="jspforwardmitparam.jsp" method="get">
<p>Parameter 1 <input type="text" name="Parameter1" /><br />
Parameter 2 <input type="text" name="Parameter2" /><br />
<input type="submit" value="Anfrage senden" /></p>
</form>
</body>
```

Nehmen Sie an, dass im Formular bei Parameter1 der Wert 1 und
bei Parameter2 der Wert 2 eingegeben wurde.

jspforward
mitparam.jsp
```
<body>
<%--
   Hier wird das Formular weitergeleitet.
   Neue Parameter werden hinzugefügt.
--%>
<jsp:forward page="jspforwardmitparamverarbeitung.jsp" >
    <jsp:param name="Parameter1" value="100"/>
    <jsp:param name="Parameter3" value="300"/>
</jsp:forward>
</body>
```

Ein neuer Parameter wird hinzugefügt und zu Parameter1 wird
ein neuer Wert eingefügt.

jspforward
mitparamver
arbeitung.jsp
```
<body>
<h3>Ausgabe der Parameter:</h3>
<% String [] Parameter1 =
   request.getParameterValues("Parameter1"); %>
<p>Parameter 1: <%= Parameter1[0] %><br />
Parameter 1: <%= Parameter1[1] %><br />
Parameter 2: <%= request.getParameter("Parameter2") %><br />
Parameter 3: <%= request.getParameter("Parameter3") %><br /></p>
</body>
```

Die Abb. 4.3-3 zeigt die Ausgabe im Webbrowser. Sie sehen in der Abb. 4.3-3, dass Parameter 1 zwei Werte besitzt.

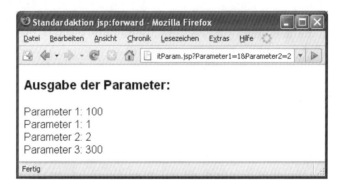

Abb. 4.3-3: Erscheinungsbild von jspforwardmitparam.jsp im Browser.

Anwendung in params innerhalb von plugin

Mit der Standardaktion plugin (siehe »JSP-Standardaktion plug-in«, S. 82) ist es möglich, Java-Applets und JavaBeans in eine JSP-Seite einzufügen. Parameter können über die Standardaktion param an diese übergeben werden. Als Besonderheit ist zu beachten, dass die Standardaktionen param hier in die Standardaktion params eingeschachtelt sein müssen.

Syntax
```
<jsp:plugin>
...
[ <jsp:params> Parameter + </jsp:params> ]
...
</jsp:plugin>
```

Semantik Die bei param angegebenen Werte werden an das plugin (Java-Applet oder JavaBean) weitergegeben. Ein Beispiel finden Sie in dem Kapitel »JSP-Standardaktion plugin«, S. 82.

4.3.5   JSP-Standardaktion plugin ***

Java-Applets und JavaBeans können mit der Standardaktion plugin in JSP-Seiten eingebunden werden. Diese Aktion wird dann – abhängig vom Browsertyp – in HTML-Elemente object bzw. embed transformiert. Parameter können über die Standardaktion params mit eingeschachtelten param-Aktionen übergeben werden. Die Standardaktion fallback liefert einen Text, der im Browser angezeigt wird, wenn die HTML-Elemente object und embed vom Browser nicht ausgeführt werden können.

Die JSP-Standardaktion plugin erlaubt es, ein **Java-Applet** oder eine **JavaBean** in eine JSP-Seite einzubetten und mit Parametern zu versorgen (Standardaktion params). Die Standardaktion plugin wird – in Abhängigkeit vom Browser-Typ – in HTML-Elemente object oder embed transformiert. Diese Elemente sorgen dafür, dass das Applet oder die JavaBean im Webbrowser angezeigt werden. Die Attribute der Standardaktion plugin stellen Konfigurationsdaten für die Präsentation des Plug-in-Elements zur Verfügung.

Ein Java-Applet kann folgendermaßen eingebettet werden:

Beispiel
pluginuhr.jsp

```
<body>
<h3>Einbetten eines Java-Applets</h3>
<jsp:plugin type="applet" code="JavaClock.class"
  codebase="applets/classes" jreversion="1.2"
  align="middle" height="150" width="150" hspace="10"
  vspace="10" >
  <jsp:params>
   <jsp:param name="delay"    value="100" />
   <jsp:param name="link"     value="http://java.sun.com/" />
   <jsp:param name="nradius"  value="80" />
   <jsp:param name="cfont"    value="TimesRoman|BOLD|18" />
   <jsp:param name="border"   value="5" />
   <jsp:param name="bgcolor"  value="3ec0ff" />
   <jsp:param name="shcolor"  value="ff0000" />
   <jsp:param name="mhcolor"  value="ffff82" />
   <jsp:param name="hhcolor"  value="0000ff" />
   <jsp:param name="ccolor"   value="dddddd" />
   <jsp:param name="ncolor"   value="000000" />
  </jsp:params>
  <jsp:fallback> Der Befehl embed bzw. object
  wird durch Ihren Browser nicht unterstützt.
  </jsp:fallback>
</jsp:plugin>
</body>
```

Die Abb. 4.3-4 zeigt die Darstellung der JSP-Seite im Webbrowser.

So sieht die Syntax aus:

Syntax

```
<jsp:plugin
type=" { bean / applet }"
code="Dateiname der Klasse"
codebase="Ordnername der Klasse"
[ name="Objektname" ]
[ archive="URIdesArchivs ..." ]
[ align="{ bottom / top / middle / left / right }" ]
[ height="AnzahlPixel" ]
[ width="AnzahlPixel" ]
[ hspace="AnzahlPixelLinksRechts" ]
[ vspace="AnzahlPixelObenUnten" ]
```

Abb. 4.3-4: So sieht das laufende Uhren-Applet aus, das mit der plugin-Aktion eingebettet wurde.

```
[ jreversion=" { JREVersionsnummer | 1.1 }" ]
[ nspluginurl="URLdesPlugins" ]
[ iepluginurl="URLdesPlugins" ] >
[ <jsp:params> Parameter + </jsp:params> ]
[ <jsp:fallback> Mitteilung an den Benutzer</jsp:fallback> ]
</jsp:plugin>
Parameter ::= <jsp:param name="Parametername"
value="{ Parameterwert | <%= Ausdruck %> }" />
```

Semantik   Die Standardaktion plugin hat drei **Muss-Attribute**:

- type: Gibt an, ob ein Java-Applet oder eine JavaBean angezeigt werden soll.
- code: Angabe der Hauptklasse (z. B. JavaClock.class).
- codebase: Absolute oder relative URL des Verzeichnisses oder der Archivdatei, von dem der Webbrowser das Applet zum Ausführen laden soll. Diese URL muss ein Unterverzeichnis des Verzeichnisses adressieren, das die JSP-Seite selbst enthält. Die Applet-Klasse muss in einem Verzeichnis gespeichert sein, auf das der Webbrowser zugreifen kann. Das Verzeichnis, z. B. applets/classes/, muss daher Teil der öffentlich zugänglichen Website sein. Das Verzeichnis darf nicht im Teilbaum des Verzeichnisses WEB-INF/ liegen, da auf diesen Teilbaum der Verzeichnisstruktur kein öffentlicher Zugriff möglich ist.

Folgende **Kann-Attribute** können verwendet werden:

- align: Ausrichtung des Applet-Bereichs. Zulässige Werte sind: bottom (Voreinstellung), top, middle, left, right.

- archive: Liste von URIs für Archive, die vorab zu ladende Klassen und andere Ressourcen enthalten. Die Klassen werden durch ein Exemplar der Klasse AppletClassLoader mit der angegebenen codebase geladen. Relative URIs für Archive werden bezogen auf die codebase des Applets interpretiert.
- height: Höhe des Applet-Bereichs in Pixeln oder als Prozentsatz.
- hspace: Breite des Leerraums in Pixeln, der links und rechts vom Applet-Bereich eingefügt wird.
- iepluginurl: URL des Java-Plug-Ins für den Internet Explorer.
- jreversion: Versionsnummer der Java-Laufzeitumgebung, die von der Komponente zur Ausführung benötigt wird (Voreinstellung in JSP 2.0 und JSP 2.1: 1.2).
- name: Name des Applets. Wird u. U. von anderen Applets auf derselben JSP-Seite zur Kommunikation mit diesem Applet benötigt.
- nspluginurl: URL des Java-Plug-Ins für Netscape.
- title: Text, den der Browser über das Applet anzeigt, z. B. als *Tooltip*.
- vspace: Breite des Leerraums in Pixeln, der ober- und unterhalb vom Applet-Bereich eingefügt wird.
- width: Breite des Applet-Bereichs in Pixeln oder als Prozentsatz.

Die Standardaktion params kann nur innerhalb einer Standardaktion plugin verwendet werden. Sie dient dazu, eine Reihe von Aktionen param (siehe »JSP-Standardaktion param«, S. 80) einzuschließen, mit denen Parameterwerte für Applets oder JavaBeans gesetzt werden können. Das Einschließen der Aktion param mit der Aktion params ist nur in der Aktion plugin notwendig. In anderen Aktionen kann die Aktion param direkt verwendet werden. params hat keine Attribute.

params

Die Standardaktion fallback kann nur innerhalb einer Standardaktion plugin verwendet werden. In dieser Aktion wird der Text angegeben, den der Browser anzeigen soll, wenn die HTML-Elemente object und embed nicht zur Verfügung stehen. fallback hat keine Attribute.

fallback

Viele JSP-Server erzeugen für die Einbindung eines Applets aus jsp:plugin HTML-Elemente, deren Tagnamen in Großbuchstaben geschrieben sind. Die so erzeugten HTML-Dokumente sind nicht XHTML-konform.

Hinweis

4.3.6   JSP-Standardaktionen für JavaBeans *

JavaBeans dienen zur Speicherung von Informationen, die in *Propertys* abgelegt werden. Die Erzeugung oder Aktivierung eines JavaBean-Objekts kann mit der Standardaktion useBean durchgeführt werden. Das Lesen und Ändern der Werte einer *Property* erfolgt mit Hilfe der Standardaktionen getProperty bzw. setProperty.

JavaBeans sind wiederverwendbare **Komponenten**, die in JSP-Seiten verwendet werden können und zur Speicherung von Informationen oder Zwischenergebnissen dienen. JavaBeans werden als Java-Klassen, die bestimmte Vorgaben erfüllen, implementiert (siehe »JavaBeans«, S. 169).

Aus Sicht desjenigen, der JavaBeans einsetzt, ist ein JavaBean-Objekt ein Objekt, das für die Benutzung erzeugt oder, wenn es schon vorher erzeugt war, ermittelt werden muss. Die Informationen einer JavaBean sind in sogenannten *Propertys* abgelegt. Die Information einer *Property* kann gelesen und verändert werden.

Die Benutzung von JavaBeans kann in Skriptelementen erfolgen, was Java-Kenntnisse voraussetzt. Ohne Java-Kenntnisse können JavaBeans mit Standardaktionen verwendet werden, die eine Syntax als *Tags* haben.

Standard-aktionen für JavaBeans

Für die Operationen »Ermitteln eines JavaBean-Objekts« sowie »Lesen und Ändern« einer *Property* gibt es folgende JSP-Standardaktionen:

- ▤   `<jsp:useBean>`
- ▤   `<jsp:getProperty>`
- ▤   `<jsp:setProperty>`

JavaBean-Objekt erzeugen oder ermitteln

JavaBean-Objekt

Bevor ein JavaBean-Objekt verwendet werden kann, muss es erzeugt oder, wenn es schon vorhanden ist, ermittelt werden. Das geschieht mit der Standardaktion useBean.

Syntax

`<jsp:useBean id = "`*objektname*`" class = "`*paketname.BeanKlassenname*`"`
`[ scope = "`*Kontext*`" ] />`

Kontext `::= {` page `/ request / session / application }`

Beispiel

```
<jsp:useBean id="einePerson" class="jsplernen.BeanPerson"
   scope="application"/>
```

Wird diese Anweisung in einer JSP-Seite gefunden, dann prüft der JSP-Server zur Anfragezeit, ob es ein Objekt mit Namen einePerson von der Klasse jsplernen.BeanPerson innerhalb der Objekte des angegebenen **Kontexts** gibt. Wenn ein solches

Objekt gefunden wird, dann wird dieses Objekt bei nachfolgenden Anweisungen verwendet. Wenn *kein* Objekt gefunden wird, dann wird ein Objekt mit Namen einePerson der Klasse jsplernen.BeanPerson erzeugt und im spezifizierten Kontext hinterlegt. In beiden Fällen können dann weitere Standardaktionen auf das Objekt angewendet werden.

Wird ein JavaBean-Objekt mit <jsp:useBean> ermittelt oder erzeugt, dann wird dabei auch eine lokale Variable generiert, deren Name identisch mit dem Wert des Attributs id ist. Diese Variable kann in Skriptlets der JSP-Seite verwendet werden. Der genaue Gültigkeitsbereich der lokalen Variablen ergibt sich aus den Regeln von Java.

useBean und Skriptlets

```
<% if (fall==1)
{
%>
<jsp:useBean id="einePerson" class="jsplernen.BeanPerson"/>
<%
   einePerson.getAlter(); // richtig
   .......
} else {
einePerson.getAlter(); // falsch
   .......
}
%>
```

Beispiel

Die Standardaktion <jsp:useBean> wird im if-Zweig der if-Anweisung ausgeführt. Die erzeugte lokale Variable einePerson wird deshalb im Java-Block, der zum if-Zweig gehört, angelegt und ist deshalb nur dort sichtbar. Eine Benutzung dieser Variablen außerhalb dieses Blocks, z. B. im else-Zweig, führt zu einem Fehler.

Die Werte von scope korrespondieren zum gleichnamigen Kontext. Der Wert application spezifiziert daher den Kontext *Application*. Das Attribut scope darf in <jsp:useBean> fehlen. Dann wird page als Voreinstellungswert für scope genommen. Die Bedeutung der Kontexte wird im Kapitel »Kontexte«, S. 149, beschrieben. Der im Beispiel verwendete Kontext *Application* bedeutet, dass das Objekt in der gesamten Web-Anwendung und allen Benutzern der Web-Anwendung zur Verfügung steht.

Kontext & Gültigkeits- bereich

Falls *kein* Objekt ermittelt werden konnte oder das Erzeugen eines Objektes fehlschlägt, weil z. B. die Klasse vom JSP-Server nicht gefunden wurde, dann handelt es sich um einen internen Fehler der Web-Anwendung zur Laufzeit, der vermieden werden sollte. Wird der Laufzeitfehler nicht abgefangen, so stürzt die Web-Anwendung ab.

Laufzeitfehler

Propertys einer JavaBean lesen und ändern

Eine *Property* kann man sich als JavaBean-Benutzer als ein von außen sichtbares Attribut der JavaBean-Klasse vorstellen. Der Zugriff ist allerdings gekapselt, d. h. geschieht über Zugriffsmechanismen, welche die Implementierung des Attributs verdecken.

Property Lesen

Das Lesen eines Property-Werts erfolgt durch die Standardaktion `getProperty`.

Syntax

`<jsp:getProperty name="`*objektname*`" property="`*propertyname*`" />`

Beispiel

`<jsp:getProperty name="einePerson" property="alter"/>`

Der JSP-Server nutzt zur Anfragezeit das Objekt, das der Variablen `einePerson` zugeordnet ist, und liest den Wert der *Property* `alter` aus. Der gelesene Wert ersetzt dann die Anweisung `<jsp:getProperty>` in der JSP-Seite. Dadurch wird eine Ausgabe in das Ergebnis erzeugt. Falls das Objekt `einePerson` oder die *Property* `alter` nicht gefunden werden, führt dies zu einem internen Fehler der Web-Anwendung.

Property ändern

Für das Ändern eines *Property*-Werts wird folgende Standardaktion benutzt:

Syntax

`<jsp:setProperty name="`*objektname*`"`
`property="`*propertyname*`" value="`*wert*`" />`

Beispiel

`<jsp:setProperty name="einePerson" property="alter" value="21"`
`/>`

Zur Anfragezeit wird beim Objekt `einePerson` der Wert der *Property* `alter` auf 21 geändert.

Wie bei `<jsp:getProperty>` führt es zu einem Fehler der Web-Anwendung, wenn die Variable `einePerson` oder die *Property* `alter` nicht existieren.

Request-Parameter

Für die Varianten von `<jsp:setProperty>` im Zusammenhang mit Request-Parametern wird auf »JavaBeans und Formulare«, S. 174, verwiesen.

Propertys bei Erzeugung mit Wert belegen

Die Standardaktion `setProperty` kann ein- oder mehrfach als Unterelement der Standardaktion `useBean` eingesetzt werden.

Falls zur Anfragezeit beim Ermitteln eines Objektes mit vorgegebenem Namen ein Objekt *gefunden* wird, dann werden die Unterelemente `<jsp:setProperty>` *ignoriert*. Falls aber ein neues Objekt erzeugt werden muss, dann werden die *Propertys* des neuen Objektes mit den Werten belegt, die durch die Unterelemente `<jsp:setProperty>` gegeben sind.

In diesem Beispiel werden alle Standardaktionen für Java-Beans verwendet. Das Beispiel stellt eine typische Sequenz von Standardaktionen für JavaBeans dar.

```
// Ausschnitt
.......
// Bean-Objekt ermitteln oder erzeugen im Kontext page
<jsp:useBean id="einePerson" class="jsplernen.BeanPerson"/>
.......
// Einen Wert in einem Bean-Objekt setzen
<jsp:setProperty name="einePerson" property="alter" value="21"/>
.......
// Einen Wert von einem Bean-Objekt abrufen
Das Alter der Person ist:
<jsp:getProperty name="einePerson" property="alter"/>
......
```

Sie sehen, dass bei `<jsp:useBean>` kein Attribut scope aufgeführt ist. Dies bedeutet, dass der Defaultwert page greift, und deshalb das JavaBean-Objekt im Kontext *Page* gesucht bzw. erzeugt wird. Vollständige Beispiele zu den Standardaktionen für JavaBeans sind im Kapitel »JavaBeans«, S. 169, zu finden.

4.3.7   JSP-Standardaktion element ***

Die JSP-Standardaktion `<jsp:element>` wird verwendet, um Markup-Elemente in das Ergebnis einzufügen. Dabei können die Namen der *Tags*, die Inhalte und Attribute dynamisch erzeugt werden.

Die JSP-Standardaktion element dient dazu, Markup-Elemente, d. h. Elemente mit Starttags und Endtags, im Ergebnis zu erzeugen. Dies ist vor allem nützlich, wenn als Ergebnis ein XML-Dokument erzeugt werden soll oder wenn generell die Elemente im Ergebnisdokument dynamisch zusammengebaut werden müssen. Unter dynamisch zusammengebauten Elementen werden Elemente verstanden, deren Name, Attribute und/oder Inhalt erst zur Anfragezeit berechnet werden.

Für die Syntax gibt es folgende Varianten:

```
<jsp:element name="elementName" />
```

```
<jsp:element name="elementName">
[ ... weitere Elemente und/oder JSP-Anweisungen und/oder Scha-
blonentext ]
</jsp:element>
```

```
<jsp:element name="elementName">
[ Attribut + ]
[ <jsp:body>
... weitere Elemente und/oder JSP-Anweisungen und/oder Schablo-
```

```
nentext
</jsp:body> ]
</jsp:element>
```

```
Attribut ::= <jsp:attribute name="attributeName">
... JSP-Anweisungen und/oder Text
</jsp:attribute>
```

Bei der ersten Syntaxvariante wird ein Element ohne Attribute und ohne Elementinhalt erzeugt, insbesondere fallen das Starttag und das Endtag zusammen.

In der zweiten Syntaxvariante hat das erzeugte Element einen Elementinhalt, der sich zwischen Starttag und Endtag befindet. Der Inhalt darf weitere Elemente, jedoch nicht das Element jsp:attribute enthalten. Der Inhalt kann gemischt aus weiteren Elementen, durch aus JSP-Anweisungen berechnetem, dynamischen Inhalt und Schablonentext bestehen. Der Elementinhalt darf im Ergebnis selbst wieder Elemente enthalten.

Die dritte Syntaxvariante bietet die Möglichkeit, Attribute in ein Element einzubauen. Der Attributwert kann über Schablonentext und dynamischen Inhalt festgelegt werden. Bei der Berechnung des Attributwertes dürfen keine Elemente entstehen, da dies zu nicht wohlgeformtem Starttags führen würde. Werden Attribute in ein Element eingebaut, dann dürfen weitere Elemente, JSP-Anweisungen und Schablonentext nicht mehr direkt unter <jsp:element> stehen, sondern müssen in <jsp:body> eingeschachtelt werden.

Eine Variation der dritten Syntaxvariante entsteht durch Weglassen der Elemente jsp:attribute. Diese Variation entspricht semantisch der Variante 2. Syntaktisch ist lediglich das Element jsp:body als Klammer für die Definition des Elementinhalts hinzugekommen.

Beispiel

In diesem Beispiel wird das HTML-Element für Anker a erzeugt:

```
1   <jsp:element name="a">
2     <jsp:attribute name="class">
3        backgroundBlue
4     </jsp:attribute>
5     <jsp:attribute name="href">
6        <%= request.getParameter("url") %>
7     </jsp:attribute>
8     <jsp:body>
9        <%= request.getParameter("urltext") %>
10    </jsp:body>
11  </jsp:element>
```

Nehmen Sie für das Beispiel an, dass bei der HTTP-Request-Nachricht die beiden Parameter
url = http://www.w31.de und

```
urltext = Einstiegsseite von W3L
```
mit gesendet wurden. Über das implizite Objekt request können die Parameterwerte durch
`request.getParameter("url")` bzw.
`request.getParameter("urltext")` abgefragt werden. Die Anweisung `<jsp:element name="a">` bewirkt, dass ein Element
`<a>..</a>` erzeugt wird. Durch die beiden Anweisungen
`<jsp:attribute>` werden zwei Attribute zum Element `<a>..</a>`
generiert. Da die Anweisung `<jsp:body>` vorhanden ist, wird der
durch den Inhalt von `<jsp:body>` zu berechnende Inhalt als Inhalt von `<a>..</a>` ins Ergebnis eingefügt, insbesondere wird
auch das schließende *Tag* `</a>` erzeugt.

Die erste Anweisung `<jsp:attribute>` (siehe Zeile 2 bis 4) generiert das Attribut `class="backgroundBlue"`. Bei der zweiten Anweisung `<jsp:attribute>` (siehe Zeile 5 bis 7) wird das Attribut
href erzeugt und der Attributwert über einen JSP-Ausdruck berechnet.

Die Verarbeitung der Standardaktion element liefert insgesamt
folgenden Beitrag zum Ergebnis:

```
<a class="backgroundBlue"
   href = "http://www.w3l.de">
      Einstiegsseite von W3L
</a>
```

Zu erläutern ist noch, welche Attribute der Standardaktionen
element bzw. attribute dynamisch berechnet werden können:

- Der Name eines Elements, d. h. der Wert des Attributs name der Standardaktion element, kann dynamisch über einen JSP- oder einen EL-Ausdruck berechnet werden.
- Der Name eines Attributs, d. h. der Wert des Attributs name der Standardaktion attribute, kann *nicht* dynamisch bestimmt werden.

Dynamisch
berechenbare
Attribute

5 Servlets: Basis von JSPs **

Bei der Verwendung der Programmiersprache Java im Web-Kontext standen ursprünglich die Java-Applets im Vordergrund. Java-Applets sind Java-Programme, die, eingebettet in HTML-Dokumente, auf den Webclient übertragen und dort vom Webbrowser ausgeführt werden. Ein Java-Applet ist also eine clientseitige Web-Technik, da das Applet auf dem Client ausgeführt wird.   *Java-Applet*

Da viele Operationen aber nicht auf dem Client, sondern auf dem Webserver ausgeführt werden sollen oder nur dort ausgeführt werden·können, wurden 1996 Java-Servlets (kurz **Servlets**) entwickelt – das Gegenstück zu Java-Applets auf dem Server.   *Java-Servlet*

Die Begriffe Servlet und JSP-Seite werden in den Spezifikationen Java Servlet Specification 2.5 (http://java.sun.com/products/servlet/reference/api/index.html) und JavaServer Pages Specification 2.1 (http://java.sun.com/products/jsp/reference/api/index.html) über zugehörige Java-Klassen und Java-Schnittstellen definiert. Einen Überblick über die dabei relevanten Klassen und Schnittstellen gibt die Abb. 5.0-1.

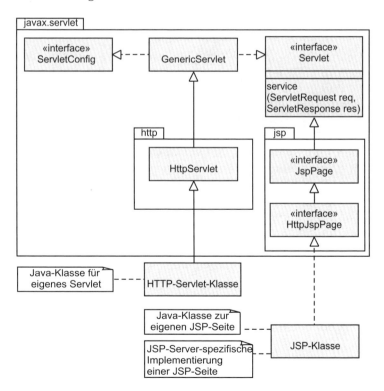

Abb. 5.0-1: Klassen und Interfaces aus dem Servlet- und JSP-API und deren Zusammenwirken für Servlets und JSP-Seiten.

Definition
Servlet

Ein Servlet ist eine Java-Klasse, welche die Schnittstelle `javax.servlet.Servlet` implementiert.

Diese Schnittstelle enthält die Methode `service()`, über die man die Anbindung an die Anfrage- und Antwortnachrichten erhält.

Im Kontext von Java-basierten Web-Anwendungen gibt es hauptsächlich zwei Ausprägungen von Servlets. Die beiden Ausprägungen sind durch die Klasse `javax.servlet.http.HttpServlet` bzw. die Schnittstelle `javax.servlet.jsp.HttpJspPage` gekennzeichnet. Die Ausprägungen werden HTTP-Servlet bzw. **JSP-Seite** genannt.

Eine eigene HTTP-Servlet-Klasse muss von der Klasse `HttpServlet` und damit indirekt von der Klasse `GenericServlet` abgeleitet werden. Die Klasse `GenericServlet` implementiert die Schnittstelle `Servlet`. Damit ist jede Klasse, die eine Unterklasse von `HttpServlet` ist, ein Servlet im Sinne der obigen Definition.

Jede Implementierung einer JSP-Seite als Klasse muss die Schnittstelle `HttpJspPage` implementieren. Diese Schnittstelle ist indirekt von der Schnittstelle `Servlet` abgeleitet. Deshalb ist auch jede Klasse, welche die Schnittstelle `HttpJspPage` implementiert, ein Servlet im Sinne der obigen Definition.

In beiden Ausprägungen ist eine Anbindung an das **HTTP-Protokoll** realisiert. Wird nun ein HTTP-Servlet oder eine JSP-Seite durch eine HTTP-Request-Nachricht eines Webbrowsers aufgerufen, so wird die Methode `service()` der die Schnittstelle `Servlet` implementierenden Klasse durchlaufen. Dabei kann auf die Informationen der HTTP-Request-Nachricht zugegriffen werden und es wird ein Antwortdokument, in der Regel eine HTML-Seite, generiert, die zum Webbrowser als HTTP-Response-Nachricht zurückgeschickt wird. Weder für den Entwickler eines HTTP-Servlets noch für den Entwickler einer JSP-Seite ist die Methode `service()` direkt sichtbar. Die Methode `service()` ruft jedoch ausprägungsspezifische, weitere Methoden auf, die der Entwickler kennen muss und auf die noch im Rahmen der Darstellung der Grundlagen eingegangen wird.

Zunächst werden die Grundlagen zu HTTP-Servlets behandelt:

■   »Servlets – Grundlagen«, S. 96

JSP & Servlet
Ablauf zur
Ausführung

HTML-Code wird in HTTP-Servlets mit Methoden ähnlich zu `print()` und `println()` von `System.out` (Java-Klasse für Textausgaben in einem Konsolenfenster) erzeugt. Dies kann, wenn große HTML-Dokumente mit viel statischem Text generiert werden, umständlich sein. Außerdem muss ein HTTP-Servlet-Entwickler ein Java-Entwickler sein. Einem Web-Designer fehlt das Knowhow, um HTTP-Servlets zu erstellen. Hauptsächlich aus diesen beiden Gründen wurden 1999 JSPs (JavaServer Pages) entwickelt, die auf allgemeinen Servlets aufsetzen und das Prinzip »rumdrehen«: Nicht HTML-Code wird in Java-Code (HTTP-Servlets) »eingebettet«, sondern Java-Code (JSP-Anweisungen) wird in HTML-Code eingestreut. Die Erzeugung einer Java-Klasse wird automatisch durch den **JSP-Compiler**, der als Teil der JSP-Engine angesehen werden kann, vorgenommen. Und zwar wird jede JSP-Seite beim ersten Aufruf in eine Java-Klasse transformiert. Diese Java-Klasse implementiert die Schnittstelle HttpJspPage. Die entstandene Java-Klasse wird **JSP-Klasse** genannt. Anschließend wird die entstandene JSP-Klasse in Java-Bytecode übersetzt und ausgeführt:

◼ »Ausführung einer JSP-Seite«, S. 101

Für Java-Programmierer erleichtert die Kenntnis des prinzipiellen Transformationsprozesses das Verständnis der JSP-Semantik. Insbesondere wird die Semantik der JSP-Skriptelemente wie JSP-Skriptlets, JSP-Ausdrücke und JSP-Deklarationen sofort aus der Semantik der zugehörigen Java-Anweisungen in der JSP-Klasse klar. Der genaue Transformationsprozess wird daher eingehender betrachtet:

Transformation

◼ »Transformation einer JSP-Seite in ein Servlet«, S. 108

Der Begriff des Servlets ist sehr überladen und hat je nach Verwendungskontext eine geringfügig andere Bedeutung. Die gängigen Bedeutungen werden nachfolgend erläutert:

Begriff des Servlets

◼ Genau genommen ist ein Servlet, wie oben ausgeführt, eine Java-Klasse, welche die Schnittstelle Servlet implementiert. Mehr Anforderungen müssen nicht erfüllt werden.

◼ Fast immer wird aber zu einem HTTP-Servlet, d. h. einer Java-Klasse, die von der Klasse HttpServlet abgeleitet ist, auch nur Servlet gesagt. Jedoch liegen hier zusätzliche Eigenschaften vor, wie z. B. eine Anbindung an das HTTP-Protokoll und eine Anbindung an die Laufzeitumgebung der Web-Anwendung. In diesem Fall sind also spezielle Servlets gemeint.

◼ Die JSP-Klasse wird, richtigerweise, auch als Servlet bezeichnet. Aber auch hier sind zusätzliche Eigenschaften, wie die Anbindung an das HTTP-Protokoll implementiert. Auch in diesem Fall handelt es sich um eine spezielle Teilmenge aller Servlets.

◼ Des Weiteren wird oft *nicht* zwischen der Servlet-Klasse und dem Servlet-Objekt, d. h. einem Exemplar einer Servlet-Klasse unterschieden. Zu beidem wird einfach Servlet gesagt.

◼ Als Letztes bezeichnet Servlets die gesamte Technik, die auf den Servlet-Klassen aufgebaut ist.

Im vorliegenden Buch wird, der üblichen Vorgehensweise folgend, bis auf Ausnahmen der allgemeine Begriff Servlet in der ungenauen Form mit vielfältiger Bedeutung benutzt. Dabei wird angenommen, dass die genaue Bedeutung stets aus dem Verwendungskontext klar wird. Der Grund hierfür ist, dass diese Vorgehensweise in der Regel zu einer leichter lesbaren Darstellung ohne Verlust an Klarheit führt. Wo es notwendig scheint, wird ein genauerer Begriff verwendet.

5.1 Servlets – Grundlagen **

Eine Servlet-Klasse ist eine Java-Klasse, welche die Schnittstelle `javax.servlet.Servlet` implementiert. Über diese Schnittstelle ist die Anbindung an Anfragen und Antworten definiert. Eine HTTP-Servlet-Klasse ist eine Java-Klasse, die von `javax.servlet.http.HttpServlet` abgeleitet ist. In `HttpServlet` sind die Anbindung an das HTTP-Protokoll und Abfragemöglichkeiten für Laufzeitinformationen der Web-Anwendung realisiert. Zur Realisierung einer HTTP-Servlet-Klasse ist eine eigene, anwendungsspezifische Klasse von `HttpServlet` abzuleiten und mindestens eine der Methoden `doGet()` oder `doPost()` zu programmieren.

Servlet-Klasse

Eine **Servlet-Klasse** ist im allgemeinsten Fall eine Java-Klasse, welche die Schnittstelle `javax.servlet.Servlet` implementiert und sowohl Anfragen entgegennimmt als auch Antworten erzeugt. Die Anfragen können von Java-Klassen, von Webclients oder anderen Servlets kommen.

HTTP-Servlet-
Klasse

Die Klasse `javax.servlet.http.HttpServlet` ist eine spezielle Servlet-Klasse, die von `javax.servlet.GenericServlet` abgeleitet ist, welche die Schnittstelle `Servlet` implementiert.

`GenericServlet` besitzt eine Anbindung an den Server, d. h. Methoden, um **Informationen über die Laufzeitumgebung** einer Web-Anwendung wie Servlet-Version, Installationspfad im Dateisystem des Servers etc., abzurufen.

`HttpServlet` realisiert darüber hinaus die Anbindung an das **HTTP-Protokoll**, d. h. nimmt HTTP-Anfragen *(Requests)* entgegen und erzeugt HTTP-Antworten *(Responses)* (siehe »Das HTTP-Protokoll«, S. 43). Jede Java-Klasse, die von `HttpServlet` abgeleitet ist, wird als **HTTP-Servlet-Klasse** bezeichnet.

Webserver &
HTTP-Servlet-
Klasse

Damit HTTP-Servlet-Klassen ausgeführt werden können, muss der Webserver dies unterstützen. Alle JSP-Server unterstützen auch HTTP-Servlet-Klassen.

Eine HTTP-Servlet-Klasse ist wie eine JSP-Seite eine Komponente in einer Java-basierten Web-Anwendung. Deshalb existiert eine HTTP-Servlet-Klasse nicht als »freies Objekt« im Webserver, sondern wird als Teil der Web-Anwendung zusammen mit dieser installiert.

Web-Anwendung & HTTP-Servlet-Klasse

Den Lebenszyklus einer HTTP-Servlet-Klasse zeigt die Abb. 5.1-1.

Lebenszyklus

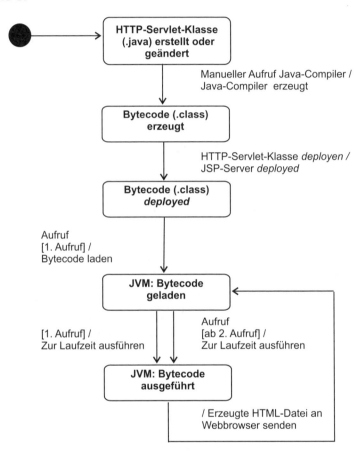

Abb. 5.1-1: Lebenszyklus einer HTTP-Servlet-Klasse dargestellt als UML-Zustandsdiagramm.

Der Quellcode der HTTP-Servlet-Klasse mit der Dateiendung .java wird vom HTTP-Servlet-Entwickler erstellt und mittels Java-Compiler in Bytecode .class übersetzt. Der Bytecode wird auf dem Webserver installiert. Beim ersten Aufruf der HTTP-Servlet-Klasse wird der Bytecode vom Webserver geladen und dann ausgeführt. Dabei wird genau ein Exemplar der HTTP-Servlet-Klasse, also ein HTTP-Servlet-Objekt erzeugt.

Nach Ausführung der HTTP-Servlet-Klasse bleibt der Bytecode geladen, d. h. das HTTP-Servlet-Objekt existiert weiter und kann bei einem nächsten Aufruf wieder verwendet werden. Es liegt an der Strategie der Objektverwaltung des Webservers, wann das HTTP-Servlet-Objekt entladen, d. h. zerstört wird.

Wird der Quellcode der HTTP-Servlet-Klasse vom HTTP-Servlet-Entwickler geändert und die HTTP-Servlet-Klasse neu übersetzt, so wirken sich die Änderungen *nicht* auf das im Webserver geladene Exemplar aus. Anders als bei JSP-Seiten stellt der Webserver nämlich Änderungen bei HTTP-Servlet-Klassen *nicht* automatisch fest. Deshalb muss ein *Redeployment* der HTTP-Servlet-Klasse und damit der zugehörigen Web-Anwendung vorgenommen werden, damit die Änderungen wirksam werden.

Methoden zum Lebenszyklus

Zum Lebenszyklus korrespondieren drei Methoden einer HTTP-Servlet-Klasse:

- ▣ void `init()`: Wird einmal beim Laden des HTTP-Servlet-Objekts ausgeführt.
- ▣ void `service(HttpServletRequest req, HttpServletResponse resp)`: Wird bei jedem Aufruf durchlaufen.
- ▣ void `destroy()`: Wird einmalig beim Entladen des HTTP-Servlet-Objekts abgearbeitet.

Diese Methoden stammen von der Schnittstelle `Servlet`, wobei die Methode `service()` in `HttpServlet` überschrieben wird.

Anbindung an HTTP-Protokoll

Die Anbindung an das HTTP-Protokoll ist in `service()` implementiert, was Sie an den Aufrufparametern von `service()` erkennen können. Bei jeder Anfrage wird diese Methode aufgerufen. Diese Methode fungiert als *Dispatcher* zu weiteren Methoden, die auf die Methoden der HTTP-Request-Nachricht zugeschnitten sind. Je nach Methode in der HTTP-Request-Nachricht wird weitergeleitet zur Java-Methode:

- ▣ void `doGet(HttpServletRequest req, HttpServletResponse resp)` bzw.
- ▣ void `doPost(HttpServletRequest req, HttpServletResponse resp)` bzw.
- ▣ void `doHead (HttpServletRequest req, HttpServletResponse resp)` etc.

Zur Realisierung einer HTTP-Servlet-Klasse wird eine eigene, d. h. anwendungsspezifisch geschriebene, HTTP-Servlet-Klasse durch Ableitung von `HttpServlet` erstellt. In dieser eigenen Klasse wird dann eine oder werden mehrere der Methoden `doXXX()` überschrieben.

Beispiel ServletHallo Welt.java

Dieses Beispiel `ServletHalloWelt.java` veranschaulicht, wie eine HTTP-Servlet-Klasse programmiert wird.

```
package jsplernen;

import java.io.*;
import javax.servlet.*;
import javax.servlet.http.*;

public class ServletHalloWelt extends HttpServlet
{
  String msgString="";

  public void init() throws ServletException
  {
    msgString="Von einem Servlet: Hallo Welt!";
  } // init()

  protected void doGet(HttpServletRequest req,
                       HttpServletResponse resp)
              throws ServletException, java.io.IOException
  {
    resp.setContentType("text/html;charset=ISO-8859-1");
    PrintWriter outWriter=resp.getWriter();
    outWriter.print("<html><head><title>Servlet:
      Hallo Welt</title></head><body><h3>"+
        msgString+"</h3></body></html>");
  } // doGet()

} // class  ServletHalloWelt
```

Sie sehen, dass die Methode doGet() implementiert ist. Diese
Methode überschreibt damit die doGet()-Methode, die in Http-
Servlet() implementiert ist und sonst von service() aufgeru-
fen wird.

Die Methode doGet() erhält zwei Aufrufparameter. Der erste
Aufrufparameter req wird im Beispiel *nicht* benutzt. Über req
können z.B. Request-Parameter abgefragt werden. Der zweite
Parameter resp dient zur Erzeugung der HTTP-Response-Nachricht. Sie sehen, dass mit resp.setContentType("text/html"), der
MIME-Typ des Response-Dokuments auf HTML gesetzt wird.
Über resp wird auch ein Objekt PrintWriter geholt, über welches dann die Textausgaben zur Erstellung des Inhalts des Response-Dokuments geschrieben werden.

In der Methode init() wird lediglich der Wert der Objektvariablen msgString gesetzt. Dies geschieht einmalig beim Erzeugen des HTTP-Servlet-Objekts. Im Beispiel könnte natürlich die Objektvariable msgString auch in doGet() gesetzt werden. Das Setzen dieser Objektvariablen in init() erfolgt einerseits zu Demonstrationszwecken und andererseits um eine mehrfache Zuweisung des gleichen Inhalts an msgString zu
vermeiden. Wird das HTTP-Servlet aufgerufen, so wird folgendes HTML-Dokument erzeugt, welches als Ergebnisdokument

in der HTTP-Response-Nachricht an den Webbrowser zurückgeliefert wird:

*Ergebnis-
dokument der
Servlet-
Ausführung*

```html
<html>
  <head>
    <title>Servlet: Hallo Welt</title>
  </head>
  <body>
    <h3>Von einem Servlet: Hallo Welt!</h3>
  </body>
</html>
```

Zur besseren Lesbarkeit wurden in der Darstellung des Ergebnisdokuments Zeilenumbrüche eingefügt. Diese Zeilenumbrüche werden in der HTTP-Servlet-Klasse ServletHalloWelt.java
nicht erzeugt. Das Ergebnisdokument, welches in ServletHal-
loWelt.java generiert wird, besteht nur aus einer Zeile.

Offen ist jetzt noch, wie die HTTP-Servlet-Klasse über einen
Browser aufgerufen werden kann.

*Deployment &
Aufruf*

Zum Aufruf muss der interne Name der HTTP-Servlet-Klasse
auf einen öffentlichen Namen abgebildet werden. Dies erfolgt
in der Konfigurationsdatei web.xml.

web.xml

```xml
<?xml version="1.0" encoding="ISO-8859-1"?>

<web-app version="3.0"
  xmlns="http://java.sun.com/xml/ns/javaee"
  xmlns:xsi="http://www.w3.org/2001/XMLSchema-instance"
  xsi:schemaLocation="http://java.sun.com/xml/ns/javaee
  http://java.sun.com/xml/ns/javaee/web-app_3_0.xsd">

  <servlet>
    <servlet-name>SampleHalloWelt</servlet-name>
    <servlet-class>
      jsplernen.ServletHalloWelt
    </servlet-class>
  </servlet>
  <servlet-mapping>
    <servlet-name>SampleHalloWelt</servlet-name>
    <url-pattern>/HalloWelt</url-pattern>
  </servlet-mapping>
</web-app>
```

Das Element url-pattern im Rumpf des Elements servlet-mapping definiert den externen Namen HalloWelt. Sie sehen, dass
dieser Name auf den internen Servlet-Namen SampleHalloWelt
abgebildet wird.

Im Element servlet-class innerhalb des Elements servlet ist
definiert, dass bei Ansprechen des internen Servlet-Namens
SampleHalloWelt ein HTTP-Servlet-Objekt der Klasse jspler-
nen.ServletHalloWelt erzeugt, geladen und ausgeführt werden
soll.

Also kann die HTTP-Servlet-Klasse über
`http://webserver/webanwendung/HalloWelt` im Browser aufgerufen werden.

Nun kennen Sie die Grundlagen, um HTTP-Servlet-Klassen zu erstellen und auszuführen.

Deployen Sie das Servlet-Beispiel `ServletHalloWelt.java` und füh-
ren Sie es aus. Erweitern Sie das Ergebnisdokument um ein
Formular, welches bei Absenden einen HTTP-POST-Request aus-
löst. Ergänzen Sie dann die Servlet-Implementierung so, dass auf
HTTP-POST-Requests, genauso geantwortet wird, wie auf HTTP-
GET-Requests. Testen Sie Ihre Lösung mit beiden HTTP-Request-
Methoden.

Ergänzen Sie das Servlet `ServletHalloWelt.java`, sodass die Zeilenumbrüche und Einrückungen, die in der obigen Darstellung
des Ergebnisdokuments enthalten sind, auch durch das Servlet
erzeugt werden.

5.2 Ausführung einer JSP-Seite ***

**JSP-Seiten werden *nicht* direkt auf dem JSP-Server ausgeführt,
sondern in eine Java-Klasse, genannt JSP-Klasse, transformiert.
Eine JSP-Klasse ist eine Servlet-Klasse, kurz Servlet genannt.
Nach Übersetzung des zugehörigen Servlets in Java-Bytecode
kann eine JSP-Seite im JSP-Server, in der *Java Virtual Machine*,
abgearbeitet werden.**

Aus einer JSP-Seite wird eine Java-Klasse generiert, die
JSP-Klasse genannt wird. Sie besitzt die Schnittstelle
`javax.servlet.jsp.HttpJspPage`, welche die Schnittstelle `ja-
vax.servlet.Servlet` implementiert. Daher ist die generierte
Klasse ein **Servlet**. Die Anbindung der JSP-Klasse an das
HTTP-Protokoll ist in der Implementierung der Schnittstelle
`HttpJspPage` verborgen. Diese Implementierung erfolgt meist in
einer JSP-Server-spezifischen Klasse, von der die JSP-Klasse abgeleitet ist. Da die JSP-Klasse ein Servlet ist, wird im Folgenden
oft vom **Servlet** zur JSP-Seite gesprochen.

Die Abb. 5.2-1 zeigt den prinzipiellen Zusammenhang zwischen
JSP-Seite und Servlet sowie den Standardablauf zur Ausführung
einer JSP-Seite bzw. des zugehörigen Servlets.

*Ablauf zur
Ausführung*

Nachdem eine JSP-Seite erstellt und im Kontext einer Web-Anwendung bei einem JSP-Server *deployt* worden ist, kann sie über
eine HTTP-Request-Nachricht aufgerufen werden. Beim ersten
Aufruf erzeugt der JSP-Compiler aus der JSP-Seite das zugehörige Servlet. Dieses Servlet wird dann vom Java-Compiler in Java-

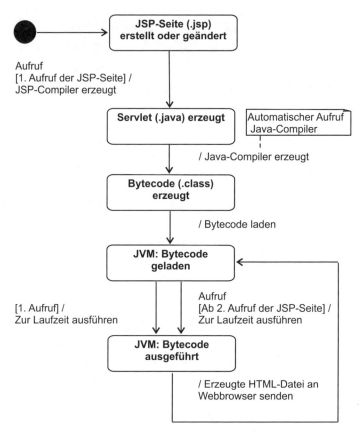

Abb. 5.2-1: Diese Abbildung zeigt den Standardablauf beim Aufruf und der Ausführung einer JSP-Seite dargestellt als UML-Zustandsdiagramm.

Bytecode transformiert. Zur Ausführung der JSP-Seite wird jetzt von der JVM *(Java Virtual Machine)* der Bytecode geladen und danach abgearbeitet. Als Ergebnis der Ausführung wird ein Dokument, meist ein HTML-Dokument, erzeugt, welches vom JSP-Server in der HTTP-Response-Nachricht an den Webbrowser zurückgesendet wird.

Ab dem zweiten Aufruf wird einfach der bereits geladene Bytecode erneut durchlaufen. Es bleiben die Objektdaten, die beim vorherigen Aufruf berechnet wurden, für den nächsten Aufruf erhalten. Außerdem erstellt der JSP-Server in seiner JVM nur ein Exemplar des Servlet-Objekts. Wird nun die JSP-Seite geändert, so wird beim nächsten Aufruf die gesamte Sequenz von vorne durchlaufen. Die Objektdaten des vorherigen Aufrufs gehen dabei verloren.

Oben wurde der Standardablauf beim Laden einer JSP-Seite beschrieben. Bei fertigen Web-Anwendungen ist es manchmal sinnvoll, einzelne JSP-Seiten nicht erst beim ersten Aufruf, sondern schon beim *Deployment* der Web-Anwendung zu laden. Dies ist möglich und wird in der Datei web.xml konfiguriert (siehe »Konfiguration einer JSP-Anwendung«, S. 159).

Laden beim *Deployment* der Web-Anwendung

Servlet-Code vs. JSP-Seite

In diesem Beispiel werden der JSP-Quellcode und der generierte Java-Servlet-Code gegenübergestellt. Die JSP-Seite erzeugt eine einfache Celsius-Fahrenheit-Tabelle:

Beispiel

celsius fahrenheit.jsp

```
<!DOCTYPE html>
<%@ page
    contentType="text/html; charset=ISO-8859-1" %>
<html>
<head><title>Servlets als Basis von JSP</title></head>
<%@page errorPage="/WEB-INF/error.jsp" %>
<body>
  <table border =1>
    <tr>
      <th> Celsius </th>
      <th> Fahrenheit </th>
      <th> Fahrenheit </th>
      <th> Celsius </th>
    </tr>
  <%
  for (float i=-18.0f, j=0.0f; i<=20; i=i+2, j=j+4.0f)
  {
  %>
    <tr>
      <td><%= i %></td>
      <td><%= 1.8f*i+32.0f %></td>
      <td><%= j %></td>
      <td><%= (j-32.0f)/1.8f %></td>
    </tr>
  <%
  } // Ende der Schleife
  %>
  </table>
</body>
</html>
```

Die erzeugte Ausgabe im Webbrowser zeigt die Abb. 5.2-2.

Vom JSP-Server Tomcat 6 wird aus der JSP-Seite eine Servlet-Quellcode-Datei mit am Dateinamen angehängtem _jsp erzeugt. Die Datei ist bei Tomcat 6 im Verzeichnis <installation>work/Catalina/localhost/Ablauf/org/apache/jsp zu finden. Dabei wurde die JSP-Seite als Teil der Web-Anwendung Ablauf beim JSP-Server *deployt*.

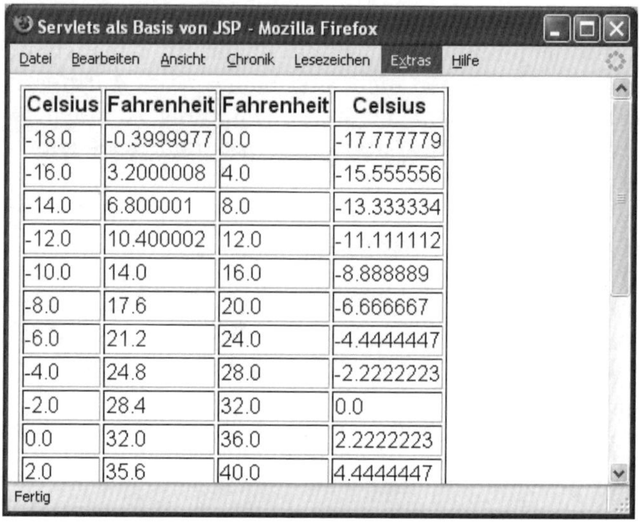

Celsius	Fahrenheit	Fahrenheit	Celsius
-18.0	-0.3999977	0.0	-17.777779
-16.0	3.2000008	4.0	-15.555556
-14.0	6.800001	8.0	-13.333334
-12.0	10.400002	12.0	-11.111112
-10.0	14.0	16.0	-8.888889
-8.0	17.6	20.0	-6.666667
-6.0	21.2	24.0	-4.4444447
-4.0	24.8	28.0	-2.2222223
-2.0	28.4	32.0	0.0
0.0	32.0	36.0	2.2222223
2.0	35.6	40.0	4.4444447

Abb. 5.2-2: Erscheinungsbild der JSP-Seite celsiusfahrenheit.jsp im Webbrowser.

Der Inhalt der Servlet-Datei ist:

Datei celsiusfahrenheit_jsp.java

```
package org.apache.jsp;
import javax.servlet.*;
import javax.servlet.http.*;
import javax.servlet.jsp.*;
public final class celsiusfahrenheit_jsp
  extends org.apache.jasper.runtime.HttpJspBase
  implements org.apache.jasper.runtime.JspSourceDependent
{
  private static java.util.Vector _jspx_dependants;
  private org.apache.jasper.runtime.ResourceInjector
        _jspx_resourceInjector;

  public java.util.List getDependants() {
    return _jspx_dependants;
  }
  public void _jspService (HttpServletRequest request,
                           HttpServletResponse response)
      throws java.io.IOException, ServletException
  {
    JspFactory _jspxFactory = null;
    PageContext pageContext = null;
    HttpSession session = null;
    ServletContext application = null;
    ServletConfig config = null;
    JspWriter out = null;
    Object page = this;
    JspWriter _jspx_out = null;
    PageContext _jspx_page_context = null;
    try {
      _jspxFactory = JspFactory.getDefaultFactory();
```

```
      response.setContentType
        ("text/html; charset=ISO-8859-1");
      response.addHeader("X-Powered-By", "JSP/2.1");
      pageContext = _jspxFactory.getPageContext(this,
        request, response,
        "/WEB-INF/error.jsp", true, 8192, true);
      _jspx_page_context = pageContext;
      application = pageContext.getServletContext();
      config = pageContext.getServletConfig();
      session = pageContext.getSession();
      out = pageContext.getOut();
      _jspx_out = out;

      String resourceInjectorClassName =
        config.getInitParameter
          ("com.sun.appserv.jsp.resource.injector");
      if (resourceInjectorClassName != null)
      {
        _jspx_resourceInjector =
    (org.apache.jasper.runtime.ResourceInjector)
   Class.forName(resourceInjectorClassName).newInstance();
        _jspx_resourceInjector.setContext(application);
      }
      out.write
        ("<!DOCTYPE html>\n");
      out.write("\n");
      out.write("\n");
      out.write("<html>\n");
      out.write("<head><title>Servlets als Basis von
        JSP</title></head>\n");
      out.write("\n");
      out.write("<body>\n");
      out.write("  <table border =1>\n");
      out.write("    <tr>\n");
      out.write("      <th> Celsius </th>\n");
      out.write("      <th> Fahrenheit </th>\n");
      out.write("      <th> Fahrenheit </th>\n");
      out.write("      <th> Celsius </th>\n");
      out.write("    </tr>\n");
      out.write("  ");

for (float i=-18.0f, j=0.0f; i<=20; i=i+2, j=j+4.0f)
{
      out.write("\n");
      out.write("    <tr>\n");
      out.write("      <td>");
      out.print( i );
      out.write("</td>\n");
      out.write("      <td>");
      out.print( 1.8f*i+32.0f );
      out.write("</td>\n");
      out.write("      <td>");
      out.print( j );
      out.write("</td>\n");
      out.write("      <td>");
```

```
        out.print( (j-32.0f)/1.8f );
        out.write("</td>\n");
        out.write("      </tr>\n");
        out.write("  ");
 } // Ende der Schleife

        out.write("\n");
        out.write("  </table>\n");
        out.write("</body>\n");
        out.write("</html>\n");
    } catch (Throwable t) {
      if (!(t instanceof SkipPageException))
      {
        out = _jspx_out;
        if (out != null && out.getBufferSize() != 0)
          out.clearBuffer();
        if (_jspx_page_context != null)
          _jspx_page_context.handlePageException(t);
      }
    } finally {
      if (_jspxFactory != null)
        _jspxFactory.releasePageContext(_jspx_page_context);
    }
  }
}
```

Sie sehen, dass die generierte JSP-Klasse von der Klasse
`org.apache.jasper.runtime.HttpJspBase` abgeleitet ist. Ein Nachschlagen in der API-Dokumentation von Tomcat 6 sowie der
API-Dokumentation von Servlets und JSP ergibt den in der Abb.
5.2-3 dargestellten Zusammenhang der Java-Klassen und Java-
Schnittstellen.

Die Klasse `HttpJspBase` implementiert auch die Schnittstelle `HttpJspPage`, die indirekt `Servlet` erweitert. Damit ist nun
nachgewiesen, dass die generierte JSP-Klasse wirklich ein
Servlet ist. Da bei Tomcat 6 jede JSP-Klasse von der Klasse `org.apache.jasper.runtime.HttpJspBase` abgeleitet ist, ist jede
JSP-Klasse ein Servlet.

Hinweis   In der Spezifikation zu JSP wird nicht gefordert, dass alle
JSP-Klassen eine gemeinsame Vaterklasse, wie die implemen-
tierungsspezifische Klasse `HttpJspBase` bei Tomcat 6, haben
müssen. Es wird lediglich gefordert, dass die Schnittstelle
`HttpJspPage` von der JSP-Klasse implementiert wird. Da für viele JSP-Klassen jedoch die zu implementierenden Schnittstellenmethoden die gleiche Funktionalität haben, ist die Verwendung einer gemeinsamen Vaterklasse die naheliegendste Art
der Implementierung.

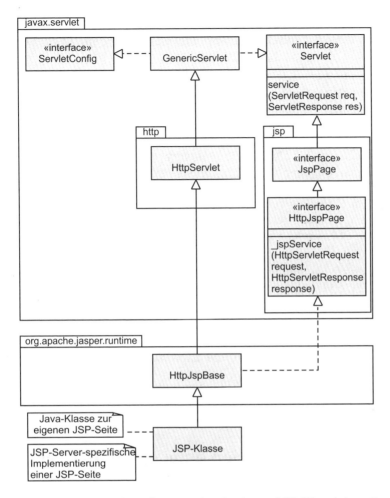

Abb. 5.2-3: Klassen und Interfaces aus dem Servlet- und JSP-API und deren Zusammenwirken mit den implementierungsspezifischen Klassen des JSP-Servers Tomcat 6 für die Klasse einer JSP-Seite.

Die Methode _jspService() ist die Methode, die durchlaufen wird, wenn eine JSP-Seite angefragt wird. Im Programm ist zu erkennen, dass in der Methode _jspService() die Parameter request und response sowie lokale Variablen mit Namen application, session, pageContext, out, page und config existieren. Diese Parameter und Variablen sind genau die impliziten JSP-Skripting-Objekte, die in Kapitel »Implizite Objekte für Skripting«, S. 127, vorgestellt werden. Sie sehen auch, dass aus dem Schablonentext eine Vielzahl von Java-Anweisungen der Form out.write() erzeugt wurden.

Der Transformationsprozess der JSP-Seite in eine Servlet-Klasse wird in dem Kapitel »Transformation einer JSP-Seite in ein Servlet«, S. 108, genauer erläutert.

Vergleich
JSP & Servlet

Programmiert man statt JSP-Seiten direkt HTTP-Servlets zur Beantwortung einer Anfrage, so müssen auch out.write()- und out.print()-Anweisungen zum Einfügen von statischem Text ins HTML-Ergebnisdokument verwendet werden. Dies ist umständlich und aufwändig. In JSP-Seiten dagegen ist das Schreiben von statischem Text als Schablonentext recht einfach und eingängig. Hat man dagegen wenig statischen Text im Ergebnis, aber viele Informationen zu berechnen, dann muss man dies bei JSP-Seiten in Skriptlets tun. Der korrekte Java-Quellcode ist dann oft über viele Skriptlets verteilt, was schnell unübersichtlich wird. Mit HTTP-Servlets kann dies in der Regel besser programmiert werden.

Als Fazit für einen groben Vergleich zwischen JSP-Seiten und HTTP-Servlets kann man feststellen:

- JSP-Seiten bieten Vorteile, wenn im Ergebnis viel statischer Text enthalten ist, aber kaum Berechnungen stattfinden.
- HTTP-Servlets haben Vorteile, wenn viele Berechnungen gemacht werden müssen und kaum statischer Text vorhanden ist.
- Insgesamt ergibt sich, dass beide Ansätze sich ergänzen und deshalb oft gemeinsam innerhalb einer Web-Anwendung zu finden sind.

5.3   Transformation einer JSP-Seite in ein Servlet ***

Jede JSP-Seite wird vom JSP-Server in eine JSP-Klasse, welche eine Servlet-Klasse ist, transformiert. JSP-Deklarationen werden unverändert in die JSP-Klasse übernommen – Variablen werden zu Objektvariablen der JSP-Klasse, Methoden zu Objekt-Methoden der JSP-Klasse. JSP-Skriptlets und JSP-Ausdrücke werden in die Methode _jspService() übertragen. Textsegmente, z. B. HTML-Code, und der Inhalt von JSP-Ausdrücken werden in out.write()- und out.print()-Anweisungen umgewandelt. Direktiven wirken auf den Transformationsprozess. Standardanweisungen erzeugen Aufrufe von Methoden des JSP-APIs des JSP-Servers.

Die JSP-Spezifikation legt die Details des Transformationsprozesses einer **JSP-Seite** in eine **JSP-Klasse** , die eine **Servlet-
Klasse** ist, *nicht* detailliert fest, sondern überlässt dies den
Anbietern der JSP-Server. Das prinzipielle Transformationsver-
fahren sieht vor, das die JSP-Seite sequenziell durchlaufen und
dabei folgende Behandlung der JSP-Anweisungen vorgenommen
wird:

- Schablonentexte werden übernommen, d.h. mittels
  out.write()-Aufrufen in die Methode _jspService() des
  Ergebnisdokuments eingefügt.
- HTML-Kommentare werden genauso übernommen und mit-
  tels out.write() ausgegeben.
- JSP-Skriptlets werden unverändert in den Java-Code in der
  Methode _jspService() eingefügt.
- JSP-Ausdrücke erzeugen out.print()-Aufrufe in der Metho-
  de _jspService(), die als Argument den Inhalt des Ausdrucks
  übergeben bekommen.
- Standardanweisungen erzeugen Aufrufe an das JSP-API des
  JSP-Servers in _jspService().
- JSP-Deklarationen definieren Objektvariablen, Klassenvaria-
  blen, Objektmethoden oder Klassenmethoden der JSP-Klasse.
- Direktiven beeinflussen den Transformationsprozess.

Die folgende JSP-Seite ergibt nach der Transformation die unten angegebene JSP-Klasse:

Beispiel
transfor.jsp

```
<!DOCTYPE html>
<%@ page
   contentType="text/html; charset=ISO-8859-1" %>
<html>
<head><title>Servlets als Basis von JSP: Tranformation</title>
</head>
<body>
<h3>Servlets als Basis von JSP: Tranformation</h3>
<!-- Das ist ein HTML-Kommentar -->
<%--Beispiel für Deklarationen--%>
<%! String titelStr="Hallo Welt";%>
<%! int zaehler=0;%>
<%-- Beispiel Skriptlet --%>
<% zaehler++; %>
<%-- Beispiel Ausdruck --%>
<p>Anzahl Aufrufe: <%=zaehler%><br />
<%@page import="java.util.*" %>
Datum: <%=new Date()%>
</p>
<%@include file="transfor2.jsp" %>
<jsp:include page=" transfor2.jsp"/>
</body>
</html>
```

Nachfolgend der Quellcode der inkludierten Datei:

transfor2.jsp

```
<p>Eine Zeile zum Inkludieren</p>
```

Die zugehörige JSP-Klasse beim Tomcat 6 sieht folgendermaßen aus:

Generierte
JSP-Klasse

```
package org.apache.jsp;

import javax.servlet.*;
import javax.servlet.http.*;
import javax.servlet.jsp.*;
import java.util.*;

public final class transfor_jsp
      extends
        org.apache.jasper.runtime.HttpJspBase
      implements
        org.apache.jasper.runtime.JspSourceDependent {
 String titelStr="Hallo Welt";
 int zaehler=0;
  private static java.util.Vector _jspx_dependants;
  static {
    _jspx_dependants = new java.util.Vector(1);
    _jspx_dependants.add("/Sample07201.jsp");
  }

  private org.apache.jasper.runtime.ResourceInjector
        _jspx_resourceInjector;
  public java.util.List getDependants() {
  return _jspx_dependants;
  }
  public void _jspService (HttpServletRequest request,
                           HttpServletResponse response)
      throws java.io.IOException, ServletException {
    JspFactory _jspxFactory = null;
    PageContext pageContext = null;
    HttpSession session = null;
    ServletContext application = null;
    ServletConfig config = null;
    JspWriter out = null;
    Object page = this;
    JspWriter _jspx_out = null;
    PageContext _jspx_page_context = null;
    try {
      _jspxFactory = JspFactory.getDefaultFactory();
      response.setContentType
        ("text/html; charset=ISO-8859-1");
      response.addHeader("X-Powered-By", "JSP/2.1");
      pageContext = _jspxFactory.getPageContext
        (this, request, response, null, true, 8192, true);
      _jspx_page_context = pageContext;
      application = pageContext.getServletContext();
      config = pageContext.getServletConfig();
      session = pageContext.getSession();
      out = pageContext.getOut();
      _jspx_out = out;
```

```
        String resourceInjectorClassName = config.getInitParameter
          ("com.sun.appserv.jsp.resource.injector");
        if (resourceInjectorClassName != null) {
        _jspx_resourceInjector =
        (org.apache.jasper.runtime.ResourceInjector)
        Class.forName(resourceInjectorClassName).newInstance();
        _jspx_resourceInjector.setContext(application);
        }
        out.write
          ("<!DOCTYPE html>\n");
        out.write("\n");
        out.write("\n");
        out.write("<html>\n");
        out.write("<head><title>Servlets als Basis von JSP:
          Tranformation</title>\n");
        out.write("</head>\n");
        out.write("<body>\n");
        out.write("<h3>Servlets als Basis von JSP:
          Tranformation</h3>\n");
        out.write("<!-- Das ist ein HTML-Kommentar -->\n");
        out.write('\n');
        out.write('\n');
        out.write('\n');
        out.write('\n');
zaehler++;
        out.write('\n');
        out.write("\n");
        out.write("<p>Anzahl Aufrufe: ");
        out.print(zaehler);
        out.write("<br />\n");
        out.write("\n");
        out.write("Datum: ");
        out.print(new Date());
        out.write('\n');
        out.write("</p>\n");
        out.write("<p>Eine Zeile zum Inkludieren</p>\r\n");
        out.write('\n');
        org.apache.jasper.runtime.JspRuntimeLibrary.include
          (request, response, "transfor2.jsp", out, false);
        out.write("\n");
        out.write("</body>\n");
        out.write("</html>\n");
      } catch (Throwable t) {
        if (!(t instanceof SkipPageException)){
          out = _jspx_out;
          if (out != null && out.getBufferSize() != 0)
            out.clearBuffer();
          if (_jspx_page_context != null)
            _jspx_page_context.handlePageException(t);
        }
      } finally {
        if (_jspxFactory != null)
          _jspxFactory.releasePageContext(_jspx_page_context);
      }
```

```
   }
 }
```

In diesem Beispiel ist zu sehen, wie Schablonentexte, HTML-Kommentare, JSP-Skriptlets und JSP-Ausdrücke transformiert werden. Sie werden an der Stelle, an der sie in der JSP-Seite stehen, auch in die Methode _jspService() eingefügt.

Die JSP-Deklarationen wandern in den Deklarationsteil der JSP-Klasse. Aus der Standardaktion include wird ein Methodenaufruf an die Klasse JspRuntimeLibrary. Direktiven werden unterschiedlich umgesetzt, wirken aber auf den Transformationsprozess selbst.

Die Direktive <%@page import="java.util" %> führt zur letzten Java-import-Anweisung am Anfang des Quellcodes der JSP-Klasse. Die Direktive <%@include file=".. ."%> hat zur Folge, dass der Inhalt der inkludierten Datei in _jspService() direkt eingefügt wird und zwar gleich in transformierter Form.

Im Beispiel besteht der Inhalt der inkludierten Datei aus Schablonentext, der sofort über die Methode out.write() ausgegeben wird. Außerdem stellt man noch fest, dass die Methode _jspService(), in welche die JSP-Skriptlets wandern, als Parameter die Variablen request und response übergeben bekommt. Dies sind genau die gleichnamigen impliziten Objekte, die in JSP-Skriptlets zur Verfügung stehen. Bei weiterer Betrachtung des Quellcodes der JSP-Klasse sieht man, dass in _jspService() lokale Variablen application, session, pageContext, out, page und config definiert werden. Auch dies sind genau die impliziten Objekte, die in JSP-Skriptlets genutzt werden können (siehe »Implizite Objekte für Skripting«, S. 127). Nur das implizite Objekt exception ist im Beispiel nicht zu sehen, da dieses Objekt nur in Fehlerseiten definiert wird.

Nehmen Sie eine Ihrer bisher erstellten JSP-Seiten und sehen Sie sich auf der Serverseite den Quelltext der JSP-Seite, den generierten Quelltext der JSP-Klasse und auf der Clientseite das Ergebnis im Webbrowser an.

6 Fehlersuche in JSP-Seiten **

In JSP-basierten Anwendungen ist eine Fehlersuche oft mühsam und zeitaufwändig, da in der Regel mit verschiedenen Werkzeugen (z. B. HTML-Editoren), Transformatoren und Laufzeitumgebungen (JSP-Server), Übersetzern (Java-Compiler) und Interpretern (Webbrowser) **in Kombination** gearbeitet wird. Es ist daher wichtig, bei der Entwicklung von vornherein ausführliche Fehlermeldungen in die Programme zu integrieren. Im Folgenden werden Empfehlungen gegeben, die helfen, Fehler schneller zu lokalisieren.

Problem der Vielfalt

JSP-Seiten

Syntaxfehler werden in JSP-Direktiven und JSP-Standardaktionen genauer vom JSP-Server lokalisiert als Syntaxfehler in Skripting-Elementen:

- »Syntaxfehler in JSP-Seiten«, S. 114

Laufzeitfehler sollten durch try-catch-Blöcke in JSP-Seiten analog wie in Java abgefangen werden. Zusätzlich sollten JSP-Fehlerseiten verwendet werden, um Ausnahmen, die nicht durch den Programmierer abgefangen werden, genau analysieren zu können:

- »Laufzeitfehler in JSP-Seiten«, S. 118

Für den echten Einsatz einer Web-Anwendung sollten auftretende Fehler in einer anwendungsspezifischen Protokolldatei (Log-Datei) eingetragen werden:

- »Debugging von JSP-basierten Anwendungen«, S. 123

JSP-Server

Die **Verzeichnisstruktur** der Web-Anwendung muss stimmen, d. h. die Konfigurationsdatei web.xml, die .class-Dateien (Java) und die Dateien von Drittanbietern müssen sich in den richtigen Ordnern befinden (siehe »Verzeichnisstruktur einer JSP-Anwendung«, S. 154).

Um sicherzustellen, dass bei Änderungen in übersetzten Java-Programmen (.class-Dateien, Java-Archiv-Dateien) immer die **aktuellen Dateien** verwendet werden, muss bei den meisten JSP-Servern die Web-Anwendung neu *deployt* werden. Bei älteren JSP-Servern muss sogar der Server **heruntergefahren** und anschließend neu gestartet werden. Dies gilt *nicht* für JSP-Dateien. Änderungen in JSP-Dateien werden vom JSP-Server automatisch erkannt.

Walkthrough/Review durchführen
Bevor Sie verzweifeln: Lassen Sie eine Kollegin oder einen Kollegen Ihr Programm anschauen. Erklären Sie das Problem. Oft sieht man selbst vor lauter Bäumen den Wald nicht. Ein »Fremder« sieht den Fehler oft sofort. Dieses Verfahren nennt man **Walkthrough** oder **Review** [Balz98, S. 301 ff.].

6.1   Syntaxfehler in JSP-Seiten **

Syntaxfehler in JSP-Direktiven und JSP-Standardaktionen werden relativ genau vom JSP-Server bei der Transformation der JSP-Seite in ein Servlet lokalisiert. Der Fehlerort bezieht sich auf die JSP-Datei. Syntaxfehler in JSP-Skripting-Elementen (Deklarationen, Skriptlets, Ausdrücke) werden erst bei der Übersetzung des Servlets gefunden. Der Fehlerort bezieht sich auf die Servlet-Datei (.java). Diese Fehler sind oft schwierig zu finden.

Eine JSP-Seite besteht aus **Skripting-Elementen**, **Direktiven** und **Standardaktionen**. Je nachdem, wo sich ein Syntaxfehler befindet, ist die Analyse mehr oder weniger einfach bzw. schwierig. **Syntaxfehler** in JSP-Seiten können an zwei Stellen entdeckt werden:

1   Bei der **Transformation** einer JSP-Seite (.jsp) in ein Servlet (.java).
2   Bei der **Übersetzung** des Servlets (.java) in eine .class-Datei.

In Abhängigkeit davon, bei welchem Vorgang der Fehler gefunden wird, bezieht sich die Fehlermeldung entweder auf die JSP-Datei oder auf die erzeugte Servlet-Datei. Die JSP-Spezifikation schreibt *nicht* vor, wie und wo die Fehlermeldungen anzuzeigen sind. Die meisten JSP-Server senden die Fehlermeldungen in der Standardeinstellung an den Browser.

Syntaxfehler in Direktiven und Standardaktionen

Die folgende JSP-Seite liefert im fehlerfreien Fall das Ergebnis der Abb. 6.1-1:

```
1  <html>
2  <head>
3  <title>Uhrzeit auf dem Server</title>
4  </head>
5  <body>
6  <%@ page isThreadSafe = "false" %>
7  <jsp:useBean id="eineZeit" class="java.util.Date" />
8  <p>
9  <b>Die aktuelle Uhrzeit auf dem Server ist:</b><br />
```

```
10  <%= eineZeit %><br />
11  </p>
12  </body>
13  </html>
```

Abb. 6.1-1: So sieht die JSP-Seite uhrzeit.jsp im Browser aus.

Wenn Sie in der Zeile 6 `<%@ page isThreadSafe = "false" %>` bei der Abschlussmarkierung das Prozentzeichen vergessen (`<%@ page isThreadSafe = "false" >`), die dadurch entstehende Datei sei `uhrzeitfehler1.jsp`, dann meldet Ihnen der JSP-Server den in der Abb. 6.1-2 aufgeführten Fehler.

Fehler: unkorrektes Ende einer Direktive

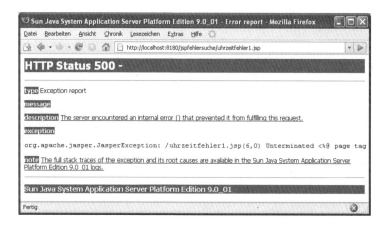

Abb. 6.1-2: Typische Fehlermeldung eines JSP-Servers, wenn eine Markierung einer Direktive nicht korrekt beendet wird.

In der ersten Zeile nach `exception` wird die Datei `uhrzeitfehler1.jsp` als Quelle des Fehlers angegeben. In Klammern stehen die Zeilennummer und die Spaltennummer, wo der Fehler lokalisiert wurde. Ob die Zeilennummer ab 0 oder ab 1 gezählt wird, hängt vom jeweiligen JSP-Server ab. Anschließend wird die vermutliche Fehlerursache angegeben: `Unterminated <%@ page tag`. Hier wird der Fehler sehr genau beschrieben. Die Zeilennummer stimmt in der Fehlermeldung zum Beispiel genau, kann aber auch um 1 abweichen, wenn der JSP-Server anders zählt.

Die Fehlermeldung des JSP-Servers ist Teil eines Auszugs aus dem Java-Ausnahmestapel *(exception stack)*, der von Java immer erzeugt wird, wenn in einer Java-Methode eine Ausnahme auftritt.

Fehler: Attribut
ohne "

Vergessen Sie in der Zeile 6 `<%@ page isThreadSafe = "false" %>` die Anführungszeichen um den Attributwert `false` (`<%@ page is-ThreadSafe = false %>`), dann gibt der JSP-Server inhaltlich folgende Fehlermeldung aus:

`/uhrzeit.jsp(6,25) quote symbol expected`

Auch in diesem Fall erhalten Sie eine relativ präzise Fehlermeldung.

Fehler: falsches
Attribut

Wenn Sie in der Zeile 7 `<jsp:useBean id="eineZeit" class="java.util.Date" />` das Attribut `class` falsch schreiben (z. B. `<jsp:useBean id="eineZeit" clas="java.util.Date" />`), dann erhalten Sie folgende, präzise Fehlermeldung:

`/uhrzeit.jsp(7,0) UseBean: Invalid attribute, clas`

Tippfehler in *optionalen* Attributnamen meldet der JSP-Server als ungültigen Attributnamen.

In der Regel lassen sich aus den Fehlermeldungen *nicht* so einfach die Fehlerursachen ableiten wie in den obigen Beispielen.

Fehler:
unkorrektes
Ende einer
Standardaktion

Wenn Sie in der Zeile 7 `<jsp:useBean id="eineZeit" class="java.util.Date" />` den letzten Schrägstrich vergessen (`<jsp:useBean id="eineZeit" class="java.util.Date" >`), dann erhalten Sie folgende Fehlermeldung:

`/uhrzeit.jsp(12,0) Unterminated <jsp:useBean tag`

Die Zeilennummer deutet auf das letzte Zeichen der Datei hin. Der Grund liegt darin, dass es für eine Standardaktion neben der Syntax

`<jsp:Aktionsname Aktionsattribute />`

auch die Syntax

```
<jsp:Aktionsname Aktionsattribute>
    Unter Umständen eingeschachtelte Standardaktionen
</jsp:Aktionsname>
```

gibt. Das Weglassen des Schrägstrichs führte also auch zu einer korrekten Syntax, allerdings fehlte dann die Abschlussmarkierung `</jsp:Aktionsname>`. Da der JSP-Server diese Markierung auch am Ende der Datei nicht gefunden hat, hat er die Fehlerstelle dort angegeben.

Syntaxfehler in Skripting-Elementen

Syntaxfehler in Skripting-Elementen sind wesentlich schwerer zu finden, da der JSP-Server die Skripting-Elemente unverändert in ein Servlet transformiert. Erst beim Übersetzen des Servlets werden Fehler gefunden. Der Fehlerort bezieht sich dann auf die erzeugte Servlet-Datei und *nicht* auf die JSP-Datei.

Die folgende JSP-Seite (um Zeilennummern ergänzt) gibt dem Benutzer an, ob Wochenende ist:

Beispiel 2
wochenende.jsp

```
 1   <html>
 2   <head><title>Wochenende</title></head>
 3   <body>
 4   <p>
 5   <jsp:useBean id="eineZeit" class="java.util.Date" />
 6   Heute ist <% String zeitStr = eineZeit.toString();
 7   if ( zeitStr.startsWith("Sun") )
 8   {%>
 9   Wochenende (Sonntag).
10   <% }
11   else if (zeitStr.startsWith("Sat") )
12   { %>
13   Wochenende (Samstag).
14   <% }
15   else
16   { %>
17   ein Werktag.
18   <% } %>
19   </p>
20   </body>
21   </html>
```

Vergessen Sie die Zeile 18 `<% } %>`, dann erhalten Sie die folgende Fehlermeldung (Ausschnitt):

Fehler: fehlende
}-Klammer

```
1   org.apache.jasper.JasperException: Unable to compile
                                          class for JSP
2   Generated servlet error:
3       [javac] C:\...\apache\jsp\wochenende_jsp.java:88:
4               'catch' without 'try'
5       [javac]     } catch (Throwable t) {
6       [javac]        ^
7       [javac] 1 error
```

In der 3. Zeile wird der Dateiname angegeben, auf den sich die Fehlermeldungen beziehen. Es ist das erzeugte Servlet

C:\...\apache\jsp\wochenendeFehler1_jsp.java:88

Die Fehlermeldung bezieht sich auf ein 'try' without 'catch' or 'finally'. Ein Bezug zum Skriptlet erscheint schwierig. Einfacher ist die Fehlersuche, wenn Sie sich das erzeugte Servlet ansehen. In Zeile 88 des Servlets steht eine geschweifte Klammer }, die einen Hinweis auf den richtigen Fehler gibt.

Ein häufiger Flüchtigkeitsfehler ist der Unterschied zwischen einem JSP-Ausdruck (Abschluss *ohne* ;) und einer Anweisung in einem Skriptlet (Abschluss jeder Anweisung *mit* ;).

Fehler:
Semikolon;
zuviel

Empfehlung 1	**Schrittweise JSP-Code in Kommentarklammern setzen.** Um festzustellen, ob ein Stück JSP-Code wirklich die Fehlerursache ist, sollten Sie Code-Fragmente in Kommentarklammern setzen. Bei hartnäckigen Fehlern können Sie sich so langsam an die Fehlerstelle »heranpirschen«.
Empfehlung 2	**Wenig Skriptlets verwenden.** Um die Fehlersuche in Skripting-Elementen zu vereinfachen, sollten insbesondere einfache und kurze Skriptlets geschrieben werden. Auf die Syntax ist sorgfältig zu achten. Lagern Sie umfangreichen Java-Code in JavaBeans aus!

Nehmen Sie ein lauffähiges JSP-Programm und fügen Sie gezielt Fehler ein. Sehen Sie sich die Fehlermeldungen an.

6.2   Laufzeitfehler in JSP-Seiten **

Um Laufzeitfehler zu vermeiden, sollten in JSPs – analog wie in Java – mögliche Ausnahmesituationen durch try-catch-Blöcke abgefangen werden. Außerdem sollten eine oder mehrere Fehlerseiten erstellt werden, wohin in nicht abgefangenen Ausnahmesituationen verzweigt wird. Zu beachten ist, dass Laufzeitfehlermeldungen sich *nicht* auf die entsprechende JSP-Seite, sondern auf den erzeugten Servlet-Code beziehen.

Laufzeitfehler treten auf, wenn eine transformierte und übersetzte JSP-Seite (Servlet, .class-Datei) ausgeführt wird. Tritt ein Laufzeitfehler auf, so wird eine **Ausnahme** *(Exception)* geworfen. Damit Laufzeitfehler *nicht* zum Abbruch der Anwendung führen, gibt es in Java die Möglichkeit, mit dem try-catch-Konstrukt Ausnahmen abzufangen. JSP-Seiten können analog wie Java-Klassen Ausnahmen in try-catch-Blöcken behandeln. Im aus einer JSP-Seite generierten Servlet wird dies *automatisch* vom JSP-Compiler gemacht. Bei der Transformation eines Skriptlets in den Java-Code des Servlets wird ein Skriptlet immer direkt oder indirekt in einen try-catch-Block eingeschlossen!

Nicht vom Programmierer abgefangene Ausnahmen

Tritt bei der Ausführung einer JSP-Seite eine Ausnahme auf, die *nicht* vom Programmierer mit try-catch abgefangen wird, dann wird diese Ausnahme von einem automatisch generierten try-catch-Block aufgefangen. Bei einer Ausnahme wird dem Benutzer vom JSP-Server eine Fehlerseite angezeigt.

Der Benutzer soll eine ganzzahlige Artikelnummer eingeben. Macht er bei der Eingabe einen Fehler und gibt auch einen Buchstaben ein, dann erhält der Benutzer eine Fehlermeldung.

Beispiel 1
artikelnr.jsp

```
<body>
<form action="verarbeitung.jsp" method="get">
<p>Artikelnummer <input type="text" name="artnr" />
<input type="submit" /></p>
</form>
</body>
```

verarbeitung.jsp

```
<body>
<p>
<% String artnr_str = request.getParameter("artnr");
//Konvertieren von String in int
int artnr = Integer.parseInt(artnr_str); %>
Artikelnummer: <%= artnr %>
</p></body>
```

Der JSP-Server zeigt folgende Fehlermeldung (Ausschnitt) bei Fehleingabe 12e4 an, die im Browser erscheint:

```
java.lang.NumberFormatException: For input string: "12e4"
```

Meist kann in einer JSP-Server-spezifischen Datei eine ausführlichere Fehlermeldung nachgelesen werden. Dort wird in der Regel der gesamte Java-Ausnahmestapel zur Fehlermeldung gespeichert. Der Ausnahmestapel beschreibt die Reihenfolge der Methodenaufrufe bis zum Fehler. Analysiert man den Ausnahmestapel, so erhält man als Angaben auch die Servlet-Datei (nicht der JSP-Datei) und die Zeilennummer der Zeile, in welcher der Fehler aufgetreten ist. Aus diesen Angaben müssen dann Rückschlüsse auf die Fehlerstelle in der JSP-Datei gezogen werden.

Beim Tomcat-Server befindet sich die Log-Datei mit den Fehlermeldungen im Unterverzeichnis logs des Tomcat-Installationsverzeichnisses.

Vom Programmierer abgefangene Ausnahmen

Meist ist es sinnvoll, mögliche Ausnahmen explizit in der JSP-Seite abzufangen, um dem Benutzer genaue Hinweise zu geben, was er falsch gemacht hat und wie eine korrekte Eingabe aussieht.

Hier sehen Sie die erweiterte Datei verarbeitung2.jsp mit Abfangen des möglichen Eingabefehlers:

Beispiel 2
verarbeitung2.jsp

```
<body>
<p>
<% String artnr_str = request.getParameter("artnr");
//Konvertieren von String in int
try
{
int artnr = Integer.parseInt(artnr_str); %>
```

```
Artikelnr: <%=artnr%>
<%}
catch (NumberFormatException e)
{
application.log("Keine ganzzahlige Artikelnummer:" + e);%>
Bitte geben Sie eine ganzahlige Artikelnummer ein.<br />
Ihre eingegebene Artikelnummer lautet: <%=artnr_str%><br />
<a href="artikelnr2.jsp">Zurück zur Eingabe</a>
<% } %>
</p>
</body>
```

Die JSP-Seite `artikelnr2.jsp` ist identisch zu `artikelnr.jsp` mit dem einzigen Unterschied, dass der Wert des Attributs `action` nun `verarbeitung2.jsp` ist. Abb. 6.2-1 zeigt die anwendungsspezifische Ausgabe im Browser bei der Fehleingabe `12e4`.

Abb. 6.2-1: Fehlermeldung im Browser bei explizit in der JSP-Seite behandelter Ausnahme.

Hinweis

Fehler in Log-Datei protokollieren

Mit der Anweisung `application.log("Text:" + e)` können Sie Fehlermeldungen in die oben erwähnte JSP-Server-spezifische Log-Datei schreiben. Es wird allerdings empfohlen, Fehlermeldungen in eine für die JSP-Anwendung spezifische Datei zu schreiben (siehe »Debugging von JSP-basierten Anwendungen«, S. 123).

Fehlerseite anlegen

In der Entwicklung gelingt es nicht immer, alle möglichen Fehlersituationen zu Beginn der Implementierung zu bedenken und entsprechend die Fehler durch Ausnahmen abzufangen. Es ist daher in JSP-Seiten möglich, auf eine oder mehrere sogenannte Fehlerseiten zu verzweigen, wenn ein Fehler auftritt, der nicht in der JSP-Seite abgefangen wird. In der Regel wird man – zumindest während der Entwicklung – eine globale Fehlerseite verwenden, welche die notwendigen Informationen über die Fehlerbehandlung enthält.

Soll eine JSP-Seite bei einer Java-Ausnahme zu einer Fehlerseite verzweigen, dann muss die JSP-Seite die JSP-Direktive

<%@ page errorPage="*relativeURL*" %>

(siehe auch: »JSP-Direktive page«, S. 62) mit der Angabe der URL der Fehlerseite enthalten.

Angabe der Fehlerseite

Die Fehlerseite selbst wird am Anfang mit der JSP-Direktive <%@ page isErrorPage = "true" %> gekennzeichnet. Auf so markierten Fehlerseiten steht ein zusätzliches, sogenanntes implizites Objekt exception zur Verfügung, das erweiterte Analysemöglichkeiten über den Fehler zur Verfügung stellt (siehe auch:»Das implizite JSP-Skripting-Objekt exception«, S. 146). Eine Fehlerseite wird allgemein ausgelegt, d. h. es können verschiedene Ausnahmen behandelt werden und es kann von verschiedenen JSP-Seiten hierhin verzweigt werden. Fehlerseiten werden meist nur während der Entwicklung der Web-Anwendung eingesetzt. Dann ist es sinnvoll, einen Auszug aus dem Ausnahmestapel auszudrucken. Die Operation exception.printStackTrace() gibt den Ausnahmestapel auf der Java-Konsole aus. Um den Ausnahmestapel in das Ergebnisdokument einer JSP-Seite zu schreiben, wird die Methode void printStacktrace(PrintWriter writer) des impliziten Objekts exception benutzt. In das Ergebnisdokument kann jedoch nur mit dem impliziten Objekt out oder mit einem JSP-Ausdruck geschrieben werden, daher sind die unten im Beispiel angegebenen Anweisungsfolgen nötig, um die Ausgabe im Ergebnis einer JSP-Seite zu erreichen.

Kennzeichnung der Fehlerseite

Wenn das Beispiel 1 (ohne try-catch programmiert) um die folgende Fehlerseite error.jsp, abgelegt in WEB-INF, ergänzt wird und in verarbeitung.jsp die Zeile <%@page errorPage="WEB-INF/error.jsp" %> eingefügt wird, dann wird im Fehlerfall auf die Fehlerseite error.jsp verzweigt.

```
<%@ page isErrorPage = "true" import="java.io.*" %>
<head>
<title>Allgemeine Fehlerseite</title>
<style type="text/css">
  span.Fehlertext
    {font-family:monospace; font-size:12pt; color:blue}
  pre.Fehlertext
    {font-family:monospace;}
</style>
</head>
<body>
<% String fehlerklasse= exception.getClass().getName();
String fehlertext = exception.getMessage();
//Ausgabe des Ausnahmestapel auf einer JSP-Seite vorbereiten
StringWriter sw = new StringWriter();
PrintWriter pw = new PrintWriter(sw);
exception.printStackTrace(pw);
String ausnahmestapel = sw.toString();
```

error.jsp

```
%>
<p>Leider ist ein Fehler aufgetreten.</p>
<p>
Der Pfad der fehlerhaften Seite ist:
<span class="Fehlertext"><%= request.getAttribute
("javax.servlet.error.request_uri") %></span><br />
Die Fehlerklasse ist:
<span class="Fehlertext"><%= fehlerklasse %></span><br />
Der Fehlertext lautet:
<span class="Fehlertext"><%= fehlertext %></span></p>
<p>
Drücken Sie den Zurück-Knopf Ihres Browsers und
versuchen Sie es noch einmal.</p>
<hr />
<p>Ausnahmestapel (exception stack):</p>
<pre class="Fehlertext">
<%= ausnahmestapel %>
</pre>
</body>
```

Die Abb. 6.2-2 zeigt die Fehlerseite im Browser.

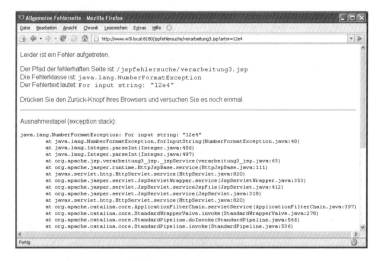

Abb. 6.2-2: Ausgabe der Fehlerseite (Ausschnitt). Zu sehen sind die allgemeinen Angaben sowie der Anfangsteil des Ausnahmestapels, der angibt, in welchem Servlet, und damit indirekt in welcher JSP-Seite, die Ausnahme aufgetreten ist.

Hinweis   Achten Sie darauf, dass Fehlerseiten nie direkt vom Web aus aufgerufen werden können. Dies erreichen Sie zum Beispiel dadurch, dass Sie die Fehlerseiten ins Verzeichnis WEB-INF legen.

Bei einem Direktaufruf einer Fehlerseite, z.B. durch die Angabe der Fehlerseite in der Adressleiste im Browser oder durch eine JSP-Standardaktion in einer JSP-seite `<jsp:forward page="fehlerseite.jsp">`, wird das implizite Objekt `exception` durch den JSP-Server nicht initialisiert. Die Verwendung des impliziten Objekts `execption` in der Fehlerseite führt in diesem Fall zu einer Java-Ausnahme (`java.lang.NullPointerException`).

In fertigen Web-Anwendungen sollten Sie keine allgemeinen Fehlerseiten verwenden. Stattdessen sollten Sie alle möglichen Typen von Eingabefehlern in ihren JSP-Seiten abfangen und dem Benutzer im Klartext mitteilen, was er für eine richtige Eingabe tun muss.

Schreiben Sie eine JSP-Seite, die bei der Ausführung zu einer Division durch Null führt, z.B. `Ergebnis: <%= 3/0 %>`. Binden Sie innerhalb dieser JSP-Seite die Fehlerseite `error.jsp` ein und führen Sie die JSP-Seite aus.

6.3 Debugging von JSP-basierten Anwendungen **

Zum Debuggen von JSP-Anwendungen eignen sich Kontrollausgaben, die im Browser angezeigt oder in eine anwendungsspezifische Protokolldatei geschrieben werden. Einige Java-Entwicklungsumgebungen enthalten auch einen Debugger für JSP-Seiten.

Oft gibt es hartnäckige Fehler, die nur schwierig zu lokalisieren sind. Zur Unterstützung des **Debuggings** stehen für Programmiersprachen **Debugger** zur Verfügung, die es gestatten, ein laufendes Programm Zeile für Zeile auszuführen. Für Java-Beans können die Debugger der Entwicklungsumgebungen für Java verwendet werden. Einige Entwicklungsumgebungen stellen auch Debugger für JSP-Seiten zur Verfügung.

Debugger

Eine einfachere und bewährte Methode besteht darin, das Programm so zu ergänzen, dass **Werte von Variablen ausgegeben** werden.

Werte ausgeben

Wo Sie die Variablen ausgeben, hängt von Ihrer Entwicklungssituation ab. Wenn Sie Programme zum Lernen und Üben erstellen, dann können Sie die Werte im Browser anzeigen lassen. Arbeiten Sie jedoch an einer kommerziellen Website, dann sollten Sie die Ausgabe nur in eine anwendungsspezifische Protokolldatei (Log-Datei) vornehmen. Es ist sehr mühsam und fehleranfällig, Ausgaben in das Browserfenster wieder zu entfernen, wenn Sie sich später entschließen, aus einem Übungsprogramm eine kommerzielle Website zu machen!

Ausgabe wo?

Programmerstellung zum Lernen und Üben

Lässt sich der Fehler auf eine JSP-Seite einschränken, dann sollten Sie JSP-Ausdrücke in Ihre JSP-Seiten einfügen, die Ihnen die Werte wichtiger Variablen als Teil der Antwort im Browser anzeigen, z. B.

```
<p>Zwischenergebnis1: <%= Ergebnis1 + Ergebnis2 %></p>.
```

Sind mehrere JSP-Seiten an der Verarbeitung einer Anfrage beteiligt, dann kann es besser sein, die Ausgaben zur Fehlersuche in eine Protokolldatei zu schreiben.

Die meisten JSP-Server – dies gilt auch für den Tomcat-Server – erlauben es, Nachrichten in das Fenster auszugeben, von dem aus der Server gestartet wurde. Dieses **Konsolenfenster** wird durch das Objekt System.out repräsentiert:

```
<% System.out.println("Zwischenergebnis 1: " + Ergebnis1 + Er-
gebnis2); %>
```

Von dieser Vorgehensweise wird allerdings abgeraten.

Programmerstellung einer kommerziellen Website

Zur Protokollierung von Variablenwerten während der Verarbeitung einer JSP-Seite eignet sich die Ausgabe in eine anwendungsspezifische Log-Datei. Die Log-Datei sollte innerhalb des Verzeichnisses der Web-Anwendung abgelegt werden. Damit sind Sie auch unabhängig vom JSP-Server, auf dem die Web-Anwendung *deployt* wird.

In die folgende JSP-Seite wurde eine Ausgabe in die Protokolldatei eingefügt. Es wird eine eingegebene Artikelnummer vor der Konvertierung in eine ganze Zahl zur Kontrolle mit der Methode log.println() der Klasse LogUtility ausgegeben:

```
<body>
<%@ page errorPage="/WEB-INF/error.jsp" %>
<%@ page import="jsplernen.*" %>
<%!
  LogUtility log;
  public void jspInit()
  {
    String pfad;
    pfad = getServletContext().getRealPath("/");
    pfad = pfad + "WEB-INF/log/protokoll.txt";
    log = new LogUtility(pfad);
  }
%>
<p>
<% String artnr_str = request.getParameter("artnr");
log.println("artnr_str: "+artnr_str);
//Konvertieren von String in int
```

```
int artnr = Integer.parseInt(artnr_str); %>
Artikelnummer: <%= artnr %>
</p>
</body>
```

Die Hilfsklasse `LogUtility` wird in der JSP-Deklaration verwendet, um das Objekt `log` in der JSP-Seite zu deklarieren. In der Methode `jspInit()`, die einmalig beim Laden der JSP-Seite durch den JSP-Server ausgeführt wird (siehe »Lebenszyklus einer JSP-Seite«, S. 238), wird mit `getServletContext().getRealPath("/")` (siehe »Das implizite JSP-Skripting-Objekt application«, S. 135) der Pfad bestimmt, in dem die JSP-Anwendung beim JSP-Server *deployt* ist. Durch Konkatenation mit `WEB-INF/log/protokoll.txt` wird der Ort innerhalb der Verzeichnisstruktur definiert, an dem die Protokolldatei abgelegt wird. Weil im Beispiel der Ort innerhalb der Verzeichnisstruktur von `WEB-INF` liegt, kann vom Web auf die Protokolldatei nicht zugegriffen werden. Sie ist also vor dem Zugriff von außen geschützt.

LogUtility.java

```
package jsplernen;
import java.io.*;

public class LogUtility
{
  private String logfile;

  public LogUtility (String logfileName)
  {
    logfile = logfileName;
  }

  public void println(String msg)
  {
    if (logfile !=null)
    {
      try
      {
        boolean append=true;
        BufferedWriter bfw = new BufferedWriter
                        (new FileWriter(logfile,append));
        String line=msg;
        line= new java.util.Date().toString()+ " "+ line;
        bfw.write(line);
        bfw.newLine();
        bfw.close();
      }
      catch(IOException e)
      {
        // Datei kann nicht geoeffnet werden
      }
    }
  }
```

```
} // writeLog()
} // class LogUtility
```

Die Abb. 6.3-1 zeigt die in die Protokolldatei ausgegebenen
Meldungen.

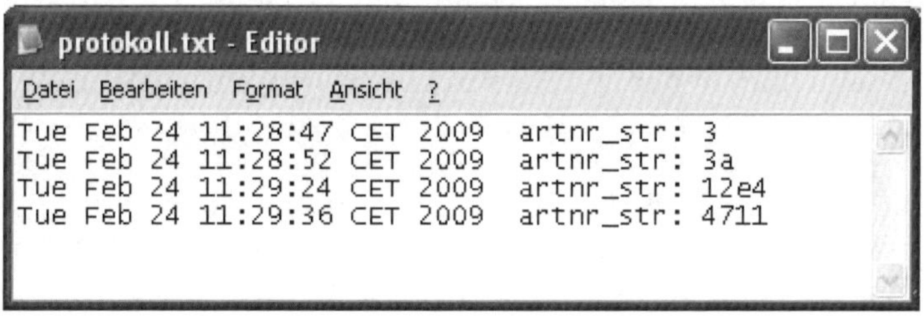

```
protokoll.txt - Editor
Datei  Bearbeiten  Format  Ansicht  ?
Tue Feb 24 11:28:47 CET 2009    artnr_str: 3
Tue Feb 24 11:28:52 CET 2009    artnr_str: 3a
Tue Feb 24 11:29:24 CET 2009    artnr_str: 12e4
Tue Feb 24 11:29:36 CET 2009    artnr_str: 4711
```

Abb. 6.3-1: Inhalt der anwendungsspezifischen Protokolldatei.

Protokolldatei
des JSP-Servers

Um in die Standardprotokolldatei des JSP-Servers zu schreiben,
können Sie den obigen JSP-Ausdruck durch folgendes Skriptlet
ersetzen:

```
<% application.log   ("Zwischenergebnis 1: " + Ergebnis1 + Ergeb-
nis2); %>
```

Mit der Methode log() werden Mitteilungen in die Protokolldatei
des JSP-Servers geschrieben. Für das Ausgeben von Kontrollausgaben wird von dieser Vorgehensweise allerdings abgeraten. Besser ist die Benutzung einer anwendungsspezifische Protokolldatei, die Sie geschützt in das Verzeichnis WEB-INF ablegen!

7 JSP – Die Grundlagen 2 *

In diesem Kapitel werden die folgenden Grundtechniken behandelt:

- »Implizite Objekte für Skripting«, S. 127
- »Kontexte«, S. 149

Eine Web-Anwendung, die eine JSP-Anwendung ist, muss eine vordefinierte Verzeichnisstruktur einhalten. Grob gesprochen gibt es in der Verzeichnisstruktur einen öffentlich zugänglichen und einen privaten, nur für den JSP-Server sichtbaren und zugreifbaren Teil. Der private Teil liegt im Unterverzeichnis WEB-INF. Im privaten Teil befindet sich z. B. auch der Java-Bytecode der JavaBean-Klassen der JSP-Anwendung. Für den privaten Teil ist eine weitere Unterstruktur vorgegeben.

Verzeichnisstruktur

Des Weiteren können für eine JSP-Anwendung Initialisierungsparameter angegeben werden. Diese werden in der Konfigurationsdatei web.xml abgelegt und können von der JSP-Anwendung zur Laufzeit ausgelesen werden. Dies ist nur ein Beispiel für eine Konfigurationsmöglichkeit.

Konfiguration

Die Verzeichnisstruktur und die Konfigurationsmöglichkeiten einer Web-Anwendung sehen wie folgt aus:

- »Verzeichnisstruktur einer JSP-Anwendung«, S. 154
- »Konfiguration einer JSP-Anwendung«, S. 159

7.1 Implizite Objekte für Skripting *

Jeder **JSP-Server** erzeugt beim Übersetzen einer **JSP-Seite** in eine Java-Klasse automatisch sogenannte **implizite Objekte** *(implicit objects, build-in objects)*. Diese Objekte ermöglichen den Zugriff auf für die Web-Anwendung wichtige Informationen, z. B. Informationen über die aktuelle HTTP-Request-Nachricht, über den Zustand der Web-Anwendung selbst, über den JSP-Server usw. Die genaue Bezeichnung für Objekte, die für JSP-Skripting verwendet werden, können lautet **implizite JSP-Skripting-Objekte**. Diese Objekte können in JSP-Skriptlets und JSP-Ausdrücken ohne Deklaration und ohne Initialisierung direkt verwendet werden. Beachten Sie aber: implizite Objekte können in JSP-Deklarationen *nicht* verwendet werden.

Wenn der Zusammenhang klar ist, wird meist nur von impliziten Objekten gesprochen. In verschiedenen JSP-Teiltechniken stehen verschiedene Mengen impliziter Objekte zur Verfügung. In der EL *(Expression Language)* gibt es z. B. andere implizite Objekte als für JSP-Skripting.

Hinweis

Es gibt neun verschiedene implizite JSP-Skripting-Objekte, die von dem jeweiligen JSP-Server zur Verfügung gestellt werden. Die Klassen dieser Objekte implementieren die durch das Servlet-API standardisierten Schnittstellen (siehe »Servlets: Basis von JSPs«, S. 93).

Referenz Die anwendbaren Operationen bzw. Methoden finden Sie in der Servlet-API-Referenz und in der JSP-API-Referenz (siehe »Informationen zu JSPs«, S. 441).

Überblick Im Folgenden wird ein kurzer Überblick über die verschiedenen impliziten Objekte gegeben. Auf einige Objekte wird in eigenen Kapiteln näher eingegangen.

request Das **implizite Objekt** request ermöglicht den Zugriff auf Informationen, die der Browser bei einer Anfrage liefert. Dazu gehören Infos über den Client, die angefragte URL, die HTTP-Header, Cookies, Request-Parameter (also auch die Parameter von Formularen) usw. Außerdem dient request als Zugang zum Kontext *Request* (siehe »Kontexte«, S. 149). Mit dem Kontext *Request* ist es möglich, innerhalb einer Anfragebearbeitung Objekte zwischen verschiedenen JSP-Seiten auszutauschen.

- Typ: Unterklasse von `javax.servlet.ServletRequest`
- Gültigkeit: Dauer der Verarbeitung einer Request-Nachricht
- Weitere Informationen: »Das implizite JSP-Skripting-Objekt request«, S. 130

response Das **implizite Objekt** response ermöglicht es, auf die Antwort, die an den Browser zurückgesendet wird, Einfluss zu nehmen. So können über response z. B. HTTP-Header gesetzt, Cookies an eine Antwort angehängt, eine Autorisierung des Benutzers verlangt und eine komprimierte Datenübertragung eingeschaltet werden.

- Typ: Unterklasse von `javax.servlet.ServletResponse`
- Gültigkeit: Dauer der Verarbeitung einer Request-Nachricht

pageContext Das **implizite Objekt** pageContext ermöglicht den Zugriff auf die Objekte in den verschiedenen Kontexten einer JSP-Seite (siehe »Kontexte«, S. 149).

- Typ: `javax.servlet.jsp.PageContext`
- Gültigkeit: Page
- Wichtige Methoden:
    `findAttribute()`, `getAttribute()`, `getAttributeScope()`, `getAttributeNamesInScope()`, `setAttribute()`, `getRequest()`, `getSession()`, `getServletContext()`

session Das **implizite Objekt** session erlaubt es, Informationen über eine Sitzung *(session)* zu lesen und zu verändern, z. B. die Sitzungskennung, die Erstellungszeit und die letzte Zugriffszeit, sowie Objekte einer Sitzung zuzuordnen.

- Typ: `javax.servlet.http.HttpSession`
- Gültigkeit: *Session*
- Weitere Informationen: »Das implizite JSP-Skripting-Objekt session«, S. 133

Das **implizite Objekt** `application` ermöglicht den Zugriff auf all- application gemeine Informationen des JSP-Servers und Konfigurationsinformationen der Web-Anwendung. Es bietet als Kontext die Möglichkeit, Objekte zuordnen zu können, die dann von jeder JSP-Seite der Web-Anwendung zum Datenaustausch ermittelt und benutzt werden können.

- Typ: `javax.servlet.ServletContext`
- Gültigkeit: *Application*
- Weitere Informationen: »Das implizite JSP-Skripting-Objekt application«, S. 135

Das **implizite Objekt** `out` dient zum Zurücksenden von Informa- out tionen an den Browser.

- Typ: `javax.servlet.jsp.JspWriter`
- Gültigkeit: *Page*
- Weitere Informationen: »Das implizite JSP-Skripting-Objekt out«, S. 143

Das **implizite Objekt** `config` erlaubt den lesenden Zugriff auf die config Initialisierungsparameter einer JSP-Seite. Diese Parameter sind in der Konfigurationsdatei einer Web-Anwendung `web.xml` abgelegt.

- Typ: `javax.servlet.ServletConfig`
- Gültigkeit: *Page*
- Wichtige Operationen: `config.getInitParameterNames()`, `config.getInitParameter(Parametername)`

Das **implizite Objekt** `page` ist die Implementierung der aktuellen page Seite.

- Typ: `java.lang.Object`
  (in einer Servlet-Umgebung `javax.servlet.Servlet`)
- Gültigkeit: *Page*
- Mit der `this`-Referenz kann auf das Page-Objekt zugegriffen werden.
- Dieses Objekt wird normalerweise vom JSP-Entwickler *nicht* benutzt.

Das **implizite Objekt** `exception` steht nur in JSP-Fehlerseiten exception (siehe »Das implizite JSP-Skripting-Objekt exception«, S. 146) zur Verfügung.

- Typ: `java.lang.Throwable`
- Gültigkeit: *Page*
- Wichtige Methoden: `getMessage()`, `getLocalizedMessage()`, `printStackTrace()`, `toString()`

■ Weitere Informationen: »Das implizite JSP-Skripting-Objekt exception«, S. 146

Hinweis | Die impliziten Objekte für JSP-Skripting und die impliziten Objekte für die EL *(Expression Language)* sind *unterschiedlich*!

7.1.1 Das implizite JSP-Skripting-Objekt request *

Das implizite JSP-Skripting-Objekt request ermöglicht den Zugriff auf Informationen, die der Browser bei einer Anfrage liefert. Dazu gehören Informationen über gesendete Formularparameter, den Client-Computer, die angefragte URL, die HTTP-Header usw.

ServletRequest | In JSP-Seiten können Sie – mit Hilfe des **impliziten JSP-Skripting-Objekts** request – direkt auf die Anfrageinformationen eines Browsers zugreifen. Das implizite Objekt request ist vom Typ javax.servlet.ServletRequest. Die Operationen des Objekts request liefern Informationen über

■ den Benutzer,
■ die HTTP-Header (siehe »Das HTTP-Protokoll«, S. 43),
■ den Client-Computer,
■ Cookies,
■ die angefragte URL,
■ übergebene Parameter.

Beispiel
requestobjekt
aufrufsei-
te.html

Dieses Beispiel zeigt, welche Informationen das Objekt request zur Verfügung stellt. Wird die JSP-Seite requestobjektinfo.jsp von der HTML-Seite requestobjektaufrufseite.html aus aufgerufen, dann erhält man die in der Abb. 7.1-1 dargestellten Ergebnisse.

```
<body>
<h3>Das implizite JSP-Skripting-Objekt request</h3>
<p>Klicken Sie den Hyperlink, um die JSP-Seite
 requestobjektinfo.jsp mit zwei Parametern aufzurufen:<br />
 <a href=
 "requestobjektinfo.jsp?Parameter1=Wert1&amp;Parameter2=Wert2">
 requestObjektInfo.jsp</a>
</p>
</body>
```

Beachten Sie, dass hier die Request-Parameter fest im Hyperlink in der Adresse angegeben sind und nicht vom Benutzer geändert werden können. Die Angabe erfolgt durch Anhängen der Parametername-Parameterwert-Paare an die URL. Also in HTML geschrieben als requestobjektinfo.jsp?Parameter1=Wert1&Parameter2=Wert2.

Die folgende JSP-Seite requestobjektinfo.jsp enthält die wichtigsten Operationen, die das Objekt request zur Verfügung stellt:

```
<%@ page import="java.util.*" %>
<body>
<h3>Das implizite JSP-Skripting-Objekt request</h3>
<p>Es liefert folgende Informationen:</p>
<h4>HTTP-Header</h4>
<p>
<!-- Alle Header ermitteln, die vom Browser gesendet werden -->
<% Enumeration headerNamen = request.getHeaderNames();
while (headerNamen.hasMoreElements())
{
  String name = (String)headerNamen.nextElement();
  out.println(name + ": " + request.getHeader(name) + "<br />");
}
%>
</p>
<h4>Übergebene Parameter</h4>
<p>
<% Enumeration parameterNamen = request.getParameterNames();
while (parameterNamen.hasMoreElements())
{
  String parName = (String) parameterNamen.nextElement();
  String parWert = request.getParameter(parName); %>
  <%= parName %>: <%= parWert %> <br />
<% } %>
</p>
<h4>Cookies</h4>

<% Cookie[] cookies = request.getCookies();
String AnzahlText;
if(cookies != null)
{
  int Anzahl = cookies.length;
  if (Anzahl == 1)
    AnzahlText = "ein Cookie:";
  else
    AnzahlText = Anzahl + " Cookies:";
%>
<p>
Insgesamt <%= AnzahlText %>
</p>
<ol>
  <% for (int i= 0; i < Anzahl; i++)
  { %>
  <li>
  Name: <%= cookies[i].getName() %> <br />
  Wert: <%= cookies[i].getValue() %> <br />
  </li>
  <% } %>
</ol>
<%
}//if(cookies != null)
```

requestobjekt
info.jsp

```
else
{
%>
<p>Keine Cookies vorhanden.</p>
<%
}%>

<h4>Verschiedenes</h4>
<p>
HTTP-Protokoll: <%= request.getProtocol()%><br />
HTTP-Methode: <%= request.getMethod()%><br />
Schema der URL (Protokollart): <%= request.getScheme()%><br />
Server-Name: <%= request.getServerName()%><br />
Server-Port: <%= request.getServerPort()%><br />
ContextPath: <%= request.getContextPath()%><br />
Request-URI ohne Parameter-String aus der Request-Zeile:
  <%= request.getRequestURI()%><br />
<%
  String paramStr =request.getQueryString();
  /*
  Ersetze & durch &amp; um ein
  syntaktisch korrektes HTML-Dokument
  zu erhalten.
  */
  if (paramStr!=null)
    paramStr = paramStr.replace("&","&amp;");
%>
Parameter-String der Request-URI: <%= paramStr %><br />
<!-- Computer, auf dem der Benutzer diese Seite betrachtet -->
Remote-Host: <%= request.getRemoteHost()%><br />
Remote-Adresse: <%= request.getRemoteAddr()%><br />
<!-- Name, unter dem der Benutzer eingeloggt ist -->
<!-- Ist die Seite nicht geschützt, wird null ausgegeben -->
Remote-Benutzer: <%= request.getRemoteUser()%><br />
Autorisierungsmethode: <%= request.getAuthType()%><br />
</p>
</body>
```

Die Informationen des Objekts request können Sie z. B. dafür nutzen, Informationen über die URLs oder IPs zu sammeln, die auf Ihre Website »zugreifen«. Sie können außerdem feststellen, welche Seiten am häufigsten direkt aufgerufen werden usw. Mit am meisten benutzt wird sicher die Operation request.getParameter(), um einen Formularwert aus einem HTML-Formular zu erhalten (siehe »JSP – Einfache Formularverarbeitung«, S. 20).

 Lassen Sie das obige Programm auf Ihrem Computersystem laufen und vergleichen Sie die Ergebnisse.

Abb. 7.1-1: Ausschnitt aus der Informationsausgabe des Objekts request.

7.1.2 Das implizite JSP-Skripting-Objekt session *

Das implizite JSP-Skripting-Objekt session bietet den Zugang zum Sitzungsobjekt. Über session wird die Programmierschnittstelle des Sitzungsobjektes, d. h. die Schnittstelle javax.servlet.http.HttpSession, angesprochen. Die Sitzungsverwaltung und die Sitzungsverfolgung in einer JSP-Anwendung werden darüber implementiert.

In Web-Anwendungen spielen **Sitzungen** eine wichtige Rolle (siehe auch »Sitzungen – Grundlagen«, S. 206). Im Umfeld von JSP-Anwendungen wird nun eine Möglichkeit gebraucht, Sitzungen, d. h. ein **Sitzungsmanagement** und eine **Sitzungsverfolgung** *programmieren* zu können. Dazu wird eine Programmierschnittstelle benötigt. Diese Programmierschnittstelle wird nachfolgend besprochen. Die Anwendung dieser Programmierschnittstelle und der Umgang mit Sitzungen in JSP werden wegen ihrer Wichtigkeit in einem eigenen Kapitel (siehe »JSP-Sitzungen«, S. 205) behandelt.

HttpSession

In JSP werden Sitzungen durch das **Sitzungsobjekt**, welches die Schnittstelle `javax.servlet.http.HttpSession` besitzt, unterstützt.

Zugriff auf Sitzungs-Objekt

Über das **implizite Objekt** `session` erlangt man Zugriff auf das Sitzungsobjekt, welches zu einer Anfrage gehört. Des Weiteren kann über das implizite Objekt `request` der Zugriff auf das Sitzungsobjekt beschafft werden, wenn z. B. die Benutzung des Sitzungsobjekts nicht in einem Skriptlet, sondern in einer Methode erfolgt. Die zugehörige Methode von `HttpServletRequest` lautet `getSession()`. Die Tab. 7.1-1 erläutert diese Methode.

Methode	Beschreibung
`HttpSession getSession (boolean mode)`	Zugriff auf Sitzungsobjekt bzw. Erzeugung Sitzungsobjekt.
`Fall mode = true` Voreinstellung	Sitzung wird erzeugt, wenn noch nicht vorhanden.
`Fall mode = false`	Sitzungsobjekt wird zurückgeliefert, wenn vorhanden. Es wird jedoch kein neues Sitzungsobjekt erzeugt.

Tab. 7.1-1: Methoden von `request` in Bezug auf das Sitzungsobjekt.

Zur Verwaltung einer Sitzung stellt `HttpSession` die Methoden aus der Tab. 7.1-2 zur Verfügung.

Methode	Beschreibung
`String getId()`	Sitzungsidentifikator: wird meist nur für Test und Debugging sowie Anbindung an Drittsysteme benötigt.
`void invalidate()`	Sitzung beenden und Sitzungszustand löschen.
`boolean isNew()`	Liefert `true`, falls Browser noch keinen Sitzungsidentifikator kennt oder das Verfahren zur Sitzungsidentifikation, z. B. Cookies, abgelehnt hat.
`int getCreationTime()`	Zeitpunkt der Sitzungserzeugung in Millisekunden seit 1.1.1970 GMT.
`int getLastAccessedTime()`	Zeitpunkt der letzten Anfrage eines Clients innerhalb der Sitzung in Millisekunden seit 1.1.1970 GMT.
`int getMaxInactiveInterval()`	Liefert Time-out-Wert in Sekunden für die Sitzung.
`void setMaxInactiveInterval (int interval)`	Zeit für Time-out in Sekunden, bis eine Sitzung bei Inaktivität des Clients durch Server beendet wird; `interval=-1`: Sitzung wird nie automatisch durch Server beendet.

Tab. 7.1-2: Methoden zur Verwaltung einer Sitzung.

Der Voreinstellungswert für das Time-out einer Sitzung ist im JSP-Server festgelegt. Es kann jedoch auch in der Konfigurationsdatei web.xml ein anwendungsspezifischer Time-out-Wert gesetzt werden (siehe »Konfiguration einer JSP-Anwendung«, S. 159).

Die Sitzungsverfolgung geschieht durch Verwaltung eines Sitzungszustandes. Der Sitzungszustand wird im Kontext *Session* verwaltet. Das Konzept des Kontexts sowie die Zugriffsmethoden auf die Daten, die dort verwaltet werden, werden im Kapitel »Kontexte«, S. 149, erläutert. Der Zugriff auf den Kontext *Session* ist über das implizite Objekt session gegeben. In diesem Kontext können Daten in Form von Java-Objekten hinterlegt werden. Eine gute Wahl ist es, für die Verwaltung des Sitzungszustands JavaBean-Objekte und nicht beliebige Java-Objekte zu verwenden. Mit den allgemeinen Methoden zu Kontexten erfolgt die Ablage der Java-Objekte im und das Holen der Java-Objekte aus dem Kontext *Session*.

Sitzungszustand

Ein JavaBean-Objekt kann auch einfach durch die Standardaktion

```
<jsp:useBean id="oId" class="classname" scope="session"/>
```

in den Kontext *Session* abgelegt bzw. von dort geholt werden (siehe »JSP-Standardaktionen für JavaBeans«, S. 86).

7.1.3 Das implizite JSP-Skripting-Objekt application **

Eine Web-Anwendung wird durch das Application-Objekt repräsentiert. In jeder JSP-Seite bietet das implizite JSP-Skripting-Objekt application Zugang zum Application-Objekt. application besitzt genau die Programmierschnittstellen des Application-Objekts. Mit application lassen sich darüber für die Web-Anwendung wichtige Informationen der Laufzeitumgebung und Konfigurationsinformationen ermitteln. Zusätzlich bietet das Application-Objekt als Kontext die Möglichkeit, zwischen beliebigen JSP-Seiten Daten auszutauschen.

Jede JSP-Anwendung wird durch ein spezielles Objekt, genannt **Application-Objekt**, repräsentiert. Das implizite **JSP-Skripting-Objekt** application bietet Zugang zu diesem Application-Objekt und besitzt genau dessen Programmierschnittstellen. Das Application-Objekt implementiert die Schnittstelle javax.servlet.ServletContext. Die Funktionalität der Schnittstelle lässt sich grob folgendermaßen einteilen:

ServletContext

- Allgemeine Informationen über die Laufzeitumgebung abrufen.
- Konfigurationsinformation für die Web-Anwendung aus der Konfigurationsdatei web.xml ermitteln.

■ Kontext zur Ablage und zum Austausch von Daten für alle JSP-Seiten der Web-Anwendung bieten.

■ Hilfsfunktionen.

Allgemeine Informationen abrufen

■ `int getMajorVersion()`
☐ Liefert die Hauptversionsnummer des Java-Servlet-APIs der aktuellen Laufzeitumgebung der Web-Anwendung.

■ `int getMinorVersion()`
☐ Liefert die Unterversionsnummer des Java-Servlet-APIs der aktuellen Laufzeitumgebung der Web-Anwendung.

■ `String getServerInfo()`
☐ Liefert Namen und Version der Laufzeitumgebung.

■ `String getServletContextName()`
☐ Liefert den in `web.xml` als `<display-name>` konfigurierten Namen der Web-Anwendung.

■ `String getContextPath()`
☐ Liefert den öffentlichen, relativen Pfad der Web-Anwendung bezogen auf den JSP-Server.

Beispiel | Eine Web-Anwendung bestehe aus der JSP-Seite `shop.jsp`, ist auf dem JSP-Server `www.beispielserver.org` installiert und über den URL `www.beispielserver.org/BookShop/shop.jsp` zugänglich, dann liefert `getContextPath()` den Wert `BookShop`.

Konfigurationsinformationen ermitteln

Die Datei `web.xml` ermöglicht es, eine Web-Anwendung mit Konfigurationsparametern zu versorgen (siehe »Konfiguration einer JSP-Anwendung«, S. 159). Die Konfigurationsparameter sind als Name-Wert-Paare in der Datei `web.xml` abgelegt. Sie können über die folgenden Methoden des Objektes `application` ermittelt werden:

■ `Enumeration getInitParameterNames()`
■ `String getInitParameter(String paramName)`

Kontext zum Austausch von Daten

Daten, die in allen JSP-Seiten einer Web-Anwendung verfügbar sein sollen, können im Kontext *Application* als Attribute abgelegt werden. Der Kontext *Application* ist in Skriptlets über das implizite Objekt `application` zugänglich. Die Klasse zum Objekt `application` bietet folgende Methoden zum Erzeugen, Lesen und Löschen von Attributen:

■ `void setAttribute(String name, Object value)`
■ `Object getAttribute(String name)`

- ▨ void removeAttribute(String name)
- ▨ Enumeration getAttributeNames()

Diese Methoden sind allgemeine Methoden, die jede Klasse, deren Objekte einen Kontext repräsentieren, besitzt. Weitere Informationen zu Kontexten und zugehörigen Methoden finden Sie unter:

- ▨ »Kontexte«, S. 149

Hilfsfunktionen

- ▨ String getRealPath(String relUrl)
- ☐ Liefert zu einem relativen Pfad innerhalb der Web-Anwendung den Pfad des Dateisystems. Kann z.B. zum Erzeugen und Lesen von Dateien benutzt werden.

Eine Web-Anwendung sei über den URL www.beispielserver. org/BookShop/ zugänglich und habe ein öffentliches Unterverzeichnis images. Weiter sei die Web-Anwendung im Dateisystem des Servers unter c:\web\shop abgelegt. Dann liefert get RealPath("images") den Wert c:\web\shop\images, d. h. ohne Back-Slash am Ende. Der Aufruf getRealPath("/") liefert c:\web\shop\, d. h. mit Back-Slash am Ende. *Beispiel*

- ▨ Set getResourcePaths(String path)
- ☐ Liefert die Menge der Ressourcen einer Web-Anwendung, die im Unterverzeichnis path der Web-Anwendung liegen. Zum Einstieg der Ermittlung aller Ressourcen einer Web-Anwendung ist mit dem Aufruf getResourcePath("/") zu starten.
- ▨ String getMimeType(String datei)
- ☐ Liefert den Mime-Typ der Datei datei.
- ▨ InputStream getResourceAsStream(String path)
- ☐ Liefert ein Objekt der Klasse InputStream, aus dem gelesen werden kann. Die Pfadangabe path muss dabei relativ zum Wurzelverzeichnis der Web-Anwendung sein.
- ▨ void log(String msg)
- ☐ Schreibt einen Nachrichtentext in eine Log-Datei der Laufzeitumgebung.

Beispiel 1: Informationen abrufen

In diesem Beispiel wird gezeigt, wie allgemeine Informationen und Konfigurationsinformationen abgerufen werden können. *Beispiel 1*

```
<h3>Das implizite JSP-Skripting-Objekt: application</h3>
<h4>Allgemeine Informationen</h4>
<table border="1">
  <tr>
    <td>getMajorVersion()</td>
```
obj
application.jsp

```
    <td><%=application.getMajorVersion()%></td>
  </tr>
  <tr>
    <td>getMinorVersion()</td>
    <td><%=application.getMinorVersion()%></td>
  </tr>
  <tr>
    <td>getServerInfo()</td>
    <td><%=application.getServerInfo()%></td>
  </tr>
  <tr>
    <td>getServletContextName()</td>
    <td><%=application.getServletContextName()%></td>
  </tr>
  <tr>
    <td>getContextPath()</td>
    <td><%=application.getContextPath()%></td>
  </tr>
</table>
<h4>Konfigurationsinformationen</h4>
<table border="1">
<%@ page import="java.util.Enumeration" %>
<% Enumeration enm = application.getInitParameterNames();
while (enm.hasMoreElements())
{
  Object obj = enm.nextElement();
  out.println("<tr><td>"+obj+"</td><td>"
    +application.getInitParameter(obj.toString())+
    "</td></tr>");
}
%>
</table>
```

In der ersten Hälfte des Quellcodes werden einfach Methoden von `application` aufgerufen. Im Browser (siehe Abb. 7.1-2) sind die zurückgelieferten Werte zu sehen.

Wie zu erkennen ist (`getMajorVersion()`: 2 und `getMinorVersion()`: 5), wurde bei der Ausführung des Beispiels in der Laufzeitumgebung mit der Servlet-Version 2.5. gearbeitet. Dies stimmt auch mit den Angaben in der Datei `web.xml` (siehe unten) überein. Als Laufzeitumgebung wurde der JSP-Server `Sun Java System Application Server Platform Edition 9.0_01` verwendet. Die Methode `getServletContexName()` liefert `Web-Anwendung Grundlagen2` zurück. Dieser Name wurde in `web.xml` als Anzeigename konfiguriert (siehe unten Ausschnitt `web.xml`). Beim JSP-Server wurde als Kontextpfad beim *Deployment* der Web-Anwendung `/grundlagen2` konfiguriert.

Bei den vier Name-Wert-Paaren der Konfigurationsinformation handelt es sich um drei Name-Wert-Paare, die über den JSP-Server einfließen, und ein Name-Wert-Paar (`context-param:storageURL`), welches in `web.xml` konfiguriert ist.

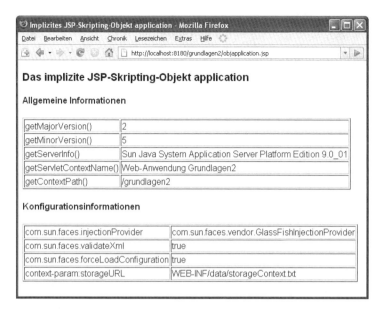

Abb. 7.1-2: Erscheinungsbild der Webseite, in der Informationen mit dem implizitem JSP-Skripting-Objekt application abgefragt werden.

Der relevante Ausschnitt der Datei web.xml wird nachfolgend wiedergegeben:

```
<?xml version="1.0" encoding="ISO-8859-1"?>
<web-app version="2.5"
  xmlns="http://java.sun.com/xml/ns/javaee"
  xmlns:xsi="http://www.w3.org/2001/XMLSchema-instance"
  xsi:schemaLocation="http://java.sun.com/xml/ns/javaee
  http://java.sun.com/xml/ns/javaee/web-app_2_5.xsd">

  <display-name>Web-Anwendung Grundlagen2</display-name>
  <context-param>
     <param-name>context-param:storageURL</param-name>
     <param-value>WEB-INF/data/storageContext.txt
     </param-value>
  </context-param>
  ...
</web-app>
```

Konfigurations-
datei web.xml
(Ausschnitt)

Beispiel 2: Kontext zum Datenaustausch nutzen

In diesem Beispiel wird die Verwendung von application für den Datenaustausch innerhalb einer JSP-Anwendung demonstriert. Die Demonstration erfolgt anhand der Verwaltung der Attribute im Kontext *Application*.

Beispiel 2

Wie in der Abb. 7.1-3 zu sehen ist, sind zurzeit sieben Attribute im Kontext *Application* enthalten. Nur das erste Attribut (Name: NeuesAttribut; Wert: Lernen) wurde über die Web-Anwendung eingefügt. Die weiteren Attribute wurden von der Laufzeitumgebung automatisch gesetzt. Wie im Browser zu sehen ist, ist der Benutzer gerade dabei, ein Attribut mit dem Namen Zweck und dem Wert Kontext Application zu setzen.

Abb. 7.1-3: Erscheinungsbild der Webseite, bei der Informationen in Kontexten abgelegt werden.

Die JSP-Anwendung ist modular aufgebaut und in Komponenten für die Dateneingabe, Datenanzeige, Datenverarbeitung und die Hauptseite strukturiert. Einen Überblick gibt das UML-Diagramm der Abb. 7.1-4.

Der Quellcode der Web-Anwendung besteht aus vier JSP-Seiten:

○ Die Hauptseite bündelt die Komponente für die Dateneingabe, ein Formular und die Komponente für die Datenanzeige, eine Tabelle.
○ Die JSP-Seite appkontextformular.jsp dient zur Dateneingabe. Dort befindet sich ein Formular zur Eingabe von Name-Wert-Paaren für Attribute sowie den Schaltflächen für die Funktionen Setzen und Löschen.
○ In der JSP-Seite appkontextverwaltung.jsp findet die Verarbeitung der Formularparameter statt.
○ Die JSP-Seite appkontexttabelle.jsp zeigt den aktuellen Zustand an, d. h. die aktuell im Kontext *Application* vorhandenen Attribute.

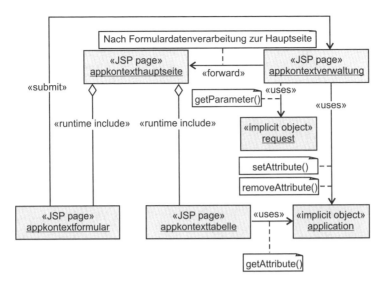

Abb. 7.1-4: Übersicht über die Komponenten der JSP-Anwendung zur Demonstration des Datenaustauschs über das implizite Objekt application dargestellt durch ein UML-Klassendiagramm.

```
<h3>Implizites JSP-Skripting Objekt application als
    Kontext für Datenaustausch</h3>
<h4>Verwaltung von Attributen im Kontext <i>Application</i></h4>
<jsp:include page="appkontextformular.jsp"/>
<h4>Aktuell vorhandene Attribute</h4>
<jsp:include page="appkontexttabelle.jsp"/>
```

appkontext
hauptseite.jsp

Die Funktionsweise von appkontexthauptseite.jsp ist offensichtlich. Erwähnenswert ist nur, dass die Komponenten für die Dateneingabe und zur Anzeige der vorhandenen Attribute mittels <jsp:include> eingebunden sind.

```
<table border="0">
<form method="get" action="appkontextverwaltung.jsp">
<tr>
  <td>Name</td> <td>Wert</td> <td> </td>
  <td> </td>
</tr>
<tr>
  <td><input type="text" name="attrName" value=""
    size="40" /></td>
  <td><input type="text" name="attrValue" value=""
    size="40" /></td>
  <td><input type="submit" name="attrSet" value="Setzen"
    size="40" /></td>
  <td><input type="submit" name="attrDelete"
  value="Löschen" size="40" /></td>
</tr>
</form>
</table>
```

appkontext
formular.jsp

In dieser JSP-Seite befindet sich das Formular für die Daten-eingabe. Das Absenden des Formulars adressiert die JSP-Seite `appkontextverwaltung.jsp`.

appkontext
verwaltung.jsp

```
<%
String attrNameStr = request.getParameter("attrName");
String attrValueStr =request.getParameter("attrValue");
String attrSetStr = request.getParameter("attrSet");
String attrDeleteStr=request.getParameter("attrDelete");
if (attrNameStr!=null && !attrNameStr.equals("")&&
    attrValueStr!=null)
{
  if (attrSetStr!=null && attrSetStr.equals("Setzen"))
  {
    application.setAttribute(attrNameStr, attrValueStr);
  }
  if (attrDeleteStr!=null &&
     attrDeleteStr.equals("Löschen"))
  {
    application.removeAttribute(attrNameStr);
  }
}
%>
<jsp:forward page="appkontexthauptseite.jsp" />
```

In `appkontextverwaltung.jsp` werden zunächst die übermittelten Formularparameter abgefragt. Danach werden die Parameter geprüft, und bei korrekten Angaben Attribute gesetzt bzw. gelöscht. Diese JSP-Anweisungen erzeugen alle *keinen* Beitrag zur Ergebnisseite, die als Inhalt der HTTP-Response-Nachricht versendet wird. Als letzte Anweisung wird die weitere Bearbei-tung der Anfrage an `appkontexthauptseite.jsp` delegiert, welche die Ergebnisseite generiert. Der Benutzer erhält also sofort wieder das Formular zur Eingabe neuer Daten und eine Auflis-tung der vorhandenen Attribute. Auch hier zeigt sich wieder die Aufgabenteilung der Komponenten.

Zum Abschluss sehen Sie den Quellcode der Seite, welche die vorhandenen Attribute auflistet:

appkontext
tabelle.jsp

```
<%@ page import="java.util.Enumeration" %>
<table border="1">
<% Enumeration enm = application.getAttributeNames();
while (enm.hasMoreElements())
{
    Object obj = enm.nextElement();
    out.println("<tr><td>"+obj+"</td><td>"+
      application.getAttribute(obj.toString())+
      "</td></tr>");
}
%>
</table>
```

Der Abruf der im Kontext *Application* vorhandenen Attribute erfolgt in `appkontexttabelle.jsp`. Der Abruf geschieht über das implizite Objekt `application`. An dieser Stelle findet quasi der Datenaustausch zwischen den JSP-Seiten `appkontextverwaltung.jsp` und `appkontexttabelle.jsp` statt. Die ermittelten Attribute werden als Name-Wert-Paare in einer Tabelle dargestellt.

Erweitern Sie das obige Beispiel zum Datenaustausch, in dem Sie den Attributnamen des zuletzt über das Formular geänderten Attributs im Kontext *Application* abspeichern und auf der Hauptseite anzeigen.

7.1.4 Das implizite JSP-Skripting-Objekt out **

Die Übersichtlichkeit des Quellcodes innerhalb einer JSP-Seite lässt sich bei permanentem Wechsel zwischen Skriptelementen und HTML-Elementen dadurch erhöhen, dass das implizite Objekt `out` im Skriptlet für Ausgaben ins Ergebnisdokument verwendet wird, anstatt zwischen Skriptlet und JSP-Ausdruck bzw. Schablonentext zu wechseln.

Eine JSP-Seite besteht aus HTML-Elementen, die mit JSP-Anweisungen, z. B. JSP-Skriptelementen, durchsetzt sind. Die HTML-Elemente erzeugen direkt Anteile für das Ergebnisdokument. Falls JSP-Skriptelemente und HTML-Elemente sich sehr häufig abwechseln, kann dies zu sehr unübersichtlichem Quellcode führen, da sehr viele Anfangs- und Endmarkierungen von JSP-Anweisungen auftreten und einzelne Java-Anweisungen über Skriptlets verstreut sind.

```
<%@ page import="java.util.Iterator" %>
<%@ page import="jsplernen.*" %>
<p>Nachfolgend die Liste der Personen:</p>
<%
BeanPersonenListe personenListe=(BeanPersonenListe)
  application.getAttribute("personenListe");
%>
<%
if (personenListe != null && personenListe.size()>0)
{
%>
<table border='1'>
<tr>
<td>Name</td><td>Alter</td>
</tr>
<%
  Iterator<BeanPerson> v=personenListe.iterator();
  while (v.hasNext()){
```

Beispiel 1a
ausgabemit
jspausdruck.jsp

```
       BeanPerson einePerson=v.next();
%>
<tr>
<td>
   <%=einePerson.getName()%>
</td>
<td>
   <%=einePerson.getAlter()%>
</td>
</tr>
<%
   } // while
%>
</table>
<%
} else
{
%>
<p> Noch keine Personen vorhanden.</p>
<%
}
%>
```

Eine bessere Lesbarkeit wird erzielt, wenn man kleine Teile, die ins Ergebnis übernommen werden sollen, auch innerhalb des Skriptlets aufführen kann, d. h. HTML-Elemente in Skriptlets unterbringt. Dazu steht in Skriptlets das **implizite Objekt** out zur Verfügung.

JspWriter   Das implizite Objekt out ist ein Exemplar der Klasse javax.servlet.jsp.JspWriter, hat also deren Methoden zur Verfügung. Insbesondere besitzt out die Methoden print() und println(), mit denen Sie Texte ins Ergebnis einfügen können. Die Methoden print() und println() wirken, wie es in Java vom Objekt System.out her bekannt ist, nur dass der Text nicht ins Konsolenfenster, sondern ins Ergebnisdokument geschrieben wird.

Hinweis   Die Methode println() bewirkt einen Zeilenwechsel im Quellcode des erzeugten Ergebnisdokuments. Allerdings führt dies nicht zu einem Zeilenwechsel in der Browseransicht, da hierfür ein HTML-Element für Zeilenwechsel notwendig ist, das mit println() nicht erzeugt wird.

Der Vorteil der Verwendung von out besteht darin, dass die Funktionalität einheitlich und übersichtlich mit Java-Code erbracht werden kann, ohne permanent zwischen Skriptlets, JSP-Ausdrücken und Schablonentext wechseln zu müssen.

```
<%@ page import="java.util.Iterator" %>
<%@ page import="jsplernen.*" %>
<p>Nachfolgend die Liste der Personen:</p>
<%
BeanPersonenListe personenListe=(BeanPersonenListe)
  application.getAttribute("personenListe");

if (personenListe != null && personenListe.size()>0)
{
  out.println("<table border='1'>");
  out.println("<tr>");
  out.println("<td>Name</td><td>Alter</td>");
  out.println("</tr>");
  Iterator<BeanPerson> v=personenListe.iterator();
  while (v.hasNext())
  {
    BeanPerson einePerson=v.next();
    out.println("<tr>");
    out.print("<td>");
    out.println(einePerson.getName());
    out.println("</td>");
    out.print("<td>");
    out.println(einePerson.getAlter());
    out.print("</td></tr>");
  } // while
  out.println("</table>");
} else
{
  out.print("<p>Noch keine Personen vorhanden.</p>");
}
%>
```

Beispiel 1b
ausgabemit
out.jsp

Wie Sie erkennen können, ist der Quellcode bei der Benutzung von out kompakter und übersichtlicher.

Pufferung

Die Ausgaben an out können gepuffert oder ungepuffert zur HTTP-Response-Nachricht weitergeleitet werden. Die Standardeinstellung ist, dass Pufferung benutzt wird. In den allermeisten Fällen ist dies auch die Einstellung, die Sie brauchen. Nur wenn in der HTTP-Response-Nachricht sehr große Datenmengen zurückgeliefert werden, macht es manchmal Sinn, die Pufferung auszuschalten, um Platz für die Zwischenspeicherung einzusparen. Die Pufferung wird über die Direktive page durch <%@page buffer="none" %> ausgeschaltet.

Haben Sie die Pufferung ausgeschaltet, so ist Vorsicht geboten, dass die gewünschte Logik der Web-Anwendung realisiert wird. Die Standardaktion <jsp:forward /> funktioniert z.B. bei ausgeschalteter Pufferung nicht mehr, da bei dieser Standard-

Hinweis

aktion implizit ein `clear()` auf den Puffer ausgeführt wird, was bei ausgeschaltetem Puffer zu einer Java-Ausnahme führt.

Weiterleiten des Pufferinhalts

Falls Sie, wie in der Standardeinstellung vorgesehen, mit Pufferung arbeiten, dann können Sie über das Attribut `autoFlush` steuern, wann die gepufferten Daten an die HTTP-Response-Nachricht weitergeleitet werden. Hier ist die Standardeinstellung `autoFlush="true"`. Bei dieser Einstellung entscheidet das System, wann die Daten weitergeleitet werden. Dies ist in der Regel die richtige Einstellung. Nur wenn der HTTP-Client kein Browser, sondern eine gewöhnliche Anwendung ist, welche die HTTP-Response-Nachricht automatisch verarbeitet, macht es Sinn `autoflush="false"` zu setzen, um sicherzustellen, dass die Anwendung entweder keine oder aber eine vollständige HTTP-Response-Nachricht erhält. Das Attribut `autoflush` wird über die Direktive `page` gesetzt:

autoflush

`<%@page autoflush="true" %>` bzw. `<%page autoflush="false" %>` Zur Steuerung des Puffers gibt es u. a. die folgenden Methoden:

`clear()`, `clearBuffer()`, `flush()`, `getBufferSize()`, `getRemaining()`

Hinweis

Ist `autoFlush="false"` gesetzt, dann können zur Laufzeit Java-Ausnahmen auftreten, die abgefangen werden müssen.

7.1.5 Das implizite JSP-Skripting-Objekt exception **

Laufzeitfehler, die Java-Ausnahmen verursachen, müssen abgefangen werden. Die Fehlerursache eines solchen Laufzeitfehlers wird im impliziten Objekt exception bereitgehalten, welches jedoch nur in Fehlerseiten benutzt werden kann.

Falsche Benutzereingaben verursachen oft Laufzeitfehler in Form von Java-Ausnahmen. Diese müssen abgefangen werden. Überdies soll dem Benutzer mitgeteilt werden, dass seine Eingaben fehlerhaft waren, d. h. es müssen Fehlerausgaben erzeugt werden. Das Abfangen der Java-Ausnahmen und Ausgabe der Fehlermeldungen kann mit `try-catch`-Blöcken innerhalb jedes Skriptlets erfolgen. Bei gleichartigen Fehlern muss dann wiederholt das Gleiche programmiert werden.

Fehlerseiten

Sogenannte Fehlerseiten bieten die Möglichkeit, die Fehlermeldung nur einmal zu programmieren und wiederzuverwenden. Dazu wird in der JSP-Seite, in der die Java-Ausnahme auftreten kann, als Fehlerseite eine zweite JSP-Seite angegeben. Diese zweite JSP-Seite muss als Fehlerseite gekennzeichnet sein.

Throwable

In einer Fehlerseite steht das **implizite JSP-Skripting-Objekt** exception zur Verfügung, welches vom Typ java.lang.Throwable ist. Über dieses Objekt kann die Fehlerursache eruiert werden. Mit Hilfe der Fehlerursache kann dann eine Fehlermeldung für den Benutzer generiert werden.

Das Vorgehen wird an einem Beispiel mit den zwei Seiten square.jsp (die Hauptseite) und errorPage.jsp (die Fehlerseite) erläutert. In square.jsp gibt es ein Formular, in das der Benutzer eine ganze Zahl eingeben soll. Diese Zahl wird dann bei der Request-Verarbeitung auf dem Server quadriert und das Quadrat der Zahl als Ergebnis zurückgegeben.

Beispiel

```
<%@ page errorPage="/WEB-INF/errorPage.jsp" %>
<body>
<h3>Demonstration des impliziten JSP-Skripting-Objekts
  exception und der page-Direktive errorPage</h3>
<form method="get" action="">
<table border="1">
  <tr><td>Ganzzahl</td>
    <td><input type="text" name="number" value=""
        size="20"/></td></tr>
  <tr><td> </td>
    <td><input type="submit" name="Cmd"
        value="Senden"/></td></tr>
</table>
</form>
<%
String number= request.getParameter("number");
if (number!=null && !number.equals(""))
  {
  out.println("<p>Zahl gefunden: "+number+"</p>");
  int numberInt=Integer.parseInt(number);
  int squareInt=numberInt*numberInt;
  out.println("<p>Größe zum Quadrat: "+squareInt+"</p>");
  } else
  {
  out.println("<p>Keine Zahl gefunden!</p>");
  }
%>
</body>
```

square.jsp

Die erste Zeile enthält die Direktive page mit Attribut errorPage ="...". Damit wird definiert, wo die Verarbeitung fortgesetzt werden soll, wenn eine nicht abgefangene Java-Ausnahme auftritt. Als Wert der Direktive ist die Seite errorPage.jsp, die im Verzeichnis WEB-INF der Web-Anwendung liegt, angegeben. Fehlerseiten sollen nicht von außen direkt aufgerufen werden können. Da das Verzeichnis WEB-INF vor einem Zugriff von außen geschützt ist, ist es zweckmäßig, Fehlerseiten unter WEB-INF abzulegen.

Direktive page mit Attribut errorPage

Im Skriptlet wird der Request-Parameter number abgefragt. Anschließend wird versucht, den Wert von number, der ja als Zeichenkette gegeben wird, durch `Integer.parseInt()` in eine ganze Zahl zu konvertieren. Falls die Zeichenkette sich nicht in eine ganze Zahl wandeln lässt, tritt eine `java.lang.NumberFormatException` auf, die im Skriptlet nicht abgefangen wird. Aufgrund der Direktive `page` in der ersten Zeile wird dann zu `errorPage.jsp` weitergeleitet. Die weitere Verarbeitung der Request-Nachricht kehrt nicht mehr zu `square.jsp` zurück.

errorPage.jsp

```
<body>
<%@ page isErrorPage="true" %>
<h3>Dies ist eine Fehlerseite</h3>
<%
    if (exception.getClass().equals
       (new java.lang.NumberFormatException().getClass()))
    {
       out.println("<p>Aufgetretener Fehler: <b>Zahl erwartet,
          andere Zeichen gefunden</b></p>");
       out.println("<p>Fehlermeldung:
          <b>"+exception.getMessage()+"</b></p>");
    }
%>
<h4>Systemfehlermeldungen</h4>
<p>Aufgetretener Fehler: <b><%=exception %></b></p>
<pre>
<%@ page import="java.io.*" %>
<% exception.printStackTrace(new PrintWriter(out)); %>
</pre>
</body>
```

Direktive page mit Attribut isErrorPage

In der zweiten Zeile wird durch die Direktive `page` mit dem Attribut `isErrorPage="true"` angezeigt, dass diese JSP-Seite als Fehlerseite fungieren darf. Innerhalb dieser Seite steht deshalb das implizite Objekt `exception` zur Verfügung. Das Objekt `exception` enthält die Fehlerursache, die in der Fehlerseite ausgewertet werden kann. Falls der Benutzer z. B. statt einer Zahl einfach den Buchstaben q eingibt, gibt der Browser die Fehlerseite aus (Abb. 7.1-5).

Im vorliegenden Beispiel wird zuerst eine für den Benutzer verständliche Fehlerursache ausgegeben. Danach werden die Systemfehlermeldungen angezeigt, was für Debugging-Zwecke nützlich sein kann. In einer realen Anwendung würde man natürlich die Systemfehlermeldungen weglassen.

Für die Praxis

In obigem Beispiel wurden zu Demonstrationszwecken Eingabefehler des Anwenders auf eine Fehlerseite geleitet. In fertigen Web-Anwendungen sollten allerdings Eingabefehler stets dort abgefangen und behandelt werden, wo sie erkannt werden. Das Konzept der Fehlerseiten ist nur für *nicht* vorhersehbare Fehler gedacht. Außerdem sind Fehlerseiten während der Entwicklungs-

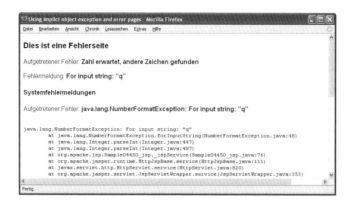

Abb. 7.1-5: Erscheinungsbild der Fehlerseite. Die Fehlerseite wird angesteuert, falls eine nicht abgefangene Ausnahme auftritt.

zeit einer JSP-Anwendung nützlich, da genaue Angaben über eine Fehlerursache, wie durch `printStackTrace()` geliefert, die Fehlersuche und -behebung beschleunigen.

7.2 Kontexte **

Die Laufzeitumgebung einer Web-Anwendung bietet dieser Schnittstellen, damit die JSP-Seiten einer Web-Anwendung untereinander kommunizieren können. Der Datenaustausch erfolgt geregelt über Kontexte, die Bereiche für die Ablage von Daten darstellen und deren Gültigkeitsbereiche, d.h. Sichtbarkeit und Lebensdauer, festlegen. Die definierten Kontexte sind: *Application, Session, Request* und *Page*. Der Zugriff auf die in einem Kontext abgelegten Daten erfolgt für jeden Kontext über die gleichen Schnittstellenmethoden.

Web-Anwendungen bestehen aus Komponenten wie JSP-Seiten und JavaBeans. Die Komponenten werden vom JSP-Server verwaltet, der ihnen eine Laufzeitumgebung mit vielfältigen Schnittstellen bietet. In diesem Zusammenhang wird der JSP-Server auch Web-Container für die Web-Anwendung genannt. Die einzelnen Web-Anwendungen, die ein JSP-Server beherbergt, werden streng getrennt voneinander verwaltet.

Innerhalb einer Web-Anwendung bietet die Laufzeitumgebung Schnittstellen, damit die einzelnen Komponenten untereinander Daten austauschen können. Damit der Datenaustausch geregelt und einheitlich vonstatten geht, sind gleichartige Schnittstellen spezifiziert und sogenannte **Kontexte** innerhalb der Web-Anwendung definiert. Ein Kontext stellt einen Bereich für die **Ablage** von Daten dar und definiert deren **Gültigkeitsbereich**, d.h. deren **Lebensdauer** und **Sichtbarkeit**. Daten werden als Java-

Kontext

Objekte in Kontexten abgelegt und wieder abgerufen. Folgende Kontexte sind festgelegt:

- *Application* (Kontext der Web-Anwendung)
- *Session* (Sitzungskontext)
- *Request* (Anfragekontext)
- *Page* (Seitenkontext)

Die Bedeutung der Kontexte ist über die Lebensdauer der abgelegten Daten und deren Sichtbarkeit in den einzelnen Komponenten während der Bearbeitung einer Anfrage definiert. Die Abb. 7.2-1 veranschaulicht die Bedeutung der Kontexte.

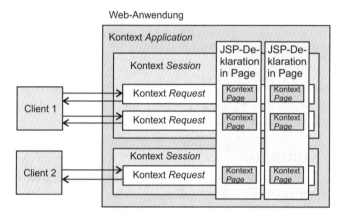

Abb. 7.2-1: Zu sehen sind die verschiedenen Kontexte einer Web-Anwendung.

- **Kontext *Application***: Es gibt pro Web-Anwendung genau einen Kontext *Application*. Jede JSP-Seite der Web-Anwendung hat Zugriff auf den Kontext *Application*, d. h. jede JSP-Seite kann Daten aus diesem Kontext lesen und dort Daten speichern oder löschen. Daten, die hier abgelegt werden, bleiben solange erhalten, bis sie explizit gelöscht oder die Web-Anwendung beendet wird. Wird die Web-Anwendung von mehreren Anwendern gleichzeitig benutzt, dann greifen alle auf denselben Kontext *Application* zu, da dieser *nur einmal* für die Web-Anwendung existiert.
- **Kontext *Session***: Es gibt pro Sitzung genau einen Kontext *Session*. Wenn die Interaktion des Clients mit der Web-Anwendung das Sitzungsmodell (siehe »Sitzungen – Grundlagen«, S. 206) erfordert, werden mehrere Anfragen eines Clients einer Sitzung zugeordnet. Nur die JSP-Seiten, die zur Bearbeitung dieser so zugeordneten Anfragen ausgeführt werden, haben Zugriff (lesen, schreiben, löschen) auf die Daten des Kontexts *Session*. Dort abgelegte Daten existieren bis die Sitzung beendet wird, stehen also insbesondere bei einer weiteren Anfrage innerhalb der Sitzung noch zur Verfügung.

▨ **Kontext *Request*:** Pro Anfrage wird ein Kontext *Request* erzeugt. Bei der Abarbeitung einer Anfrage werden meist mehrere JSP-Seiten ausgeführt, die z. B. über die Standardaktionen `include` oder `forward` verbunden sind. Nur die JSP-Seiten, die bei derselben Anfrage beteiligt sind, können den Kontext *Request* nutzen. Sie können dort Daten ablegen, lesen und löschen. Im Kontext *Request* werden die Daten am Ende einer Anfragebearbeitung, d. h. wenn die HTTP-Response-Nachricht zurückgeschickt wird, automatisch gelöscht.

▨ **Kontext *Page*:** Für jede JSP-Seite wird ein Kontext *Page* generiert. Nur die JSP-Seite selbst hat Zugriff auf den eigenen Kontext *Page*. Die Daten, die dort hinterlegt werden, bleiben erhalten bis die JSP-Seite innerhalb einer Anfrage verarbeitet ist. Wird eine Seite während einer Anfrage mehrmals verarbeitet, dann wird *jeweils ein eigener* Kontext *Page* erzeugt.

Oft wird der Begriff Gültigkeitsbereich als Synonym für Kontext benutzt.	Hinweis

Eine weitere Möglichkeit Daten zu hinterlegen, bieten Attribute, die per JSP-Deklaration in der JSP-Klasse als Objektvariablen angefügt werden. Die Werte dieser Attribute bleiben im Gegensatz zu den Attributen im Kontext *Page* auch über die Verarbeitungsdauer einer JSP-Seite hinaus erhalten und leben genauso lange, wie das Objekt der JSP-Klasse lebt.

Deklarationen

Der Zugang zu den Kontexten erfolgt über **Kontextobjekte**, welche die Kontexte repräsentieren. Mit API-Aufrufen der Java-Klasse zur JSP-Seite lassen sich, wenn vorhanden, die Kontextobjekte bestimmen. Zum Kontext *Application* gehört das Application-Objekt, zum Kontext *Session* das Session-Objekt, zum Kontext *Request* das Request-Objekt und zum Kontext *Page* das Page-Objekt. In verschiedenen Teiltechniken ist der Zugang zu den Kontextobjekten vereinfacht durch vordefinierte Objekte möglich. In JSP-Skriptlets und JSP-Ausdrücken kann auf die Kontexte über implizite Objekte (siehe »Implizite Objekte für Skripting«, S. 127) zugegriffen werden. Die Kontexte werden gemäß der Tab. 7.2-1 abgebildet.

Zugang zu Kontexten

Es ist zu beachten, dass der Kontext *Page* zum impliziten Objekt `pageContext` und nicht zum impliziten Objekt `page` korrespondiert.	Hinweis

In Methoden, die in JSP-Deklarationen definiert werden, stehen die impliziten Objekte für die Kontexte nicht direkt zur Verfügung. Falls dort Kontextobjekte benötigt werden, müssen die zugehörigen Objekte über die Methodenschnittstelle übergeben werden. Genauer gesagt ist es ausreichend, das Page-Objekt zu

Verwendung in Deklarationen

Kontext	implizites Objekt	Klasse/Interface
Application	application	javax.servlet.ServletContext
Session	session	javax.servlet.http.HttpSession
Request	request	javax.servlet.http.HttpServletRequest
Page	pageContext	javax.servlet.jsp.PageContext

Tab. 7.2-1: Verwendung in Skriptlets & Ausdrücken.

übermitteln. Die anderen Kontextobjekte können über das Page-Objekt erfragt werden. Die Tab. 7.2-2 gibt einen Überblick über die Kontexte und die Zugriffsmethoden von PageContext auf die jeweiligen Kontextobjekte.

Kontext	Methode
Application	javax.servlet.jsp.PageContext.getServletContext()
Session	javax.servlet.jsp.PageContext.getSession()
Request	javax.servlet.jsp.PageContext.getRequest()

Tab. 7.2-2: Objekte für Kontextzugriff ermitteln.

Beispiel 1

Der folgende Codeausschnitt einer JSP-Seite zeigt, wie das Page-Objekt über die Aufrufschnittstelle an eine Methode übergeben wird und in der Methode auf das Application-Objekt zugegriffen wird.

```
...
<%! // Def. einer Methode, die das Application-Objekt benutzt.
  void methodeInDeklaration(PageContext pageObj)
  {
    // Holen des Application-Objekts
    ServletContext application = pageObj.getServletContext();
    /* Danach Nutzung des Application-Objekts
       über application wie in Skriptlets,
          z. B.  Ermitteln von Daten im Kontext Application */
    Object obj = application.getAttribute("dbverbindung");
    ...
  }
%> ...
<% ...
  // Aufruf der Methode im Skriptlet
  // Übergabeparameter: das implizite Objekt pageContext
  methodeInDeklaration(pageContext);
  ...
%> ...
```

In den meisten Implementierungen von JSP kann das Application-Objekt in einer JSP-Deklaration mit der Methode `getServletContext()` der JSP-Klasse direkt beschafft werden.

Es sind zwei Begrifflichkeiten zu unterscheiden:

- Als Erstes einen Kontext als Konzept mit Lebensdauer, Sichtbarkeit und Funktionalität zur Ablage von Daten,
- als Zweites das zugehörige Kontextobjekt, welches den Kontext repräsentiert.

Der Zugriff auf ein Kontextobjekt erfolgt über eine Objektreferenz, die über einen API-Aufruf bestimmt werden kann und in Skriptlets sogar direkt als implizites Objekt vorhanden ist.

Die Daten werden als Attribute der Kontexte in Form von Java-Objekten hinterlegt. Die Zugriffmethoden sind für alle Klassen zu Kontexten gleich und werden in der Tab. 7.2-3 beschrieben.

Methode	Beschreibung
`void setAttribute(String name, Object obj)`	Legt das Objekt obj unter dem Namen name im Kontext ab.
`Object getAttribute(String name)`	Sucht ein Objekt mit Namen name im Kontext und liefert dieses zurück.
`void removeAttribute(String name)`	Löscht das Objekt mit Namen name aus dem Kontext.
`Enumeration getAttributeNames()`	Liefert alle Namen von Objekten, die im Kontext enthalten sind, in Form einer Enumeration.

Tab. 7.2-3: Methoden zur Verwaltung von Daten im Kontext.

Die Standardaktion `<jsp:useBean ... scope="kontext">` (siehe »JSP-Standardaktionen für JavaBeans«, S. 86) ist direkt mit Kontexten verknüpft. Sie ermöglicht das Finden eines JavaBean-Objekts und erzeugt ein entsprechendes JavaBean-Objekt, wenn das gesuchte Objekt im angegebenen Kontext nicht gefunden wird. Dabei erfolgen die Suche und ggf. die Erzeugung des JavaBean-Objekts stets nur im angegebenen Kontext, der durch das Attribut scope adressiert wird.

Für den Zugriff auf Kontexte in der Technik EL sei auf das Kapitel »Überblick über die Expression Language«, S. 408, verwiesen.

Die typischen Verwendungsmöglichkeiten der Kontexte werden am Beispiel eines Online-Shops demonstriert.

Beispiel 2 — Ein Online-Shop hat ein Warensortiment. Das Warensortiment ist vom Kunden, von der einzelnen Anfrage und von den JSP-Seiten unabhängig. Das Warensortiment wird im Kontext *Application* der Web-Anwendung gehalten. Ein Kunde navigiert auf den Webseiten des Online-Shops, sieht sich Produkte an und legt manche Produkte in seinen Warenkorb. Die Aktionen eines Kunden sind jeweils in einer Sitzung zusammengefasst. Der Warenkorb eines Kunden wird im Kontext *Session* des Kunden abgelegt. Das Ablegen eines Produktes im Warenkorb wird über eine Anfrage abgewickelt. Bei einer gut strukturierten Web-Anwendung ist die Abarbeitung dieser Anfrage auf mehrere JSP-Seiten aufgeteilt. Die erste JSP-Seite erledigt z. B. das logische Ablegen des Produktes im logischen Warenkorb und delegiert dann die Anzeige des Ergebnisses dieser Aktion (Produkt verfügbar und abgelegt / Produkt momentan nicht verfügbar) an eine nächste JSP-Seite. Dazu muss das Ergebnis als Zwischenergebnis von der ersten zur zweiten JSP-Seite weitergeben werden. Dies geschieht durch Daten im Kontext *Request*.

Es wird gezählt, wie oft eine JSP-Seite während der Lebensdauer der Web-Anwendung durchlaufen wird. Für Daten, die nur innerhalb einer JSP-Seite, aber während der gesamten Lebensdauer der Web-Anwendung gespeichert werden sollen, wird über eine JSP-Deklaration ein Attribut der JSP-Klasse erzeugt.

Der Kontext *Page* für die Ablage von Daten wird hauptsächlich dazu verwendet, die teiltechnikübergreifende Verwendung von Variablen zu ermöglichen, d. h. Variablen abzulegen, die z. B. in Skriptlets erzeugt werden und auch in der EL oder der JSTL verwendet werden sollen.

Eine technische Umsetzung der Verwendungsideen in JSP-Code ist in den Beispielen des Kapitels »JSP-Sitzungen«, S. 205, zu finden.

7.3   Verzeichnisstruktur einer JSP-Anwendung *

Bei der Verzeichnisstruktur einer JSP-Anwendung muss zwischen der Struktur zur Laufzeit und der Struktur während der Entwicklung unterschieden werden. Für die Struktur zur Laufzeit gibt es zwingende Vorgaben, für die Struktur während der Entwicklung nur Empfehlungen, die sich aber als nützlich erwiesen haben.

Eine **JSP-Anwendung** besteht aus einer **Gruppierung von Da-teien**. Diese Dateien müssen, damit das *Deployment* beim JSP-Server funktioniert, dann je nach Dateiart geordnet in Unterver-zeichnissen abgelegt werden.

Eine JSP-Anwendung ist mit einem **Verzeichnis** assoziiert, in welchem die Dateien und Unterverzeichnisse der JSP-Anwen-dung liegen. Der Dateibaum, dessen Wurzel das Verzeichnis ist, repräsentiert die JSP-Anwendung im Dateisystem.

Verzeichnis

Es ist zu unterscheiden zwischen:

Laufzeit versus Entwicklung

- ▦ der Verzeichnisstruktur einer JSP-Anwendung für das *Deploy-ment* und für die Laufzeit, hier ist die Struktur vorgegeben, und
- ▦ der Verzeichnisstruktur während der Entwicklung einer JSP-Anwendung. Hier gibt es Empfehlungen, die sich als sehr nützlich herausgestellt haben.

Verzeichnisstruktur zur Laufzeit

Für das *Deployment* und für die Laufzeit wird dieselbe Verzeich-nisstruktur benötigt. Es wurde die in Tab. 7.3-1 gelistete Ver-zeichnisstruktur für eine JSP-Anwendung festgelegt:

Verzeichnis	Inhalt
root/WEB-INF/	Konfigurationsdatei: web.xml
root/WEB-INF/	Ggf. weitere Konfigurations-dateien, z. B. sun.xml
root/WEB-INF/	Taglib-Deskriptoren: .tld-Dateien
root/WEB-INF/classes	Java-Klassen: .class-Dateien
root/WEB-INF/lib	Java-Archive: .jar-Dateien
root/WEB-INF/tags	*Tag Files*: .tag-Dateien

Tab. 7.3-1: Vorgabe für die Verzeichnisstruktur einer JSP-Anwendung.

Das Verzeichnis root/ ist dabei das Verzeichnis, welches mit der JSP-Anwendung assoziiert ist. Das Verzeichnis root/ heißt **Wur-zelverzeichnis** der Web-Anwendung.

Wurzel-verzeichnis

Das Unterverzeichnis WEB-INF/ wird vom JSP-Server geschützt. Ein Zugriff darauf, oder auf seine Unterverzeichnisse, ist vom öffentlichen Web aus nicht möglich.

Außerdem wird empfohlen, zusätzlich die in Tab. 7.3-2 darge-stellte Anordnung zu übernehmen.

Verzeichnis	Inhalt
root/	Indexdateien.
root/	Bei kleinen JSP-Anwendungen: .html-, .css- und .js-Dateien.
root/	Bei kleinen JSP-Anwendungen: .jsp-Dateien.
root/WEB-INF/<privat>/	Private Daten der JSP-Anwendung, d. h. Daten, die nicht öffentlich zugänglich sein sollen.
root/images/	Bilder: .gif-, .png-Dateien etc.
root/css/	Bei größeren JSP-Anwendungen: Layoutstile: .css-Dateien.
root/js/	Bei größeren JSP-Anwendungen: JavaScript-Dateien: .js-Dateien.
root/<anwendungsspezifisch>/	Bei größeren JSP-Anwendungen: Untergruppierung von JSP-Seiten, .jsp-Dateien.

Tab. 7.3-2: Empfehlung für die Verzeichnisstruktur einer JSP-Anwendung.

Hinweis

Für das *Deployment* kann in der Regel der Verzeichnisbaum root/ direkt angegeben oder kopiert werden oder es kann aus dem Verzeichnis root/ ein **Web-Archiv** (WAR-Datei) erzeugt werden, das dann für das *Deployment* verwendet wird.

Deployment einzelner JSP-Seiten

In der Regel ist es bei JSP-Servern möglich, einzelne JSP-Seiten ohne eigenen JSP-Anwendungskontext zu *deployen*. Diese Seiten laufen dann im Kontext einer globalen Web-Anwendung. Diese Vorgehensweise ist zwar der leichteste Einstieg für das Produktivstellen und den Test einer ersten, eigenen JSP-Seite, wird aber nicht empfohlen, weil von Anfang an der systematische Umgang mit eigenen Web-Anwendungen und deren Ablagestruktur geübt werden sollte.

Die Konfigurationsdatei web.xml sollte immer vorhanden sein, da sonst manche JSP-Server beim *Deployment* Probleme machen. Oft genügt eine minimale Datei der folgenden Art:

web.xml

```
<?xml version="1.0" encoding="ISO-8859-1"?>
<web-app version="3.0" xmlns="http://java.sun.com/xml/ns/javaee"
xmlns:xsi="http://www.w3.org/2001/XMLSchema-instance"
xsi:schemaLocation="http://java.sun.com/xml/ns/javaee
    http://java.sun.com/xml/ns/javaee/web-app_3_0.xsd">
</web-app>
```

Für eine Erklärung des Dateiinhaltes wird verwiesen auf:

- »Konfiguration einer JSP-Anwendung«, S. 159

Verzeichnisstruktur während der Entwicklung

Während der Entwicklung werden zusätzliche Verzeichnisse benötigt. Im Vorgriff sei hier erwähnt, dass JSP-Anwendungen auch Java-Programme enthalten können, deren Quellcode dem Webserver zum *Deployment* natürlich *nicht* übergeben werden muss. Also braucht man hier einen Platz außerhalb des Wurzelverzeichnisses, welches für das *Deployment* benötigt wird. Die in der Tab. 7.3-3 enthaltene Verzeichnisstruktur wird vom Erfinder von JSP in Tutorials zu JSP empfohlen.

Verzeichnis	Inhalt
dev/	Batch-Dateien/Shell-Skripte oder Steuerdateien für die Entwicklung
dev/web/	Wurzelverzeichnis der Web-Anwendung
dev/src/	Quellcode-Verzeichnis für Java-Komponenten
dev/ <toolname>/	Werkzeugspezifische Dateien, z. B. bei Benutzung einer Entwicklungsumgebung

Tab. 7.3-3: Empfohlene Entwicklungsverzeichnisse während der Entwicklung einer JSP-Anwendung.

- Das Verzeichns dev/ heißt **Entwicklungsverzeichnis** der JSP-Anwendung.
- Das Verzeichnis dev/web/ entspricht dabei dem Verzeichnis root/ der Laufzeitstruktur. Insbesondere soll das Verzeichnis dev/web/ so unterstrukturiert sein, wie im Abschnitt Verzeichnisstruktur zur Laufzeit beschrieben. Ihre JSP-Dateien legen Sie also direkt im Verzeichnis dev/web/ bzw. in dessen Unterverzeichnissen ab.
- Im Verzeichnis dev/ werden Batch-Dateien/Shell-Skripte abgelegt, die während der Entwicklung und zur Erzeugung der fertigen Web-Anwendung gebraucht werden. Je nach verwendeten Werkzeugen werden verschiedene Dateien benötigt. Verwenden Sie z. B. ANT, ein Make-Werkzeug für Java, dann legen Sie unter *dev/* die ANT-Steuerdatei build.xml ab.
- Bei vielen JSP-Anwendungen werden eigene Java-Klassen eingebunden. Den Quellcode dieser Klassen sollten Sie unter dev/src/ ablegen.
- Verwenden Sie Entwicklungsumgebungen wie NetBeans oder Eclipse, dann sollten die werkzeugspezifischen Dateien in einem werkzeugspezifischen Verzeichnis dev/<toolname>/ abgelegt werden.

Beispiel für kommandozeilenorientierte Entwicklung

Haben Sie eine vollständige Entwicklungsumgebung wie Net-Beans oder Eclipse zur Verfügung, dann ist das Arbeiten sehr bequem. Allerdings bedeutet die Einarbeitung in eine Entwicklungsumgebung einen nicht zu unterschätzenden Aufwand.

Damit nicht vom Wesentlichen abgelenkt wird, können Sie bei kleinen Beispielen auch kommandozeilenorientiert vorgehen. Dabei lernen Sie auch explizit die Schritte kennen, die bei Verwendung einer Entwicklungsumgebung im Hintergrund ablaufen.

Kompilieren   Es werden sowohl die JSP-Seiten als auch, wenn benötigt, die Java-Klassen mit einem einfachen Texteditor erstellt. Die Java-Klassen werden dann per Kommandozeilenaufruf des Java-Compilers übersetzt. Diesen Aufruf schreiben Sie am besten in eine Batch-Datei oder ein Shell-Skript, je nach Betriebssystemplattform, die Sie in dev/ ablegen:

```
javac -d web/WEB-INF/classes src/meineKlasse.java
```

Die Wirkung der Parameter des javac-Aufrufes wird in der Tab. 7.3-4 erläutert.

Parameter	Wirkung
-d web/WEB-INF/classes	Die erzeugte .class-Datei wird in web/WEB-INF/classes abgelegt.
src/meineKlasse.java	Die Datei meineKlasse.java, die sich im Verzeichnis src/ befindet, wird übersetzt.

Tab. 7.3-4: Aufrufparameter des Kommandos javac.

Durch den so parametrierten Aufruf wird die Java-Klassendatei direkt ins richtige Verzeichnis für das *Deployment* gelegt. Dies funktioniert auch, wenn Sie Ihre eigenen Klassen in Paketen organisieren. Für Pakete notwendige Unterverzeichnisse von web/WEB-INF/classes werden automatisch vom Java-Compiler erzeugt. Die Batch-Datei oder das Shell-Skript rufen Sie dann in einem Konsolenfenster auf. Falls es zu Fehlern kommt, sehen Sie die Fehlermeldungen im Konsolenfenster.

WAR-Datei   Für die Erzeugung eines Web-Archivs (WAR-Datei), welches Sie
erzeugen   für das *Deployment* verwenden können, benutzen Sie am einfachsten folgende Batch-Datei bzw. Shell-Skript, die Sie in dev/ abspeichern:

```
jar cvf nameArchivdatei.war -C web .
```

Die Wirkung der Parameter des jar-Aufrufes wird in der Tab. 7.3-5 erläutert.

Parameter	Wirkung
cvf	c bedeutet: neues Archiv erstellen. v bedeutet: ausführliche Meldungen zum Erzeugungsvorgang generieren. f bedeutet: Name der Archivdatei wird im nächsten Parameter angegeben.
nameArchivdatei.war	Name der zu erzeugenden Archivdatei.
-C web	Das Verzeichnis wechseln vom aktuellen Verzeichnis in das Unterverzeichnis web.
.	Der Punkt am Ende der Befehlszeile steht für den Inhalt des aktuellen Verzeichnisses, d. h. nach dem Wechseln des Verzeichnisses durch den Parameter -C. Als Inhalt werden alle Dateien und Unterverzeichnisse genommen. Achtung: es darf nicht wie sonst üblich das Zeichen »*« genommen werden, stattdessen muss das Zeichen ».« (Punkt) verwendet werden.

Tab. 7.3-5: Aufrufparameter des Kommandos jar.

Die Batch-Datei oder das Shell-Skript rufen Sie dann wieder in einem Konsolenfenster auf. Bei erfolgreicher Ausführung liegt im Verzeichnis dev/ dann die Archivdatei nameArchivdatei.war, welche die Web-Anwendung enthält.

7.4 Konfiguration einer JSP-Anwendung **

Die Konfiguration einer JSP-Anwendung wird über die Datei web.xml, die im Verzeichnis /WEB-INF/ liegt, vorgenommen. Diese Datei heißt Deployment-Deskriptor. Es werden insbesondere die JSP-Version bzw. Servlet-Version, die Indexdateien und die Initialisierungsparameter in web.xml konfiguriert.

Die Konfiguration einer **JSP-Anwendung** wird in der Datei web.xml vorgenommen. Diese Datei liegt im Verzeichnis /WEB-INF/ (siehe »Verzeichnisstruktur einer JSP-Anwendung«, S. 154) und ist eine XML-Datei. Die Datei web.xml wird auch **Deployment-Deskriptor** genannt. Im Folgenden wird eine Auswahl von Konfigurationsmöglichkeiten, die in web.xml vorgenommen werden können, besprochen.

JSP-Version bzw. Servlet-Version

Für eine JSP-Anwendung wird in web.xml angegeben, welche JSP-Version bzw. welche Servlet-Version für den Ablauf benötigt wird. Die JSP-Version ist an die Servlet-Version gekoppelt. In web.xml kann nur die Servlet-Version angegeben werden. Die Version wird beim Wurzelelement web-app von web.xml eingestellt

/

und zwar in Abhängigkeit der Version entweder als DTD-Angabe oder als XML-Namensraum-Deklaration.

<table>
<tr><td>

Beispiele
Servlet 2.3 &
JSP 1.2

</td><td>

```
<?xml version="1.0" encoding="ISO-8859-1"?>
<!DOCTYPE web-app
  PUBLIC "-//Sun Microsystems, Inc.//DTD Web Application 2.3//EN"
  "http://java.sun.com/dtd/web-app_2_3.dtd">
<web-app>
</web-app>
```

</td></tr>
<tr><td>

Servlet 2.4 &
JSP 2.0

</td><td>

```
<?xml version="1.0" encoding="ISO-8859-1"?>
<web-app version="2.4"
    xmlns="http://java.sun.com/xml/ns/j2ee"
    xmlns:xsi="http://www.w3.org/2001/XMLSchema-instance"
    xsi:schemaLocation="http://java.sun.com/xml/ns/j2ee
        http://java.sun.com/xml/ns/j2ee/web-app_2_4.xsd">
</web-app>
```

</td></tr>
<tr><td>

Servlet 2.5 &
JSP 2.1

</td><td>

```
<?xml version="1.0" encoding="ISO-8859-1"?>
<web-app version="2.5"
    xmlns="http://java.sun.com/xml/ns/javaee"
    xmlns:xsi="http://www.w3.org/2001/XMLSchema-instance"
    xsi:schemaLocation="http://java.sun.com/xml/ns/javaee
        http://java.sun.com/xml/ns/javaee/web-app_2_5.xsd">
</web-app>
```

</td></tr>
<tr><td>

Servlet 3.0 &
JSP 2.2

</td><td>

```
<?xml version="1.0" encoding="ISO-8859-1"?>
<web-app version="3.0"
    xmlns="http://java.sun.com/xml/ns/javaee"
    xmlns:xsi="http://www.w3.org/2001/XMLSchema-instance"
    xsi:schemaLocation="http://java.sun.com/xml/ns/javaee
        http://java.sun.com/xml/ns/javaee/web-common_3_0.xsd">
</web-app>
```

</td></tr>
</table>

Minimale
Konfiguration

Die drei obigen Beispiele zeigen minimale Konfigurationsdateien zur jeweiligen Servlet-Version.

Indexdateien

Wird im Browser eine URL ohne Angabe einer Webseite, also nur eine Pfadangabe eingegeben, dann verhält sich der Webserver je nach Konfiguration verschieden. Bei JSP-Anwendungen versucht der Webserver, eine sogenannte Indexdatei als Startseite der JSP-Anwendung auszuführen. Damit dies geschehen kann, muss eine Indexdatei oder müssen mehrere Indexdateien definiert werden. Indexdateien für JSP-Anwendungen werden in web.xml definiert, indem unter dem Element web-app ein Element welcome-file-list eingefügt wird. Unter dem Element welcome-file-list werden dann die einzelnen Indexdateien jeweils in einem Element welcome-file spezifiziert.

Beispiel
<welcome-file>

```
<?xml version="1.0" encoding="ISO-8859-1"?>
<web-app version="3.0"
    xmlns="http://java.sun.com/xml/ns/javaee"
```

```
    xmlns:xsi="http://www.w3.org/2001/XMLSchema-instance"
    xsi:schemaLocation="http://java.sun.com/xml/ns/javaee
     http://java.sun.com/xml/ns/javaee/web-app_3_0.xsd">
  <welcome-file-list>
    <welcome-file>index.html</welcome-file>
    <welcome-file>index.jsp</welcome-file>
  </welcome-file-list>
</web-app>
```

Gemäß der Spezifikation sind mehrere Elemente welcome-file
möglich. Die Reihenfolge der Elemente welcome-file innerhalb
von <welcome-file-list> ist wichtig, da von oben nach unten
suchend der JSP-Server die erste Datei nimmt und ausführt,
die er findet.

Dieses Beispiel zeigt eine typische Konfigurationsdatei für eine
kleine JSP-Anwendung.

Typische
Konfiguration

Initialisierungsparameter der Web-Anwendung

Initialisierungsparameter, die für die gesamte Web-Anwendung
gelten und in allen JSP-Seiten und ggf. Servlets der Web-Anwendung zugänglich sein sollen, werden als Kontextparameter im
Element context-param, welches unter dem Wurzelelement web-app
einfach oder mehrfach eingefügt werden kann, spezifiziert. Kontextparameter werden als Name-Wert-Paare definiert.

```
<?xml version="1.0" encoding="ISO-8859-1"?>
<web-app version="3.0"
    xmlns="http://java.sun.com/xml/ns/javaee"
    xmlns:xsi="http://www.w3.org/2001/XMLSchema-instance"
    xsi:schemaLocation="http://java.sun.com/xml/ns/javaee
     http://java.sun.com/xml/ns/javaee/web-app_3_0.xsd">
  <context-param>
    <param-name>storagePath</param-name>
    <param-value>WEB-INF/data/uploaded/</param-value>
  </context-param>
  <context-param>
    <param-name>javax.servlet.jsp.jstl.fmt.locale</param-name>
    <param-value>en_GB</param-value>
  </context-param>
</web-app>
```

Beispiel
<context-
param>

Im Beispiel werden zwei Kontextparameter definiert. Der
erste Kontextparameter hat den Namen storagePath und
den Wert WEB-INF/data/uploaded/. Der zweite Kontextparameter heißt javax.servlet.jsp.jstl.fmt.locale und hat als Wert
en_GB. Dieser zweite Kontextparameter definiert im Zusammenhang mit JSTL eine Landessprachen- und Landescodeein-
stellung. Kontextparameter können in Skriptlets mit applica-
tion.getInitParameter(parametername) abgefragt werden.

URLs auf Komponenten der Web-Anwendung abbilden

Eine JSP-Seite einer Web-Anwendung wird gewöhnlich über einen URL der Art `http://webserver/webanwendung/seite.jsp` aufgerufen. Bei dieser Vorgehensweise legt der Dateiname der JSP-Seite auch die Aufrufadresse nach außen fest. Um hier flexibler zu sein, wurde für JSP und Servlets ein **URL-Mapping** eingeführt. Damit können externe URLs und interne Dateinamen getrennt werden und unabhängig voneinander definiert werden. Der Aufruf erfolgt über eine URL `http://webserver/webanwendung/alias`. Die Abbildung einer externen URL, d.h. des `alias`, auf einen internen Dateinamen wird in `web.xml` definiert. Dabei gibt es vier Abbildungsarten, die in der Servlet-API-Spezifikation Kapitel 11.2 (siehe »Informationen zu JSPs«, S. 441) definiert werden:

Abbildungs-
arten

1 *Exact-Mapping*: Genau ein `alias`-Name wird einer Datei zugeordnet.

2 *Path-Mapping*: Alle `alias`-Namen, die mit einem gemeinsamen lokalen Pfad, z.B. `/einPfad/*`, beginnen, werden auf die gleiche Datei abgebildet.

3 *Extension-Mapping*: Alle `alias`-Namen, die auf eine bestimme Erweiterung enden, z.B. `*.jsp` oder `*.do`, werden auf die gleiche Datei abgebildet.

4 *Default-Mapping*: Alle Aufrufnamen sind `alias`-Namen und werden der gleichen Datei zugeordnet.

Die Abbildung vom externen `alias`-Namen auf eine interne Datei `datei` geschieht in allen Fällen in zwei Schritten:

2 Schritte bei Abbildung

■ Schritt 1: `<url-pattern>` nach `<servlet-name>`.
  Zunächst wird der `alias`-Name, der im Element `url-pattern` angegeben ist und eine Abbildungsart verkörpert, einem Namen `servletname`, der im Element `servlet-name` definiert wird, zugeordnet. `servletname` ist dabei ein Name, der nur intern im JSP-Server bekannt ist.

■ Schritt 2: `<servlet-name>` nach `datei`, d.h. nach `<jsp-file>` oder `<servlet-class>`.
  Der interne Name `servletname` wird einer Datei zugeordnet, die ausgeführt wird. Je nach Dateiart wird dazu das Element `jsp-file` oder `servlet-class` benutzt.

Sind mehrere Abbildungsregeln vorhanden, so ist die Vorrangordnung für die Auswertung:

Vorrang-
ordnung

■ *Exact-Mapping*
■ *Path-Mapping*
■ *Extension-Mapping*
■ *Default-Mapping*

Innerhalb einer Abbildungsart wird die erste Abbildungsregel genommen, die trifft und in web.xml gefunden wird.

In der Regel sind im JSP-Server URL-Mappings z.B. für *.jsp und *.jspx vorhanden, die für alle Web-Anwendungen gelten. Die spezifischen Abbildungsregeln einer Web-Anwendung, die in web.xml der Web-Anwendung definiert werden, haben höhere Priorität als die Abbildungsregeln des JSP-Servers.

URL-Mappings des JSP-Servers

Nachfolgend sehen Sie Beispiele für die Arten von Abbildungen. Die Elemente servlet und servlet-mapping müssen unter dem Wurzelelement web-app stehen. Sie können einfach oder auch mehrfach unter dem Element web-app auftreten.

Beispiele

Exact-Mapping

```
<servlet>
    <servlet-name>einExactMappingName</servlet-name>
    <jsp-file>/SampleExact.jsp</jsp-file>
</servlet>
<servlet-mapping>
    <servlet-name>einExactMappingName</servlet-name>
    <!-- url-pattern mit Exact-Mapping -->
    <url-pattern>/a.jsp</url-pattern>
</servlet-mapping>
```

Bei Aufruf von http://webserver/webanwendung/a.jsp wird die Datei SampleExact.jsp ausgeführt.

Path-Mapping

```
<servlet>
    <servlet-name>einPathMappingName</servlet-name>
    <jsp-file>/SamplePath.jsp</jsp-file>
</servlet>
<servlet-mapping>
    <servlet-name>einPathMappingName</servlet-name>
    <!-- url-pattern mit Path-Mapping -->
    <url-pattern>/pfad/*</url-pattern>
</servlet-mapping>
```

Bei Aufrufen der Art http://webserver/webanwendung/pfad/z.jsp oder http://webserver/webanwendung/pfad/seite.html wird die Datei SamplePath.jsp ausgeführt.

Extension-Mapping

```
<servlet>
    <servlet-name>einExtensionMappingName</servlet-name>
    <jsp-file>/SampleExtension.jsp</jsp-file>
</servlet>
<servlet-mapping>
    <!-- servlet-name darf keine Wildcards enthalten -->
    <servlet-name>einExtensionMappingName</servlet-name>
    <!-- url-pattern mit Extension-Mapping -->
    <url-pattern>*.jspx</url-pattern>
</servlet-mapping>
```

Alle URLs, die eine Dateiangabe enthalten, deren Endung .jspx lautet, werden auf den Servlet-Namen einExtensionMappingName abgebildet. Diesem ist die Datei SampleExtension.jsp zugeordnet. Also wird z.B. beim Aufruf von `http://webserver/webanwendung/eineSeite.jspx` die Datei `Sample-Extension.jsp` ausgeführt. Insbesondere wird durch diese Abbildungsregel das im JSP-Server vorhandene Extension-Mapping für `*.jspx` überschrieben. Zu beachten ist, dass das Zeichen `*` im Rumpf des Elements `url-pattern` kein Platzhalterzeichen im Sinne von Platzhalterzeichen bei regulären Ausdrücken, sondern lediglich ein Zeichen ist, welches ein Extension-Mapping kennzeichnet.

Default-Mapping

```
<servlet>
    <servlet-name>einDefaultMappingName</servlet-name>
    <jsp-file>/SampleDefault.html</jsp-file>
</servlet>
<servlet-mapping>
    <servlet-name>einDefaultMappingName</servlet-name>
    <!-- url-pattern mit Default-Mapping -->
    <url-pattern>/</url-pattern>
</servlet-mapping>
```

Das Zeichen Schrägstrich `/` im Element `url-pattern` steht für alle angefragten Ressourcen der Web-Anwendung. Wird für eine angefragte Ressource kein anderes *Mapping* gefunden, so wird das *Default-Mapping* angewendet. Wird z. B. die URL `http://webserver/webanwendung/abcd.html` angefragt, so wird die Datei `SampleDefault.html` ausgeführt. Während die Anfrage nach `http://webserver/webanwendung/abcd.jsp` zu einer Fehlermeldung führt, wenn `abcd.jsp` nicht existiert. Für diese zweite Anfrage greift nämlich die Abbildungsregel des JSP-Servers, bei der eine URL mit Dateierweiterung `.jsp` auf die gleichnamige JSP-Seite abgebildet wird. Außerdem ist bei diesem Beispiel einer Abbildungsregel zu sehen, dass auch Dateien mit Endung `.html` in `<jsp-file>` angegeben werden können. Dort angegebene Dateien werden auch vom JSP-Server als JSP-Seiten behandelt, d. h. sie werden in ein Servlet übersetzt und das Servlet ausgeführt (siehe »Ausführung einer JSP-Seite«, S. 101).

Initialisierungsparameter einer JSP-Seite bzw. eines Servlets

Initialisierungsparameter, die nicht für die ganze Web-Anwendung, sondern nur für eine JSP-Seite bzw. Servlet gelten, können im Element `servlet` als Name-Wert-Paare hinterlegt werden. Dazu ist im Element `servlet` ein Unterelement `init-param` anzulegen, welches die Name-Wert-Paare aufnimmt.

Beispiel: Initialisierungsparameter Servlet

```
<servlet>
    <servlet-name>einServletMappingName</servlet-name>
    <jsp-file>/eineBeispielJSP.jsp</jsp-file>
```

```
<!-- init-param werden via ServletConfig-interface
     abgerufen -->
<init-param>
  <param-name>init-param:storageURL</param-name>
  <!-- a relative path -->
  <param-value>WEB-INF/data/storageConfig.txt
  </param-value>
</init-param>
</servlet>
<servlet-mapping>
  <servlet-name>einServletMappingName</servlet-name>
  <url-pattern>/eineSeite</url-pattern>
</servlet-mapping>
```

Die Initialisierungsparameter der JSP-Seite können in einem Skriptlet mit `config.getInitParameter(parametername)` ermittelt werden.

Genau genommen werden die Initialisierungsparameter dem Servlet `einServletMappingName` zugeordnet. Rufen Sie in Ihrer Web-Anwendung `eineSeite` auf, z. B.

`http://www.meinserver.de/meineAnwendung/eineSeite`

dann wird dieser Aufruf auf die JSP-Seite `eineBeispielJSP.jsp` abgebildet. Wird dann in `eineBeispielJSP.jsp` der Initialisierungsparameter `init-param:storageURL` ausgelesen, so ergibt dies den in `web.xml` angegebenen Wert `WEB-INF/data/storageConfig.txt`.

Wird dagegen in der Web-Anwendung die JSP-Seite direkt aufgerufen, z. B.

`http://www.meinserver.de/meineAnwendung/eineBeispielJSP.jsp`

dann ergibt die Auswertung des Initialisierungsparameters `init-param:storageURL` den Wert `null`, weil der JSP-Seite als solche keine Initialisierungsparameter zugeordnet werden können.

Laden einer JSP-Seite schon beim *Deployment* der Web-Anwendung

Für einzelne JSP-Seiten kann es sinnvoll sein, dass diese schon beim *Deployment* der Web-Anwendung geladen werden, weil z. B. in deren Initialisierungscode Datenbankverbindungen geöffnet werden oder Daten initialisiert werden sollen. Dieses frühzeitige Laden kann in der Datei `web.xml` konfiguriert werden. Dazu wird als Unterelement des Elements `servlet` das Element `load-on-startup` eingefügt.

```
<servlet>
  <servlet-name>einExtensionMappingName</servlet-name>
  <jsp-file>/SampleExtension.jsp</jsp-file>
```

Beispiel:
Laden beim
Deployment

```
    <load-on-startup>1</load-on-startup>
  </servlet>
```

Als Wert darf `<load-on-startup>` eine ganze Zahl >=0 annehmen. Die Zahlen definieren die Ladereihenfolge. Haben JSP-Seite A den Wert a und JSP-Seite B den Wert b und gilt a<b, dann muss die JSP-Seite A vor der JSP-Seite B geladen werden. Bei gleichem Zahlenwert ist die Ladereihenfolge nicht definiert und kann vom JSP-Server gewählt werden. Fehlt in `<servlet>` das Element `load-on-startup` oder wird ein negativer Wert angegeben, dann kann der JSP-Server entscheiden, wann er diese JSP-Seite lädt. Meist geschieht das dann bei der ersten Anfrage nach dieser JSP-Seite. Analoges gilt für Servlets.

Sitzungskonfiguration

Das *Time-out* für eine Sitzung kann über das Element `session-timeout` konfiguriert werden.

Beispiel:
Session-Time-out
```
<web-app>
  <session-config>
    <session-timeout>1</session-timeout>
    <!-- Dauer in Minuten -->
  </session-config>
</web-app>
```

Im Beispiel wird eine Zeit von einer Minute für das Time-out einer Sitzung eingestellt. Für das Time-out einer Sitzung gibt es eine Voreinstellung im JSP-Server, die meist 30 Minuten beträgt.

JSP-Skripting und EL ein- bzw. ausschalten

Die Verwendung der EL bzw. JSP-Skripting kann für einzelne Komponenten oder für alle Komponenten einer Web-Anwendung ein- bzw. ausgeschaltet werden. Dies geschieht im Element `jsp-property-group`, welches innerhalb des Elements `jsp-config` liegt. Unter dem Element `web-app` darf höchstens ein Element `jsp-config` liegen. Die Steuerung der Verwendung von EL erfolgt mit dem Element `el-ignored` und für JSP-Skripting mit dem Element `scripting-invalid`.

Beispiel:
EL & JSP-Skripting
ein/aus
```
<web-app>
  <jsp-config>
    <jsp-property-group>
      <url-pattern>/SampleExact.jsp</url-pattern>
      <url-pattern>/SampleELAus.jsp</url-pattern>
      <el-ignored>true</el-ignored>
    </jsp-property-group>
    <jsp-property-group>
```

```
        <url-pattern>*</url-pattern>
        <scripting-invalid>false</scripting-invalid>
      </jsp-property-group>
    </jsp-config>
  </web-app>
```

Im Beispiel wird die Verwendung von EL für die JSP-Seiten SampleExact.jsp und SampleELAus.jsp ausgeschaltet, d. h. die EL-Ausdrücke werden in diesen JSP-Seiten als Schablonentext, der unverändert ins Ergebnisdokument übernommen wird, behandelt. Wichtig ist hier die absolute Pfadangabe /Sample-Exact.jsp innerhalb der Web-Anwendung, die mit dem Zeichen »/« (Schrägstrich) beginnt. JSP-Skripting ist dagegen für alle JSP-Seiten, repräsentiert durch das Zeichen »*«, eingeschaltet.

Ist JSP-Skripting in einer JSP-Seite ausgeschaltet und werden in dieser JSP-Seite trotzdem Skriptelemente verwendet, so führt dies zu einer Fehlermeldung des JSP-Servers. Zu beachten ist auch, dass beim Element url-pattern nicht die externen Namen der Komponenten wie beim URL-Mapping sondern die internen Namen anzugeben sind.

JSP-Dokumente kennzeichnen

Ein JSP-Dokument kann auf verschiedene Weise als solches gekennzeichnet werden. Eine Möglichkeit ist es, dies in web.xml mit dem Element is-xml zu tun.

```
<web-app>
  <jsp-config>
    <jsp-property-group>
      <url-pattern>/SampleXML.html</url-pattern>
      <is-xml>true</is-xml>
    </jsp-property-group>
  </jsp-config>
</web-app>
```

Beispiel:
JSP-Dokument-Kennzeichnung

Im Beispiel wird die Komponente /SampleXML.html als JSP-Dokument gekennzeichnet.

Weitere Konfigurationsmöglichkeiten

Für weitere Konfigurationsmöglichkeiten in web.xml wird auf die DTD- bzw. XML-Schema-Beschreibung von web.xml und die dort genannten Referenzen verwiesen.

Das Format der Konfigurationsdatei web.xml ist bis Servlet-Version 2.3 über eine DTD, ab Servlet-Version 2.4 über XML-Schema-Dateien definiert. Nachfolgend sind Referenzen zu diesen Dateien angegeben:

Referenzen

- J2EE DTDs, Datei: web-app_2_3.dtd (http://java.sun.com/dtd/)

■ XML Schemas für J2EE (V1.4) Deployment-Deskriptoren, Datei: web-app_2_4.xsd (http://java.sun.com/xml/ns/j2ee/)

■ XML Schemas für Java EE Deployment-Deskriptoren, Dateien: web-app_2_5.xsd und web-app_3_0.xsd (http://java.sun.com/xml/ns/javaee)

Weitere Informationen über die Möglichkeiten in web.xml sind zu finden in:

■ Servlet-API-Spezifikation   3.0,   Datei: servlet-3_0-mrel-spec.pdf   (http://java.sun.com/products/servlet/reference/api/index.html)

8 JavaBeans *

Im Java-Umfeld sind **Beans** der Ansatz zum Entwurf und zur Realisierung einer komponentenorientierten Softwarearchitektur. *Beans* sind dabei Java-Klassen, die bestimmte Vorgaben erfüllen. Je nach den Vorgaben führt dies zu verschiedenen Kategorien von *Beans*.

Komponenten

Die einfachsten *Beans* sind dabei die **JavaBeans**. Komplexere und kompliziertere *Beans* sind **EJB**s *(Enterprise JavaBeans)*. EJBs dienen zu Entwicklung und zum Betrieb von Enterprise-Applikationen (große, verteilte Geschäftsanwendungen mit vielen Benutzern). Der Begriff EJB steht dabei für die Komponenten und ein **Framework**, welches mit diesen Komponenten verknüpft ist. Auf EJBs wird hier *nicht* weiter eingegangen. Wichtig ist im Zusammenhang des vorliegenden Buches nur, dass JavaBeans und EJBs *verschiedene* Konzepte sind und unterschieden werden müssen. Im Folgenden wird nur noch auf JavaBeans eingegangen. JavaBeans werden bei Web-Anwendungen fast immer eingesetzt, da sie eine gute Architektur unterstützen.

JavaBeans & EJB

Eine JavaBean ist eine Java-Klasse, die nach außen Informationen in Form von **Propertys** anbietet und einen **parameterlosen Konstruktor** hat. Eine *Property* wird über **Getter** gelesen und über **Setter** geschrieben. *Getter* und *Setter* haben eine vorgegebene, einheitliche Schnittstelle. Wegen dieser Eigenschaften kann eine JavaBean von einem *Framework* auf generische Weise behandelt werden, d. h. es können JavaBean-Objekte erzeugt und deren *Propertys* auf gleiche Art gelesen und geschrieben werden. Weiteres über JavaBeans und ihre *Propertys* erfahren Sie in dem Kapitel:

JavaBean

■ »JavaBeans – Grundlagen«, S. 170

Vorteile von JavaBeans im Kontext JSP

Durch die einheitliche Schnittstelle für den Zugriff auf die *Propertys* können *Frameworks* Zusatzfunktionalitäten für JavaBeans bieten. Zu diesen fertigen Zusatzfunktionalitäten gehören bei Java:

■ Serialisierung von JavaBeans
☐ im Binär-Format und
☐ im XML-Format.

Serialisierung

Bei der Serialisierung werden alle *Propertys*, die gelesen und geändert werden können, abgespeichert und beim Laden wieder gesetzt. Sind *Propertys* selbst wieder JavaBeans, dann werden diese Objekte rekursiv auch serialisiert, sodass ganze Objektgeflechte einfach gespeichert und geladen werden können. Die serialisierte Darstellung des Objektgeflechts kann dann als Bytestrom in eine Datei oder eine Datenbank geschrieben werden.

JSP-Standardaktionen

Im Kontext von JSP wird ein vereinfachter Zugriff auf JavaBeans und deren *Propertys* durch die JSP-Standardaktionen useBean, getProperty und setProperty angeboten.

Formularparameter

Für die Übertragung von Request- und Formularparametern in JavaBeans gibt es spezielle Möglichkeiten in JSP-Standardaktionen, die sogar eine automatische Typumwandlung durchführen. Weiteres dazu finden Sie in den folgenden Kapiteln:

- »JSP-Standardaktionen für JavaBeans«, S. 86
- »JavaBeans und Formulare«, S. 174

Hochladen von Dateien

In vielen Web-Anwendungen müssen Dateien vom Browser zum Webserver hochgeladen werden (upload). Die Funktionalität zum Hochladen sollte in einer JavaBean gekapselt werden:

- »JavaBeans und das Hochladen von Dateien«, S. 180

8.1   JavaBeans – Grundlagen *

JavaBeans sind ein Baustein des Komponentenmodells von Java. JavaBean-Komponenten sind Java-Klassen, die bestimmte Vorgaben erfüllen und ihre Informationen als *Propertys* nach außen anbieten. *Propertys* sind über *Getter*- und *Setter*-Methoden definiert. Alle *Getter*- und *Setter*-Methoden besitzen eine einheitlich aufgebaute Signatur. Zusätzlich muss eine JavaBean einen parameterlosen Konstruktor haben.

JavaBean

Eine JavaBean ist eine Java-Klasse, die nach außen Informationen in Form von **Propertys** anbietet. Eine *Property* hat einen Namen und einen Datentyp. Sie kann gelesen und/oder geschrieben werden. Eine *Property* wird über das Vorhandensein sogenannter **Getter** und **Setter** definiert. Die *Getter* und *Setter* sind Java-Methoden und haben eine vorgegebene Schnittstelle:

- *Getter*:
  Typ getPropertyName() bzw.
  boolean isPropertyName() // Ausnahme für Typ boolean
- *Setter*:
  void setPropertyName(Typ value)

Es ist nicht notwendig, dass die Java-Klasse ein Attribut mit dem Namen der *Property* hat. Eine Property wird ausschließlich über die Schnittstellenmethoden definiert.

Zusätzlich muss eine JavaBean einen **parameterlosen Konstruktor** haben, damit für jede JavaBean-Klasse von einem *Framework* auf generische Weise JavaBean-Objekte erzeugt werden können.

Das bedeutet insgesamt, dass JavaBeans ihre *Propertys* über ei- Einheitliche
ne **einheitliche Schnittstelle** verfügbar machen und sie sich   Schnittstelle
auf einheitliche Weise erzeugen lassen. Es sei erwähnt, dass
JavaBeans auch zusätzliche Methoden haben dürfen und oft auch
Methoden haben, die nicht standardisiert sind und damit auch
nicht einheitlich genutzt werden können. Öffentliche Attribute
von JavaBean-Klassen sind zwar nicht explizit verboten, sollten
aber vermieden werden. Groß- und Kleinschreibung wird bei Property-Namen unterschieden. Ein Property-Name beginnt mit einem Kleinbuchstaben.

Aus der Programmiersicht sind JavaBeans gemäß der folgenden,   JavaBean-Klasse
vereinfachten Definition Java-Klassen, die

■ einen öffentlichen, parameterlosen Konstruktor besitzen,
■ öffentliche *Getter* und/oder *Setter* für *Propertys* enthalten
  und
■ gegebenenfalls auch weitere Methoden anbieten.

Diese Definition ist eine gängige Vereinfachung, die für den
Einsatz von JavaBeans bei Web-Anwendungen vollkommen aus-
reicht. Für eine exakte Definition sei auf die JavaBean-Spezifikation (siehe »Informationen zu JSPs«, S. 441) verwiesen.

Die JavaBean-Klasse `BeanPersonOhneNamen.java` besitzt eine *Pro-*   Beispiel
perty `alter` vom Typ `int` (lesbar und änderbar), *Property*   BeanPerson
`erwachsen` vom Typ `boolean` (nur lesbar) und eine *Property* `kinder`   OhneNamen.java
vom Typ `Vector` (lesbar und änderbar).

```
package jsplernen;
import java.util.Vector;

public class BeanPersonOhneNamen {
  private int dasAlter;
  private Vector kinder;

// Parameterloser Konstruktor
  public BeanPersonOhneNamen ()
  {
    kinder = new Vector();
  }

// property 'alter': getter and setter
  public int getAlter() { return dasAlter;}
  public void setAlter(int v) { if (v >= 0) dasAlter = v; }

// property 'erwachsen' (read-only): getter
  public boolean isErwachsen()
  {
    if (dasAlter >= 18) return true; else return false;
  }

// property 'kinder': getter and setter
```

```
    public Vector getKinder() { return kinder;}
    public void setKinder(Vector v) { kinder = v; }
// Weitere Methoden
    public int getAnzahlKinder() { return kinder.size(); }

} // class BeanPersonOhneNamen
```

Der parameterlose Konstruktor initialisiert den Vector child-ren. Falls kein Programmcode im Rumpf des Konstruktors vorhanden ist, kann dieser auch bei der Klassendefinition weggelassen werden, wenn sonst keine weiteren Konstruktoren existieren. Der Java-Compiler erzeugt dann nämlich automatisch einen parameterlosen Konstruktor.

Sie sehen, dass die *Property* alter auf das interne Attribut dasAlter abgebildet wird, also der Property-Name und der Name der Objektvariablen in diesem Fall verschieden sind. Beim Setzen der *Property* alter wird in der *Setter* geprüft, ob der Wert zulässig ist. Die *Property* erwachsen hat keine direkte Darstellung als Objektvariable der JavaBean-Klasse und wird alleine über Berechnung realisiert.

Property-
Datentypen

Die *Property* kinder ist eine *Property* mit einem komplexen Datentyp. Arrays und beliebige Java-Klassen sind als Typen von *Propertys* erlaubt. Die *Property* kinder wird intern durch eine Objektvariable gleichen Namens dargestellt. In diesem Fall sind also der Property-Name und der Name der Objektvariablen gleich. Die Methode getAnzahlKinder() ist eine Zusatzmethode, die außerhalb der JavaBean-Spezifikation liegt, aber zur Ergänzung der Funktionalität von JavaBeans zulässig ist.

Groß-&
Kleinschreibung
& Property-
Name

Der erste Buchstabe des Property-Namens ist ein Kleinbuchstabe. Die Property-Namen ergeben sich implizit aus den Namen der *Getter* und/oder *Setter*. Es hat sich als Konvention herausgebildet, den ersten für den Property-Namen relevanten Buchstaben wegen der Lesbarkeit *groß* zu schreiben. Dieser erste Buchstabe wird für die Ableitung des Property-Namens in einen Kleinbuchstaben gewandelt. Bei allen weiteren Buchstaben werden Groß- und Kleinschreibung unterschieden.

Beispiele

○ int getAlter()
○ int getalter()
○ int getALter()

Die ersten beiden Schreibweisen definieren die gleiche *Property*, nämlich alter. Die dritte Schreibweise definiert eine andere *Property*, nämlich aLter. Es wird empfohlen, stets die erste Schreibweise zur Definition der *Property* alter zu nehmen.

Bei *Propertys* von Typ `boolean` ergibt sich die Besonderheit, dass die *Getter* auch folgende Gestalt haben dürfen:

Property vom Typ `boolean`

▨ `boolean isPropertyName()`

Es kann aber auch bei *Propertys* vom Typ `boolean` mit der gewöhnlichen Form der *Getter* `boolean getPropertyName()` gearbeitet werden. Sind beide Formen für eine *Property* in einer JavaBean implementiert, so hat für das Lesen die Variante `isPropertyName()` den Vorrang.

Zur Nutzung von JavaBeans in Web-Anwendungen müssen diese in Java-Bytecode übersetzt und anschließend der JSP-Engine zur Verfügung gestellt werden. Die zugehörigen `.class`-Dateien sind dazu ins Verzeichnis `WEB-INF/classes/` der Web-Anwendung zu kopieren.

WEB-INF/classes

Typischer Einsatz von JavaBeans

JavaBeans werden innerhalb der Logik einer Anwendung verwendet, um komplexe und strukturierte Informationen als Komponenten zu verwalten. Durch die Verwaltung als JavaBeans wird die Logik der Information von der internen Darstellung der Implementierung entkoppelt und Komponenten damit besser wiederverwendbar. Diese Einsatzart finden Sie sowohl bei Web-Anwendungen als auch bei einfachen Java-Anwendungen und komplexen Enterprise-Applikationen. Manchmal werden so verwendete JavaBeans auch DataBeans genannt.

DataBeans

Darüber hinaus werden JavaBeans auch zum Datenaustausch zwischen Komponenten benutzt. Dazu werden in der Regel temporäre Exemplare von JavaBeans erzeugt und mit Informationen gefüllt. Diese Exemplare werden nach der Datenübergabe von der Quellkomponente zur Zielkomponente sofort wieder zerstört (es sei denn, die Zielkomponente gibt ihrerseits im Zuge des Datenaustauschs diese Exemplare weiter). In dieser Verwendungsart werden JavaBeans oft als DataTransportBeans bezeichnet.

DataTransport-Beans

In Web-Anwendungen muss meist auf Request-Parameter, z. B. auf Formularparameter, reagiert werden. Dazu müssen die Parameter zuerst in Java-Variablen übersetzt werden. Ein etablierter Weg dazu ist, die Parameter zunächst in eine JavaBean zu übertragen. Die Implementierung der Logik der Web-Anwendung braucht dann nicht mehr auf die Herkunft der Parameter einzugehen, da die Parameterwerte jetzt als *Propertys* von JavaBeans verfügbar sind. JavaBeans, die so verwendet werden, bezeichnet man oft als FormBeans.

FormBeans

8.2   JavaBeans und Formulare **

Die Standardaktion `<jsp:setProperty>` bietet eine einfache Möglichkeit, Request-Parameter in JavaBean-Propertys zu übernehmen. Voraussetzung ist nur, dass der Request-Parametername und der Property-Name übereinstimmen. Dabei ist Groß- und Kleinschreibung relevant. Bei der Übernahme eines Request-Parameters in eine JavaBean-Property mit Hilfe von `<jsp:setProperty>` wird automatisch der Wert des Request-Parameters vom Typ `String` in einen Wert vom Typ der JavaBean-Property gewandelt. Meist stammen Request-Parameter von Formularfeldern. Sie werden dann Formularparameter genannt.

In einer HTTP-Request-Nachricht werden oft **Request-Parameter** mitgesendet, welche die Anfrage genauer spezifizieren.

Formularparameter

Meist gehören diese Request-Parameter zu Formularfeldern und werden dann **Formularparameter** genannt. Formularparameter sind also nur eine spezielle Form der Request-Parameter. Im Zusammenhang mit JSP und JavaBeans ist es unerheblich, ob es sich um allgemeine Request-Parameter oder um Formularparameter handelt. Deshalb wird zunächst der für diese Parameter relevante Teil von JSP und JavaBeans allgemein für Request-Parameter dargestellt und anschließend durch ein Beispiel mit Formularparametern vertieft.

Typischer Einsatz

Eine typische Einsatzart von JavaBeans ist, ermittelte Request-Parameter in den *Propertys* von JavaBeans abzulegen.

Beispiel 1a

Ohne besondere Unterstützung in JSP kann dies mit den vorgestellten JSP-Anweisungsarten folgendermaßen programmiert werden:

```
<jsp:useBean id="person" class="jsplernen.BeanPerson" />
<%
String vAgeStr = request.getParameter("Alter");
int vAgeInt= Integer.parseInt(vAgeStr);
person.setAlter(vAgeInt);
%>
```

Annahmen für das Beispiel:

- Es wird ein Request-Parameter mit Namen `Alter` übermittelt.
- Es gibt eine JavaBean-Klasse `BeanPerson`, die eine *Property* mit Namen `alter` vom Typ `int` besitzt.

Im Programmcode erzeugt die Standardaktion `useBean` ein Exemplar der JavaBean-Klasse `jsplernen.BeanPerson`. Das anschließende Skriptlet setzt drei Schritte um:

3 Schritte

1   Es wird der Wert des Request-Parameters `Alter` ermittelt. Der Wert ist eine Zeichenkette. Der Einfachheit halber wird

vorausgesetzt, dass nur Ziffern angegeben werden und deshalb keine Fehlerbehandlung notwendig ist.

2 Der Wert des Parameters wird von einer Zeichenkette in den Datentyp `int` gewandelt.

3 Der `int`-Wert des Parameters wird in die *Property* `alter` der JavaBean geschrieben.

Diese drei Schritte sind im Prinzip für jede Ablage von Request-Parametern in *Propertys* von JavaBeans gleich und werden in Web-Anwendungen sehr häufig gebraucht. Deshalb gibt es eine spezielle Form der **Standardaktion** `setProperty`, die diese drei Schritte zusammenfasst und damit die Übernahme von Request-Parameter in *Propertys* von JavaBeans sehr vereinfacht.

Der Programmcode vereinfacht sich zu:

Beispiel 1b

```
<jsp:useBean id="person" class="jsplernen.BeanPerson" />
<jsp:setProperty name="person" property="alter" />
```

Allerdings ist das Beispiel 1b so noch nicht äquivalent zu Beispiel 1a. Es ist nämlich ein typisches Problem entstanden. Der Request-Parametername und der *Property*-Name müssen identisch sein, inklusive Groß- und Kleinschreibung! Der Request-Parametername lautet in Beispiel 1a `Alter`, während der Name der *Property* in Beispiel 1b `alter` heißt. Da der erste Buchstabe einer *Property* stets ein Kleinbuchstabe ist, muss durch Änderung des Parameternamens dafür gesorgt werden, dass auch der erste Buchstabe im Parameternamen ein Kleinbuchstabe ist. Jetzt funktioniert das Beispiel 1b mit dem Request-Parameter, der nun `alter` lautet.

Die JSP-Standardaktion `setProperty` ohne Angabe des `value`-Attributs versucht, einen Request-Parameter mit gleichem Namen wie der Name der *Property* zu ermitteln und den Wert der *Property* zuzuweisen.

`setProperty` ohne `value`-Attribut

Will man einen Request-Parameter einer *Property* zuweisen und haben Request-Parameter und *Property* verschiedene Namen, so ist dies mit Hilfe des Attributs `param` möglich.

Attribut `param`

```
<jsp:setProperty name="person" property="alter" param="age"/>
```

Beispiel 1c

Hat man mehrere Request-Parameter, die in *Propertys* von JavaBeans abgespeichert werden sollen, dann sieht der Programmcode etwa folgendermaßen aus:

Beispiel 1d

```
<jsp:useBean id="person" class="jsplernen.BeanPerson" />
<jsp:setProperty name="person" property="alter" />
<jsp:setProperty name="person" property="vorname" />
<jsp:setProperty name="person" property="nachname" />
```

```
<jsp:setProperty name="person" property="wohnort" />
<jsp:setProperty name="person" property="groesse" />
```

In diesem Beispiel werden fünf Parameter in die JavaBean übertragen.

Dafür gibt es nochmals eine vereinfachende Form der Standardaktion setProperty.

Beispiel 1e

Damit wird der Programmcode zu:

```
<jsp:useBean id="person" class="jsplernen.BeanPerson" />
<jsp:setProperty name="person" property="*" />
```

setProperty mit property="*"

Der Platzhalter * in dem Beispiel 1e bedeutet, dass für alle *Propertys* der JavaBean person versucht wird, einen Request-Parameter mit gleichem Namen zu finden und dessen Wert typgerecht in die *Property* zu übernehmen:

- Parameter, zu denen es keine *Property* gibt, werden durch diese Anweisung *nicht* übernommen.
- Für eine *Property*, für die es keinen Request-Parameter gibt, wird keine Wertänderung vorgenommen.

In beiden Fällen gibt es *keinen* Fehler.

Typkonvertierung

Bei der automatischen Typkonvertierung, wie im Beispiel 1a von einer Zeichenkette in einen Zahlenwert, können Java-Ausnahmen auftreten. Dies ist z. B. der Fall, wenn der Request-Parameter ein Formularparameter ist, der eine Zahl darstellen soll, aber ein Benutzer versehentlich keine Zahl eingegeben hat. Diese Ausnahmen müssen abgefangen werden, wie jede andere Java-Ausnahme auch. Dazu gibt es im Wesentlichen zwei Möglichkeiten:

- Der Aufruf <jsp:setProperty> wird über Skriptlet-Anteile mit einem try-catch-Block umgeben.
- Es wird eine Fehlerseite eingerichtet, auf die bei Ausnahmen weitergeleitet wird.

setProperty und Parameter ohne Wert

Wird ein Request-Parametername ohne Parameterwert gesendet, weil z. B. der Request-Parameter ein Formularparameter ist und im Formularfeld nichts eingegeben wurde, oder fehlt der Request-Parametername ganz, so wird der *Property*-Wert des JavaBean-Objekts *nicht* geändert. Insbesondere wird beim Datentyp String bei fehlendem Request-Parameterwert *nicht* die leere Zeichenkette als Wert der *Property* gesetzt. Es daher ratsam, die *Propertys* im Konstruktor der JavaBean-Klasse mit geeigneten Werten vorzubelegen.

Häufige Fehlerquellen

Dieses implizite Vorhandensein eines Wertes durch die Vorbelegung im Konstruktor oder durch den Wert der vorherigen Verwendung eines JavaBean-Objekts wird oft übersehen und kann zu **gravierenden Fehlern** führen. Wenn beispielsweise über ein

Formular in einem Feld eine Produktbezeichnung und in einem anderen Feld ein Preis einzugeben ist, im Feld zum Preis die Eingabe vergessen wird und die Formularparameter in JavaBean-*Propertys* abgebildet werden, dann arbeitet die JSP-Anwendung automatisch mit dem Vorbelegungswert bzw. dem vorherigen Wert für die *Property* preis. Die *Property* preis kann dann z. B. den Wert 0 haben, ohne dass der Anwender, der den Preis festzulegen hat, über seine fehlende Eingabe informiert wird. Bei Preisen bildet eine Vorbelegung oder der vorherige Wert ohne zusätzliche Prüfung an anderer Stelle in der Regel nicht die gewünschte Semantik der JSP-Anwendung ab.

Eine weitere Fehlerquelle bei der Entwicklung von JSP-Seiten unter Benutzung von JavaBeans und Übernahme von Request-Parametern ist eine falsche Schreibweise bei Namen. Hier ist besondere Sorgfalt walten zu lassen.

- In `<jsp:setProperty>` und `<jsp:getProperty>` muss im Attribut property als Wert der genaue Name der *Property* angegeben werden.
- Formularparameternamen/Request-Parameternamen müssen identisch mit den Namen der *Propertys* sein.

Groß- & Kleinschreibung

In beiden Situationen ist Groß- und Kleinschreibung relevant.

In diesem Beispiel anonymeperson.jsp sind alle Request-Parameter Formularparameter. Wie dieses Beispiel im Browser aussieht, ist in der Abb. 8.2-1 dargestellt.

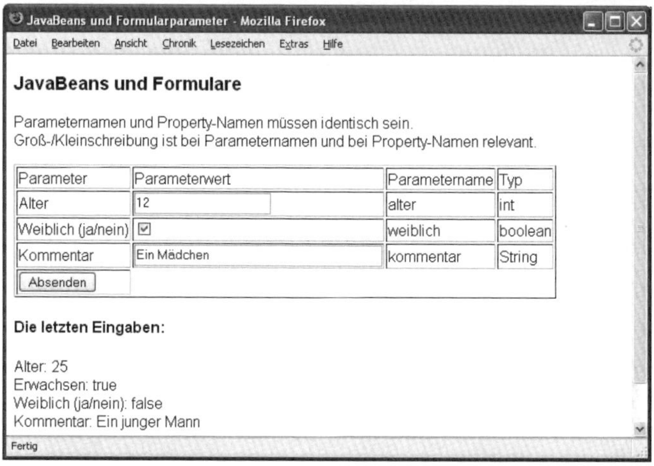

Beispiel 2: Formular-parameter

Abb. 8.2-1: Erscheinungsbild von anonymeperson.jsp im Browser.

```
<body>
<h3>JavaBeans und Formulare</h3>
<p>
Parameternamen und Property-Namen müssen identisch sein.
<br />
Groß-/Kleinschreibung ist bei Parameternamen und bei
Property-Namen relevant.</p>
<form method="get" action="">
<table border="1">
<tr>
<td>Parameter</td>
<td>Parameterwert</td>
<td>Parametername</td>
<td>Typ</td>
</tr>
<tr>
<td>Alter</td>
<td><input type="text" name="alter" size="20" /></td>
<td>alter</td>
<td>int</td>
</tr>
<tr>
<td>Weiblich (ja/nein)</td>
<td><input type="checkbox" name="weiblich"/></td>
<td>weiblich</td>
<td>boolean</td>
</tr>
<tr>
<td>Kommentar</td>
<td><input type="text" name="kommentar"  size="40" /></td>
<td>kommentar</td>
<td>String</td>
</tr>
<tr>
<td><input name="command" type="submit" value="Absenden" />
</td>
</tr>
</table>
</form>
<jsp:useBean id="formparam"
  class="jsplernen.BeanAnonymePerson" />
<%
try {
%>
<jsp:setProperty name="formparam" property="*" />
<% } catch (Exception e) {
  out.println("<p><b>Fehlerhafte Eingabe</b></p>");
  }
%>
<h4>Die letzten Eingaben:</h4>
<p>
Alter:
<jsp:getProperty name="formparam" property="alter" /><br />
Erwachsen:
<jsp:getProperty name="formparam" property="erwachsen" />
```

```
<br />
Weiblich (ja/nein):
<jsp:getProperty name="formparam" property="weiblich" />
<br />
Kommentar:
<jsp:getProperty name="formparam" property="kommentar" />
<br />
</p>
<p>
<a href="index.htm">Zur Hauptseite</a><br />
</p>
</body>
```

Hier sei nochmals betont, dass durch die Anweisung
`<jsp:setProperty name="person" property="*" />` bei leeren Formularfeldern die Werte der zugehörigen JavaBean-*Propertys*
nicht verändert werden. Fehlt z. B. die Eingabe für den Formularparameter alter, so wird der Wert der JavaBean-*Property*
alter nicht modifiziert.

BeanAnonyme
Person.java

```
package jsplernen;
import java.util.Vector;

public class BeanAnonymePerson {
int age;
Vector children;
boolean female;
String comment;

public BeanAnonymePerson ()
{
    children = new Vector();
}
// property 'alter': getter and setter
public int getAlter(){    return age;}
public void setAlter(int v) {if (v>=0) age=v;}

//  property 'kinder': getter and setter
public Vector getKinder(){    return children;}
public void setKinder(Vector v){    children=v;}

//  property 'weiblich': getter and setter
public boolean isWeiblich(){    return female;}
public void setWeiblich(boolean v) {female=v;}

//  property 'kommentar': getter and setter
public String getKommentar(){    return comment;}
public void setKommentar(String v) {comment=v;}

//  property 'erwachsen' (read-only): getter
public boolean isErwachsen()
{
    if (age>=18) return true; else return false;
}
} // class BeanAnonymePerson
```

Hinweise zum Programm:

○ Die durch fehlerhafte Eingaben im Formularparameter alter entstehenden Ausnahmen bei der Übernahme der Parameter in die *Property* der JavaBean werden mit einem try-catch-Block abgefangen, der die Anweisung `<jsp:setProperty name="formparam" property="*" />` umgibt.

○ Der Formularparameter weiblich wird von einer HTML-Checkbox geliefert und korrespondiert zur *Property* weiblich vom Typ boolean. Damit hier die Übernahme des Wertes funktioniert, darf bei der Formularfelddefinition kein Attribut value angegeben werden.

○ Beim Setzen der *Property* alter, wird geprüft, ob der Wert nicht negativ ist. Nur dann wird der neue Wert gesetzt.

○ Die *Property* erwachsen korrespondiert zu keinem Formularparameter. Der Wert der *Property* wird dynamisch berechnet und kann nur gelesen werden.

○ Zur *Property* kinder wird kein Formularparameter geliefert, was zulässig ist und zu keinem Fehler führt.

○ Wird ein zusätzlicher Parameter, etwa mit Namen groesse mit gesendet, so gibt es keine zugehörige *Property*. Der Parameter wird dann einfach ignoriert. Um einen zusätzlichen Parameter zu übergeben, könnte ein kundiger Benutzer den Parameter direkt in der Adresszeile des Browsers anhängen.

 Erweitern Sie das obige Beispiel, indem Sie ein Formularfeld ergänzen, über das die Größe erfasst wird. Ergänzen Sie die zugehörige JavaBean-Klasse geeignet und übernehmen den Wert des neuen Formularparameters in die entsprechende *Property* der JavaBean-Klasse. Geben Sie die erfasste Größe auch wieder aus.

8.3   JavaBeans und das Hochladen von Dateien ***

Über HTML-Formulare mit dem Attribut enctype="multipart/form-data" und das HTTP-Protokoll mit der Ergänzung RFC 1867 wird das Hochladen von Dateien vom Browser zum Webserver unterstützt. Die Dateiinhalte werden zusammen mit Zusatzinformationen im *Message Body* der HTTP-Request-Nachricht versendet. JSP bietet nur die Möglichkeit, den gesamten Inhalt des *Message Bodys* auszulesen. Die Analyse des Inhalts muss selbst programmiert werden. Innerhalb des Projekts Apache Commons wurde eine Bibliothek entwickelt, deren Klassen diese Analyse schon durchführen. Die Verwendung dieser Klassen ermöglicht es, im JSP-Code auf die einzelnen Bestandteile des Inhaltes direkt zuzugreifen.

Eine häufige Problemstellung bei Web-Anwendungen ist das Hochladen von Dateien vom Browser zum Webserver und das **Abspeichern** der hochgeladenen Datei durch die Web-Anwendung. Das Abspeichern kann dabei z. B. direkt im Dateisystem des Webservers oder in einer Datenbank erfolgen.

Das Hochladen von Dateien zum Webserver, auch Upload einer Datei genannt, wird von HTML-Formularen im Zusammenspiel mit dem HTTP-Protokoll unterstützt.

Hochladen Datei

Ein Formular, mit welchem eine Datei hochgeladen werden soll, muss ein Feld `<input type="file">` besitzen. In dieses Eingabefeld werden der Pfad und der Dateiname der hochzuladenden Datei eingetragen.

Formularfeld vom Typ `file`

Das Formular muss als Methode den Wert `post` und `multipart/form-data` als Wert des Attributs `enctype` haben. Also z. B. `<form method="post" action="" enctype="multipart/form-data">`

`multipart/ form-data`

Nach Absenden dieses Formulars wird eine HTTP-POST-Request-Nachricht erzeugt, der den Dateiinhalt und die Beschreibungen zur Datei, wie Dateiname, MIME-Typ etc. im *Message Body* transportiert. Das genaue Format des *Message Bodys* für Dateiupload ist in RFC 1867, Form-based File Upload in HTML (siehe bei IETF in »Informationen zu JSPs«, S. 441) standardisiert.

HTTP-POST-Request

In einer JSP-Seite kann nun in einem Skriptlet über das implizite Objekt `request` der *Message Body* ausgelesen werden.

Ein *Message Body* hat beispielsweise folgenden Inhalt:

Beispiel Message Body

```
---------------------------105831895818597
Content-Disposition: form-data; name="filename1";
filename="B10_02out.html"
Content-Type: text/html

<html><head><title>Das ist der Titel</title></head>
<body background="berge.gif"/></html>
---------------------------105831895818597
```

Für das Abspeichern der hochgeladenen Datei ist ein solcher Inhalt dann in seine Bestandteile zu zerlegen, damit der Inhalt der übertragenen Datei extrahiert und weiterverarbeitet, z. B. abgespeichert, werden kann.

Dateiinhalt extrahieren

Da die Analyse des *Message Body* eine komplizierte Angelegenheit ist, sollte der dazu notwendige Programmcode in eine JavaBean ausgelagert werden.

JavaBean für Upload Datei

RFC 1867 erlaubt es auch, mehrere Dateien mit einer einzigen HTTP-Request-Nachricht zum Webserver hochzuladen und gleichzeitig noch mehrere Formularparameter zu übertragen. Dateien und Formularparameter sind dann im *Message Body* ent-

Mehrere Dateien & Formularparameter

halten. Das Format des *Message Body* wird entsprechend komplizierter als im obigen Beispiel und der Programmcode zur Analyse noch aufwendiger.

JSP bietet für die Analyse *keine* direkte Unterstützung. Allerdings gibt es von Apache Commons (siehe »Informationen zu JSPs«, S. 441) die Java-Bibliothek commons-fileupload-1.2.jar, in der Klassen vorhanden sind, mit welchen die einzelnen Bestandteile eines multipart/form-data *Message Bodys* ohne eigene Analyse abgefragt werden können.

```
<body>
<h3>Mehrere Dateien zum Server hochladen</h3>
<form method="post" action="" enctype="multipart/form-data">
<table border="0">
<tr>
<td>Name und Pfad</td>
</tr>
<tr>
<td><input name="filename1" type="file" size="48" /></td>
</tr>
<tr>
<td><input name="filename2" type="file" size="48" /></td>
</tr>
<tr>
<td><input name="filename3" type="file" size="48" /></td>
</tr>
<tr>
<td><input type="submit" value="Absenden" /></td>
</tr>
</table>
</form>
<%
String targetPath=
  application.getRealPath("/WEB-INF/data/uploaded/");
// Erzeuge JavaBean-Objekt für Dateiupload
jsplernen.BeanUploadFiles ulObj =
  new jsplernen.BeanUploadFiles();
// Speichere erhaltene Dateien
int result = ulObj.saveUploadedFiles(request, targetPath);
// Prüfe Ergebnis des Speichervorgangs
if (result>0)
{
  out.println("<p>Datei Hochladen: "+result+" Datei(en)"
    + " erfolgreich hochgeladen!</p>");
}
if (result==-1)
{
  out.println("<p>Datei Hochladen: fehlgeschlagen!?!</p>");
}
if (result==0)
{
  out.println("<p>Keine Datei zum Hochladen mitgeliefert.</p>");
}
```

```
%>
</body>
```

Die Abb. 8.3-1 zeigt das Beispiel im Browser. Die JSP-Seite zeigt am unteren Ende den Status der letzten Aktion. Beim Erstaufruf wird deshalb mitgeteilt, dass keine Datei mitgeliefert wurde.

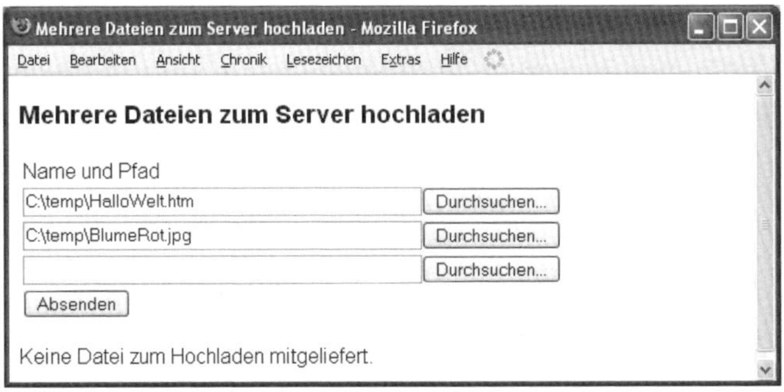

Abb. 8.3-1: Erscheinungsbild von dateiupload.jsp im Browser.

Am Beginn des Quellcodes der JSP-Seite sehen Sie das HTML-Formular mit den Formularfeldern für die hochzuladenden Dateien. Das Formular adressiert die eigene JSP-Seite, in welcher deshalb auch die Verarbeitung der Formularparameter stattfinden muss.

Nach dem Empfangen der HTTP-Request-Nachricht wird in der JSP-Seite das Exemplar ulObj von der JavaBean-Klasse BeanUploadFiles zur Verarbeitung der hochgeladenen Dateien erzeugt. Die Verarbeitung erfolgt durch Aufruf der Methode saveUploadedFiles(). Diese Methode erhält als Parameter das Request-Objekt, repräsentiert durch das implizite JSP-Skripting-Objekt request, sowie das Zielverzeichnis für das Abspeichern der im *Message Body* gefundenen Dateien. Das Ergebnis der Verarbeitung wird in der HTML-Seite dargestellt. Der Quelltext zur JavaBean BeanUploadFiles ist der Folgende:

BeanUpload
Files.java

```
package jsplernen;
import java.util.*;
import java.io.*;
import javax.servlet.http.*;
import javax.servlet.ServletInputStream;
import org.apache.commons.fileupload.disk.DiskFileItemFactory;
import org.apache.commons.fileupload.FileItem;
import org.apache.commons.fileupload.FileUploadException;
import org.apache.commons.fileupload.servlet.ServletFileUpload;
public class BeanUploadFiles {
public int saveUploadedFiles
   (HttpServletRequest request, String targetPath)
```

```
      throws IOException, FileUploadException {
        DiskFileItemFactory factory = new DiskFileItemFactory();
        ServletFileUpload upload = new ServletFileUpload(factory);
        int count=0;

        if (upload.isMultipartContent(request)){
          try {
            List fileList = upload.parseRequest(request);
            for (Iterator iter = fileList.iterator();
                 iter.hasNext();)
            {
              FileItem element = (FileItem) iter.next();
              if (!element.isFormField()) {
                // Ermittle Namen der hochgeladenen Datei
                String fileName = element.getName();
                if (!fileName.equals("")){
                  fileName = fileName.replace('\\', '/');
                  fileName = fileName.substring
                    (fileName.lastIndexOf('/') + 1);
                  // Hole Inhalt einer hochgeladenen Datei
                  InputStream is = element.getInputStream();
                  // Hole Zieldatei für das Abspeichern
                  FileOutputStream fos = new FileOutputStream
                    (new File(targetPath, fileName));
                  // // Schreibe Daten in die Zieldatei
                  byte[] buffer = new byte[16384];
                  int len = 0;
                  while ((len = is.read(buffer)) > 0)
                  {
                    fos.write(buffer, 0, len);
                  } // while
                  fos.flush();
                  fos.close();
                  is.close();
                  count++;
                } // if
              } // if
            } // for
            return count;
          } // try
          catch (FileUploadException e)
          {
            e.printStackTrace();
            return -1;
          } // catch
        } // if
        return 0;
      } // saveUploadedFiles

} // class BeanUploadFiles
```

Der Kern des obigen Quellcodes ist das Holen des Objektes
upload der Klasse ServletFileUpload, welche über die Apache
Commons-Bibliothek commons-fileupload-1.2.jar zur Verfügung
gestellt wird. Über das Objekt upload kann dann auf die lo-

gischen Einheiten des *Message Bodys* zugegriffen werden. Es wird geprüft, ob der MIME-Typ des Message-Body-Inhalts den Wert `multipart/form-data` hat. Wenn ja, dann wird über alle logischen Einheiten des *Message Bodys* iteriert und nur für die Einheiten, die keine Formularfelder sind, wird versucht, einen Dateinamen und einen Dateiinhalt abzurufen. Der Dateiinhalt wird dann in eine Datei im Verzeichnis `targetPath` (in der JSP-Seite fest als `/WEB-INF/data/uploaded` hinterlegt) gespeichert.

Zum Nachvollziehen dieses Beispiels ist zu beachten, dass die Bibliothek `commons-fileupload-1.2.jar` die Bibliothek `commons-io-1.3.2.jar` benötigt. Damit beide Bibliotheken der Web-Anwendung zur Laufzeit zur Verfügung stehen, sollten beide nach `WEB-INF/lib` kopiert werden. Wo Sie diese Bibliotheken herunterladen können, können Sie im Kapitel »Informationen zu JSPs«, S. 441, nachschlagen.

Im Beispiel werden die hochgeladenen Dateien ins Dateisystem des Servers gespeichert. Es gibt kostenpflichtige JavaBeans für den Dateiupload, die für das Speichern der Dateien verschiedene Möglichkeiten wie das Dateisystem, Datenbanken etc. anbieten und darüber hinaus noch die erhaltenen Dateien nach Kriterien filtern oder komprimieren.

Kommerzielle JavaBeans

Schreiben Sie eine JSP-Seite mit einem Formular, über das eine Datei zum Webserver hochgeladen werden kann. Programmieren Sie eine JavaBean, mit der Sie den *Message Body* der HTTP-Request-Nachricht auslesen. Nutzen Sie

```
ServletInputStream sis = request.getInputStream();
```

als Eingabestrom, den Sie dann in eine Datei schreiben.

9 Cookies in JSP verwenden **

Um Cookies in JSP verwenden zu können, wird eine
Programmierschnittstelle benötigt. Diese Programmierschnittstelle für Cookies stellt das Servlet-API mit der Klasse
javax.servlet.http.Cookie zur Verfügung. Mit der Klasse Cookie
können ein Cookie erzeugt sowie dessen Eigenschaften gesetzt
werden. Von einem vorhandenen Cookie können dessen Eigenschaften gelesen werden. Das Holen der mit einer HTTP-Request-
Nachricht gesendeten Cookies erfolgt über das Request-Objekt.
Das Setzen von Cookies für die HTTP-Response-Nachricht geschieht über das Response-Objekt:

Servlet-API

- »Servlet-API für Cookies«, S. 193

Eine typische Verwendung von Cookies findet man bei der Personalisierung einer Webseite und bei der Benutzeridentifikation:

- »Anwendung von Cookies«, S. 195

9.1 Cookies – Grundlagen **

Web-Anwendungen benötigen in vielfältiger Weise clientspezifische Zustandsinformationen. Da das HTTP-Protokoll zustandslos ist, können über einen Request-Response-Zyklus hinaus
keine Zustandsdaten gehalten werden. Darum wurden als Ergänzung zum HTTP-Protokoll Cookies definiert. Cookies erlauben es, clientspezifische Zustandsdaten zwischen Browser und
Webserver auszutauschen. Sie bestehen aus Name-Wert-Paaren,
die auf der Browserseite URLs zugeordnet werden. Der Browser legt Cookies bei sich persistent ab. Man unterscheidet zwischen temporären und permanenten Cookies. Hauptanwendung
von Cookies sind die Clientidentifikation und die Sitzungsverfolgung.

Das HTTP-Protokoll basiert auf einem Nachrichtenaustausch
in Form von Request-Response-Paaren (siehe »Das HTTP-Protokoll«, S. 43). Auch in der Version 1.1 bietet das HTTP-Protokoll
keine Möglichkeit, über einen Request-Response-Zyklus hinaus
Daten zu halten, d. h. einen Zustand zu verwalten. Deshalb ist
das HTTP-Protokoll zustandslos. Web-Anwendungen, die mehr
bieten als reines Surfen auf Webseiten, benötigen aber in der Regel Zustandsinformationen bezüglich jedes Clients.

HTTP
zustandslos

Eine Web-Anwendung bietet personalisierte Ansichten ihrer
Webseiten. Ein Benutzer konfiguriert sich dazu variable Elemente der Webseite, z. B. die Landessprache oder den Platz
verschiebbarer grafischer Elemente, und erwartet dann, dass
diese Einstellungen während des Surfens auf dieser Seite er-

Beispiel 1a

halten bleiben. Ja mehr noch, dass er diese Einstellungen wieder vorfindet, wenn er Tage später erneut auf diese Webseite navigiert.

Also muss bei der Web-Anwendung festgestellt werden können, ob Anfragen vom gleichen Client eintreffen. Zusätzlich müssen beim Erzeugen der Antwortseite die Konfigurationsinformationen eines Clients berücksichtigt werden, weshalb diese insbesondere verfügbar sein müssen.

Identifikation & Zustand

Um Clients zu identifizieren und clientspezifische Zustandsdaten halten zu können, wurden sogenannte **Cookies** eingeführt und erstmals 1997 im RFC 2109 (siehe [RFC 2109]) durch IETF (siehe IETF (`http://www.ietf.org/`)) standardisiert. RFC 2109 wurde im Jahr 2000 durch RFC 2965 (siehe [RFC 2965]) abgelöst. RFC 2965 wurde im April 2011 durch den zur Zeit aktuellen **RFC 6265** (siehe [RFC 6265]) ersetzt.

Verwaltung beim Client

Ein Cookie ist zunächst eine Information, die vom Browser (HTTP-Client) verwaltet wird. Der Browser speichert Cookies persistent und löscht diese nach vorgegebenen Regeln auch wieder.

Hinweis

Verwendet ein Benutzer zwei verschiedene Browser, dann hat jeder Browser seine eigene Cookie-Verwaltung.

Cookies werden bei der HTTP-Kommunikation zwischen Browser und Webserver ausgetauscht.

Ablauf

Der grobe Standardablauf der Kommunikation beim Einsatz von Cookies ist der Folgende:

1. Der Browser sendet eine erste Anfrage an den Webserver mit der HTTP-URL u.
2. Der Webserver stellt fest, dass der Client keinen Cookie mitgeliefert hat, erzeugt nun einen Cookie und schickt im Header-Feld `Set-Cookie` seiner Antwort den neuen Cookie mit zurück.
3. Der Browser speichert den Cookie bei sich, zugeordnet zur URL u.
4. Bei jeder weiteren Anfrage des Browsers an die URL u wird der Cookie automatisch im Header-Feld `Cookie` mit zum Webserver versendet.
5. Der Webserver schickt bei Erhalt von Anfragen mit vorhandenem Cookie nur dann den Cookie in der Antwort zurück, wenn sich die Cookie-Information geändert hat.

Bei der Beschreibung des Ablaufs wurde das Header-Feld `Set-Cookie` verwendet, das aus RFC 2109 stammt. In RFC 2965 wurde dieses Header-Feld durch `Set-Cookie2` ersetzt. Da jedoch die meisten JSP-Server noch `Set-Cookie` einsetzen, wurde `Set-Cookie` auch bei der Beschreibung des Ablaufs benutzt. Seit RFC 6265 soll `Set-Cookie2` wieder vermieden werden und nur noch `Set-Cookie` eingesetzt werden.

Das Erzeugen eines Cookies wird meist »Setzen eines Cookies« genannt. Das Prüfen auf Vorhandensein und ggf. das Setzen eines Cookies werden in der Regel nicht vom Webserver selbst, sondern von einer Web-Anwendung, die auf dem Webserver ausgeführt wird und die Anfrage bedient, vorgenommen.

Cookie setzen

Das Setzen eines Cookies und das Zurücksenden des Cookies durch den Browser an den Webserver geschehen, ohne dass der Browserbenutzer dies bemerkt.

Für Benutzer unbemerkt

Beim Browser können auch ohne Mitwirkung eines Webservers Cookies gesetzt werden. Mit JavaScript können z. B. durch eine Webseite im Browser Cookies erzeugt werden. Dies wird aber eher selten eingesetzt.

Cookies & JavaScript

Struktur und Semantik eines Cookies

Ein Cookie soll Informationen aufnehmen. Ein Cookie ist deshalb strukturiert als **Name-Wert-Paar** und hat immer eine **Lebensdauer**.

Name-Wert-Paar

Der Name eines Cookies muss ein sogenanntes *Token* sein. Als Zeichen in einem *Token* sind im Wesentlichen die Buchstaben und Ziffern aus dem ASCII-Zeichensatz sowie Bindestrich, Unterstrich und Punkt erlaubt. Folgende Zeichen dürfen beispielsweise im Namen *nicht* verwendet werden:

Syntax Name

( ) < > @,; : \ / [ ]? = {} " ä ö ü ß

Der Wert eines Cookies darf als Zeichen alle ASCII-Zeichen ab ASCII-Nummer 32 außer dem Zeichen " (doppelte Anführungszeichen) und ASCII-Nummer 127 enthalten. Wenn der Wert die Syntax eines *Tokens* erfüllt, dann braucht der Wert nicht in doppelte Anführungszeichen eingeschlossen werden. Erfüllt er jedoch diese Anforderung nicht, weil z. B. der Wert ein Leerzeichen enthält, dann muss der Wert in doppelte Anführungszeichen eingefasst werden.

Syntax Wert

Die maximale Größe eines Cookies ist nicht explizit definiert. In aktuellen RFC ist nur gefordert, dass ein Browser mit einem Cookie bis zu einer Größe von mindestens 4096 Byte umgehen können soll. Für eine genaue Definition der Syntax von Name und Wert sei auf den aktuellen RFC verwiesen.

Die Lebensdauer wird vom Erzeuger eines Cookies definiert. Wird sie nicht explizit angegeben, so entspricht die Lebensdauer der Dauer der Browsersitzung. Man spricht dann von **temporären Cookies**.

Lebensdauer

Hinweis	Eine Browsersitzung beginnt mit dem Starten des Browserprogramms und endet mit dem Schließen des letzten Browserfensters.

Zuordnung	Ein Cookie wird beim Browser nicht als eigenständiges Objekt, sondern stets zugeordnet zu einer URL verwaltet. Wird ein Cookie neu erzeugt, dann werden gleichzeitig diese Zuordnungen definiert. Bei der Erzeugung eines Cookies entstehen oft mehrere dieser Zuordnungen, denn ein Cookie wird jeder URL aus einem **Kontext** zugeordnet. Ohne weitere Angaben zum Kontext bei der Erzeugung des Cookies wird der Kontext über die angefragte URL u definiert. Zur Definition des Kontextes muss der Aufbau von u betrachtet werden.

Definition Kontext	Die URL u habe folgende Struktur: `http://hostname/lokalerPfad/dateiname` Dann wird der Kontext als das Verzeichnis `http://hostname/lokalerPfad/` und rekursiv alle Unterverzeichnisse dieses Verzeichnisses definiert.

Ein zur URL u erzeugter neuer Cookie wird also all diesen Verzeichnissen zugeordnet. Fordert nun ein Browser eine Datei zu einem dieser Verzeichnisse an, dann wird der Cookie mit gesendet.

Beispiel	Die angefragte URL u ist: `http://www.x.y/einstieg/produkte/index.html` Bei dieser Anfrage wird ein Cookie c gesetzt. Ferner gibt es noch die Webseiten: `http://www.x.y/einstieg/index.html` und `http://www.x.y/einstieg/produkte/Bilder/B1.html` Wird die Seite `http://www.x.y/einstieg/produkte/Bilder/B1.html` angefragt, so wird der Cookie c mit der Anfrage versendet. Wird dagegen die Seite `http://www.x.y/einstieg/index.html` vom Browser adressiert, dann ist hier noch kein Cookie vorhanden.

Merke	Cookies werden für Domänennamen, Hostnamen und Verzeichnisse, nicht aber für einzelne Dateien gesetzt. Cookies gelten für einen gesamten Verzeichnisbaum.

Mehrfache Cookies	Das Setzen von Cookies mit verschiedenen Namen zur gleichen URL ist zulässig. Aus der Definition des Kontextes ergibt sich

auch, dass einer URL implizit mehrere Cookies zugeordnet werden können. Bei Vorhandensein mehrerer Cookies zu einer URL, werden alle Cookies bei einer Anfrage nach dieser URL zum Webserver übermittelt.

Gemäß dem aktuellen RFC sollten Browser Cookies bis zu einer Größe von mindestens 4096 B unterstützen und mindestens 3000 Cookies verwalten können.

Sehen Sie sich das Beispiel 1a (personalisierte Ansicht) noch einmal an. Es wird angenommen, dass die Web-Anwendung unter einer Basis-URL u zugänglich ist und die einzelnen Webseiten über u/dateiname und/oder u/weitererPfad/dateiname abgerufen werden können. Außerdem wird angenommen, dass in der Web-Anwendung nur die Landessprache konfiguriert werden kann. Eine Lösung zur Verwaltung des Zustandes könnte dann folgendermaßen aussehen:

Beispiel 1b Anwendung

1 Bei der ersten Anfrage des Browsers an die URL u setzt der Webserver den Cookie language und belegt diesen z. B. mit dem Wert language=de, weil dies die Voreinstellung ist.

2 Bei der nächsten Anfrage möchte der Benutzer des Browsers die Sprache auf Englisch umstellen, was er durch Absenden eines Formulars anzeigt. Dabei wird der Cookie language=de mit an den Webserver geschickt. Da die Anfrage sich explizit auf die Umstellung auf englische Seiten bezieht, werden dem Browser englische Seiten geliefert und bei der Antwort der Cookie language=en neu gesetzt.

3 Bei weiteren Anfragen des Browsers wird der Cookie language=en mit gesendet und vom Webserver ausgewertet. Der Browser erhält nur noch englische Seiten, bis wieder explizit die Landessprache umgestellt wird.

4 Die Web-Anwendung setzt keine neuen Cookies, solange ein Cookie bei der Anfrage mit gesendet wird und die Landessprache nicht geändert wird.

Die Anwendung funktioniert nur, weil der Cookie nicht einer vollständigen URL inklusive Dateinamen, sondern Verzeichnissen aus einem Kontext zugeordnet wird.

Hinweis

Lebensdauer von Cookies

Die Voreinstellung für die Lebensdauer eines Cookies ist die Dauer der Browsersitzung. Für das oben angeführte Beispiel bedeutet dies, dass die Einstellungen, wie die Landessprache, während des Surfens erhalten bleiben, weil über einen Cookie die Einstellungsinformationen beim Browser gespeichert und bei jeder Anfrage an die Web-Anwendung übermittelt werden können. Wird der Browser jedoch geschlossen, dann wird der temporäre Cookie gelöscht. Beim nächsten Surfen auf den gleichen Webseiten müsste der Benutzer erst wieder die Konfiguration einstellen. Dies ist lästig und auf Dauer nicht akzeptabel.

Verfallsdatum

Abhilfe schafft hier die Angabe einer **expliziten Lebensdauer** eines Cookies. Cookies mit explizit angegebener Lebensdauer heißen **permanente Cookies**. Bei der Erstellung eines Cookies kann das Verfallsdatum über das Attribut Expire oder die Lebensdauer über das Attribute Max-Age eingestellt werden, wobei Groß- und Kleinschreibung bei den Attributnamen nicht relevant ist.

Expire

Der Attributwert von Expire ist im UNIX-Zeitformat darzustellen. Systeme zur Programmierung von Web-Anwendungen bieten meist komfortable Schnittstellenfunktionen, um das Verfallsdatum zu setzen und/oder die Lebensdauer festzulegen.

Cookie löschen

Das Setzen eines Verfallsdatums, welches in der Vergangenheit liegt, oder eine Lebensdauer mit Wert 0 führen zum Löschen eines Cookies beim Browser.

Hinweis

Die gerade beschriebene Semantik für die Lebensdauer eines Cookies stammt aus dem aktuellen RFC. In heutigen Browserimplementierungen gibt es meist Einstellmöglichkeiten für Cookies. Die Option, Cookies auszuschalten, gibt es fast immer. Sind Cookies ausgeschaltet, dann akzeptiert der Browser gar keine Cookies. Darüber hinaus kann oft konfiguriert werden, ob nur temporäre oder auch permanente Cookies akzeptiert werden und von welchen URLs Cookies angenommen werden. Aufgrund dieser Konfigurationsmöglichkeiten beim Browser kann sich eine Web-Anwendung nicht darauf verlassen, dass das Setzen von Cookies funktioniert. Werden Cookies im Browser ganz ausgeschaltet, dann funktionieren viele Webseiten nicht mehr für den Benutzer in akzeptabler Weise.

Beispiel 1c
Anwendung

Im Beispiel 1b könnte man die Lebensdauer des Cookies language auf drei Monate festsetzen. Wenn ein Benutzer innerhalb dieser Zeit wieder auf den Seiten der Web-Anwendung surft, dann erhält er die Webseiten in der Sprache, die er zuletzt eingestellt hat. Kehrt er erst nach Ablauf von drei Monaten (nach der letzten Umstellung) wieder auf die Webseiten zurück, dann ist der Cookie language gelöscht und er bekommt die Webseiten in der voreingestellten Sprache geliefert.

Einfache &
komplexe
Zustandsdaten

Bei einfachen Zustandsdaten, wie im Beispiel 1 die Landessprache, kann es sinnvoll sein, die inhaltlichen Zustandsdaten direkt im Cookie zu verwalten. In der Regel sind jedoch Zustandsdaten komplexer und teilweise auch sicherheitskritisch. Deshalb werden Cookies oft nur verwendet, um den Client zu identifizieren. Dazu wird ein Cookie mit einem Identifikationswert, z. B. id=d123456, gesetzt. Die inhaltlichen Zustandsdaten werden nur auf dem Webserver bei der Web-Anwendung gehalten. Der Wert des bei einer nächsten Anfrage mit gelieferten Cookies id gibt dann der Web-Anwendung die Möglichkeit, die inhaltlichen Zustandsdaten dem Client zuzuordnen.

Neben der Clientidentifikation ist die Sitzungsverfolgung die wichtigste Anwendung von Cookies (siehe »Sitzungen – Grundlagen«, S. 206).

Client-identifikation & Sitzungs-verfolgung

9.2 Servlet-API für Cookies **

Zur Verwendung von Cookies in JSP wird der Typ Cookie aus dem Servlet-API angesprochen. Er ermöglicht den Umgang mit einem Cookie als Java-Objekt und lässt ein einfaches Erzeugen und Bearbeiten von Cookies zu. Das Lesen der vom Browser gesendeten Cookies erfolgt in Skriptlets über das implizite JSP-Skripting-Objekt request mit der Methode getCookies(). Das Senden von Cookies vom Server zum Browser geschieht über das implizite JSP-Skripting-Objekt response mit der Methode addCookie().

In JSP wird zur Programmierung von **Cookies** die Klasse Cookie verwendet. Diese Klasse stammt aus dem Servlet-API und enthält alle relevanten Informationen eines Cookies. Ein Cookie wird als Java-Objekt repräsentiert:

- ▣ Klasse: `javax.servlet.http.Cookie`
- ☐ Konstruktor: `Cookie(String name, String wert)`
- ☐ Wichtige Methoden:
- ○ `String getName()`
- ○ `String getValue()`
- ○ `void setValue(String value)`
- ○ `int getMaxAge()`
- ○ `void setMaxAge(int expiry)`.
  expiry gibt die Lebensdauer in Sekunden an, expiry=0 bedeutet Cookie löschen, expiry=-1 bedeutet eine Lebensdauer bis zum Ende der Browsersitzung.
- ○ `boolean getSecure()`
- ○ `void setSecure(boolean flag)`.
  flag=true weist den Browser an, einen Cookie nur über eine sichere Verbindung, z. B. über HTTPS, zu übertragen.

Cookie

Beachten Sie, dass es keine Methode zum Setzen des Namens eines Cookies gibt. Der Name kann nur beim Erzeugen des Cookie-Objekts im Konstruktor angegeben werden.

Nachdem ein Cookie als Java-Objekt erzeugt worden ist, soll er mit der HTTP-Response-Nachricht an den Browser gesendet werden. Dazu wird das Response-Objekt, welches als implizites JSP-Skripting-Objekt response in JSP-Skriptlets vorhanden ist, benötigt. Über dieses Objekt wird der Cookie an die HTTP-Response-Nachricht angehängt:

Anbindung an die HTTP-Response-Nachricht

- Typ von response: javax.servlet.http.HttpServletResponse
- ☐ Methode zum Anhängen eines Cookies:
  void addCookie(Cookie coo)

Die vom Browser mit einer HTTP-Request-Nachricht gesendeten Cookies lassen sich über das Request-Objekt erfragen. Zur Erinnerung: Das Request-Objekt ist in Skriptlets über das implizite JSP-Skripting-Objekt request gegeben.

Anbindung an die HTTP-Request-Nachricht

- Typ von request: javax.servlet.http.HttpServletRequest
- ☐ Methode zur Ermittlung der Cookies: Cookie[] getCookies()

Damit kennen Sie alle Schnittstellen, um Cookies in Ihren JSP-Seiten einzusetzen. Bevor im Folgenden Beispiele besprochen werden, wird eine Hilfsklasse eingeführt, die den Umgang mit Cookies zusätzlich erleichtert.

Hilfsklasse zum vereinfachten Umgang mit Cookies

Immer wieder benötigte Funktionalitäten sind das Erzeugen und Anhängen von Cookies mit einer bestimmten Lebensdauer an die HTTP-Response-Nachricht. Dazu wird in der Hilfsklasse JspCookieUtil die Methode updateCookie() definiert. Weiterhin wird häufig geprüft, ob der Browser einen Cookie mit einem bestimmten Namen gesendet hat. Dazu muss das Feld, welches getCookies() liefert, durchsucht werden. Auch hierzu enthält die Hilfsklasse eine Methode, nämlich getCoookieByName().

JspCookie Util.java

```
package jsplernen;

import javax.servlet.http.Cookie;
import javax.servlet.http.HttpServletRequest;
import javax.servlet.http.HttpServletResponse;

public class JspCookieUtil
{
  static public void updateCookie(String coName,
    String coValue, int duration, HttpServletResponse response)
  {
    Cookie cooNeu=new Cookie(coName,coValue);
    cooNeu.setMaxAge(duration);
    response.addCookie(cooNeu);
  }
```

```
static public Cookie getCookieByName
        (String coName, HttpServletRequest request)
{
  Cookie[] cookies = request.getCookies();
  if (cookies != null)
  {
    for (int i = 0; i < cookies.length;i++) {
      Cookie coo = cookies[i];
      if (coo.getName().equals(coName))
      return coo;
    } // for
  } // if
  return null;
}
} // class JspCookieUtil
```

In JspCookieUtil.java werden die Methoden des Servlet-APIs zu Cookies verwendet und gekapselt, sodass das Lesen von Cookies aus der Request-Nachricht und Anhängen von Cookies an die Response-Nachricht in der JSP-Seite durch einfachen Aufruf der Klassenmethoden der Klasse JspCookieUtil bewerkstelligt werden können.

9.3 Anwendung von Cookies **

Eine der wichtigsten Anwendungen von Cookies sind die Personalisierung von Webseiten und die Benutzeridentifikation.

Anhand eines Beispiels zur Personalisierung einer Webseite und eines Beispiels zur Benutzeridentifikation wird die Anwendung von Cookies in JSP gezeigt. Grundlage für diese Beispiele ist die Klasse Cookie aus dem Servlet-API, welche die Erzeugung von Cookies und den Zugriff auf die Eigenschaften von Cookies sowie deren Verarbeitung ermöglicht. Darüber hinaus wird die Hilfsklasse JspCookieUtil verwendet (siehe »Servlet-API für Cookies«, S. 193), um die Programmierung der Cookies noch weiter zu vereinfachen.

Beispiel: Personalisierung

Es wird die Personalisierung einer Webseite durch Einstellung der Landessprache gezeigt. Beim ersten Aufruf wird die Webseite in Englisch dargestellt. Auf der Seite ist ein Formular zur Einstellung der Landessprache vorhanden. Bei späteren Aufrufen soll der Benutzer stets seine zuletzt eingestellte Landessprache wieder als eingestellte Sprache erhalten. Ein späterer Aufruf bedeutet dabei nicht nur Wiederanwahl der Webseite innerhalb einer Sitzung, sondern auch die Wiederanwahl der Webseite, nachdem der Browser die Sitzung beendet hat, d. h. nachdem alle Browserfenster geschlossen waren und auf der Browserseite keine Informationen zu einer eventuell vorhandenen Sitzung mehr existieren. Das Aussehen der Webseite zeigt die Abb. 9.3-1.

Abb. 9.3-1: Erscheinungsbild der JSP-Seite personalisierung.jsp im Browser beim Erstaufruf und bei späterem Aufruf mit der Einstellung Englisch.

Das Zusammenspiel der zur Web-Anwendung gehörenden JSP-Seiten und Java-Objekte wird in der Abb. 9.3-2 anhand eines UML-Diagramms veranschaulicht.

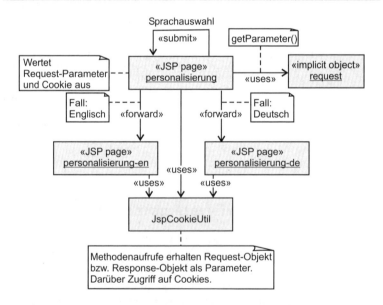

Abb. 9.3-2: Zusammenspiel der Komponenten der Web-Anwendung Personalisierung dargestellt in einem UML-Diagramm.

personali
sierung.jsp

```
<%@page import="jsplernen.*" %>
<%
// Request-Parameter holen
String reqLang = request.getParameter("lang");
// Cookie idCookie holen
Cookie cooLang= JspCookieUtil.getCookieByName("lang", request);
%>
<body>
<%
if (reqLang!=null && reqLang.equals("en"))
{
%>
  <jsp:forward page="personalisierung-en.jsp" />
<%
}
if (reqLang!=null && reqLang.equals("de"))
{
%>
<jsp:forward page="personalisierung-de.jsp" />
<%
}
if (cooLang!=null && cooLang.getValue().equals("en"))
{
%>
  <jsp:forward page="personalisierung-en.jsp" />
<%
}
if (cooLang!=null && cooLang.getValue().equals("de"))
{
%>
<jsp:forward page="personalisierung-de.jsp" />
<%
}
%>
<%-- default --%>
<jsp:forward page="personalisierung-en.jsp" />
</body>
```

Es ist zu sehen, dass in dieser Seite nur der Request-Parameter
lang und der Cookie lang gelesen und ausgewertet werden. In
Abhängigkeit des Auswertungsergebnisses wird dann zu den
Webseiten in Deutsch bzw. Englisch weitergeleitet.

Im Folgenden wird der Quellcode für die englische Darstellung
der Webseite angegeben:

personali
sierung-en.jsp

```
<%@page import="jsplernen.*" %>
<%!
private int duration=7*24*60*60; // Lebensdauer: 1 Woche
%>
<%
  JspCookieUtil.updateCookie("lang","en",duration, response);
%>
<body>
<h3>Welcome page with selection of a language</h3>
<h4>(Remembering user preferences by using cookies)</h4>
```

```
<p>Select your Language! </p>

<form method="get" action="">
<p>Language:
 <input type="radio" name="lang" value="de" />
 German
 <input type="radio" name="lang" value="en" checked="checked" />
 English<br />
 <input type="submit" name="submitCtrl" value="submit"/>
</p>
</form>
</body>
```

Nun folgt der Quellcode für die deutsche Darstellung der Webseite:

personali
sierung-de.jsp

```
<%@page import="jsplernen.*" %>
<%!
private int duration=7*24*60*60; // Lebensdauer: 1 Woche
%>
<%
   JspCookieUtil.updateCookie("lang","de",duration, response);
%>
<body>
<h3>Begrüßungsseite mit Wahl der Landessprache</h3>
<h4>(Benutzereinstellungen mit Cookies merken)</h4>
<p>Wählen Sie Ihre Sprache! </p>

<form method="get" action="">
<p>Sprache:
 <input type="radio" name="lang" value="de" checked="checked" />
 deutsch
 <input type="radio" name="lang" value="en" />
 englisch<br />
 <input type="submit" name="submitCtrl" value="senden"/>
</p>
</form>
</body>
```

Jedes Mal, wenn eine der Seiten personalisierung-de.jsp oder personalisierung-en.jsp aufgerufen wird, wird der Cookie lang gesetzt bzw. aktualisiert. Damit erhält ein Benutzer seine Spracheneinstellung, wenn sein letzter Besuch der Webseite nicht länger zurückliegt, als die in der Variablen duration eingestellte Dauer, d. h. im Beispiel nicht länger als eine Woche, zurückliegt.

Führen Sie das Beispiel personalisierung.jsp aus. Danach ändern Sie die Lebensdauer des Cookies lang so, dass der Cookie am Ende der Browsersitzung gelöscht wird. Testen Sie erneut.

Beispiel:
Benutzer-
identifikation

In diesem Beispiel wird gezeigt, wie ein Benutzer auch nach Ende einer Sitzung mit Hilfe von Cookies wieder erkannt werden kann. Das Aussehen der JSP-Seite zeigt die Abb. 9.3-3.

Abb. 9.3-3: Erscheinungsbild der JSP-Seite benutzeridentifikation.jsp beim Erstaufruf im Browser.

Nachdem ein Benutzer seinen Namen registriert hat, sieht die Webseite wie in der Abb. 9.3-4 aus.

Abb. 9.3-4: Erscheinungsbild der JSP-Seite benutzeridentifikation.jsp bei einem Aufruf nach Registrierung im Browser.

Eine Übersicht über die Komponenten des Beispiels finden Sie in der Abb. 9.3-5.

Den Quellcode zu benutzeridentifikation.jsp sehen Sie nachfolgend:

```
<%@page import="jsplernen.*" %>
<%!
private int duration=5*60; // Lebensdauer: 5 Minuten
%>
<jsp:useBean id="idVerwaltung"
            class="jsplernen.BeanIdVerwaltung"
            scope="application" />
<%
// Variable zur Aufnahme des Benutzernames im Begrüßungstext
String username=null;
// Variable zur Aufnahme von Fehlermeldungen an Benutzer
```

benutzeridenti
fikation.jsp

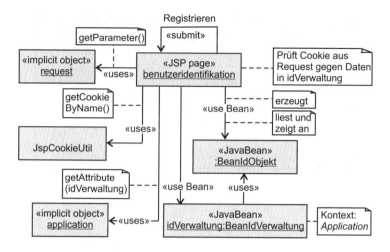

Abb. 9.3-5: Darstellung der Komponenten des Beispiels zur Benutzeridentifikation anhand eines UML-Diagramms.

```
String errmsg="";
// Request-Parameter holen
String usernameRequest = request.getParameter("usernameCtrl");
// Cookie idCookie holen
Cookie coo= JspCookieUtil.getCookieByName("idCookie", request);

// Auswertung
if ((coo == null) && ((usernameRequest == null)
                    || usernameRequest.equals("")))
{ // keine Angaben gefunden
  username="Unbekannt<br />keine Angaben gefunden,
  weder Cookie noch Request-Parameter";
}
if ((coo == null) && (usernameRequest != null)
                  && !usernameRequest.equals(""))
{ // Erstregistrierung
  username = usernameRequest;
  String idStr= idVerwaltung.createId();
  BeanIdObjekt idObj= new BeanIdObjekt(idStr,usernameRequest);
  idVerwaltung.addIdObjekt(idObj);
  // Cookie mit expliziter Lebensdauer setzen
  JspCookieUtil.updateCookie
    ("idCookie", idObj.getId(), duration, response);
}
if ((coo != null) && ((usernameRequest == null)
                    || usernameRequest.equals("")))
{ // Bereits registrierter Benutzer besucht die Seite wieder
  BeanIdObjekt idObj=idVerwaltung.findById(coo.getValue());
  if (idObj!=null)
  { // Benutzer noch in Benutzerliste enthalten
    username=idObj.getName();
    // Lebensdauer für Cookie aktualisieren
    JspCookieUtil.updateCookie
```

```
            ("idCookie", idObj.getId(), duration, response);
    } // if
    else
    { // Benutzer war früher registriert,
      // aber jetzt nicht mehr in Benutzerliste enthalten
      errmsg = "Ihre Daten wurden leider gelöscht.
            Bitte erneut registrieren";
    } // else
}
if ((coo != null) && (usernameRequest != null)
                && (!usernameRequest.equals("")))
{ // Bereits registrierter Benutzer registriert sich neu
  BeanIdObjekt idObj=idVerwaltung.findById(coo.getValue());
  if (idObj!=null)
  { // Benutzer noch in Benutzerliste enthalten,
    // nur username wird geändert
    idObj.setName(usernameRequest);
    username=idObj.getName();
    // Lebensdauer für Cookie aktualisieren
    JspCookieUtil.updateCookie
      ("idCookie", idObj.getId(), duration, response);
  }
  else
  { // Benutzer war früher registriert,
    // aber jetzt nicht mehr in Benutzerliste enthalten
    // Benutzer neu anlegen
    username = usernameRequest;
    String idStr= idVerwaltung.createId();
    idObj= new BeanIdObjekt(idStr,usernameRequest);
    idVerwaltung.addIdObjekt(idObj);
    // Lebensdauer für Cookie aktualisieren
    JspCookieUtil.updateCookie
      ("idCookie", idObj.getId(), duration, response);
  }
}
%>
<body>
<h3>Begrüßungsseite</h3>
<h4>(Benutzeridentifikation mit Cookies)</h4>
<p>Hallo Fr./Hr. <%=username%>.
</p>
<p>Registrieren Sie sich oder ändern Sie Ihren Benutzernamen!
</p>
<form method="get" action="">
<p>Benutzername
<input type="text" name="usernameCtrl" value="" />
<input type="submit" name="submitCtrl" value="Registrieren"/>
</p>
</form>
</body>
```

Auch in diesem Beispiel kommt die Hilfsklasse JspCookieUtil zum Einsatz, um den Cookie idCookie bequem aus der Request-Nachricht zu lesen. Nach Lesen des Cookies und des Request-Parameters usernameCtrl werden diese beiden Werte ausgewertet, was zu verschiedenen Fällen führt. Die Fälle sind in den Kommentaren im Quellcode erläutert und erfordern jeweils eine geringfügig andere Behandlung. Den meisten Fällen ist gemeinsam, dass der Cookie idCookie entweder erzeugt oder aktualisiert wird.

Der Vollständigkeit halber werden im Folgenden noch die JavaBean-Klassen BeanIdObjekt und BeanIdVerwaltung angegeben:

BeanIdObjekt
.java

```java
package jsplernen;
public class BeanIdObjekt {
String id; // id einer Person
String name; // Name einer Person
// Parameterloser Kontruktor
public BeanIdObjekt(){ }
// Weiterer Konstruktor
public BeanIdObjekt(String idStr, String nameStr){
   id=idStr;
   name=nameStr;
} // BeanIdObjekt()
//  property 'id': getter and setter
public String getId(){    return id;}
public void setId(String v) {id=v;}
//  property 'name': getter and setter
public String getName(){    return name;}
public void setName(String v) {name=v;}
} // class BeanIdObjekt
```

BeanIdVerwalt
ung.java

```java
package jsplernen;
import java.util.HashMap;
import jsplernen.BeanIdObjekt;
public class BeanIdVerwaltung {
HashMap<String, BeanIdObjekt> idMap;
int idCounter;
public BeanIdVerwaltung ()
{
   idCounter = 0;
   idMap = new HashMap<String, BeanIdObjekt>();
} // FormBeanBesuch
// property 'ids': getter and setter
public HashMap<String, BeanIdObjekt> getIds(){ return idMap;}
public void setIds(HashMap<String, BeanIdObjekt> v) {idMap=v;}
//
public String createId () {
   idCounter++;
   return "id"+idCounter;
} // createId ()
public void addIdObjekt(BeanIdObjekt obj){
   idMap.put (obj.getId(), obj);
} // addIdObjekt()
public BeanIdObjekt findById(String idStr){
   return (BeanIdObjekt) idMap.get(idStr);
} // findById()
} // class BeanIdVerwaltung
```

Führen Sie das Beispiel `benutzeridentifikation.jsp` aus. Ändern Sie die Lebensdauer des Cookies auf eine Minute ab und testen Sie erneut.

10 JSP-Sitzungen *

Viele Web-Anwendungen sind dadurch charakterisiert, dass

- mehrere vom Benutzer im Browser hintereinander angewählte Seiten Teil eines gemeinsamen Vorgangs sind und
- der Benutzer bei den einzelnen Schritten Daten eingibt, die dann alle gemeinsam zum Abschluss des Vorgangs benötigt werden.

○ Online-Shops mit Warenkorb und Bezahlvorgang.

○ Online-Umfragen mit einer Serie von Fragen, die nacheinander in einzelnen Seiten erscheinen und der Benutzer, bevor er seine Antworten verbindlich abgibt, nochmals als Zusammenfassung angezeigt bekommt.

Beispiele

Es gibt jede Menge weiterer Beispiele für Web-Anwendungen wie Online-Wahlsysteme, Online-Konfiguratoren für komplexere Produkte, die aus Komponenten kundenspezifisch zusammengestellt werden können, Webclients für E-Mails, Webclients zur Administration von Webservern oder Datenbanken usw.

Allen diesen Anwendungen ist gemeinsam, dass die Web-Anwendung, die parallel viele Anfragen von verschiedenen Benutzern erhält, sich für jeden Benutzer einen aktuellen **Zustand** der **Sitzung** merken und die Anfragen eines einzelnen Benutzers als *zusammenhängende Bestandteile eines logischen Vorgangs* erkennen und behandeln muss. Der Ansatz zur Erfüllung dieser Anforderung ist die Sitzung mit **Sitzungsverwaltung** und **Sitzungsverfolgung**. Eine Sitzung wird von der Web-Anwendung erzeugt und mit einem Sitzungsidentifikator (Session-ID) versehen. Über diese Session-ID werden die Anfragen der jeweiligen Benutzer auseinandergehalten.

Zusammenhängende Bestandteile eines logischen Vorgangs

Die Verwaltung einer Sitzung erfolgt ausschließlich in der Web-Anwendung auf der Serverseite. Auf der Serverseite wird für die Sitzungsverfolgung der aktuelle Zustand zu einer Sitzung gespeichert.

Verwaltung auf Serverseite

In diesem Kapitel lernen Sie den Umgang mit Sitzungen in JSP-Anwendungen kennen:

- »JSP-Sitzungsverwaltung«, S. 212
- »JSP-Sitzungsverfolgung 1«, S. 215
- »JSP-Sitzungsverfolgung 2«, S. 220
- »JSP-Sitzungen – Besonderheiten«, S. 228

Eine Beschreibung der Programmierschnittstelle HttpSession zum Zugriff auf das Sitzungsobjekt finden Sie in folgendem Kapitel:

- »Das implizite JSP-Skripting-Objekt session«, S. 133

10.1   Sitzungen – Grundlagen **

In einer Sitzung sind zusammenhängende Aktionen eines logischen Vorgangs zusammengefasst. Eine Sitzung wird durch einen Sitzungsidentifikator (Session-ID) gekennzeichnet. Die Session-ID wird bei der HTTP-Kommunikation zwischen Browser und Webserver bzw. Web-Anwendung ausgetauscht. Zu jeder Zeit wird auf der Serverseite der Zustand einer Sitzung festgehalten. Zur Realisierung der Session-ID werden in der Regel Session-Cookies benutzt, da diese die meisten Vorteile bieten. Session-Cookies sind als temporäre Cookies umgesetzt.

Der Begriff einer **Sitzung** stammt von Anwendungen, die auf Desktop-Computern ausgeführt werden.

Beispiel:
Szenario

Sie starten einen Texteditor und öffnen eine Datei, die Sie ändern möchten. Sie nehmen einige Änderungen vor, dann fällt Ihnen ein, dass Sie unbedingt eine Information aus dem Web brauchen. Ohne den Editor zu schließen, wechseln Sie zum Browser und surfen auf eine Webseite, wo Sie die gesuchten Informationen finden. Jetzt wechseln Sie wieder zum Editor zurück. Sie finden natürlich Ihre vorher geöffnete Datei weiterhin als geöffnet vor, speichern Ihre Änderungen, schließen die Datei. Sie öffnen eine andere Datei, lesen diese, schließen dann diese Datei und beenden den Editor.

In diesem Szenario startet die Sitzung des Editors durch Starten des Editorprogramms. Alle Aktionen, die Sie im Editor durchführen, zählen zur Sitzung. Die Aktionen, die Sie außerhalb des Editors vornehmen, z. B. das Wechseln zum Browser und Surfen im Web, gehören nicht zur Editorsitzung. Im Szenario wird durch das Wechseln zum Browser die Editorsitzung zwar durch den Benutzer temporär verlassen, aber nicht beendet. Das Zurückkehren zum Editor setzt die begonnene Sitzung in dem Zustand fort, indem sie verlassen wurde. Erst das Schließen des Editorprogramms beendet die Editorsitzung.

Sitzung

Zu einer Sitzung gehören alle Aktionen innerhalb eines Programms, vom Start bis zum Ende des Programms. In einer Sitzung sind damit zusammenhängende Aktionen eines logischen Vorgangs zusammengefasst. Zu jedem Zeitpunkt einer Sitzung hat diese einen Zustand, der vom Programm verwaltet werden muss.

Der beschriebene Ablauf hört sich ziemlich trivial an, ist er auch auf einem Einzelplatzcomputer mit nur einer Tastatur und nur einer Maus, d. h. insbesondere mit nur einem Benutzer.

Problem

Stellen Sie sich jetzt einmal vor, Sie hätten an dem Einzelplatzrechner zwei Sätze von Bedieneinheiten mit je einer Tastatur und einer Maus, sodass zwei Benutzer gleichzeitig den Rechner bedienen können. Nehmen wir nun an, dass die Benutzer gleichzeitig arbeiten möchten, jeweils ein Dokument ändern wollen, der Editor gestartet ist und die zwei gewünschten Dokumente im Editorfenster nebeneinander zu sehen sind. Jetzt kommen die Bedienkommandos von den beiden Benutzern über Maus und Tastatur. Versehentliche oder mutwillige Änderungen im fremden Dokument müssen unterbunden werden. Wie kann der Editor nun sicherstellen, dass jeder Benutzer nur sein Dokument ändert?

Dazu muss der Sitzungsbegriff ergänzt werden. Eine Sitzung muss benutzerspezifisch definiert werden.

Lösungsansatz: Bedienkommandos müssen als zu einem logischen Vorgang zugehörig erkannt und behandelt werden.

Zu einer **benutzerspezifischen Sitzung** gehören genau die Aktionen eines einzelnen Benutzers vom Sitzungsstart bis zum Sitzungsende. Als Zustand müssen benutzerspezifische Daten verwaltet werden.

Benutzerspezifische Sitzung

Meist wird statt von benutzerspezifischen Sitzungen nur von **Sitzungen** gesprochen. Dies ist insbesondere im Web-Umfeld der Fall.

Nur Sitzung

Es muss bei jedem Bedienkommando, welches eine Aktion in einer Sitzung auslöst, vorher geprüft werden, dass es von dem zur Sitzung gehörigen Benutzer kommt. Bei den Bedienkommandos muss also eine Benutzeridentifikation möglich sein. Sitzungsstart und Sitzungsende können nicht mehr über Programmstart und Programmende festgelegt werden, sondern müssen separat definiert werden. Bei Web-Anwendungen liegt jetzt genau die Situation vor, dass mehrere Benutzer gleichzeitig das gleiche Programm (die Web-Anwendung) verwenden. Die Bedienkommandos werden als HTTP-Request-Nachrichten an die Web-Anwendung übermittelt. Die Aufgabe ist nun, eingehende HTTP-Request-Nachrichten jeweils in zusammenhängende Aktionen eines Benutzers einzuteilen und diese dann korrekt zu verarbeiten. Die HTTP-Request-Nachrichten müssen für eine korrekte Funktionsweise der Web-Anwendung benutzerspezifischen Sitzungen zugeordnet werden.

Stellen Sie sich z. B. einen Online-Shop mit einem Warenkorb vor. Jeder Benutzer/Kunde braucht natürlich seinen eigenen Warenkorb und nur er selbst soll Waren in seinen Warenkorb legen können. Am Ende der Einkaufstour soll der Benutzer natürlich die Waren aus seinem eigenen Warenkorb bezahlen und geliefert bekommen.

Beispiel

Realisierung benutzerspezifischer Sitzungen

Das Prinzip, wie benutzerspezifische Sitzungen realisiert werden, ist in der Abb. 10.1-1 dargestellt.

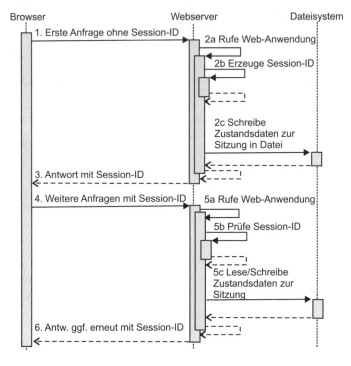

Abb. 10.1-1: Das Bild veranschaulicht das Prinzip benutzerspezifischer Sitzungen als UML-Sequenzdiagramm.

Session-ID   Die Kernidee zur Realisierung von Sitzungen ist die Verwaltung von Sitzungsidentifikatoren, genannt Session-IDs, durch die Web-Anwendung. In der Abb. 10.1-1 ist dazu folgender Ablauf zu sehen:

1   Erhält eine Web-Anwendung eine Anfrage ohne Session-ID, dann wird eine Sitzung gestartet.
2   Die Web-Anwendung erzeugt zum Sitzungsstart eine Session-ID und einen Sitzungszustand. Der Zustand der Sitzung wird zugeordnet zur Session-ID von der Web-Anwendung persistent im Dateisystem abgelegt.
3   Die Web-Anwendung sendet die Session-ID mit der Antwort zum Browser.
4   Bei jeder weiteren Anfrage des Browsers sendet dieser die Session-ID mit.
5   Erhält eine Web-Anwendung eine Anfrage mit Session-ID, dann ordnet sie diese Anfrage der Sitzung mit dieser Sessi-

on-ID zu. Sie arbeitet auf Basis des Zustandes, der zu dieser Session-ID bei ihr abgespeichert ist.

6   Bei der erneuten Antwort trägt die Web-Anwendung dafür Sorge, dass die Session-ID beim Browser bekannt bleibt. Je nach konkreter Implementierung muss die Web-Anwendung bei jeder Antwort die Session-ID wieder zum Browser übertragen oder sie braucht gar nichts zu tun.

Durch Anwendung dieses Prinzips können die Anfragen als Teil eines zusammenhängenden Vorgangs erkannt und behandelt werden.

Unter Benutzer wird im Kontext der benutzerspezifischen Sitzungen nicht ein menschlicher Benutzer, sondern ein Programm, welches HTTP-Request-Nachrichten versendet, verstanden.   *Benutzer*

HTTP-Request-Nachrichten mit der gleichen Session-ID werden als zu einer Sitzung zugehörig eingestuft. Die Quelle der Anfragen spielt dabei keine Rolle. Wird z. B. die Session-ID, auf welchen Wegen auch immer, zwischen zwei Browsern auf dem gleichen oder verschiedenen Rechnern ausgetauscht, dann können sich beide Browser in die gleiche Sitzung einhängen.   *Hinweis*

Die obige Beschreibung des in Abb. 10.1-1 dargestellten Ablaufs erläutert auch den Start einer Sitzung. Sitzungsstart ist die Erzeugung einer Session-ID und des Sitzungszustands durch die Web-Anwendung.   *Sitzungsstart*

Das Ende einer Sitzung ist komplizierter. Es muss zwischen dem Ende der Sitzung in der Web-Anwendung und dem Ende der Sitzung im Browser unterschieden werden.   *Sitzungsende*

- Sitzungsende in der Web-Anwendung:
  - Falls in der Website explizit das Bedienkommando Ende der Sitzung verfügbar ist und vom Benutzer angewählt wird, wird eine entsprechende HTTP-Request-Nachricht an die Web-Anwendung gesendet. Diese interpretiert die HTTP-Request-Nachricht, löscht die Zustandsdaten zur Sitzung und beendet auf diese Weise die Sitzung. Die Session-ID wird danach ungültig.
  - Time-out: Falls eine Web-Anwendung eine Zeit lang keine Nachrichten mehr zu einer Session-ID erhält, dann wird die Sitzung durch die Web-Anwendung beendet. Die Dauer dieser Zeit wird in der Web-Anwendung konfiguriert.
- Sitzungsende auf der Browserseite:
  - Im Browser bleibt die Sitzung solange bestehen, wie der Browser die Session-ID zur Verfügung hat.
  Folgende Fälle können auftreten:

○ Der Benutzer schließt den Browser. Dadurch wird auf jeden Fall die Browsersitzung beendet. Die Web-Anwendung führt die Sitzung zunächst noch fort.

○ Der Benutzer hat bei geöffnetem Browser lange *keine* Anfrage an die Web-Anwendung gestellt. Die Web-Anwendung entscheidet, die Sitzung zu beenden. Die Browsersitzung bleibt bestehen, Anfragen zu dieser Sitzung können jedoch auf der Serverseite *nicht* mehr bearbeitet werden. In der Regel sind aber die Zeiten, bis die Web-Anwendung eine Sitzung selbstständig schließt, so groß, dass dieser Fall nicht so oft auftritt. Beim Online-Banking wird eine Sitzung auf der Serverseite jedoch oft bereits nach 10 Minuten geschlossen, um Missbrauch zu verhindern.

Realisierung von Session-IDs

Es gibt drei Ansätze zur Implementierung von Session-IDs:

- Session-Cookie
  - □ Bei der ersten Response-Nachricht: Über das HTTP-Header-Feld Set-Cookie wird die Session-ID als temporärer Cookie beim Browser gesetzt.
  - □ Bei jeder nachfolgenden Request-Nachricht: Im HTTP-Header-Feld Cookie wird der Cookie an den Webserver und damit an die Web-Anwendung geschickt.
- URL-Session
  - □ Bei jeder Response-Nachricht: Die Session-ID wird in jedem HTML-Dokument an jeder Stelle, die einen Verweis auf Ressourcen innerhalb der Web-Anwendung darstellt, an den jeweiligen URL angehängt.
  - □ Bei jeder nachfolgenden Request-Nachricht: Die Session-ID wird als Suffix der angefragten URL übermittelt.
- Versteckte Formularfelder
  - □ Bei jeder Response-Nachricht: Session-IDs werden in jeder Webseite in versteckten Formularfeldern hinterlegt.
  - □ Bei jeder nachfolgenden Request-Nachricht: Die Session-ID wird als Formularparameter versendet.

Wert der Session-ID Der Wert der Session-ID muss eindeutig sein. Wie der Wert genau aussieht, ist abhängig von der Implementierung des JSP-Servers. Bei den meisten Implementierungen wird als Session-ID ein zufällig erzeugter 32-Byte-Schlüssel verwendet.

Vergleich der Ansätze

Die verschiedenen Ansätze zur Realisierung einer Session-ID werden gegenübergestellt. Die Tab. 10.1-1 listet die Vorteile und Nachteile von Session-Cookies auf.

Vorteile	Nachteile
Leicht in der Benutzung	Funktioniert nicht, wenn im Browser Cookies abgeschaltet sind.
Keine Änderung von HTML-Seiten notwendig	
Gilt als relativ sicher	

Tab. 10.1-1: Vorteile und Nachteile von Session-Cookies.

Die Tab. 10.1-2 beschreibt die Vorteile und Nachteile von URL-Sessions.

Vorteile	Nachteile
Funktioniert auch, wenn im Browser Cookies abgeschaltet sind.	Aufwendig und fehleranfällig in der Benutzung, da alle URLs in einer Webseite ergänzt werden müssen.
	Auch bei anderen Verarbeitungsschritten, z. B. einem Redirect im Webserver, dürfen die Session-IDs nicht vergessen werden.
	Session-ID wird im Klartext in Adressleiste des Browsers angezeigt.

Tab. 10.1-2: Vorteile und Nachteile von URL-Sessions.

Die Vorteile und Nachteile von versteckten Formularfeldern zur Realisierung von Session-IDs sind in Tab. 10.1-3 aufgeführt.

Vorteile	Nachteile
Funktioniert auch, wenn im Browser Cookies ausgeschaltet sind.	Alle Anfragen müssen über Formulare ausgelöst werden.
	Alle Seiten brauchen Formulare.
	Session-ID wird im Klartext in Adressleiste des Browsers angezeigt, wenn das Absenden des Formulars über die HTTP-Methode GET erfolgt.

Tab. 10.1-3: Vorteile und Nachteile von versteckten Formularfeldern.

Laufzeitumgebungen von Web-Anwendungen benutzen meist den Ansatz der Session-Cookies. Wenn Session-Cookies nicht verwendet werden können, weil auf der Browserseite Cookies ausgeschaltet sind, können viele Laufzeitumgebungen so konfiguriert werden, dass sie sitzungsspezifisch auf URL-Sessions umschalten. Der Ansatz »Versteckte Formularfelder« ist praktisch nicht im Einsatz.

Meist Session-Cookies

10.2   JSP-Sitzungsverwaltung **

JSP unterstützt Sitzungen über die Schnittstelle HttpSession. **Sie besitzt Methoden für die Sitzungsverwaltung und für die Sitzungsverfolgung. Zur Sitzungsverwaltung gehören das Erzeugen, Löschen und Abfragen einer Sitzung sowie das Setzen und Abfragen von Time-out-Werten. Das Sitzungsobjekt korrespondiert zum impliziten JSP-Skripting-Objekt** session. **In der Voreinstellung nimmt jede JSP-Seite an einer Sitzung teil. Als Standardkonzept zur Realisierung der Sitzungsidentifikation werden Session-Cookies verwendet.**

Das Pflegen der Verwaltungsinformation zu einer Sitzung heißt **Sitzungsverwaltung**. Die Verwaltungsinformationen werden im **Sitzungsobjekt** gespeichert. Zur Verwaltung zählt das Erzeugen und Löschen des Sitzungsobjekts, die Benutzung des **Sitzungsidentifikators** (Session-ID), der Umgang mit den Time-out-Werten zur Sitzung etc. Die Programmierschnittstelle zur Sitzungsverwaltung und zur Sitzungsverfolgung ist die Schnittstelle javax.servlet.http.HttpSession. Die Schnittstelle wird vom Sitzungsobjekt implementiert. Jeder Sitzung ist ein eigenes Sitzungsobjekt zugeordnet. In Skriptlets liefert das **implizite Objekt** session einen Zugang zum Sitzungsobjekt und dessen Schnittstelle (siehe »Das implizite JSP-Skripting-Objekt session«, S. 133).

Beginn einer Sitzung

Gemäß der Voreinstellung nimmt jede JSP-Seite an einer Sitzung teil. Das bedeutet, dass durch Aufruf einer JSP-Seite eine Sitzung gestartet und ein Sitzungsobjekt inklusive eines Sitzungsidentifikators erzeugt wird, wenn noch keine Sitzung bzw. noch kein Sitzungsobjekt vorhanden ist.

Ende einer Sitzung

Beim Sitzungsende ist zwischen dem Ende der Browsersitzung und dem Ende der Serversitzung zu unterscheiden (siehe »Sitzungen – Grundlagen«, S. 206). Das Ende der **Browsersitzung** ist dadurch gekennzeichnet, dass der Browser keine Kenntnis der Session-ID mehr hat. Das Ende der **Serversitzung** ist dadurch charakterisiert, dass das Sitzungsobjekt gelöscht wird und die benutzerspezifischen Daten des Sitzungszustands auf dem Webserver nicht mehr existieren.

Austausch der Session-ID

In der Standardkonfiguration wird bei JSP der Sitzungsidentifikator über das Konzept der Session-Cookies zwischen Browser und Web-Anwendung ausgetauscht (siehe »Sitzungen – Grundlagen«, S. 206).

Beispiel

Dieses Beispiel demonstriert die prinzipielle Verwendung der Methoden zur Sitzungsverwaltung (Abb. 10.2-1).

Abb. 10.2-1: Erscheinungsbild der Seite sitzung1.jsp. Es werden Verwaltungs-informationen angezeigt, die in der Regel nur für den Programmierer der Web-Anwendung relevant sind und im Normalfall nicht auf den Webseiten zu sehen sind.

Es werden folgende Informationen ermittelt und angezeigt:

○ Die interne Java-Objektidentifikation des Sitzungsobjek-tes,
○ der Sitzungsidentifikator,
○ ob durch diese Anfrage eine neue Sitzung beginnt.

Der Quellcode teilt sich auf zwei JSP-Seiten auf:

```
<h3>Sitzungen: Informationen zu einer Sitzung abrufen</h3>
<p>Das Interface HttpServletSession bietet die Möglichkeit,
Sitzungen zu verwalten. </p>
<ul><li>Sitzungen werden über ein Sitzungsobjekt repräsentiert.
</li>
<li>Der Zugriff auf das Sitzungsobjekt kann mit
 <b>request.getSession()</b> erlangt werden.<br />
In Skriptlets ist der Zugriff auf das Sitzungsobjekt über
 das implizite Objekt <b>session</b> direkt möglich.
</li></ul>

<p>Hier eine beispielhafte Verwendung der Methoden:</p>
<jsp:include page="sitzungsinfo.jsp" />
<p>
<a href="sitzungsende.jsp">
Seite zum Beenden einer Sitzung</a><br />
</p>
```
sitzung1.jsp

In dieser ersten JSP-Seite wird lediglich ein Rahmen für die An-zeige der Sitzungsinformationen geschaffen. Der Zugriff auf das Sitzungsobjekt geschieht in der mit <jsp:include> einge-bundenen Seite sitzungsinfo.jsp. Über einen Hyperlink kann eine Sitzung beendet werden. Der Quellcode der eingebunde-nen JSP-Seite sieht wie folgt aus:

```
<table border="1">
<tr>
<td>Aktuelles Sitzungsobjekt</td>
```
sitzungsinfo.jsp

```
<td>request.getSession(false)</td>
  <%-- *1* --%>
<td><%= request.getSession(false) %></td>
</tr>
<tr>
<td>Aktuelle Session-ID</td>
<td>request.getSession(false).getId()</td>
<td>
  <%-- *2* --%>
<%  if(request.getSession(false)!=null)
      out.print(request.getSession(false).getId());
    else
      out.print("Kein Sitzungsobjekt vorhanden");
%>
</td>
</tr>
<tr>
  <%-- *3* --%>
<td>Neue Sitzung</td><td>session.isNew()</td>
<td>
<%  if(session!=null)
      out.print(session.isNew());
    else
      out.print("Kein Sitzungsobjekt vorhanden");
%>
</td>
</tr>
</table>
```

Der Zugriff auf das Sitzungsobjekt erfolgt ausschließlich innerhalb von Skriptlets. In den ersten beiden Fällen an den Stellen *1* und *2* wird über request.getSession(false) auf das Sitzungsobjekt zugegriffen. Als Argument wird false übergeben, weil lediglich das aktuelle Sitzungsobjekt beschafft, aber keine Sitzung begonnen werden soll. Natürlich hätte auch direkt über das implizite Objekt session zugegriffen werden können, wie dies im dritten Fall bei *3* programmiert ist. Zu Demonstrationszwecken wurden hier beide Varianten aufgezeigt. Wichtig ist, dass vor Aufruf von Methoden des Sitzungsobjekts geprüft wird, ob das Sitzungsobjekt existiert, weil es sonst zu Laufzeitfehlern kommt.

Ein Hyperlink in sitzung1.jsp führt zur JSP-Seite sitzungsende .jsp. Bei Aufruf dieser Seite wird die Sitzung beendet.

sitzungs
ende.jsp

```
<h3>Sitzungen: Beim Aufruf dieser Seite wird
eine Sitzung beendet</h3>
<p>Hier der aktuelle Informationsstand:</p>
<jsp:include page="Sitzungsinfo.jsp" />
<p>An dieser Stelle wird in einem Skriptlet
<b>session.invalidate()</b> aufgerufen.</p>
<% session.invalidate(); %>
<p>
<a href="sitzungsende.jsp">Nochmals diese Seite laden</a><br />
```

```
<a href="sitzung1.jsp">Zur Hauptseite</a><br />
</p>
```

Die JSP-Seite `sitzungsende.jsp` zeigt zunächst noch die Sitzungsinformationen an und löscht anschließend durch den Aufruf `session.invalidate()` die kompletten Sitzungsdaten.

Ruft man im Browser folgende Sequenz auf, dann ergibt sich die Abb. 10.2-2:

○ `sitzung1.jsp`
○ `sitzungsende.jsp`

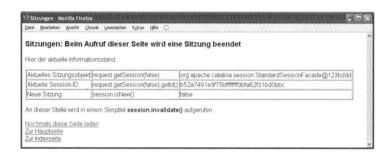

Abb. 10.2-2: Erscheinungsbild bei Aufruf der Seite `sitzungsende.jsp`. Es werden das Sitzungsobjekt und die Objekte im Kontext *Session* gelöscht.

Insbesondere ist zu sehen, dass das Sitzungsobjekt zu Beginn der Bearbeitung dieser JSP-Seite noch existiert und Informationen liefert. Würde man nun diese JSP-Seite direkt nochmals aufrufen, dann würde für diese JSP-Seite ein neues Sitzungsobjekt erzeugt werden, welches dann sofort während der Bearbeitung der JSP-Seite wieder gelöscht werden würde.

Erweitern Sie das Beispiel, in dem Sie zusätzlich folgende Sitzungsinformationen anzeigen:

○ Zeit bis zum Time-out einer Sitzung.
○ Zeitpunkt des Beginns einer Sitzung.
○ Zeitpunkt der letzten Aktivität innerhalb der Sitzung.
○ Die aktuelle Zeit als Vergleichsbasis.

Wählen Sie für die Darstellung der Zeiten ein Format, mit dem die Zeiten auf einen Blick leicht vergleichbar sind.

10.3   JSP-Sitzungsverfolgung 1 **

Es wird zwischen den Verwaltungsinformationen einer Sitzung, dazu gehört z.B. die Session-ID, und den benutzerspezifischen Daten einer Sitzung, genannt **Sitzungszustand**, unterschieden. Die Pflege des Sitzungszustands heißt **Sitzungsverfolgung**.

Über den Sitzungszustand können Daten zwischen JSP-Seiten innerhalb aller Anfragen einer Sitzung ausgetauscht werden. Der Sitzungszustand wird im **Kontext *Session*** hinterlegt. Zur Ablage von Daten im Kontext *Session* werden Java-Objekte und insbesondere JavaBean-Objekte verwendet. Der Kontext *Session* ist über das **Sitzungsobjekt** verfügbar.

Fallstudie »Schachbrettkonfigurator«

Die Sitzungsverfolgung wird an einem Konfigurator zur Konfiguration eines Schachbretts demonstriert. Es können die Farben der Felder und die Größe des Schachbretts konfiguriert werden. Für die Konfiguration der Farben, die Konfiguration der Größe und zum Beenden der Konfiguration gibt es jeweils eine JSP-Seite. Zwischen diesen Seiten muss der Sitzungszustand ausgetauscht werden. Auf jeder Seite wird der aktuelle Zustand der Konfiguration angezeigt.

Szenario Zunächst wird die Arbeitsweise des Schachbrettkonfigurators anhand eines typischen Durchlaufszenarios erklärt. In der Abb. 10.3-1 sehen Sie die Einstiegsseite des Konfigurators. Initial sind die Größe 2 für ein 2x2 großes Schachbrett und die Farben weiß und schwarz für die Felder eingestellt. Im Bereich Aktuelle Konfiguration sehen Sie links die grafische Darstellung der aktuellen Konfiguration und rechts zur Kontrolle die eingestellten Konfigurationsdaten. Bei den Konfigurationsdaten wird zur Illustration der Sitzungsverfolgung auch festgehalten, in welchem Schritt der aktuellen Sitzung die Einstellung des jeweiligen Wertes durchgeführt wurde. Im Bereich Konfiguration Farben können Farben über ein Formular eingestellt werden. Im unteren Bereich erfolgt über Hyperlinks die Navigation zu den weiteren Seiten des Konfigurators.

Nach dem Setzen von Farben durch Einträge in den Formularfeldern und Betätigen der Schaltfläche Werte setzen des Formulars ergibt sich die neue aktuelle Konfiguration, wie in der Abb. 10.3-2 zu sehen ist.

Nach Navigation zur Seite Konfiguration Größe und Einstellen der Größe auf 5, ergibt sich das in Abb. 10.3-3 dargestellte Bild.

Abschluss der Konfiguration Auf der letzten Seite der Web-Anwendung, siehe Abb. 10.3-4, kann die Konfiguration abgeschlossen werden. Nach Betätigen der Schaltfläche Konfiguration abschließen und Sitzung beenden wird dem Benutzer das Sitzungsende angezeigt. Danach ist keine Änderung der Konfiguration mehr möglich. Es kann jedoch wieder zu den anderen Seiten des Konfigurators navigiert und eine neue Sitzung begonnen werden.

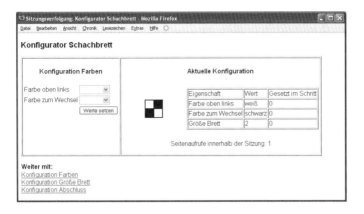

Abb. 10.3-1: Erscheinungsbild der Einstiegsseite zum Konfigurator Schachbrett –
Konfiguration Farben.

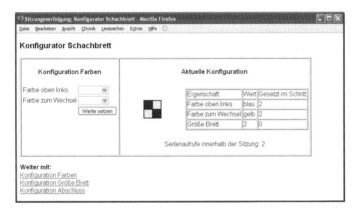

Abb. 10.3-2: Erscheinungsbild nach erster Farbauswahl, d. h. Setzen der Farben
gelb und blau. Konfigurator Schachbrett – Konfiguration Farben.

Die Implementierung des Schachbrettkonfigurators besteht aus
drei Hauptseiten: farben.jsp, groesse.jsp und abschluss.jsp (Abb.
10.3-5).

Architektur

Generell kann von jeder dieser drei Hauptseiten zu jeder anderen dieser Seiten navigiert werden. Deshalb ist die Navigation in
die JSP-Seite navigation.jsp ausgelagert. Die Seite navigation.jsp
wird in alle Hauptseiten mittels <jsp:include> eingebunden. Eine
weitere Navigationsmöglichkeit ergibt sich jeweils über das Formular der einzelnen Hauptseite. Durch Absenden des Formulars
wird wieder die gleiche Seite angesteuert.

Die Abb. 10.3-6 zeigt den strukturellen Aufbau der Hauptseiten.
Alle Hauptseiten sind gleich aufgebaut. Direkt im Quellcode einer Hauptseite ist das spezifische Formular zur Seite implementiert. Dies ist später im Quellcode zu sehen. Des Weiteren wer-

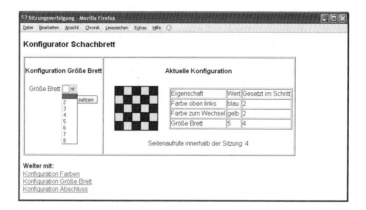

Abb. 10.3-3: Erscheinungsbild nach Setzen der Größe auf 5. Konfigurator Schachbrett – Konfiguration Größe.

Abb. 10.3-4: Erscheinungsbild nach Abschluss der Konfiguration. Konfigurator Schachbrett – Konfiguration Abschluss.

den als Module die JSP-Seiten zaehler.jsp (zählt die Schritte innerhalb einer Sitzung), formzudaten.jsp (überträgt die empfangenen Formularparameter in ein JavaBean-Objekt), anzeigekonf.jsp (zeigt die aktuelle Konfiguration des Schachbretts grafisch sowie die Konfigurationsdaten als Tabelle an) und, wie bereits erläutert, navigation.jsp verwendet. Die Module formzudaten.jsp und anzeigekonf.jsp nutzen als Komponente für die Konfigurationsdaten das JavaBean-Objekt aktBrett, das im Kontext *Session* abgelegt ist. Das Modul formzudaten.jsp verwendet außerdem als Komponente die JavaBean formulardaten, um die Formularparameter aus der HTTP-Request-Nachricht in Java-Daten, nämlich in die *Propertys* von formulardaten, zu überführen. Da die Formularparameter sich auf eine HTTP-Request-Nachricht beziehen, ist der Kontext für formulardaten *Request*.

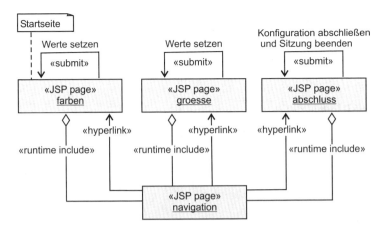

Abb. 10.3-5: Diese Abbildung zeigt die Hauptseiten des Schachbrettkonfigurators und die Navigationsmöglichkeiten in der JSP-Anwendung als UML-Diagramm.

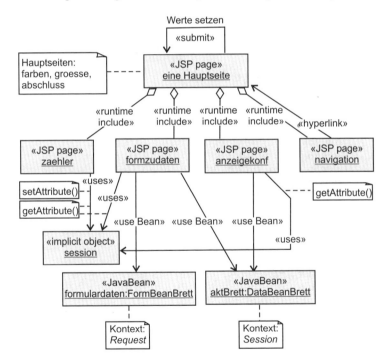

Abb. 10.3-6: Diese Abbildung zeigt den strukturellen Aufbau der Hauptseiten des Schachbrettkonfigurators anhand eines UML-Diagramms.

Den Quellcode zum Schachbrettkonfigurator finden Sie im Kapitel:

■ »JSP-Sitzungsverfolgung 2«, S. 220

10.4   JSP-Sitzungsverfolgung 2 **

Hier finden Sie den Quellcode zur Fallstudie »Schachbrettkonfigurator«. Der Quellcode besteht aus JSP-Hauptseiten, JSP-Hilfsseiten sowie Java-Code für JavaBeans.

Hauptseiten

Zunächst wird der Quellcode der Hauptseiten dargestellt.

farben.jsp

```
<body>
<h3>Konfigurator Schachbrett</h3>
<%-- Seitenbesuche innerhalb der Sitzung zählen --%>
<jsp:include page="zaehler.jsp" />
<%--
   Formularparameter auslesen und in DataBean übertragen
--%>
<jsp:include page="formzudaten.jsp" />

<table border="1">
<tr><td align="center" valign="top">
<h4>Konfiguration Farben</h4>
<form method="get" action="">
<table>
<tr><td>Farbe oben links</td>
<td>
   <select name="farbeEins" size="1">
       <option></option>
       <option>weiß</option>
       <option>schwarz</option>
       <option>rot</option>
       <option>blau</option>
       <option>grün</option>
       <option>gelb</option>
   </select>
</td>
</tr>
<tr><td>Farbe zum Wechsel</td>
<td>
   <select name="farbeWechsel" size="1">
       <option></option>
       <option>weiß</option>
       <option>schwarz</option>
       <option>rot</option>
       <option>blau</option>
       <option>grün</option>
       <option>gelb</option>
   </select>
</td>
</tr>
<tr><td> </td>
<td><input type="submit" value="Werte setzen"/></td>
</tr>
</table>
</form>
```

```
</td>
<td>
<%-- Anzeige aktuelle Konfiguration --%>
<jsp:include page="anzeigekonf.jsp" />
</td></tr></table>

<%-- Allgemeine Navigation --%>
<jsp:include page="navigation.jsp" />
</body>
```

Die JSP-Seite farben.jsp zeigt den prinzipiellen Aufbau aller JSP-Seiten des Konfigurators:

- Seitenbesuche zählen.
- Request-Parameter in *Propertys* von JavaBean-Objekten übertragen.
- Formular zur Konfiguration anzeigen.
- Aktuelle Konfiguration anzeigen.
- Hyperlinks zur weiteren Navigation darstellen.

Zur Umsetzung dieser modularen Struktur kommt die Standardaktion include zum Einsatz. Die inkludierten JSP-Hilfsseiten werden später besprochen. Als essenzieller, nicht inkludierter Anteil verbleibt lediglich ein Formular zur Auswahl der Farben der Brettfelder. Durch diese modulare Struktur ist der Quellcode von farben.jsp leicht verständlich und bleibt gut wartbar.

groesse.jsp

```
<body>
<h3>Konfigurator Schachbrett</h3>
<%-- Seitenbesuche innerhalb der Sitzung zählen --%>
<jsp:include page="zaehler.jsp" />
<%--
 Formularparameter auslesen und in DataBean übertragen
--%>
<jsp:include page="formzudaten.jsp" />

<table border="1">
<tr><td align="center" valign="top">
<h4>Konfiguration Größe Brett</h4>
<form method="get" action="">
<table>
<tr><td>Größe Brett</td>
<td> <select name="groesse" size="1">
     <option></option>
     <option> 2</option>
     <option> 3</option>
     <option> 4</option>
     <option> 5</option>
     <option> 6</option>
     <option> 7</option>
     <option> 8</option>
   </select>
</td>
```

```
</tr>
<tr><td> </td>
<td><input type="submit" value="Wert setzen" /></td>
</tr>
</table>
</form>
</td>
<td>
<%-- Anzeige aktuelle Konfiguration --%>
<jsp:include page="anzeigekonf.jsp" />
</td></tr></table>

<%-- Allgemeine Navigation --%>
<jsp:include page="Navigation.jsp" />
</body>
```

Der Quellcode von groesse.jsp ist analog zum Quellcode von farben.jsp aufgebaut. Der nicht inkludierte Anteil besteht hier aus dem Formular zur Festlegung der Größe des Schachbretts.

abschluss.jsp

```
<body>
<h3>Konfigurator Schachbrett</h3>
<%-- Seitenbesuche innerhalb der Sitzung zählen --%>
<jsp:include page="zaehler.jsp" />
<%--
  Formularparameter auslesen und in DataBean übertragen
--%>
<jsp:include page="formzudaten.jsp" />

<table border="1">
<tr><td align="center" valign="top">
<h4>Konfiguration Abschluss</h4>
<form method="get" action="">
<p>
<input type="submit" name="beenden"
  value="Konfiguration abschließen und Sitzung beenden"/></p>
</form>
</td>
<td>
<%-- Anzeige aktuelle Konfiguration --%>
<jsp:include page="anzeigekonf.jsp" />
</td></tr></table>

<%-- Allgemeine Navigation --%>
<jsp:include page="navigation.jsp" />

<%-- Sitzungsende an Benutzer melden --%>
<% if (request.getParameter("beenden")!=null)
{
%>
<p><b>Jetzt ist die Sitzung beendet!</b></p>
<% session.invalidate();
} // if
%>
</body>
```

Auch der Quellcode der JSP-Seite abschluss.jsp hat wieder den gleichen Aufbau wie die Konfigurationsseiten farben.jsp und groesse.jsp, jedoch ist am Ende des Quellcodes noch die Funktion (session.invalidate()) ergänzt, welche die Sitzung beendet, wenn diese Funktion über die Schaltfläche des Formulars ausgelöst wird.

Hilfsseiten

```
<p><b>Weiter mit:</b><br />
<a href="farben.jsp">Konfiguration Farben</a><br />
<a href="groesse.jsp">Konfiguration Größe Brett</a><br />
<a href="abschluss.jsp">Konfiguration Abschluss</a><br />
</p>
```

navigation.jsp

Die Navigationsseite besteht aus reinem HTML-Quellcode.

```
<%--
Formularparameter auslesen und in DataBean übertragen
--%>
<%@page import="jsplernen.*" %>
<jsp:useBean id="formulardaten"
  class="jsplernen.FormBeanBrett" scope="request"/>
<jsp:setProperty name="formulardaten" property="*" />
<jsp:useBean id="aktBrett"
  class="jsplernen.DataBeanBrett" scope="session"/>
<%
  /* für Wert des Objekts zaehler im Kontext Session */
  int zaehler=0;
  Integer zaehlerObj=
   (Integer) session.getAttribute("zaehler");
  if(zaehlerObj != null){
    zaehler = zaehlerObj.intValue();
  } // if
  else {
      // interner Fehler
      out.println("<p>Interner Fehler beim Übertragen der"+
       " FormBeanBrett in DataBeanBrett</p>");
  } // else
  if (formulardaten.getFarbeEins()!=null ){
    aktBrett.setFarbeEins(formulardaten.getFarbeEins());
    aktBrett.setFarbeEinsSchritt(zaehler);
  }
  if (formulardaten.getFarbeWechsel()!=null ){
    aktBrett.setFarbeWechsel(formulardaten.getFarbeWechsel());
    aktBrett.setFarbeWechselSchritt(zaehler);
  }
  if (formulardaten.getGroesse()!=0){
    if (aktBrett.validiereGroesse(formulardaten.getGroesse()))
    {
      aktBrett.setGroesse(formulardaten.getGroesse());
      aktBrett.setGroesseSchritt(zaehler);
    } // if
```

formzu
daten.jsp

```
} // if
%>
```

In dieser Hilfsseite werden die Formularparameter ausgelesen und typgerecht in die *Propertys* des JavaBean-
Objekts formulardaten übertragen. Es wird die Standardaktion
setProperty mit der speziellen Semantik zum Auslesen von Request-Parametern benutzt. Das Objekt formulardaten hat *Propertys* für alle Formularfelder aller JSP-Seiten der Web-Anwendung und kann deshalb für das Abgreifen der Formularparameter in jeder JSP-Seite benutzt werden. Bei einem konkreten Aufruf werden einfach alle vorhandenen Parameter in *Propertys* übertragen. Das JavaBean-Objekt formulardaten wird im
Kontext *Request* abgelegt und steht somit allen Seiten innerhalb der HTTP-Anfrage zur Verfügung, was im Beispiel jedoch
gar nicht verwendet wird.

Danach erfolgt die Auswertung der Daten aus formulardaten.
Die gültigen Daten werden in das JavaBean-Objekt aktBrett
übertragen, welches den Sitzungszustand repräsentiert. Das
Objekt aktBrett wird im Kontext *Session* hinterlegt und kann
von allen Anfragen innerhalb der Sitzung benutzt werden. Es
dient zum Request-übergreifenden Austausch von Daten zwischen JSP-Seiten.

anzeige
konf.jsp

```
<%--
  Aktuelle Konfiguration und Sitzungsinformationen anzeigen
--%>
<% if(session!=null) {
%>
<%@page import="jsplernen.DataBeanBrett" %>
<jsp:useBean id="aktBrett"
  class="jsplernen.DataBeanBrett" scope="session" />
<h4 style="text-align:center">Aktuelle Konfiguration</h4>
<table border="0">
<tr><td style="height:120px; width:160px;" align="center">

<% /* zeichne aktuelle Konfiguration */
  int aktGroesse=aktBrett.getGroesse();
  int groesseFeld=20;
  int rahmenGroesse=1;
  int feldMitRahmen=groesseFeld+2*rahmenGroesse;
  String divElem="<div style=\"position:relative;"+
    " height:"+feldMitRahmen*aktGroesse+"px;"+
    " width:"+feldMitRahmen*aktGroesse+"px;"+
    " border-width:"+rahmenGroesse+"px;"+
    " border-style:solid; \">";
  out.println(divElem);
for (int i=0; i<aktGroesse;i++)
{
  for (int j=0; j<aktGroesse;j++)
  { String c;
    String c1=
```

```
      aktBrett.uebersetzeFarbe(aktBrett.getFarbeEins());
    String
      c2=aktBrett.uebersetzeFarbe(aktBrett.getFarbeWechsel());
    if ((i+j)%2==0)
      c=c1;
    else
      c=c2;
    out.println("<div style=\"position:absolute;"+
     " padding:0px; margin:0px;"+
     " top:"+i*feldMitRahmen+"px;"+
     " left:"+j*feldMitRahmen+"px;"+
     " height:"+groesseFeld+"px; width:"+groesseFeld+"px;"+
     " border-width:"+rahmenGroesse+"px;"+
     " border-style:solid;"+
     " background-color:"+c+";\" ></div>");
  } // for j
} // for i
  out.println("</div>");
%>

</td>
<td>
<table border="1">
<tr>
<td>Eigenschaft</td>
<td>Wert</td><td>Gesetzt im Schritt</td>
</tr>
<tr>
<td>Farbe oben links</td>
<td><jsp:getProperty name="aktBrett"
        property="farbeEins" /></td>
<td><jsp:getProperty name="aktBrett"
        property="farbeEinsSchritt" /></td>
</tr>
<tr>
<td>Farbe zum Wechsel</td>
<td><jsp:getProperty name="aktBrett"
        property="farbeWechsel" /></td>
<td><jsp:getProperty name="aktBrett"
        property="farbeWechselSchritt" /></td>
</tr>
<tr>
<td>Größe Brett</td>
<td><jsp:getProperty name="aktBrett"
        property="groesse" /></td>
<td><jsp:getProperty name="aktBrett"
        property="groesseSchritt" /></td>
</tr>
</table>
</td></tr>
</table>

<% Integer zaehlerObj =
    (Integer) session.getAttribute("zaehler");
  int zaehler=0;
```

```
    if (zaehlerObj !=null){
       zaehler=zaehlerObj.intValue();
    }
%>
<p style="text-align:center">
Seitenaufrufe innerhalb der Sitzung: <%=zaehler %></p>
<% } // if (session!=null)
    else
    {
       out.println
          ("<p><b>Kein Sitzungsobjekt vorhanden!</b></p>");
    }
%>
```

In der Hilfsseite anzeigekonf.jsp wird für den aktuellen Konfigurationszustand eine HTML-Darstellung erzeugt. Dazu wird auf das JavaBean-Objekt aktBrett, welches im Kontext *Session* hinterlegt ist, zugegriffen.

zaehler.jsp
```
<%--
Sitzungszähler als Objekt im Kontext <e>Session</e>
 hinterlegen und Wert verwalten
--%>
<% if(session!=null) {
       Integer zaehlerObj=
          (Integer) session.getAttribute("zaehler");
       if(zaehlerObj != null){
          int zaehler = zaehlerObj.intValue();
          zaehler++;
          zaehlerObj=new Integer(zaehler);
       } // if
       else {
          // erster Seitenbesuch innerhalb der Sitzung
          zaehlerObj=new Integer(1);
       } // else
       // in jedem Fall: neuen Wert als Objekt ablegen
       session.setAttribute("zaehler", zaehlerObj);
} // if
// else: nichts zu tun
%>
```

Der Quellcode des Zählers ist leicht verständlich, wenn man im Hinterkopf hat, dass der Zähler im Kontext *Session* abgelegt werden muss und in einem Kontext nur Objekte, aber keine Variablen eines einfachen Datentyps abgelegt werden können.

JavaBean-Klassen

Die JavaBean-Klassen DataBeanBrett und FormBeanBrett sind relativ einfach:

DataBean
Brett.java
(Ausschnitt)
```
package jsplernen;
public class DataBeanBrett {
```

```
// Farbe des Feldes links oben
private String farbeEins;
// Schritt, in dem Wert zuletzt geändert
private int farbeEinsSchritt;
// Wechselfarbe
private String farbeWechsel;
// Schritt, in dem Wert zuletzt geändert
private int farbeWechselSchritt;
// Größe des Quadrats: 2-8
private int groesse;
// Schritt, in dem Wert zuletzt geändert
private int groesseSchritt;

// Konstruktor
public DataBeanBrett ()
{
    groesse=2;
    farbeEins="weiß";
    farbeWechsel="schwarz";
} // DataBeanBrett

// property 'groesse': getter and setter
public int getGroesse(){    return groesse;}
public void setGroesse(int v)
  {if (validiereGroesse(v)) groesse=v;}
...
    // Analoge Getter- und Setter-Methoden
    // für die anderen Propertys
...
// property 'schritt': getter and setter
public int getSchritt(){ return schritt;}
public void setSchritt(int v) {if (v>=0) schritt=v;}
// Methoden:
public boolean validiereGroesse(int v){
  if (v>=2 && v<=8)
    return true;
  else
    return false;
}
public String uebersetzeFarbe(String v)
{
  if (v!=null){
    if (v.equals("weiß")) return "white";
    if (v.equals("schwarz")) return "black";
    if (v.equals("rot")) return "red";
    if (v.equals("grün")) return "green";
    if (v.equals("blau")) return "blue";
    if (v.equals("gelb")) return "yellow";
  }
  return "";
}
} // class DataBeanBrett
```

Wie Sie im Quellcodeausschnitt sehen, werden lediglich die *Propertys* der JavaBeans als Objektvariable verwaltet und für den Zugriff mit *Getter* und *Setter* ausgestattet. Beim Setzen eines Werts einer *Property* wird die Zulässigkeit geprüft. Außer für das Lesen und Schreiben von Werten einer *Property* hat diese JavaBean noch Funktionalitäten zur Konvertierung von Farbnamen in der Methode uebersetzeFarbe() sowie zur Validierung der Größe des Schachbretts in der Methode validiereGroesse().

FormBean
Brett.java

```
package jsplernen;
public class FormBeanBrett {

private String farbeEins; // Farbe des Feldes links oben
private String farbeWechsel; // Wechselfarbe
private int groesse; // Größe des Quadrats

// property 'groesse': getter and setter
public int getGroesse(){ return groesse;}
public void setGroesse(int v) {if (v>=0) groesse=v;}
// property 'farbeEins': getter and setter
public String getFarbeEins(){ return farbeEins;}
public void setFarbeEins(String v) {farbeEins=v;}
// property 'farbeWechsel': getter and setter
public String getFarbeWechsel(){ return farbeWechsel;}
public void setFarbeWechsel(String v) {farbeWechsel=v;}

} // class FormBeanBrett
```

In dieser JavaBean-Klasse werden lediglich die *Propertys* als Instanzvariable verwaltet und für den Zugriff mit *Getter* und *Setter* ausgestattet.

Erstellen Sie eine JSP-Seite monitor.jsp, die in einer Tabelle folgende Informationen zum Schachbrettkonfigurator ausgibt:

○ Die Größe des Bretts
○ Die Anzahl der Seitenbesuche innerhalb der aktuellen Sitzung
○ Die Session-ID der aktuellen Sitzung

Die Besuche der JSP-Seite monitor.jsp zählen auch zu der Anzahl der Besuche von Seiten innerhalb der aktuellen Sitzung zum Schachbrettkonfigurator.

10.5 JSP-Sitzungen – Besonderheiten ***

Die Teilnahme an Sitzungen kann für einzelne JSP-Seiten abgeschaltet werden. Die Sitzungsidentifikation kann auch über das Konzept URL-Sessions zwischen Browser und Web-Anwendung ausgetauscht werden.

Bei der Verwendung von Sitzungen in JSP können Spezialfälle zum Einsatz gebracht werden, die hier besprochen werden.

Sitzungsteilnahme von JSP-Seiten »ausschalten«

In der Voreinstellung nimmt jede JSP-Seite einer Web-Anwendung an einer Sitzung teil. Insbesondere wird, wenn eine JSP-Seite aufgerufen wird, eine Sitzung erzeugt, wenn die HTTP-Request-Nachricht nicht schon einen Sitzungsidentifikator mitliefert. Es gibt aber auch allgemeine Seiten, die keine sitzungsspezifischen Informationen liefern oder verarbeiten. Für diese JSP-Seiten kann über die Direktive page die Teilnahme der Seite an der Sitzung »ausgeschaltet« werden. Dadurch vereinfacht sich der Code etwas, welcher der JSP-Server hinter den Kulissen erzeugt, und es werden Ressourcen auf dem Server gespart. Das »Ausschalten« der Sitzungsteilnahme für eine JSP-Seite erfolgt durch die Direktive page:

```
<%@ page session="false" %>
```

Nach »Ausschalten« der Sitzungsteilnahme kann

- das implizite Objekt session *nicht* mehr für JSP-Skripting verwendet werden,
- die Standardaktion useBean *nicht* mehr mit dem Attributwert scope="session" benutzt werden.

Eine Nutzung des impliziten Objekts session führt dann zu Compilerfehlern bei der Übersetzung der JSP-Klasse. Ebenso wird für eine JSP-Seite, bei ausgeschalteter Sitzungsteilnahme und gleichzeitiger Nutzung der Standardaktion useBean mit scope="session", nicht übersetzbarer Java-Code erzeugt.

Mit dem API zum impliziten Objekt request kann jedoch weiterhin ein Zugriff auf ein ggf. vorhandenes Sitzungsobjekt mit request.getSession(false) erlangt werden. Über das Sitzungsobjekt kann dann auch auf die Objekte, die im Kontext *Session* hinterlegt sind, zugegriffen werden. Außerdem lässt sich auch bei »ausgeschalteter« Sitzungsteilnahme mit request.getSession(true) eine neue Sitzung starten. Sicherlich ist aber die Vorgehensweise, einerseits die Sitzungsteilnahme »auszuschalten« und dann andererseits über das Sitzungsobjekt doch die typischen Operationen für Sitzungsverwaltung und Sitzungsverfolgung durchzuführen, *nicht* sinnvoll. Von dieser Vorgehensweise wird daher abgeraten.

Mit dem Abschalten der Sitzungsteilnahme muss sehr sorgfältig umgegangen werden, damit keine Fehlprogrammierungen entstehen. Insbesondere verhält sich eine JSP-Seite, die mit der Direktive include eingebunden wird, anders, als wenn sie mit der Standardaktion include eingebunden wird.

Besonderheiten von include

Beispiel:
Ohne Sitzungs-
teilnahme 1

```
<%@ page session="false" %>
<body>
. . .
A:Sitzungsobjekt: <%= request.getSession(false) %>
. . . . .
<%@ include file="hilfsseite.jsp"%>
. . .
</body>
```

hilfsseite.jsp

Der Quellcode zur Hilfsseite:

```
I: Sitzungsobjekt: <%= request.getSession(false) %>
```

Bei der Ausführung dieses Beispiels als erster Seitenaufruf innerhalb einer Web-Anwendung wird als Wert des Sitzungsobjekts, wie erwartet, zweimal null zurückgeliefert und ausgegeben. Beide JSP-Seiten sind also *nicht* in eine Sitzung eingebunden. Wurden zuvor bereits andere Seiten der Web-Anwendung besucht, dann kann das Sitzungsobjekt schon existieren und würde dann die interne ID des Sitzungsobjekts ausgegeben.

Beispiel:
Ohne Sitzungs-
teilnahme 2

```
<%@ page session="false" %>
<body>
. . . . .
A: Sitzungsobjekt: <%= request.getSession(false) %>
. . . . .
<jsp:include page="hilfsseite.jsp" />
. . . . .
</body>
```

Führt man dieses Beispiel als ersten Seitenaufruf einer Web-Anwendung aus, so ergibt sich als Wert des Sitzungsobjekts bei A der Wert null, jedoch bei I eine interne Id eines Sitzungsobjekts. Also nimmt in diesem Beispiel die JSP-Seite hilfsseite.jsp an einer Sitzung teil und erzeugt ein Sitzungsobjekt.

Der Unterschied kommt folgendermaßen zustande:

- ◾ Beim Einbinden einer JSP-Seite durch die Direktive include gilt die eingebundene Seite *nicht* als eigenständige JSP-Seite, sondern als Teil der einbindenden JSP-Seite. Also gelten für die eingebundene Seite die Eigenschaften der einbindenden Seite.

- ◾ Wird zum Inkludieren jedoch die Standardaktion include verwendet, so bleibt die eingebundene Seite eine selbstständige JSP-Seite und erbt keine Eigenschaften der einbindenden Seite.

Wird die Direktive include benutzt und befindet sich sowohl in der einbindenden Seite und auch in der eingebundenen Seite jeweils eine Direktive page mit Attribut session und ist der Attributwert zu session in der einen Seite true und in der anderen Seite false, dann führt dies wieder zu einem Compilerfehler bei der Übersetzung der Java-Klasse zur JSP-Seite.

Im Allgemeinen wird empfohlen, an der Voreinstellung der Sitzungsteilnahme *nichts* zu ändern.

Ansätze zur Realisierung von Session-IDs in JSP

In JSP wird zur Realisierung der Sitzungsidentifikation der Ansatz Session-Cookies (siehe »Sitzungen – Grundlagen«, S. 206) als Standardkonzept verwendet. Es wird aus Sicherheitsgründen und aus Gründen der einfacheren Programmierung empfohlen, so weit wie möglich mit diesem Standardkonzept zu arbeiten.

Session-Cookies

Als weiterer Ansatz werden zwar prinzipiell URL-Sessions unterstützt, jedoch muss dafür der JSP-Server gesondert konfiguriert werden und in der Web-Anwendung müssen zusätzliche Vorkehrungen getroffen werden. Da bei URL-Sessions alle URLs in den Webseiten mit dem Sitzungsidentifikator ergänzt werden müssen, müssen alle Teile einer Webseite, die URLs enthalten, dynamisch erzeugt werden und können nicht mehr im Schablonentext stehen. Zur Ergänzung der URLs mit dem Sitzungsidentifikator ist für jede URL die Methode encodeURL(String url) der Klasse HttpServletResponse anzuwenden.

URL-Sessions

```
String irgendeinURL= berechneterOderGesetzterURL;
String kodierterURL = response.encodeURL(irgendeinURL);
out.println("<a href='"+kodierterURL+"'/>");
```

Beispiel:
encodeURL
(String url)

In einem Skriptlet steht das benutzte Objekt response als implizites Objekt zur Verfügung. In anderen Java-Codeanteilen der Web-Anwendung muss das Objekt response ggf. übergeben oder beschafft werden.

11 Lebenszyklen und Nebenläufigkeit *

Für die richtige Programmierung einer Web-Anwendung ist die Kenntnis der Lebensdauer und der Lebenszyklen von Elementen einer Web-Anwendung sehr wichtig.

Elemente weisen eine **Lebensdauer**, d. h. die Zeit von der Erzeugung bis zur Zerstörung eines Elements, und einen **Lebenszyklus** auf, d. h. eine Abfolge verschiedener Lebensphasen. Als Elemente, deren Lebensdauer schon diskutiert wurde, haben Sie **Kontexte** kennengelernt, die zur Ablage von Objekten für eine bestimmte Dauer dienen (siehe »Kontexte«, S. 149).

Lebensdauer & Lebenszyklus

Eine JSP-Seite als Bestandteil einer Web-Anwendung wird erst mit ihrem ersten Aufruf in ein Servlet transformiert und als Servlet-Objekt geladen und ausgeführt. Der JSP-Server entscheidet, wann er das Servlet-Objekt wieder entlädt, d. h. das Servlet-Objekt wieder zerstört. Da beim Laden, bei der Ausführung und beim Entladen der Seite besondere Mechanismen greifen, sind dadurch Lebensphasen der Seite mit speziellem Verhalten definiert. Man spricht vom Lebenszyklus einer JSP-Seite.

Lebenszyklus JSP-Seite

Nicht zuletzt hat auch die Web-Anwendung selbst eine Lebensdauer und einen Lebenszyklus, auf die in Kürze eingegangen wird.

Lebenszyklus Web-Anwendung

Nun gibt es diverse Ereignisse, die auf die Lebensdauer und den Lebenszyklus eines Elementes einwirken.

Ereignisse & Lebenszyklus

Beispiele für solche Ereignisse sind:

Beispiele

○ *Deployment* einer Web-Anwendung
○ Erste Anfrage nach einer JSP-Seite
○ Start und Ende einer Sitzung

Die Auswirkung dieser Ereignisse auf die einzelnen Elemente und die Web-Anwendung ist unterschiedlich, sodass die Wirkung der Ereignisse eine Erläuterung benötigt:

- »Lebensdauer und Lebenszyklus«, S. 234
- »Lebenszyklus einer JSP-Seite«, S. 238

Die Abarbeitung eines Programms auf einem Computersystem erfolgt in einer Ausführungseinheit, die **Prozess** genannt wird. Prozesse, und damit Programme, können parallel auf einem Computersystem abgearbeitet werden. Die parallele Abarbeitung von Programmen bietet als Vorteile die bessere Nutzung der Ressourcen des Computersystems und geringere Wartezeiten für den Benutzer. Oft ist es nützlich, sogar innerhalb eines Prozesses parallele Ausführungseinheiten zu haben, um für ein

Prozesse & Threads

und dasselbe Programm, Berechnungen gleichzeitig durchführen zu können. Die parallelen Ausführungseinheiten innerhalb eines Prozesses nennt man **Threads** . Eine typische Anwendung von Threads findet man in Webservern bei der parallelen Bearbeitung von HTTP-Request-Nachrichten. Das parallele Abarbeiten von HTTP-Request-Nachrichten hat nun Konsequenzen für Objekte einer JSP-Anwendung, die über mehrere HTTP-Request-Nachrichten hinweg oder unabhängig von den HTTP-Request-Nachrichten leben. Da gleichzeitig beim Webserver eintreffende HTTP-Request-Nachrichten in parallelen Threads konkurrierend ablaufen, kann es vorkommen, dass ein Objekt von mehreren *Requests* gleichzeitig benutzt wird.

Nebenläufigkeit Diese Tatsache, dass Threads ohne kausalen Zusammenhang parallel laufen, nennt man **Nebenläufigkeit** . Nebenläufigkeit ist ein Phänomen, bei dem besondere Fehlersituationen auftreten können, die bei rein sequenziellem Ablauf nicht möglich sind:

- ▓ »Nebenläufigkeit in Web-Anwendungen«, S. 241
- ▓ »Synchronisation in Web-Anwendungen«, S. 248

11.1 Lebensdauer und Lebenszyklus **

Zur Laufzeit einer Web-Anwendung gibt es verschiedene Elemente, die erzeugt, benutzt und wieder zerstört werden. Diese Elemente haben eine Lebensdauer und einen Lebenszyklus. Die wichtigsten Elemente mit Lebensdauer sind die Kontexte mit den in ihnen abgelegten Objekten und die JSP-Seiten. Aber auch die Web-Anwendung selbst hat eine Lebensdauer und einen Lebenszyklus.

Ohne die Kenntnis, wann welche Elemente einer Web-Anwendung erzeugt, verwendet und wieder zerstört werden, ist die Programmierung einer Web-Anwendung *nicht* möglich. In der Abb. 11.1-1 sind die Elemente einer Web-Anwendung, die einer **Lebensdauer** und einem **Lebenszyklus** unterworfen sind, dargestellt.

Ereignisse Mit den einzelnen Lebensphasen im Lebenszyklus sind Ereignisse verknüpft. Dies sind insbesondere folgende Ereignisse:

- ▓ *Deployment* einer Web-Anwendung
- ▓ *Undeployment* einer Web-Anwendung
- ▓ Anfrage nach einer JSP-Seite
- ▓ Neuladen einer JSP-Seite nach Änderung
- ▓ Entladen einer JSP-Seite
- ▓ Start einer HTTP-Request-Bearbeitung
- ▓ Ende einer HTTP-Request-Bearbeitung
- ▓ Start einer Sitzung

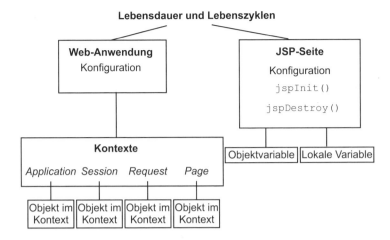

Abb. 11.1-1: Übersicht über Elemente, die einer Lebensdauer und einem Lebenszyklus unterworfen sind.

- Ende einer Sitzung (in der Web-Anwendung auf der Serverseite)
- Herunterfahren des JSP-Servers

Die Auswirkung eines Ereignisses auf die einzelnen Elemente ist unterschiedlich und wird für die einzelnen Elemente und die Web-Anwendung erklärt.

Lebenszyklus einer Web-Anwendung

Der Lebenszyklus einer Web-Anwendung *beginnt* mit dem *Deployment* der Web-Anwendung im JSP-Server. Das *Deployment* erfolgt für verschiedene JSP-Server unterschiedlich, meist durch spezielle Administratorwerkzeuge des JSP-Servers. Durch das *Deployment* wird die Web-Anwendung dem JSP-Server bekannt gemacht. Der JSP-Server liest die Informationen der Web-Anwendung wie Name und Pfad zum Wurzelverzeichnis der Web-Anwendung sowie die Konfigurationsparameter der Web-Anwendung, die sich über die Datei web.xml und die Verzeichnisstruktur der Web-Anwendung ergeben.

Beginn
Deployment

Diese Informationen sind dann nach dem *Deployment* während der Laufzeit der Web-Anwendung *nicht* mehr änderbar. Solange die Web-Anwendung *deployt* ist, kann sie HTTP-Request-Nachrichten empfangen und bearbeiten.

Der Lebenszyklus einer Web-Anwendung *endet* mit dem *Undeployment* der Web-Anwendung im JSP-Server. Mit dem Ende des Lebenszyklus der Web-Anwendung endet auch die Lebensdauer aller ihrer Elemente. Das *Undeployment* erfolgt meist wieder über spezielle Administratorwerkzeuge des JSP-Servers. Der Son-

Ende
Undeployment

derfall des *Redeployment* beendet auch den Lebenszyklus einer Web-Anwendung und startet sofort wieder einen neuen Zyklus.

Lebensdauer von Kontexten und ihren Objekten

Kontexte dienen zur Ablage von Objekten zum Datenaustausch zwischen JSP-Seiten und zum Datenaustausch über die Bearbeitung von HTTP-Request-Nachrichten hinweg. Es gibt folgende Kontexte (siehe auch »Kontexte«, S. 149):

- *Application*
- *Session*
- *Request*
- *Page*

Entscheidend für die Möglichkeiten des Datenaustauschs sind die Lebensdauer der Kontexte und ihrer Objekte. Grundsätzlich lassen sich folgende Feststellungen treffen:

Lebensdauer von Kontexten

- Der Kontext *Application* existiert genau während des gesamten Lebenszyklus einer Web-Anwendung.
- Ein Kontext *Session* wird für jede erste Anfrage eines neuen Clients gestartet. Eine Sitzung endet durch expliziten Aufruf der Methode `invalidate()` des Sitzungsobjekts oder durch einen Time-out, wenn eine gewisse Zeit keine Anfrage vom zur Sitzung gehörigen Client gekommen ist. Ein Time-out-Wert kann gesetzt werden:
  - ☐ In der Konfigurationsdatei `web.xml` des JSP-Servers. Dieser Time-out-Wert gilt dann für alle Web-Anwendungen. Die Einheit ist Minuten.
  - ☐ In der Konfigurationsdatei `web.xml` der Web-Anwendung. Dieser Time-out-Wert gilt dann nur für diese Web-Anwendung. Diese Art hat höhere Priorität als das Setzen des Time-out-Werts in `web.xml` des JSP-Servers. Die Einheit ist Minuten.
  - ☐ Mittels Aufruf der Methode `setMaxInactiveInterval()` für das Session-Objekt in der Web-Anwendung. Diese Art hat höhere Priorität als das Setzen des Werts in einer der Konfigurationsdateien `web.xml`. Die Einheit ist Sekunden.
- Der Kontext *Request* wird mit jeder Anfrage neu gestartet und endet am Ende der Bearbeitung einer Anfrage.
- Der Kontext *Page* wird mit Beginn der Bearbeitung einer JSP-Seite innerhalb einer Anfrage begonnen und endet sofort, wenn die Bearbeitung der JSP-Seite abgeschlossen ist. Falls eine JSP-Seite innerhalb einer Anfrage mehrmals aufgerufen wird, dann wird jeweils ein neuer Kontext *Page* erzeugt.

▦ Objekte werden durch die Methode setAttribute() im jeweiligen Kontext abgelegt. Abgelegte Objekte existieren solange, bis sie durch removeAttribute() entfernt werden oder die Lebensdauer des Kontexts endet.

Lebensdauer von Objekten in den Kontexten

Einen Überblick über die Lebensdauer von Kontexten und die sie repräsentierende Objekte wird in der Tab. 11.1-1 gegeben.

Ereignis	Auswirkung auf Kontext
Deployment einer Web-Anwendung	Kontext *Application* erstellt.
Undeployment einer Web-Anwendung	Alle Kontexte gelöscht. Alle Objekte in Kontexten gelöscht.
Anfrage nach einer JSP-Seite	Kontext *Page* dieser Seite erstellt. Kontext *Page* am Ende der Seitenbearbeitung gelöscht. Kontext *Session* erstellt, wenn erste Anfrage innerhalb Sitzung. Kontext *Request* erstellt, wenn erste Seite innerhalb einer Anfrage.
Neuladen einer JSP-Seite nach Änderung	Keine Auswirkung auf Kontextobjekte *Application* & *Session*.
Entladen einer JSP-Seite	Keine Auswirkung auf Kontextobjekte *Application* & *Session*.
Start einer Request-Bearbeitung	Kontext *Request* erstellt.
Ende einer Request-Bearbeitung	Kontext *Request* gelöscht.
Start einer Sitzung	Kontext *Session* erstellt.
Ende einer Sitzung	Kontext *Session* gelöscht.
Herunterfahren des JSP-Servers	Kontext *Application* gelöscht. Kontext *Session*: Hängt von Konfiguration des JSP-Servers ab. Bleibt bei Standardeinstellung des JSP-Servers meist erhalten!

Tab. 11.1-1: Lebensdauer Kontexte.

Typische Vorkommnisse in der Praxis sind z. B. das *Redeployment* einer Web-Anwendung, welches die Ereignisse »*Undeployment* der Web-Anwendung« und »*Deployment* der Web-Anwendung« in dieser Reihenfolge mit den jeweiligen Auswirkungen auf die Kontexte auslöst, und das Time-out für eine Sitzung, welches das Ereignis »Ende der Sitzung« anstößt und damit die Löschung des Kontexts *Session* initiiert. Des Weiteren ergibt sich aus Tab. 11.1-1, dass die Inhalte aller Kontexte *Session* einen Restart des JSP-Servers überleben.

11.2   Lebenszyklus einer JSP-Seite **

Eine JSP-Seite wird bei der ersten Anfrage geladen und bleibt danach für die nächsten Anfragen geladen. Die für den Lebenszyklus relevanten Elemente einer JSP-Seite sind die Objektvariablen, die lokalen Variablen und die Lebenszyklusmethoden `jspInit()`, `_jspService()` und `jspDestroy()`.

Lebenszyklus wie Servlet-Objekt

Zur Laufzeit wird eine JSP-Seite durch ein Objekt der zugehörigen JSP-Klasse repräsentiert. Da es sich bei der generierten JSP-Klasse auch um ein Servlet handelt, wird das zugehörige Objekt auch Servlet-Objekt genannt. Aus diesem Grund ist der Lebenszyklus der JSP-Seite mit dem Lebenszyklus des Servlet-Objekts verknüpft. Beim Standardablauf wird beim ersten Aufruf der JSP-Seite das Servlet-Objekt geladen (ggf. auch vorher erst erstellt, siehe »Ausführung einer JSP-Seite«, S. 101). Nach Abarbeitung der Anfrage bleibt das Servlet-Objekt jedoch in der Regel geladen und steht für einen nächsten Aufruf bereit. Es liegt aber in der Entscheidung des JSP-Servers, ggf. das Servlet-Objekt nach einer Request-Bearbeitung auch direkt wieder zu entladen. Im Normalfall wird das Servlet-Objekt vom JSP-Server nur in folgenden Situationen entladen:

Entladen

- Nach konfigurierbarem Time-out, d. h. wenn das Objekt eine festgelegte Zeit nicht mehr benutzt wurde.
- Wenn der JSP-Server heruntergefahren wird.
- Wenn eine neue Version der JSP-Seite geladen wird.
- Wenn die Web-Anwendung ein *Undeployment* erfährt.

Methoden zum Lebenszyklus

Eine JSP-Seite wird in eine Klasse transformiert, welche die Schnittstelle `javax.servlet.jsp.HttpJspPage` implementieren muss. Diese Schnittstelle enthält drei Methoden, welche die Lebensphasen einer JSP-Seite widerspiegeln und automatisch vom JSP-Server aufgerufen werden:

- `jspInit()`: Wird einmalig beim Laden des Servlet-Objekts ausgeführt.
- `_jspService()`: Wird für jede Anfrage durchlaufen.
- `jspDestroy()`: Wird einmalig beim Entladen des Servlet-Objekts ausgeführt.

In der JSP-Server-spezifischen Implementierung der Schnittstelle `HttpJspPage` ist für die Methoden `jspInit()` und `jspDestroy()` standardmäßig eine leere Funktionalität vorhanden. Beide Methoden können bei Bedarf mit Hilfe von JSP-Deklarationen mit Funktionalität gefüllt werden. Der Inhalt der Methode `_jspService()` wird vom JSP-Compiler erzeugt. Alle Anweisungen, die sich in Skriptlets befinden, wandern als Java-Code in den Inhalt dieser Methode (siehe »Transformation einer JSP-Seite in ein Servlet«, S. 108).

Diese Methode darf *nicht* durch eine JSP-Deklaration überschrieben werden.

In diesem Beispiel werden die Methoden `jspInit()` und `jspDestroy()` genutzt, um Daten beim Laden des Servlet-Objekts aus einer Datei zu lesen und beim Entladen des Servlet-Objekts in eine Datei zu schreiben.

Beispiel
zaehleraus
datei.jsp

```
<body>
<h3>Lebenszyklus einer JSP-Seite</h3>
<p>Anwendung von jspInit() und jspDestroy()</p>
<%! int zaehler=0;%>
<%@page import="java.io.*" %>
<%!
public void jspInit()
{
  zaehler=0;
  String targetPath=buildPathFilename();
  String targetFile=targetPath+"zaehler.txt";
  try {
    BufferedReader bfr = new BufferedReader
      (new FileReader(targetFile));
    String line=bfr.readLine();
    zaehler=Integer.parseInt(line);
    bfr.close();
  }
  catch(IOException e) {
    // Datei kann nicht geoeffnet werden
  }
} // jspInit()
public void jspDestroy()
{
  String targetPath=buildPathFilename();
  String targetFile=targetPath+"zaehler.txt";
  try {
    BufferedWriter bfw = new BufferedWriter
      (new FileWriter(targetFile));
    String line=String.valueOf(zaehler);
    bfw.write(line);
    bfw.close();
  }
  catch(IOException e) {
    // Datei kann nicht geoeffnet werden
  }
} // jspDestroy ()
String buildPathFilename()
{
  ServletContext application=getServletContext();
  String appPathname=application.getRealPath("/");
  String pathname=appPathname+"WEB-INF/data/" ;
  return pathname;
} // buildPathFilename()
%>
<% zaehler++; %>
<p>Anzahl Aufrufe: <%=zaehler%><br />
```

```
<%@page import="java.util.*" %>
Datum: <%=new Date()%>
</p>
<p>Restart Server: Objektvariablen werden neu
    initialisert, jspInit() ausgeführt.<br />
    Redeploy der JSP-Seite: Objektvariablen werden neu
    initialisert, jspInit() ausgeführt.<br />
    Redeploy der Web-Anwendung: Objektvariablen werden neu
    initialisert, jspInit() ausgeführt.<br />
</p>
</body>
```

Im Beispiel werden die Aufrufe der JSP-Seite gezählt. Der Zähler ist durch die Objektvariable zaehler implementiert, die bei jedem Aufruf inkrementiert wird. Beim Laden der JSP-Seite wird in der Methode jspInit() der Wert des Zählers zaehler aus einer Datei geladen. Beim Entladen der JSP-Seite wird der Wert von zaehler in der Methode jspDestroy() in eine Datei geschrieben. Ist die Datei beim Laden der JSP-Seite nicht vorhanden, dann wird einfach mit der Vorbelegung des Variablenwerts gearbeitet.

Das Lesen von persistenten Daten bzw. das Schreiben von Daten in ein Persistenzmedium sind typische Anwendungen für die Methoden jspInit() und jspDestroy().

Objektvariable

Objektvariablen werden in JSP-Deklarationen angelegt. Sie leben genauso lange wie das Servlet-Objekt selbst und stehen Request-übergreifend, allerdings nur in der gleichen JSP-Seite, zur Verfügung. Sie werden beim Laden des Servlet-Objekts initialisiert.

Konfigurations-
daten

Die in der Datei web.xml hinterlegten Konfigurationsdaten können jederzeit mit Hilfe des impliziten JSP-Skripting-Objekts config abgefragt werden. Jedoch können die Konfigurationsdaten nach dem *Deployment* der Web-Anwendung *nicht* mehr geändert werden. Wird die Datei web.xml geändert, so ist ein *Redeployment* der Web-Anwendung notwendig, damit die Änderungen wirksam werden.

In der Tab. 11.2-1 werden die Auswirkungen von Ereignissen auf eine JSP-Seite zusammengefasst.

Redeployment
einer Web-
Anwendung
oder Restart des
JSP-Servers

Wenn eine Web-Anwendung *redeployt* wird oder ein JSP-Server neu gestartet wird, werden auch die Servlet-Objekte bei der nächsten Anfrage neu geladen. Es wird bei dieser Anfrage die Methode jspInit() ausgeführt und die Objektvariablen werden neu initialisiert. Die alten Werte der Objektvariablen gehen also verloren.

Ereignis	Auswirkung auf JSP-Seite
Deployment einer Web-Anwendung	Konfigurationsdaten der JSP-Seite aus web.xml sind festgelegt.
Undeployment einer Web-Anwendung	Für alle geladenen JSP-Seiten werden die Aktionen zum Ereignis »Entladen einer JSP-Seite« ausgeführt.
Anfrage nach einer JSP-Seite	Fall 1, JSP-Seite ist bereits geladen: Die Methode _jspService() wird ausgeführt, lokale Variablen werden erzeugt und wieder gelöscht. Fall 2, JSP-Seite ist nicht geladen, aber nicht die erste Anfrage: Servlet-Objekt wird geladen und Objektvariablen werden initialisiert. Dann wird _jspService() ausgeführt, und die lokalen Variablen werden erzeugt und wieder gelöscht. Fall 3, erste Anfrage: Zuerst werden die Aktionen wie bei »Neuladen einer JSP-Seite nach Änderung« durchgeführt. Dann wird _jspService() ausgeführt und die lokalen Variablen werden erzeugt und wieder gelöscht.
Neuladen einer JSP-Seite nach Änderung	JSP-Seite wird übersetzt, JSP-Klasse wird übersetzt, Servlet-Objekt wird erzeugt, Servlet-Objekt wird geladen, Objektvariablen werden initialisiert.
Entladen einer JSP-Seite	Servlet-Objekt wird entladen, jspDestroy() ausgeführt.
Start einer Request-Bearbeitung	Wie bei Ereignis »Anfrage nach einer JSP-Seite«.
Ende einer Request-Bearbeitung	Keine Auswirkung auf JSP-Seite.
Start einer Sitzung	Keine Auswirkung auf JSP-Seite.
Ende einer Sitzung	Keine Auswirkung auf JSP-Seite.
Herunterfahren des JSP-Servers	Für alle geladenen JSP-Seiten werden die Aktionen zum Ereignis »Entladen einer JSP-Seite« ausgeführt.

Tab. 11.2-1: Auswirkungen von Ereignissen auf eine JSP-Seite.

Führen Sie das obige Beispiel zaehlerausdatei.jsp aus. Simulieren Sie mehrere Benutzer durch Aufruf der Web-Anwendung in mehreren Browsern. Beobachten Sie die Veränderung des Zählerwertes. Führen Sie dann einen Restart des JSP-Servers durch und simulieren Sie erneut.

11.3 Nebenläufigkeit in Web-Anwendungen ***

Auf eine JSP-Seite kann von mehreren Anfragen gleichzeitig zugegriffen werden, da jede Anfrage standardmäßig in einem eigenen Thread ausgeführt wird und die Threads parallel ablaufen. Durch Nebenläufigkeit können Probleme entstehen, die Fehler in Form von falschen, inkonsistenten Daten verursachen.

Das Auftreten von Fehlern hängt von der zeitlichen Reihenfolge der Abarbeitung ab. Solche Fehler heißen *Race Conditions*. Um *Race Conditions* und damit verbundene Fehler zu vermeiden, muss der Ablauf von parallelen Threads an bestimmten Stellen sequenzialisiert werden.

Prozess Auf Computersystemen laufen Programme in Ausführungseinheiten ab. Eine Ausführungseinheit für ein Programm ist ein **Prozess** . Im Prozess sind der Programmcode, die zugehörigen Daten und der aktuelle Prozesszustand zusammengefasst. In der Regel werden mehrere Prozesse auf einem Computersystem gleichzeitig bearbeitet. Auf Systemen mit mehreren Prozessoren oder mehreren Prozessorkernen können die Prozesse echt parallel abgearbeitet werden. Auf einem System mit nur einem Prozessorkern wird die Illusion der **parallelen Bearbeitung** (Quasi-Parallelität) durch schnelles Wechseln zwischen den Prozessen erzeugt, wobei der Prozesswechsel allein durch das Betriebssystem gesteuert wird. Der Entwickler eines Programms kann den Prozesswechsel nicht beeinflussen.

Neben- Der gleichzeitige Ablauf von Prozessen wird auch als **Neben-**
läufigkeit **läufigkeit** *(concurrency)* bezeichnet. Nur durch diese parallele Ausführung von Prozessen ist die heutige Leistungsfähigkeit von Computersystemen zu erreichen. So kann man z. B., während man in einem Fenster des Webbrowsers eine Webseite lädt, gleichzeitig in einem anderen Fenster des Webbrowsers eine Webseite betrachten und dabei scrollen oder in einem Textverarbeitungsprogramm ein Dokument bearbeiten.

Gemeinsame Die Nebenläufigkeit von Prozessen ist zunächst für den Entwickler
Ressourcen von Programmen kein Problem und braucht nicht beachtet zu werden, solange die Prozesse *keine* gemeinsamen Ressourcen benutzen. Gemeinsam genutzte Ressourcen können z. B. Dateien oder Hauptspeicherbereiche sein. Bei gemeinsam genutzten Ressourcen muss der Entwickler eines Programms die Fälle des gemeinsamen, konkurrierenden Zugriffs auf die Ressourcen sehr sorgfältig überlegen und gegebenenfalls geeignete Schutzvorkehrungen treffen, damit keine schwerwiegenden Logikfehler im Anwendungsprogramm auftreten.

Race Condition Typische Probleme sind sogenannte **Race Conditions**, auf die im nächsten Beispiel eingegangen wird.

Threads Die Vorteile der gleichzeitigen Ausführung von Programmcode sind so groß, man auch innerhalb von Programmen Konzepte zur parallelen Ausführung von Teilprogrammen einsetzt. Ausführungseinheiten innerhalb von Programmen nennt man **Threads**. Threads werden, wie Prozesse, je nach Hardwarevoraussetzungen auch wieder echt parallel oder durch schnellen Thread-

Wechsel (quasi-parallel), der übergeordnet gesteuert wird, abgearbeitet.

Ein typisches Programm, bei dem Threads massiv eingesetzt werden, ist ein Webserver. In der Regel wird im Webserver nämlich jede ankommende HTTP-Request-Nachricht in einem eigenen Thread abgearbeitet. Dies macht bei Webservern besonders Sinn, da zur Bearbeitung einer HTTP-Request-Nachricht z. B. oft auf eine Datenbank zugegriffen werden muss, was die Bearbeitung innerhalb des Webservers pausieren lässt, bis die Antwort der Datenbank geliefert wird. Während dieser Zeit wäre der Webserver ohne Threads blockiert und müsste warten, insbesondere müssten auch weitere, anstehende HTTP-Request-Nachrichten warten. Durch das *Threading* können die HTTP-Request-Nachrichten nebenläufig bedient werden. Einzelne HTTP-Request-Nachrichten, deren Bearbeitung lange dauert, können den Webserver nicht blockieren.

Webserver mit Threads

Sie haben gerade gelernt, dass jede HTTP-Request-Nachricht in einem eigenen Thread abgearbeitet wird. Gilt dies auch, wenn die HTTP-Request-Nachrichten die gleiche Web-Anwendung betreffen? Die Antwort ist: ja. Dies gilt sogar, wenn die HTTP-Request-Nachrichten die gleiche JSP-Seite anfragen. Abb. 11.3-1 veranschaulicht die Situation.

Web-Anwendung & Threads

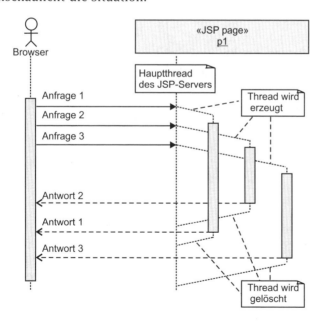

Abb. 11.3-1: Jede Anfrage nach der JSP-Seite p1 wird in einem eigenen Thread abgearbeitet. Zu sehen ist ein beispielhafter Verlauf für die zeitliche Verzahnung der Thread-Bearbeitung bei mehreren, fast gleichzeitigen Anfragen.

Bei der Anfrage der gleichen JSP-Seite bedeutet dies, dass auf dem zugehörigen Servlet-Objekt *gleichzeitig* mehrere Threads operieren, d. h. die Methoden des Servlet-Objekts durchlaufen und auf denselben Objektvariablen des Servlet-Objekts arbeiten. Außerdem sind die im Kontext *Application* abgelegten Objekte dem konkurrierenden Zugriff durch die Threads ausgesetzt. Die Abb. 11.3-2 stellt die Situation der Nebenläufigkeit und des konkurrierenden Zugriffs auf Ressourcen in Web-Anwendungen dar.

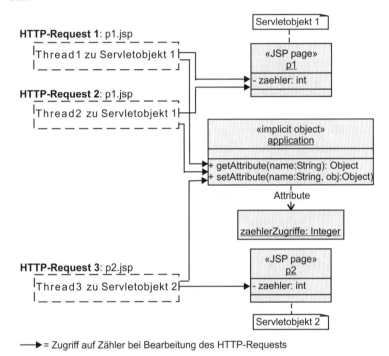

——▶ = Zugriff auf Zähler bei Bearbeitung des HTTP-Requests

Abb. 11.3-2: Nebenläufigkeit innerhalb einer Web-Anwendung und Zugriff auf gemeinsame Ressourcen: Typisches Szenario am Beispiel.

Beispiel

Die Abb. 11.3-2 beschreibt ein Beispiel, bei dem die Web-Anwendung aus den beiden JSP-Seiten p1.jsp und p2.jsp besteht, und ein Szenario, in dem drei HTTP-Request-Nachrichten für eine Web-Anwendung anstehen und gleichzeitig durch parallel laufende Threads bearbeitet werden. Die HTTP-Request-Nachrichten 1 und 2 fordern die gleiche JSP-Seite p1.jsp an. Für jeden dieser beiden HTTP-Request-Nachrichten wird ein Thread erzeugt, der die Methoden des zugehörigen Servlet-Objekts Servletobjekt 1 ausführt. Die Objektvariable zaehler wird über eine JSP-Deklaration der JSP-Seite p1.jsp erzeugt. Auf die Objektvariable zaehler von Servletobjekt1 kann also von beiden

Threads aus zugegriffen werden. Des Weiteren benutzen im Szenario die Threads 1 und 2 das Objekt zaehlerZugriffe, welches im Kontext *Application* abgelegt ist. Das Erzeugen des Objekts zaehlerZugriffe und sein Ablegen im Kontext *Application* erfolgt z. B. bei der Initialisierung der Web-Anwendung oder bei einer früheren Request-Nachricht-Bearbeitung. Die dritte HTTP-Anfrage richtet sich an die JSP-Seite p2.jsp. Der dafür erzeugte Thread 3 operiert auf Servletobjekt2 und kann auf dessen Objektvariablen zugreifen, jedoch nicht auf die Objektvariable zaehler von Servletobjekt1. Allerdings kann auch Thread 3 das Objekt zaehlerZugriffe aus dem Kontext *Application* verwenden. Im Szenario sind einerseits die gleichzeitigen Zugriffe von Thread 1 und 2 auf die Objektvariable zaehler von Servletobjekt1 und andererseits die gemeinsamen Zugriffe aller drei Threads auf das Objekt zaehlerZugriffe aus dem Kontext *Application* kritisch und stellen ein hohes Risiko für das Entstehen von Fehlern dar.

Die Fehlerentstehung sei an folgendem Beispiel demonstriert: Fehlerszenario

○ Es wird angenommen, dass im Kontext *Application* im Objekt zaehlerZugriffe die Anzahl der Besuche der Web-Anwendung, d. h. die Summe der Besuche der JSP-Seiten p1.jsp und p2.jsp, gezählt werden soll.

○ Zum Zählen der Seitenbesuche ist in der Methode _jspService() sowohl in p1.jsp als auch in p2.jsp etwa folgender Quellcode in einem Skriptlet enthalten:

```
1  Integer zObj = (Integer)
2  application.getAttribute("zaehlerZugriffe");
3  int z= zObj.intValue();
4  z++;
5  Integer neu=new Integer(z);
6  application.setAttribute("zaehlerZugriffe", neu);
```

Nachfolgend wird der zum Beispiel gehörende und in der Abb. 11.3-3 dargestellte Fehlerablauf einer *Race Condition* beschrieben:

○ Thread 1, der den HTTP-Request 1 bearbeitet, und Thread 3, welcher den HTTP-Request 3 bedient, holen gleichzeitig den aktuellen Wert von Objekt zaehlerZugriffe (Zeilen 1–3 im Quellcode) und speichern diesen in ihrer lokalen Variablen z.

○ Thread 1 und Thread 3 erhöhen jeweils z um eins.

○ Danach speichert zunächst Thread 1 seinen neuen Wert von z im Objekt zaehlerZugriffe im Kontext *Application* und danach auch Thread 3.

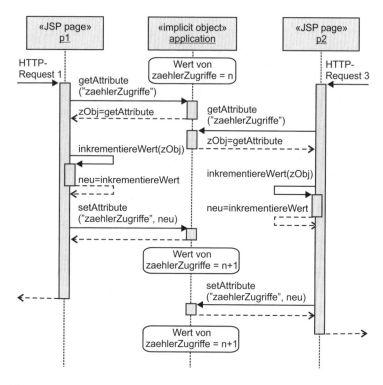

Abb. 11.3-3: Beispielablauf für eine *Race Condition* dargestellt als UML-Sequenz-diagramm.

Fehlerhafter Wert im Objekt Zaehler

In der Abb. 11.3-3 sehen Sie, dass der neue Wert des Objekts zaehlerZugriffe sich lediglich um eins erhöht hat, obwohl zwei Threads diesen Wert jeweils um eins erhöhen wollten. Eine Er-höhung ist verloren gegangen. Würde aber zuerst der Thread 1 komplett und danach der Thread 3 vollständig abgearbei-tet, dann würde der Wert des Objekts zaehlerZugriffe um zwei erhöht werden. Das Ergebnis wäre also ein anderes. In Abhän-gigkeit der zeitlichen Reihenfolge der verzahnten Abarbeitung der Anweisungen aus den einzelnen Threads kann sich al-so ein anderes Ergebnis einstellen. Diesen Effekt nennt man auch **Race Condition**. Bei *Race Conditions* handelt es sich um Fehler, die zu Dateninkonsistenzen führen, welche nur durch den konkurrierenden Zugriff auf gemeinsame Ressourcen ent-stehen können. Wenn bei konkurrierendem Zugriff auf eine gemeinsame Ressource nur ein Thread ändert, die anderen Threads nur Lesen, kann keine *Race Condition* entstehen.

Fehlerhafter Wert in Objektvariable zaehler

Dieses Beispiel zur Entstehung einer *Race Condition* kann di-rekt auf die Situation, dass Thread 1 und Thread 2 gleichzei-tig auf die Objektvariable zaehler zugreifen, übertragen werden. Hier ist das Risiko für die Entstehung einer *Race Condition* genauso gegeben. Sogar, wenn das Inkrementieren der Objektvariablen zaehler durch die Java-Operation zaehler++ erfolgt, kann der analoge Beispielfehlerablauf entstehen, da diese Java-Operation auf Prozessorebene nicht als eine atomare Operation durchgeführt wird, sondern in Teiloperationen zerfällt. Auf der Granularitätsebene der Teiloperationen kann dann die im Beispiel gezeigte Verzahnung im Ablauf entstehen, welche zu fehlerhaften Werten bei den Daten führt.

Objekte, die im Kontext *Request* abgelegt werden, sind nicht von *Race Conditions* betroffen, da alle Aktionen, die zur Abarbeitung einer Anfrage gehören, innerhalb desselben Threads durchlaufen werden. Voraussetzung für diese Aussage ist, dass der Entwickler einer Web-Anwendung *nicht* selbst explizit zusätzliche Threads in seinem Programm (d. h. im Skriptlet einer JSP-Seite oder in einer JavaBean) erzeugt, sondern nur die vom JSP-Server erzeugten Threads existieren.

Kontext Request kein Problem

Für Objekte, die im Kontext *Session* abgelegt werden, besteht auch das Risiko für *Race Conditions*. Solange zu einer Sitzung nur eine Anfrage zu einer Zeit abläuft, gibt es kein Problem. Dies ist auch meistens der Fall. Parallele Anfragen innerhalb einer Sitzung können jedoch auftreten, wenn ein Benutzer mehrere Fenster innerhalb eines Browsers öffnet und damit dieselbe Web-Anwendung anspricht. Außerdem können parallele Anfragen entstehen, wenn in einer Web-Anwendung die Technik **AJAX** *(Asynchronous JavaScript and XML)* auf der Clientseite eingesetzt wird, da es diese Technik ermöglicht, von einer Webseite bereits eine weitere Anfrage abzusenden, obwohl die Antwort zur vorherigen Anfrage noch nicht beim Browser angekommen ist.

Kontext Session problematisch

Fehler, die aus *Race Conditions* resultieren, treten nur gelegentlich auf, sind also schwer reproduzierbar und deshalb kaum zu finden. Daher muss bei der Erstellung von Web-Anwendungen und der Programmierung der JSP-Seiten genau auf **Nebenläufigkeitsprobleme** geachtet und korrekt damit umgegangen werden.

Fehler kaum zu finden

Der einzige Ansatz zur Vermeidung von *Race Conditions* bei konkurrierendem Zugriff auf Ressourcen ist die Zwangssequenzialisierung der Abarbeitung von (kleinen) Codestücken. Diesen Ansatz nennt man **Synchronisation**. Die Synchronisation wird in einigen wenigen Fällen durch den JSP-Server durchgeführt. In den meisten Fällen ist die Synchronisation jedoch durch den Entwickler der Web-Anwendung zu leisten. Dazu gibt es innerhalb von JSP-Anwendungen zwei Möglichkeiten:

Synchronisation

- Einsatz der Synchronisationskonzepte von Java
- Einsatz der Direktive page mit dem Attribut isThreadSafe=
  "false"

Der erste Ansatz funktioniert immer, erfordert aber eine genaue
Kenntnis des Synchronisationskonzepts von Java. Der zweite Ansatz hilft nur bei der Synchronisation des Zugriffs auf Objektvariablen, ist aber in seiner Anwendung ganz einfach. Er würde allerdings bei dem betrachteten Beispiel zum Fehlerszenario nicht
helfen.

Im Kapitel »Synchronisation in Web-Anwendungen«, S. 248, werden die beiden Ansätze zur Synchronisation genauer vorgestellt
und es wird beschrieben, wie sie eingesetzt werden können. Außerdem wird erläutert, in welchen Fällen der JSP-Server die Synchronisation automatisch vornimmt.

Schreiben Sie eine JSP-Anwendung, in der Sie die Anzahl der Zugriffe auf die einzelnen JSP-Seiten und die Anzahl der Zugriffe
auf alle Seiten der Web-Anwendung insgesamt zählen. Überlegen Sie, wo Sie die einzelnen Zähler ablegen können. Die Ablage
der Zähler in einer Datenbank oder im Dateisystem ist bei dieser
Übung verboten. Die Web-Anwendung soll aus mindestens zwei
JSP-Seiten bestehen. Beachten Sie das Problem der *Race Conditions* für Ihre Lösung hier noch nicht.

Erweitern Sie Ihre Lösung zur vorherigen Übung in der Art,
dass Sie eine *Race Condition* demonstrieren können. Hinweis:
Simulieren Sie lange Operationen in der Bearbeitung der Request-Nachricht durch Pausieren eines Threads (Java-Anweisung: Thread.sleep(dauer); dauer gibt die Zeit in Millisekunden
an).

11.4   Synchronisation in Web-Anwendungen ***

Die Vermeidung von *Race Conditions* und damit von Fehlern in
Web-Anwendungen wird in wenigen Fällen durch den JSP-Server
garantiert und muss in den meisten Fällen durch den Entwickler der Web-Anwendung sichergestellt werden. Der JSP-Server
synchronisiert beim Laden der Web-Anwendung und beim Laden der JSP-Seiten. Alle Methoden, die im Rahmen einer Request-
Bearbeitung aufgerufen werden, müssen durch den Entwickler
der Web-Anwendung synchronisiert werden. Dies kann mit dem
Synchronisationskonzept von Java, d.h. mit dem Schlüsselwort
synchronized, erfolgen. Notwendig ist diese Synchronisation für
den konkurrierenden Zugriff auf Objekte, die im Kontext *Application* abgelegt sind.

Unter **Synchronisation** versteht man die Steuerung des Ablaufs von parallelen Threads in der Form, dass keine Nebenläufigkeitsprobleme, d.h. keine *Race Conditions*, auftreten können. Dabei müssen Zugriffe auf kritische Ressourcen sequenzialisiert werden. An einigen, wenigen Stellen muss der JSP-Server für die Synchronisation sorgen, aber in den meisten Fällen ist der Entwickler der Web-Anwendung für die korrekte Synchronisation verantwortlich.

Synchronisation durch den JSP-Server

Der JSP-Server synchronisiert an folgenden Stellen automatisch:

▪ Laden der Web-Anwendung:
Der JSP-Server führt beim Laden folgende Schritte in der angegebenen Reihenfolge durch:

☐ Die in `web.xml` registrierten *Listener*-Objekte werden erzeugt. Innerhalb des gleichen Listener-Typs ist die Reihenfolge der Erzeugung die in `web.xml` angegebene Reihenfolge.

☐ Die Ereignisbehandlungsmethode `contextInitialized()` des Listener-Typs `ServletContextListener` wird aufgerufen und vollständig abgearbeitet, wenn der *Listener* in `web.xml` registriert ist.
Sind mehrere *Listener* vom Typ `ServletContextListener` in `web.xml` registriert, so wird zu jedem Listener-Objekt `contextInitialized()` aufgerufen. Die Reihenfolge ist wieder die in `web.xml` angegebene Reihenfolge.

☐ Filter-Objekte werden erzeugt.

☐ Die Servlets bzw. JSP-Seiten, bei denen `<load-on-start>` in `web.xml` konfiguriert wurde, werden geladen.

Auf die Themen Listener-Objekte, `contextInitialized()` und Filter-Objekte wird *nicht* weiter eingegangen.

Erst nachdem das Laden der Web-Anwendung beendet ist, kann mit der Bearbeitung der ersten Anfrage begonnen werden.

▪ Laden einer JSP-Seite:
☐ Methode `jspInit()` wird ausgeführt.
Diese Methode wird einmalig beim Laden des Objekts ausgeführt. Der JSP-Server muss garantieren, dass diese Methode beendet wurde, bevor zum ersten Mal `_jspService()` zur Bearbeitung einer Anfrage aufgerufen wird.

Es ist also sichergestellt, dass eine JSP-Seite vollständig geladen und initialisiert ist, bevor die Bearbeitung der ersten Anfrage für diese Seite beginnt.

Synchronisation mit Java-Konzepten durch den Entwickler

Die Synchronisation in Java erfolgt über das Schlüsselwort syn-chronized. Dieses Schlüsselwort kann bei einzelnen Java-Anweisungen, einer Sequenz aufeinander folgender Java-Anweisungen oder ganzen Methoden eingesetzt werden. Die Bedeutung ist die Folgende:

synchronized   Alle mit synchronized gekennzeichneten Codeteile schließen sich gegenseitig für eine parallele Abarbeitung in verschiedenen Threads bei dem gleichen Objekt aus. D. h. hat ein mit synchronized gekennzeichneter Codeabschnitt seine Bearbeitung bei einem Objekt innerhalb eines Threads begonnen, dann müssen andere Codeabschnitte in anderen Threads, die ebenfalls mit synchronized gekennzeichnet sind, warten, bis die Bearbeitung des ersten Codeabschnitts beendet ist. Danach wird erst ein nächster Thread und Codeabschnitt vom System zur Abarbeitung ausgewählt. Für eine umfassende Darstellung der Synchronisation mit Hilfe von synchronized sei auf die einschlägige Literatur zu Java verwiesen.

Die Abb. 11.4-1 veranschaulicht, was mit einer Synchronisation erreicht werden soll.

Beispiel   Zur Umsetzung der Synchronisation in Java mit Hilfe des Schlüsselworts synchronized muss jedoch das Beispiel etwas geändert werden. Mit der Kenntnis der Idee zur Synchronisation und des Konzeptes in Java können Sie nun eine synchronisierte Lösung für das korrekte Zählen der Seitenaufrufe einer Web-Anwendung entwerfen (siehe »Nebenläufigkeit in Web-Anwendungen«, S. 241):

zentralisierter   ○ Das Objekt zaehlerZugriffe wird als JavaBean realisiert,
Zugriff via   welches einen Zählerwert verwaltet.
JavaBean
                   ○ Die JavaBean-Methoden, die den Zählerwert des Objekts zaehlerZugriffe verändern, werden mit dem Schlüsselwort synchronized zwangssequenzialisiert und dadurch der Zugriff auf den Zählerwert geschützt.

Mit dieser Idee im Hinterkopf ist das folgende Beispiel einer Web-Anwendung leicht zu verstehen. Einen Überblick über die Komponenten der Web-Anwendung gibt die Abb. 11.4-2.

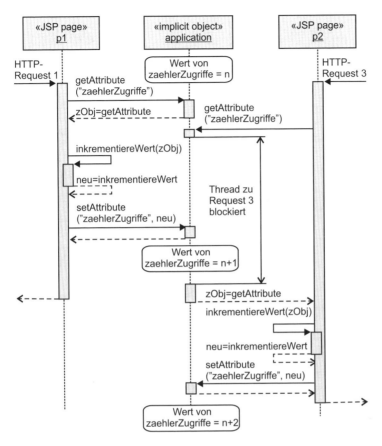

Abb. 11.4-1: Idee zum zeitlichen Verlauf des konkurrierenden Zugriffs auf eine gemeinsame Ressource bei Synchronisation.

```
package jsplernen;

public class BeanZaehler {
  private int wert=0; // Zaehlerwert
  // Konstruktor parameterlos: implizit
  // Getter und Setter
  public int getZaehlerWert() {return wert;}
  private void setZaehlerWert(int val) {wert=val;}

  // Reset-Methode
  public void resetZaehlerWert() {setZaehlerWert(0);}

  public synchronized int inkrementiereZaehlerWert()
  {
    wert++;
    return wert;
  } // inkrementiereZaehlerWert()

} // class BeanZaehler
```

BeanZaehler
.java

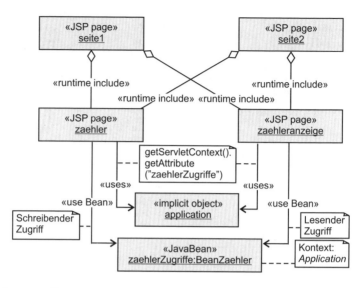

Abb. 11.4-2: Überblick über die Beispiel-Web-Anwendung zum Zählen der Zugriffe anhand eines UML-Diagramms.

In der Methode `inkrementiereZaehlerWert()` wird das Erhöhen des Zählers realisiert. Dadurch, dass die Methode mit dem Schlüsselwort `synchronized` gekennzeichnet ist, kann zwischen dem Holen der Objektvariablen `wert` und Zurückschreiben des neuen Wertes in die Variable kein anderer Thread des JavaBean-Objekts den Variablenwert parallel ändern. Dadurch werden *Race Conditions* verhindert und die Konsistenz der Daten gewährleistet. Das Abrufen des Zählerwerts in `getZaehlerWert()` birgt keine Gefahren, da nur lesend auf die Variable `value` zugriffen wird. Hier braucht daher nicht synchronisiert zu werden.

Die Funktionalität des Zählens wird in eine eigene JSP-Seite `zaehler.jsp` ausgelagert, die von jeder JSP-Seite der Web-Anwendung mit der Standardaktion `<jsp:include>` eingebunden wird. Die Seite `zaehler.jsp` benutzt das JavaBean-Objekt `zaehlerZugriffe` der Klasse `BeanZaehler`, das im Kontext *Application* abgelegt ist und den schreibenden Zugriff auf den Zählerwert synchronisiert.

zaehler.jsp
```
<%@page import="jsplernen.BeanZaehler" %>
<%@page errorPage="/WEB-INF/error.jsp" %>
<%!
  String nameGlobalerZaehler = "zaehlerZugriffe";
  public void jspInit()
  {
    BeanZaehler syncZaehler;
    syncZaehler = (jsplernen.BeanZaehler)
```

```
       getServletContext().getAttribute(nameGlobalerZaehler);
    // Prüfe, ob Zählerobjekt schon existiert
    if (syncZaehler == null)
    { /* Erzeuge Zählerobjekt und lege es im Kontext
         Application ab */
      syncZaehler = new BeanZaehler();
      getServletContext().setAttribute
        (nameGlobalerZaehler,syncZaehler);
    } // if
  } // jspInit()
%>
<%
  int value;
  BeanZaehler syncZaehler;
  syncZaehler = (jsplernen.BeanZaehler)
    getServletContext().getAttribute(nameGlobalerZaehler);
  /* Wird das Objekt "zaehlerZugriffe" hier nicht
     gefunden, so wird beim späteren Zugriff auf
     syncZaehler eine Exception ausgelöst,
     die zur Fehlerseite weiterleitet. */
  value=syncZaehler.inkrementiereZaehlerWert();
  /* Wert von value kann z. B. zu Debug-Zwecken
     hier ausgegeben werden */
%>
```

Beim Laden der Seite zaehler.jsp wird geprüft, ob bereits ein JavaBean-Objekt zaehlerZugriffe im Kontext *Application* abgelegt ist. Wenn dort noch kein JavaBean-Objekt zaehlerZugriffe existiert, dann wird ein solches Objekt erzeugt und im Kontext *Application* hinterlegt. Damit diese Operationen beim Laden der Seite zaehler.jsp durchgeführt werden, sind die Operationen in der Methode jspInit() programmiert. Außerdem ist sichergestellt, dass es bei der Ausführung von jspInit() nicht zu einer *Race Condition* kommen kann, weil der JSP-Server die Ausführung von jspInit() synchronisiert und zusätzlich dafür sorgt, dass jspInit() nur einmal ausgeführt wird. Damit wird auch garantiert, dass es beim Erzeugen des JavaBean-Objekts zaehlerZugriffe und dessen Ablage im Kontext *Application* nicht zu einer *Race Condition* kommen kann.

Für die Bearbeitung innerhalb einer Anfrage wird der Skriptlet-Teil von zaehler.jsp ausgeführt. Im Skriptlet wird mit getServletContext() der Zugang zum Kontext *Application* beschafft. Damit wird dann das Objekt zaehlerZugriffe über getAttribute() geholt. getServletContext() wird hier benutzt, um einen alternativen Zugang zum *Application*-Objekt zu demonstrieren. In der Praxis würde man stattdessen direkt das implizite JSP-Skripting-Objekt application für den Zugang zum *Application*-Objekt im Skriptlet verwenden. Abschließend wird die Methode zum Inkrementieren des Zählerwerts bei zaehler-Zugriffe aufgerufen. Da diese Methode synchronisiert ist (siehe Quellcode der JavaBean-Klasse BeanZaehler), können keine **Race Conditions** beim Verändern des Zählerwerts auftreten. Die JSP-Seite zum Zählen kann auch kürzer geschrieben werden:

zaehler2.jsp

```
<%@page import="jsplernen.BeanZaehler" %>
<%@page errorPage="/WEB-INF/error.jsp" %>
<jsp:useBean id="zaehlerZugriffe" class="jsplernen.BeanZaehler"
  scope="application"/>
<%
  int value;
  BeanZaehler syncZaehler;
  syncZaehler = (jsplernen.BeanZaehler)
    getServletContext().getAttribute("zaehlerZugriffe");
    /* ... Kommentar wie bei zaehler.jsp ... */
  value=syncZaehler.inkrementiereZaehlerWert();
  /* Wert von value kann
     z. B. zu Debug-Zwecken hier ausgegeben werden */
%>
```

Das Erzeugen des JavaBean-Objekts zaehlerZugriffe erfolgt nicht in der vom Server synchronisierten Methode jspInit() der JSP-Klasse, sondern im Skriptlet mit der Standardaktion useBean. Dies ist auch korrekt, da die JSP-Spezifikation von jedem JSP-Server verlangt, dass das Erzeugen eines JavaBean-Objekts mit useBean synchronisiert geschehen muss und daher beim Erzeugen des Objekts zaehlerZugriffe auch hier keine *Race Condition* entstehen kann.

zaehler
anzeige.jsp

Das Lesen und Anzeigen des Zählerwerts aus Objekt zaehler-Zugriffe geschieht in zaehleranzeige.jsp.

```
<%@page import="jsplernen.BeanZaehler" %>
<%@page errorPage="/WEB-INF/error.jsp" %>
<%!
  BeanZaehler syncZaehler;
  String nameGlobalerZaehler = "zaehlerZugriffe";
%>
<%!
  public void jspInit()
  {
    syncZaehler = (jsplernen.BeanZaehler)
      getServletContext().getAttribute(nameGlobalerZaehler);
    /* Wird das Objekt "zaehlerZugriffe" hier nicht
       gefunden, so wird beim späteren Zugriff eine
       Exception ausgelöst, die zur Fehlerseite
       weiterleitet. */
  }
%>
<% int value;
  value=syncZaehler.getZaehlerWert();
%>
<p>
Anzahl der Aufrufe von Hauptseiten der Web-Anwendung:<br />
Globaler Zähler hinterlegt im Kontext Application als Attribut
```

```
&quot;zaehlerZugriffe&quot;. <br />
Aktueller Wert &quot;zaehlerZugriffe&quot; = <%=value%>
</p>
```

In zaehleranzeige.jsp wird das Objekt zaehlerZugriffe aus dem Kontext *Application* geholt und der Zählerwert ausgelesen. Damit nicht bei jeder Anfrage an die JSP-Seite zaehleranzeige.jsp das Objekt zaehlerZugriffe bestimmt werden muss, wird dies einmalig beim Laden von zaehleranzeige.jsp durchgeführt und die Objektreferenz gemerkt.

Erstellen Sie eine eigene Web-Anwendung mit zwei JSP-Hauptseiten. Es soll gezählt werden, wie oft diese JSP-Hauptseiten insgesamt aufgerufen werden. In jeder Hauptseite soll der aktuelle Zählerstand ausgegeben werden. Verwenden Sie die oben angegebenen JSP-Hilfsseiten und die JavaBean-Klasse BeanZaehler.

Synchronisation mit der Direktive page

Für die Threads, die zu einer JSP-Seite gehören, kann der konkurrierende Zugriff auf die Objektvariablen durch die Direktive page sequenzialisiert werden. Die Angabe <%@page isThreadSafe="false" %> bewirkt, dass der JSP-Compiler aus der JSP-Seite Servlet-Code erzeugt, sodass alle Anfragen, die das Servlet-Objekt verwenden, nacheinander abgearbeitet werden. Außerdem steht es bei Angabe dieser Direktive dem JSP-Server frei, zur Laufzeit zu einer JSP-Seite mehrere Servlet-Objekte zu erzeugen. Konkret bedeutet dies, dass die gleichzeitigen Anfragen ggf. auf mehrere Servlet-Objekte aufgeteilt werden und diejenigen Anfragen, die auf dem gleichen Servlet-Objekt ausgeführt werden, nacheinander abgearbeitet werden. Im erzeugten Quellcode der Servlet-Klasse, die zur JSP-Seite gehört, ist die einzige Änderung lediglich, dass die Servlet-Klasse die Schnittstelle SingleThreadModel implementiert. Diese Schnittstelle hat keine Methoden. Es ist eine sogenannte Markierungsschnittstelle *(tagging interface, marker interface)*, die die JVM des JSP-Servers veranlasst, die Objektbildung und Verwendung der Servlet-Klasse zur Laufzeit wie oben beschrieben zu behandeln.

Der Code, der nach Angabe dieser Direktive aus der JSP-Seite erzeugt wird, ist weniger effizient als der ohne diese Angabe entstehende Code. Deshalb ist die Verwendung von <%@page isThreadSafe="false" %> in der Spezifikation von JSP mittlerweile als »veraltet« *(deprecated)* gekennzeichnet und sollte nicht mehr verwendet werden.

Konsequenzen

Dieser Ansatz hilft auch *nicht* zur Synchronisation der Zugriffe auf Objekte, die in den Kontexten *Application* oder *Session* abgelegt sind. Weiterhin ist es bei Gebrauch dieses Ansatzes nicht möglich, einen Zähler für die Anzahl der Besuche der JSP-Seite als Objektvariable zu verwenden. Da es ggf. mehrere Servlet-Objekte zu einer JSP-Seite gibt, hat dann jedes Servlet-Objekt seine eigene Objektvariable zum Zählen. Es wird also auch die Zählung der Aufrufe auf die Servlet-Objekte verteilt, womit auf diese Art keine Gesamtzählung für eine JSP-Seite möglich ist.

12 Architektur von Web-Anwendungen **

Neben den funktionalen Anforderungen müssen professionelle Web-Anwendungen auch Anforderungen erfüllen, die für das **ökonomische Erstellen** und die **wirtschaftliche Pflege** der Web-Anwendungen unerlässlich sind. Die wichtigsten Anforderungen sind dabei:

- Arbeitsteilige Erstellung der Web-Anwendung in einem Team.
- Wartbarkeit der Web-Anwendung über die gesamte Lebenszeit.
- Erweiterung der Web-Anwendung um neue Funktionalitäten.

Zur Erfüllung solcher Anforderungen hat sich das Prinzip »Teile und Herrsche« sehr bewährt. Es genügt also nicht, die richtigen technischen Hilfsmittel und die geeigneten Realisierungssprachen einzusetzen. Vielmehr ist die richtige **Aufteilung** und **Strukturierung** der Web-Anwendung in Komponenten und deren **Zusammenspiel**, also die Architektur der Web-Anwendung ein entscheidender Faktor.

Im Allgemeinen lässt sich aus dem Prinzip »Teile und Herrsche« für Software-Anwendungen z. B. ein Schichten-Modell ableiten. Ein Schichten-Modell ist dabei die Strukturierung einer Software-Anwendung in Komponenten, die Schichten zugeordnet werden und bei denen nur Komponenten **innerhalb** einer Schicht und Komponenten **benachbarter Schichten** miteinander kommunizieren. Etabliert sind Zwei-Schichten-Modelle und Drei-Schichten-Modelle. *(Schichten-modelle)*

Die Abb. 12.0-1 verdeutlicht das Zwei-Schichten-Modell. *(Zwei-Schichten-Modell)*

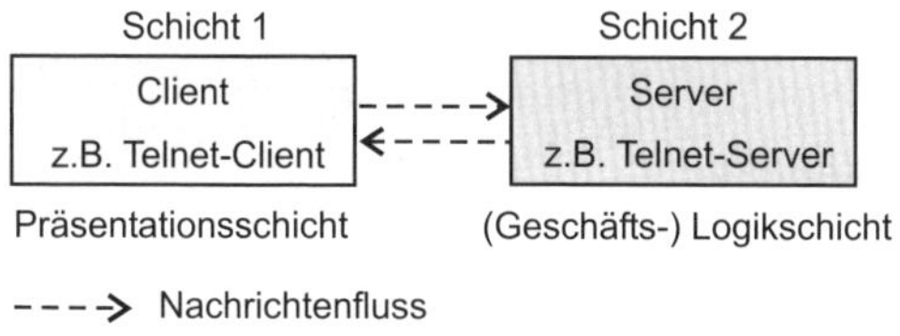

Abb. 12.0-1: Architekturansatz: Zwei-Schichten-Modell, meist Client-Server-Modell.

Das Zwei-Schichten-Modell ist meist als **Client-Server-Modell** ausgeprägt. Beim Client-Server-Modell sind die Komponenten *nicht* gleichberechtigt. Stattdessen gibt es ausgezeichnete Rollen für die Komponenten, deren Aufgabe sich schon im Namen der Komponenten widerspiegelt.

Die Client-Komponente, kurz **Client** genannt, spielt dabei die aktive Rolle, die Anfragen an die Server-Komponente, kurz **Server** *(Client & Server)* genannt, richtet. Der Server ist passiv. Er wartet auf Anfragen von Clients und beantwortet diese. Er wird selbst nicht aktiv, um Anfragen an Clients zu senden. Der Server reagiert nur.

Beispiele

Das Telnet-System ist als Zwei-Schichten-Modell implementiert. Der Telnet-Client bietet auf einem Computersystem A ein Konsolenfenster an, in dem Kommandos an das Betriebssystem eingegeben werden können. Die Kommandos werden allerdings nicht auf dem Computersystem A ausgeführt, sondern zu einem Telnet-Server, der auf einem Computersystem B läuft, übertragen und auf B ausgeführt. Für diese Anwendung ergibt sich zwangsweise eine Aufteilung in mindestens zwei Schichten.

Genauso ist jede HTTP-Anwendung (siehe »Das HTTP-Protokoll«, S. 43) ein Zwei-Schichten-Modell. Der HTTP-Client ist in der Regel ein Webbrowser und hat die Aufgabe, eine Benutzungsoberfläche zu bieten. Er interagiert mit einem HTTP-Server. Der HTTP-Server ist meist ein Webserver und implementiert die logische Funktionalität der Anwendung. Im einfachsten Fall ist die Logik nur das Zurücksenden von HTML-Seiten.

Je nach Aufgabe werden die Komponenten auch mit Begriffen wie Front-End und Back-End bzw. Präsentationsschicht und Geschäfts- oder Logikschicht bezeichnet.

Drei-Schichten-Modell

Bei Geschäftsanwendungen und Web-Anwendungen kommt in der Regel das Drei-Schichten-Modell zum Einsatz. Das Drei-Schichten-Modell ist in der Abb. 12.0-2 dargestellt.

Abb. 12.0-2: Architekturansatz: Drei-Schichten-Modell.

Die Schicht 1 und deren Komponenten spielen die gleichen Rollen wie beim Zwei-Schichten-Modell. Die Komponente der Schicht 2 ist wieder ein Server. In der Server-Komponente ist die Funktionalität der Anwendung, d. h. die Anwendungslogik, implementiert. Im Unterschied zur Komponente der Schicht 2 im Zwei-Schichten-Modell wird jedoch jetzt die persistente Datenhaltung nicht in der Schicht 2 implementiert, sondern in eine oder mehrere Komponenten der Schicht 3 *ausgelagert*. Die Komponenten in der Schicht 3 speichern z.B. die Daten in einer Datenbank oder direkt im Dateisystem. Dies ist jedoch für die

Komponenten der Schicht 2 unsichtbar. Durch diese Aufteilung wird die Datenhaltung von der Anwendung *entkoppelt*. Ein Wechsel der persistenten Datenhaltung wird damit sehr erleichtert und hat wenig bis keine Auswirkungen auf die Server-Komponente. Außerdem können Aufgaben wie die Datensicherung vollkommen losgelöst von der Web-Anwendung erledigt werden. Je nach Betrachtungsweise und angestrebter Betonung werden die Schichten mit verschiedenen Begriffen, wie in der Abb. 12.0-2 aufgeführt, benannt.

Im Zusammenhang mit der vorliegenden Architekturdiskussion ist der Begriff Web-Anwendung zweideutig. Eine erste Bedeutung des Begriffs ergibt sich daraus, dass zum Anzeigen von Websites aus dem Internet ein Webbrowser (Schicht 1) und ein Webserver (Schicht 2) benötigt werden. Diese beiden Komponenten bilden eine Anwendung, die man als Web-Anwendung *im weiteren Sinne* bezeichnen kann. Meist wird aber unter Web-Anwendung nur der Teil der Schicht 2 verstanden, der eine spezielle Funktionalität, wie z. B. einen Online-Shop oder ein Gästebuch, realisiert. Dies definiert den Begriff der Web-Anwendung *im engeren Sinne*. So wird der Begriff in diesem Buch verwendet. JSP-Anwendungen sind also Web-Anwendungen im engeren Sinne.

Web-Anwendung

Die Strukturierung einer Anwendung in zwei oder mehr Schichten alleine ist ein erster, wichtiger Schritt, ergibt aber noch nicht automatisch eine gute Architektur. Zusätzlich muss die Struktur der Komponenten geeignet gestaltet werden. Dafür haben sich sogenannte Entwurfsmuster herausgebildet, welche die Erstellung guter Architekturen durch **Wiederverwendung etablierter Ansätze** unterstützen. Das klassische Buch zu Entwurfsmustern ist [GHJ+96]. Entwurfsmuster für Web-Anwendungen werden in [ACM01] beschrieben. In diesem Buch finden Sie nun Architekturen und Entwurfsmuster für Web-Anwendungen im engeren Sinne als Teil der Schicht 2, d. h. der Fokus der Betrachtungen liegt in der Schicht 2. Architekturen zu Schicht 1 und 3 oder schichtenübergreifende Architekturen werden nicht behandelt.

Entwurfsmuster

Viele gute Architekturen und Entwurfsmuster für Web-Anwendungen sind in **Frameworks** umgesetzt. Der Web-Entwickler, der ein *Framework* einsetzt, braucht sich dann nicht mehr um die grundlegende Architektur seiner Web-Anwendung zu kümmern. Die grundlegende Architektur sowie die dafür notwendige Infrastruktur ist bereits im *Framework* implementiert. Der Web-Entwickler füllt meist nur noch vorgegebene Komponentenrümpfe mit seiner anwendungsspezifischen Logik. Er wird so von aufwendigen und teilweise fehleranfälligen Routinearbeiten entlastet. Mittlerweile gibt es viele *Frameworks*, sodass es schwerfällt, einen Überblick zu geben.

Frameworks

In diesem Buch werden zum Gebiet Architektur und Entwurfsmuster für Web-Anwendungen folgende Themen behandelt:

- »Modell-1-Architektur und MVC-Muster«, S. 260
- »Java EE-Entwurfsmuster«, S. 273

12.1   Modell-1-Architektur und MVC-Muster **

Die einfachste Architektur ist die Modell-1-Architektur, auch seitenzentrierte Architektur genannt. Dabei bildet die Struktur der
Website im Wesentlichen auch die Struktur der gesamten Web-
Anwendung. Die logische Funktionalität ist direkt in den einzelnen Webseiten der Website implementiert. Eine Architektur, die
sich bei Web-Anwendungen sehr bewährt hat, ist die Architektur nach dem MVC-Muster (Model-View-Controller-Muster), auch
Modell-2-Architektur genannt. Dabei wird eine Web-Anwendung
in die Komponenten *Controller*, *View* und *Model* unterteilt. Der
Controller dient zur Steuerung der Anwendung und des Kontrollflusses während der Bearbeitung einer Anfrage. Das *Model*
realisiert die Anwendungslogik der Web-Anwendung und stellt
Schnittstellen zum Operieren auf den Anwendungsobjekten bereit. Die *View* erzeugt zum Abschluss der Bearbeitung einer Anfrage ein Ergebnisdokument, welches anfragespezifisch die Resultate der Operationen auf dem *Model* für die Anzeige aufbe-
reitet. Dazu liest eine *View* Daten aus dem *Model* aus.

Modell-1-Architektur

Die einfachste Art eine Web-Anwendung, d. h. die Komponente,
die im Zwei- bzw. Drei-Schichtenmodell zur Web-Anwendung im
engeren Sinne korrespondiert, zu strukturieren, besteht darin,
nur die einzelnen Webseiten der Web-Anwendung als Komponenten zu verwenden. Dieser Architekturansatz wird **Modell-1-
Architektur** oder **seitenzentrierte Architektur** genannt. Die
Abb. 12.1-1 zeigt zwei Varianten der seitenbasierten Architektur
für JSP-Anwendungen.

Die seitenzentrierte Architektur ist durch folgende Punkte charakterisiert:

- Mit einer Anfrage wird ein **Ereignis** übermittelt – definiert
über die angefragte URL und ggf. Request-Parameter. Die Ereignisbehandlung erfolgt über eine Funktion. Eine **Funktion**
wird durch eine Sequenz von Anweisungen einer Programmiersprache definiert. Sinnvollerweise wird diese Sequenz
von Anweisungen gekapselt. Die Kapselung erfolgt in der Re-

Variante 1

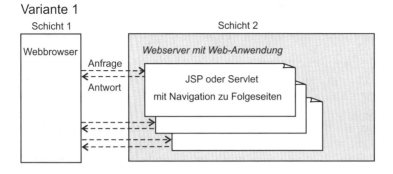

Variante 2

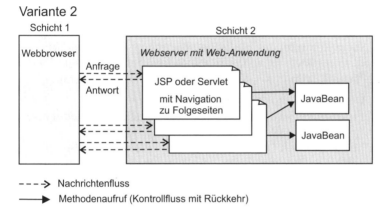

- - - -> Nachrichtenfluss

———> Methodenaufruf (Kontrollfluss mit Rückkehr)

Abb. 12.1-1: Zwei Varianten einer seitenbasierten Architektur, genannt Modell-1-Architektur.

gel durch eine Java-Methode, die eine oder viele Methoden der beteiligten Objekte aufruft.

■ Die **Anwendungslogik**, die zu einer Funktion gehört, wird in den einzelnen JSP-Seiten jeweils vollständig implementiert. Die Anwendungslogik zu einer Funktion besteht dabei aus den logischen Operationen, die auf den Daten der Web-Anwendung ausgeführt werden.

Der konzeptionelle Unterschied zwischen Ereignis und Funktion wird an einem Beispiel erläutert.

Ereignis & Funktion

Es ist z.B. die HTTP-Request-Nachricht mit Request-URI www.server.de/InWarenkorb?ware=CD ein Ereignis, welches bei der Web-Anwendung eintrifft. Die Operationen, welche die Ware CD dann in den Daten der Web-Anwendung so kennzeichnen, dass die Ware als in den Warenkorb gelegt gilt, gehören zur Funktion LegeWareInWarenkorb. Die Funktion kann dann z.B. auch

Beispiel

als Teil einer anderen Abfrage abgesetzt und die zugehörigen Operationen ausgelöst werden.

Der zweite charakterisierende Punkt ist, dass die ganze Anwendungslogik zu einer Funktion in der aufgerufenen JSP-Seite realisiert ist. D. h. es werden im Code der JSP-Seite die Request-Parameter analysiert, ggf. validiert und direkt verarbeitet. Es wird also die URL für den Seitenaufruf mit den Request-Parametern direkt als Funktionsaufruf der Web-Anwendung interpretiert. Im Code der JSP-Seite werden entsprechende Daten der Web-Anwendung verarbeitet, d. h. gelesen, erzeugt oder modifiziert und eventuell auf eine Datenbank zugegriffen. Auch wird im Code der JSP-Seite ein Ergebnisdokument für die Response-Nachricht erzeugt. Im Ergebnisdokument sind dann auch die Funktionen, die dem Benutzer im nächsten Schritt zur Verfügung stehen, in Form von URLs für konkrete JSP-Seiten bei Hyperlinks bzw. als Wert des Attributs action von Formularen fest eingetragen.

Variante 1 In Variante 1 werden sämtliche Funktionen direkt mit JSP-Mitteln implementiert. Gelegentlich findet auch eine Wiederverwendung von Codeteilen durch Auslagerung in eigene JSP-Seiten und Einbettung durch Inkludieren von JSP-Seiten oder Weiterleitung zu anderen JSP-Seiten statt. Eine übergeordnete Struktur für den Kontrollfluss innerhalb der Web-Anwendung und für die Wiederverwendung ist jedoch *nicht* vorhanden.

Variante 2 Die Variante 2 unterscheidet sich von der Variante 1 nur dadurch, dass Teilfunktionen in JavaBeans ausgelagert werden. Welche Teilfunktionen in JavaBeans realisiert werden, ist aber nicht genauer definiert und folgt *keinem* allgemeinen Prinzip.

Resümee Insgesamt ist bei der Modell-1-Architektur die Struktur der Website, d. h. die Menge der zur Website gehörenden Webseiten mit ihren Navigationsmöglichkeiten, auch gleichzeitig die Struktur der Web-Anwendung. Nur vereinzelt findet darüber hinaus eine weitere Strukturierung in Module und eine Wiederverwendung statt, die dann jedoch sehr anwendungsspezifisch sind. Die Techniken, die JSP zur Strukturierung und Wiederverwendung bietet, wie Einbettung von JSP-Seiten, Weiterleitung *(Forwarding)* zu anderen JSP-Seiten und JavaBeans werden zwar eingesetzt, aber eher in einer individuellen und unsystematischen Weise. Eine gute Architektur von Web-Anwendungen, welche die systematische Wiederverwendung von Komponenten und die arbeitsteilige Erstellung von Web-Anwendungen unterstützt, lässt sich weder mit Variante 1 noch mit Variante 2 erzielen.

Das MVC-Muster

Die Anwendung des MVC-Musters ergibt die MVC-Architektur, auch **Modell-2-Architektur** genannt. Das MVC-Muster (**Model-View-Controller-Muster**) ist ein Architekturprinzip, welches erstmals bei Smalltalk-80 in den 70er Jahren des 20. Jahrhunderts für Anwendungen, die interaktive Benutzungsoberflächen hatten, eingesetzt wurde. Das MVC-Muster führte zwischenzeitlich eher ein Schattendasein, bevor es durch das Aufkommen der Web-Anwendungen dort eine Renaissance erlebte. Das MVC-Muster ist bei vielen *Web-Frameworks* umgesetzt. Ein sehr bekanntes und verbreitetes Web-Framework, welches auf dem MVC-Muster basiert, ist Struts von Apache.

Die Grundidee des MVC-Musters ist die Aufteilung einer Anwendung in folgende Komponenten:

     Grundidee

- *View*: Präsentationskomponente.
- *Model*: Anwendungslogik, Geschäftslogik, fachliche Logik.
- *Controller*: Steuerung der Anwendung; Abbildung von Ereignissen auf zugehörige Funktionen und Bindeglied zwischen den View- und Model-Komponenten.

Die Grundidee wird, übertragen ins Umfeld der Web-Anwendungen, in der Abb. 12.1-2 dargestellt. Wie Sie sehen, ist mit der Aufteilung der Anwendung in die Komponenten auch ein Kontrollfluss zur Abarbeitung einer Anfrage assoziiert.

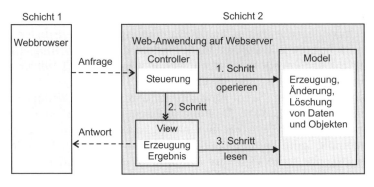

Abb. 12.1-2: Grundidee des MVC-Musters bei Web-Anwendungen.

Eine Anfrage wird stets zur Controller-Komponente geleitet. Der *Controller* kann prinzipiell aus einer Komponente oder aus mehreren bestehen. Im Web-Umfeld wird meist nur eine Komponente eingesetzt. Statt von Controller-Komponente wird meist einfach vom *Controller* gesprochen. Der *Controller steuert* die Bearbei-

     Controller

tung der Anfrage, in dem er die angefragte URL und die Request-Parameter analysiert, dadurch die Ereignisse bestimmt und daraus die Funktionen, die auf der Model-Komponente auszuführen sind, ableitet. Das Ausführen einer Funktion, d. h. das Operieren auf der Model-Komponente, ist der erste Hauptschritt, den der *Controller* durchführt.

Model Die Model-Komponente, meist nur *Model* genannt, bildet die **Anwendungslogik** ab und stellt Schnittstellen für Operationen wie Erzeugung und Löschung von Objekten, Änderung von Daten in Objekten oder auch Methoden zum persistenten Speichern der Daten zur Verfügung. Das *Model* besteht in der Regel aus mehreren Teilkomponenten. Im Umfeld von JSP sind diese Teilkomponenten JavaBeans oder Java-Klassen.

Nachdem die Operationen auf dem *Model* ausgeführt wurden, d. h. die mit der Anfrage assoziierte Funktion der Anwendung durchgeführt wurde, delegiert der *Controller* im zweiten Schritt die Erzeugung eines Ergebnisdokuments an die *View*-Komponente. Dieser zweite Schritt erfolgt in Abhängigkeit der Resultate, die im Schritt 1 erzielt werden. Der *Controller* leitet die weitere Bearbeitung der Anfrage abhängig von den Operationsergebnissen an verschiedene View-Teilkomponenten weiter.

View Damit ist schon erklärt, dass die View-Komponente in der Regel aus vielen einzelnen View-Teilkomponenten besteht. Statt View-Komponente sagt man oft nur *View*. Die *View* hat die Aufgabe, ein **Ergebnisdokument** *zu erzeugen* und an die Response-Nachricht zu übergeben. Für die Erzeugung eines Ergebnisdokuments nutzt die *View* das *Model*, indem dort Daten ausgelesen und ins Ergebnisdokument eingebaut werden. Das Ergebnisdokument wird meist spezifisch für den Client erzeugt, d. h. sowohl die Art der Client-Anwendung, z. B. welcher Webbrowser benutzt wird, als auch die Rolle des Benutzers, z. B. welche Informationen der Benutzer in Abhängigkeit seiner Rolle angezeigt bekommt, kann bei der Ergebniserzeugung berücksichtigt werden. Nachdem die *View* ihre Arbeit erledigt hat, ist die Bearbeitung einer Anfrage abgeschlossen. Insbesondere kehrt die Kontrolle *nicht* mehr an den *Controller* zurück. Wichtig ist zu bemerken, dass im Zusammenhang mit Web-Anwendungen nicht der Webbrowser die *View*-Komponente ist, wie dies bei klassischer Betrachtung des MVC-Musters der Fall wäre. Die *View*-Komponente einer Web-Anwendung stellt nämlich nicht die Daten dar, wie im klassischen Fall, sondern erzeugt nur die Daten, die in einem anderen System, im Web-Umfeld in der Schicht 1 im Webbrowser, angezeigt werden.

Die Hauptvorteile für Architekturen nach dem MVC-Muster sind: Vorteile

+ Lose gekoppelte, flexible Komponenten mit hohem Wiederverwendungspotenzial.
+ Leichter Austausch von Komponenten, z. B. für Anpassung auf verschiedene Benutzungsoberflächen des Clients (im Web-Umfeld: Webbrowser auf Einzelplatzrechner, Webbrowser auf PDA etc.).
+ Gute Erweiterbarkeit der Funktionalität einer Anwendung.
+ Leichte Aufteilung der Arbeitspakete in der Entwicklung. Projektmitarbeiter mit verschiedenem Know-how können spezifische Arbeitspakete erhalten, z. B. Web-Designer als Aufgabe die Entwicklung von Teilkomponenten der *View*, Web-Programmierer als Aufgabe die Implementierung von Teilkomponenten des *Controllers* oder des *Models*.
+ Unterstützung der Wartbarkeit der Anwendung, da durch Änderungen im Umfeld hervorgerufene Wartungsarbeiten im Allgemeinen nur Komponenten aus einer Kategorie betreffen.

Durch Einsatz des MVC-Musters ist ein weiterer Schritt in Richtung einer guten Architektur für eine Web-Anwendung getan. Allerdings braucht man hier nicht stehen zu bleiben. Meist wird die Architektur durch Einsatz von Entwurfsmustern für die jetzt definierten Komponenten noch weiter verbessert.   Weitere Strukturierung

Die erste Veröffentlichung zum MVC-Muster erfolgte in [Kras88].   Literatur

12.2 Beispiel zum MVC-Muster ***

Der Einsatz des MVC-Musters wird anhand einer Web-Anwendung zur Benutzerregistrierung veranschaulicht.

Besitzen Web-Anwendungen **Formulare**, dann muss geprüft werden, ob die Eingaben des Benutzers korrekt sind. Dem Benutzer sollten genaue Fehlerhinweise gegeben werden. Alle richtigen Eingabedaten sollten im Formular bei der Wiederanzeige erneut dargestellt werden, sodass der Benutzer sie *nicht* nochmals eingeben muss. Für diese Problemstellung kann das MVC-Muster optimal eingesetzt werden, insbesondere wenn die Formulareingaben nur auf dem Server überprüft werden können.   Überprüfung von Formularen

Es sollen die Eingaben in einem Formular zur Registrierung – z. B. für das Abonnieren eines Newsletters oder zur Registrierung bei einem Online-Shop – überprüft werden. Die Fehlerhinweise sollen möglichst genau sein. Das UML-Klassendiagramm für die Beispiel-Web-Anwendung zeigt die Abb. 12.2-1.   Beispiel

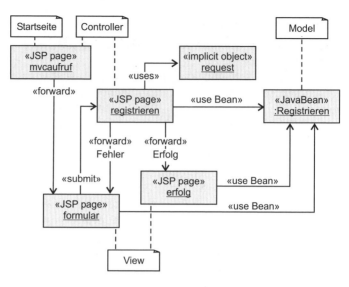

Abb. 12.2-1: Das UML-Diagramm zeigt die Beziehungen zwischen den JSP-Seiten der Web-Anwendnung sowie deren Zuordnung zu den Komponenten Model, View und Controller.

Die Dateien mvcaufruf.jsp und registrieren.jsp sind die Module der Komponente ***Controller*** des MVC-Musters. Alle Aufrufe an die Web-Anwendung gehen entweder an mvcaufruf.jsp oder an registrieren.jsp. Die Dateien formular.jsp und erfolg.jsp bilden die Komponente ***View***. Die Komponente ***Model*** besteht lediglich aus der JavaBean-Klasse Registrieren. Ein Erstaufruf an die Web-Anwendung erfolgt an die JSP-Seite mvcaufruf.jsp.

mvcaufruf.jsp

```
<body>
<%--
    direkter Aufruf der Web-Anwendung, z. B. erster Aufruf:
    Registrierungsformular anzeigen
--%>
    <jsp:forward page="formular.jsp" />
</body>
```

In mvcaufruf.jsp wird lediglich zur JSP-Seite formular.jsp weitergeleitet, d. h eine Operation auf der Komponente *Model* findet für die Bearbeitung dieser Anfrage nicht statt. In einer typischen Web-Anwendung mit etwas mehr Funktionalität würden in mvcaufruf.jsp die Request-Parameter ausgewertet werden und je nach Auswertungsergebnis gegebenenfalls Operationen auf dem *Model* ausgeführt und anschließend an verschiedene JSP-Seiten weitergeleitet werden. Im vorliegenden Beispiel wird mvcaufruf.jsp eingeführt, da eine JSP-Seite, z. B. die JSP-Seite formular.jsp der *View*, gemäß des MVC-Musters nicht zu verschiedenen Komponenten gehören darf.

Die Datei `formular.jsp` enthält im unteren Teil ein Formular, das dem Benutzer im Webbrowser angezeigt wird. Vor der Anzeige des Formulars ruft die JSP-Seite jedoch die Operation `getFehlertabelle()` der Klasse `Registrieren` auf, die eine Fehlertabelle zurückliefert.

Bei der Fehlertabelle handelt es sich um ein Objekt der Klasse `Hashtable`, die Java zur Verfügung stellt. Die Klasse `Hashtable` implementiert eine Suchtabelle, deren Einträge jeweils aus einem Schlüsselobjekt und einem Datenobjekt bestehen. In diesem Beispiel wird die Suchtabelle dazu benutzt, zu jedem Feldnamen in dem Formular (Schlüsselobjekt) eine Fehlermeldung zuzuordnen (Datenobjekt), die im Fehlerfall zu diesem Feldnamen ausgegeben werden soll. Die Operation `size()` der Klasse `Hashtable` gibt an, wie viele Einträge in der Suchtabelle vorhanden sind. Ist `size()==0`, dann enthält sie keinen Eintrag. Mit der Operation `put()` werden Einträge in die Suchtabelle vorgenommen, mit `get()` daraus gelesen.

Hashtable

Das Formular selbst ist als dreispaltige Tabelle aufgebaut. In der ersten Spalte stehen die Feldnamen, in der zweiten Spalte die Eingabefelder und in der dritten Spalte mögliche Fehlermeldungen (siehe Abb. 12.2-2 und Abb. 12.2-3).

Dreispaltige Tabelle

Abb. 12.2-2: So sieht das Formular beim ersten Aufruf aus.

Abb. 12.2-3: Wird das Formular ohne Eingabe abgesandt, dann wird anschließend dieses Formular angezeigt.

Bei der ersten Benutzung wird das leere Formular angezeigt. Sind bereits Eingaben erfolgt, dann wird dem Benutzer rechts vom jeweiligen Eingabefeld angegeben, welcher Fehler vorliegt. Richtige Eingaben werden als Voreinstellung im Formular angezeigt (Setzen des Attributs value im Element input, z. B. value="<jsp:getProperty name= "eineRegistrierung" property="pseudonym").

In der dritten Spalte werden Fehlermeldungen angezeigt. Dies erfolgt durch Aufruf der Hilfsoperation getFehler(), z. B. <%=getFehler(eineRegistrierung,"pseudonym")%>

Sendet der Benutzer das Formular ab, dann wird die JSP-Seite registrieren.jsp aufgerufen.

formular.jsp

```jsp
<%!
// Hilfsoperation zum Ermitteln der
// Fehlermeldung zu einem Feldnamen
String getFehler
   (jsplernen.Registrieren eineRegistrierung, String schluessel)
{
   // schluessel ist hier der feldnamen im HTML-Formular
if (eineRegistrierung == null) return null; //kein Fehler
String meldung =
  (String) eineRegistrierung.getFehlertabelle().get(schluessel);
if (meldung != null)
   return "<- " + meldung;
else
   return "";
}
%>
<%-- Die Bean ist während der gesamten Sitzung gültig --%>
<jsp:useBean id="eineRegistrierung" scope="session"
  class="jsplernen.Registrieren"/>

<body>
<form action="registrieren.jsp" method="post">
<% //Abfrage, ob in der Fehlertabelle bereits
   //Fehlermeldungen eingetragen sind
 if(eineRegistrierung.getFehlertabelle().size() > 0)
 {
%>
   <p style="color:red;">
   Ihre Eingaben sind leider unvollständig.</p>
<%
 }
 else // beim 1. Aufruf ist die Fehlertabelle leer
 {
%>
   <p>Bitte machen Sie folgende Angaben zur Registrierung:</p>
<%
 }
%>
```

```
<table border="0">
<tr>
  <td>Pseudonym</td>
  <td><input type="text" name="pseudonym"
    size="10" maxlength="10"
      value="<jsp:getProperty name="eineRegistrierung"
      property="pseudonym" />" /><br />
  </td>
  <td><span style="color:red;">
    <%=getFehler(eineRegistrierung,"pseudonym")%></span>
    <%-- Beim 1. Aufruf von getFehler wird der
    voreingestellte Wert (leerer String) übergeben,
    d. h. das Formular ist leer --%>
  </td>
</tr>
<tr>
  <td>Passwort</td>
  <td><input type="password" name="passwort"
    size="10" maxlength="10"
      value="<jsp:getProperty name="eineRegistrierung"
      property="passwort" />" /><br />
  </td>
  <td><span style="color:red;">
    <%=getFehler(eineRegistrierung,"passwort")%></span>
  </td>
</tr>
<tr>
  <td>E-Mail</td>
  <td><input type="text" name="email"
    size="25" maxlength="30"
      value="<jsp:getProperty name="eineRegistrierung"
      property="email" />" /><br />
  </td>
  <td><span style="color:red;">
    <%=getFehler(eineRegistrierung,"email")%></span>
  </td>
</tr>
<tr>
  <td><input type="submit" value="Absenden" />
  </td>
  <td> </td>
</tr>
</table>
</form>
</body>
```

Die JSP-Seite registrieren.jsp übernimmt die Aufgabe des *Controllers* in dem MVC-Muster. Charakteristisch ist, dass sie selbst *keinen* Beitrag zum Ergebnisdokument liefert, insbesondere keinen HTML-Code enthält. Die eingegebenen Formulardaten werden direkt an das Objekt eineRegistrierung der Klasse Registrieren weitergereicht. Anschließend wird die Operation pruefeRegistrierung() aufgerufen.

In Abhängigkeit vom Ergebnis wird die Kontrolle durch die Aktion forward an die JSP-Seite formular.jsp oder die JSP-Seite erfolg.jsp weitergegeben.

registrieren
.jsp

```
<body>
<jsp:useBean id="eineRegistrierung" scope="session"
  class="jsplernen.Registrieren"/>

<%-- Übernahme der Formulardaten mit einer Anweisung --%>
<jsp:setProperty name="eineRegistrierung" property="*" />

<!-- Prüfung der Eingabedaten -->
<%
    eineRegistrierung.pruefeRegistrierung();
    if (eineRegistrierung.getFehlertabelle().size() == 0)
    {
%>
    <jsp:forward page="erfolg.jsp" />
<%}
    else
    {
%>
    <jsp:forward page="formular.jsp" />
<%
    }
%>
</body>
```

Die JavaBean Registrieren übernimmt die Rolle des *Models*:

Registrieren
.java

```
// Beispiel zum MVC-Muster, hier:
// ein Modul der Komponente Model
package jsplernen;
import java.util.*;
import java.io.*;

public class Registrieren
{
    private String pseudonym = "";
    private String passwort ="";
    private String email = "";

    private Hashtable fehlertabelle = new Hashtable();

    // Konstruktor parameterlos: implizit

    // property 'pseudonym': Getter und Setter
    public void setPseudonym(String pseudonym)
    {
        this.pseudonym = pseudonym;
    }
    public String getPseudonym()
    {
        return pseudonym;
    }
```

```
. . .
   // Analoge Getter und Setter für
   // die Propertys 'passwort' und 'email'
. . .
   public Hashtable getFehlertabelle()
   {
    return fehlertabelle;
   }

   public void pruefeRegistrierung()
   {
    fehlertabelle.clear(); //Löschen der Fehlertabelle

    //Die Fehlermeldungen werden hier
    //in die Hashtable eingetragen

      if (pseudonym.equals("")) //Kein Pseudonym angegeben
       fehlertabelle.put("pseudonym",
         "Bitte wählen Sie ein Pseudonym!");
      else //Pseudonym angegeben
         if (istPseudonymVergeben(pseudonym))
            //Pseudonym schon vergeben
            fehlertabelle.put("pseudonym",
               "Das Pseudonym ist schon vergeben!");

      if (passwort.equals(""))
       fehlertabelle.put("passwort",
          "Bitte wählen Sie ein Passwort!");
         if (email.equals(""))
           fehlertabelle.put("email",
             "Bitte geben Sie Ihre E-Mail-Adresse ein!");
      else //E-Mail-Adresse vorhanden
       if (email.indexOf("@")<0)
         //wenn <0, dann kein @ vorhanden
       fehlertabelle.put("email",
          "Bitte korrigieren Sie Ihre E-Mail-Adresse!");

    // Registierung durchführen
    if(getFehlertabelle().size() == 0) registrieren();
   }

   //Interne Operationen
    private boolean istPseudonymVergeben(String pseudonym)
    {
       //Prüfen, ob das Pseudonymn bereits vergeben ist
       //In Datenbank prüfen
       //Hier zum Test mit Zufallszahlengenerator
       if (Math.random() < 0.5f)
       {
           System.out.println
             ("Pseudonym noch nicht vergeben");
           return false;
       }
       else
       {
```

```
            System.out.println("Pseudonym vergeben");
            return true;
         }
      }
      private void registrieren()
      {
         // Registrieren durchführen,
         // d. h. Eintrag der Daten in Datenbank
         System.out.println("Registrierung aufgerufen");
      }
} // class Registrieren
```

Ist die Eingabe korrekt, dann wird innerhalb von registrieren .jsp mit forward auf die JSP erfolg.jsp verzweigt. Sie stellt eine weitere *View* dar:

erfolg.jsp

```
<jsp:useBean id="eineRegistrierung" scope="session"
   class="jsplernen.Registrieren"/>
<body>
<h4>Ihre Registrierung war erfolgreich!</h4>
<p>Folgende Daten wurden gespeichert:<br />
Pseudonym: <jsp:getProperty name="eineRegistrierung"
      property="pseudonym" /><br />
Passwort: <jsp:getProperty name="eineRegistrierung"
      property="passwort" /><br />
E-Mail: <jsp:getProperty name="eineRegistrierung"
      property="email" /><br />
</p>
</body>
```

Den zeitlichen Ablauf der Anfragebearbeitung bei Erstaufruf, bei korrekter Registrierung und bei einer fehlerhaften Registrierung zeigt das Sequenzdiagramm der Abb. 12.2-4.

 Lassen Sie das Programm auf Ihrem Computersystem laufen und spielen Sie die verschiedenen Fehlersituationen durch. Beachten Sie: Ob das gewählte Pseudonym vergeben ist oder nicht, wird hier durch einen Zufallszahlengenerator bestimmt. Daher müssen Sie das Programm gegebenenfalls öfter aufrufen. Beachten Sie die Kontrollausgaben des JSP-Servers.

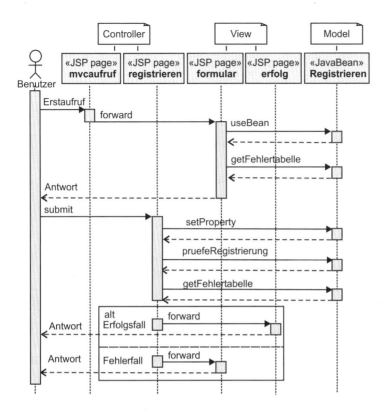

Abb. 12.2-4: Ablauf einer Anfrage und deren Bearbeitung als UML-Sequenzdiagramm. Es ist sowohl der Ablauf einer Anfrage mit korrekter Eingabe als auch
der Ablauf bei fehlerhafter Eingabe dargestellt.

12.3 Java EE-Entwurfsmuster ***

**Java EE-Entwurfsmuster ergänzen das MVC-Muster, in dem Vor-
schläge für die Architektur von einzelnen Komponenten gemacht werden. Die für Web-Anwendungen wichtigsten Java
EE-Entwurfsmuster heißen Front-Controller-Muster, Command-
and-Controller-Strategy-Muster, View-Helper-Muster, Transfer-
Object-Muster und Service-to-Worker-Muster. Diese Entwurfsmuster kommen insbesondere auch bei Web-Frameworks zum
Einsatz.**

Das MVC-Muster bietet einen sehr guten Ansatz für eine gute Architektur einer Web-Anwendung im Sinne arbeitsteiliger Erstellung, einfacher Erweiterbarkeit und guter Wartbarkeit. Eine weitere Verbesserung der Architektur bieten Entwurfsmuster für die
einzelnen Komponenten, die sich aus dem MVC-Muster ergeben.
Oracle hat für Geschäftsanwendungen, die mit **Java EE** realisiert
sind, Entwurfsmuster für die Architektur von Komponenten ent-

wickelt, die Java EE-Entwurfsmuster genannt werden. Einige dieser Entwurfsmuster kommen auch bei Web-Anwendungen, speziell bei JSP-Anwendungen, zum Einsatz.

Hinweis   Die Spezifikation Java EE hieß früher J2EE. Die Java EE-Entwurfmuster wurden entwickelt, als die Spezifikation noch J2EE genannt wurde. Deshalb ist in den Originaldokumenten zu den Java EE-Entwurfmustern nur die Bezeichnung J2EE-Pattern (J2EE-Entwurfmuster) zu finden.

Ergänzung des   Die wichtigsten Entwurfsmuster für Web-Anwendungen ergän-
MVC-Musters   zen das **MVC-Muster** und heißen:

- Front-Controller-Muster
- Command-and-Controller-Strategy-Muster
- View-Helper-Muster
- Transfer-Object-Muster
- Service-to-Worker-Muster

Diese Entwurfsmuster werden nachfolgend besprochen.

Front-Controller-Muster

Das Front-Controller-Muster zielt, wie der Name schon andeutet, auf den Controller-Teil im MVC-Muster. Der Ansatz des Front-Controller-Musters ist der, dass alle Anfragen an die Web-Anwendung an eine einzige, zentrale Komponente geleitet werden. D. h. der Controller-Teil der Web-Anwendung, der alle Anfragen entgegennimmt, besteht aus einem einzigen Servlet oder einer einzigen JSP-Seite (siehe Abb. 12.3-1). Meist wird als Front-Controller-Komponente ein Servlet bevorzugt.

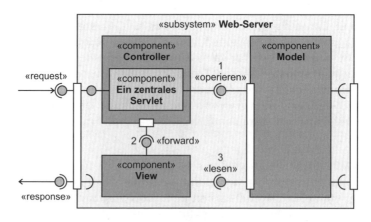

Abb. 12.3-1: Entwurfsmuster Front-Controller-Muster.

Im zentralen Servlet findet die Abbildung des empfangenen Ereignisses, dargestellt durch die aufgerufene URL, auf eine Funktion der Web-Anwendung statt. Die Durchführung der Operationen zur Funktion wird im zentralen Servlet vorgenommen.

Der Nutzen dieses Entwurfsmusters ist, dass neue Ereignis-Funktion-Paare oder neue oder geänderte Abbildungen von Ereignissen auf Funktionen zentral an einer Stelle durchgeführt werden und dadurch die Übersichtlichkeit und Wartbarkeit unterstützt wird. Nutzen

Command-and-Controller-Strategy-Muster

Dieses Entwurfsmuster ist ein ergänzendes Entwurfsmuster für die Implementierung des Front-Controller-Musters. Es wird das Command-Design-Muster, welches besagt, dass die Operationen zu einer Funktion in einer abgeschlossenen Einheit gekapselt werden, mit dem Front-Controller-Muster kombiniert. Im vorliegenden Umfeld werden die Operationen zu einer Funktion in einer Funktionskomponente gekapselt. Das Besondere ist, dass alle Komponenten zu Funktionen eine **einheitliche Schnittstelle** besitzen. In der Abb. 12.3-2 wird die Idee zum Command-and-Controller-Strategy-Muster verdeutlicht.

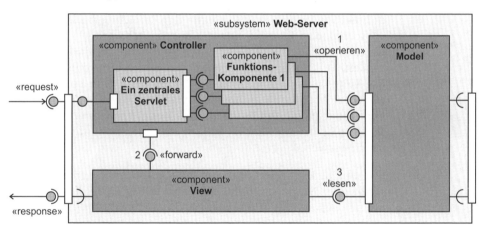

Abb. 12.3-2: Entwurfsmuster Command-and-Controller-Strategy-Muster.

Das zentrale Servlet nimmt die Anfragen und die damit verbundenen Ereignisse entgegen. Das Ereignis wird analysiert und auf eine Funktion abgebildet. Danach wird eine funktionsspezifische Komponente aufgerufen. Da alle Funktionskomponenten eine einheitliche Schnittstelle bereitstellen, kann der Aufruf im Servlet immer auf die gleiche Art und Weise erfolgen. Die gerufene Funktionskomponente arbeitet jetzt die Operationen zur Funktion unter Benutzung der Model-Komponente ab und delegiert anschließend die weitere Bearbeitung der Anfrage an die View-Komponente der Web-Anwendung.

Nutzen

Das Entwurfsmuster Front-Controller-Muster hat den Nachteil, dass bei vielen Funktionen, die in einem zentralen Servlet implementiert werden, diese Komponente sehr groß und damit auch unübersichtlich wird. Durch die Auslagerung der Implementierung der Funktionen in je eine gekapselte Einheit wird dieses Problem behoben und die Wartbarkeit und Erweiterbarkeit des zentralen Servlets sowie die Wiederverwendbarkeit von Funktionen unterstützt.

View-Helper-Muster

Die View-Komponente hat die Aufgabe, ein Ergebnisdokument zu erzeugen, welches für die Anzeige auf der Clientseite notwendig ist. Da in der Regel, abhängig von der Benutzer-Anfrage, als Ergebnisdokument verschiedene Webseiten generiert werden, ist es zweckmäßig für jede Webseite eine eigene View-Teilkomponente zu programmieren. Ist die zu erzeugende Website bezüglich des Layouts in Bereiche wie Kopfbereich, Fußbereich, Navigationsbereich, Hauptinformationsbereiche etc. aufgeteilt, so treten diese Bereiche auf allen Webseiten der Website auf. Es ist dann vorteilhaft für die View-Komponente Hilfskomponenten zu definieren, die jeweils die Inhalte der Bereiche erzeugen und in verschiedenen Teilkomponenten verwendet werden können. Ein weiterer Grund, Hilfskomponenten zu definieren, ist die Notwendigkeit, Hilfslogik in der View-Komponente zu programmieren. Die View-Komponente nutzt die Daten der Model-Komponente, realisiert aber *keinerlei* anwendungsspezifische Logik im Sinne von Änderungen der Daten in den Model-Komponenten. Trotzdem ist es oft notwendig, in den View-Komponenten Logik zu implementieren.

Beispiele

Wenn eine Liste von Daten aus der Model-Komponente sortiert angezeigt werden soll und die Daten in der Model-Komponente nur unsortiert vorliegen, muss das Sortieren der Daten nach einem evtl. vom Benutzer gewählten Sortierkriterium implementiert werden.

Nach vom Benutzer definierten Vorgaben sind Daten zu formatieren oder zu selektieren.

Diese Logikanteile besitzen auch hohes Potenzial für die Wiederverwendung in verschiedenen View-Teilkomponenten. Das View-Helper-Muster besagt, dass solche Aufteilungen in Hilfsfunktionalitäten identifiziert werden und der zugehörige Programmcode in eigenen Einheiten als Hilfskomponenten gekapselt wird (Abb. 12.3-3).

Die Controller-Komponente delegiert den Kontrollfluss an die View-Komponente bzw. an eine View-Teilkomponente, bei JSP-

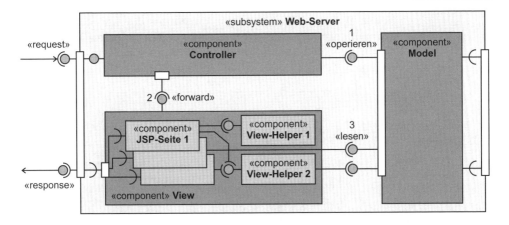

Abb. 12.3-3: Entwurfsmuster View-Helper-Muster.

Anwendungen an eine JSP-Seite. Im Code der JSP-Seite wird das übergeordnete Layout des Ergebnisdokuments definiert. Teile, die für die Anzeige bestimmter Bereiche zuständig sind oder komplexere logische Operationen benötigen, werden gekapselt und in View-Helper-Komponenten ausgelagert. Die View-Helper-Komponenten können dann in mehreren JSP-Seiten benutzt werden. Sie greifen ggf. auch auf die Daten der Model-Komponente zu.

Eine View-Helper-Komponente kann verschieden implementiert sein. Eine Möglichkeit der Implementierung ist einfach eine JSP-Seite, die per `<jsp:include>` in die von der Controller-Komponente beauftragte JSP-Hauptseite der View-Komponente eingebettet wird. Eine alternative Implementierungsart besteht darin, Funktionalitäten in *Custom Tags* zu realisieren und dadurch auf einfache Art als JSP-Anweisung wiederverwendbar zu machen. Der Kontrollfluss kehrt schließlich immer zur JSP-Hauptseite der View-Komponente zurück, welche die Erstellung des Ergebnisdokuments abschließt und die Request-Bearbeitung beendet.

Mit Hilfe des View-Helper-Musters wird hauptsächlich die übersichtliche Struktur im Code der View-Komponente und die Wiederverwendung von Code verbessert.

Nutzen

Transfer-Object-Muster

Die Funktionen, die von der Controller-Komponente ausgeführt werden, bewirken Änderungen in den Daten der Model-Komponente. Außerdem besitzt eine Funktionsausführung in der Regel ein Resultat, welches von der Controller-Komponente an die View-Komponente weitergegeben wird und die Erzeugung des Ergebnisdokuments in der View-Komponente maßgeblich beeinflusst. Wie wird nun das Resultat dargestellt und an die View-Komponente weitergeleitet? Hier setzt das Transfer-Object-Muster an. Die Idee zu diesem Entwurfsmuster wird in Abb. 12.3-4 gezeigt.

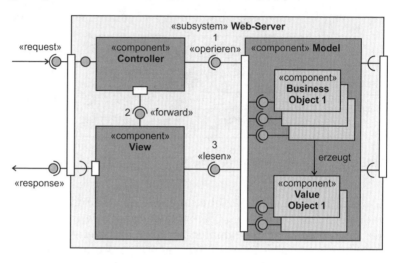

Abb. 12.3-4: Entwurfsmuster Transfer-Objekt-Muster.

Das Prinzip des Transfer-Object-Musters besteht darin, dass temporäre Objekte in der Model-Komponente erzeugt werden, die ausschließlich für den Datentransfer von Resultaten innerhalb einer Request-Bearbeitung benutzt werden. Diese temporären Objekte werden *Value Objects* oder manchmal auch *Data Transfer Objects* genannt. Die Controller-Komponente übergibt bei der Weitergabe des Kontrollflusses an eine View-Komponente in der Regel eine Referenz auf ein *Value Object*. Das *Value Object* kapselt das ggf. komplexe Resultat der Funktionsausführung. Die View-Komponente wertet das *Value Object* für die Erzeugung des Ergebnisdokuments aus. Mit Abschluss der Request-Bearbeitung in der View-Komponente wird dann das *Value Object* gelöscht.

Nutzen Durch die Darstellung der Resultate einer Funktionsausführung in einem *Value Object*, von welchem die Controller-Komponente einfach eine Referenz durchreicht, wird die Controller-Komponente vom Inhalt der Model-Komponente entkoppelt. Änderungen im Informationsgehalt der Model-Teilkomponenten können daher ohne Änderungen in Controller-Komponente vorgenommen werden, was die Erweiterbarkeit und Änderungsfreundlichkeit der Web-Anwendung erhöht.

Service-to-Worker-Muster

Das Entwurfsmuster Service-to-Worker-Muster ist kein Entwurfsmuster, welches die Architektur einer einzelnen Komponente betrifft, sondern die Kombination der gerade behandelten anderen Entwurfsmuster darstellt. Es bietet also eine Zusammenfassung der einzelnen Entwurfsmuster, welche das MVC-Muster verfeinern. Das Service-to-Worker-Muster ist in Abb. 12.3-5 visualisiert.

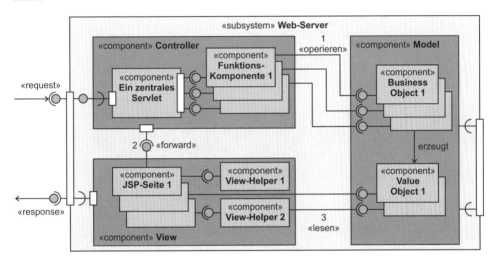

Abb. 12.3-5: Entwurfsmuster Service-to-Worker-Muster.

Beim Service-to-Worker-Muster ist das Zusammenspiel der vorher besprochenen Entwurfsmuster zu sehen.

Der Nutzen dieses Entwurfsmusters ergibt sich aus der Summe der Vorteile der einzelnen Entwurfsmuster.   Nutzen

Entwurfsmuster werden vor allem auch bei *Frameworks* eingesetzt. Ein *Framework*, welches auf dem MVC-Muster basiert und die behandelten Entwurfsmuster umsetzt, ist das Struts-Framework von Apache. Es ist aber auch sehr empfehlenswert, die vorgestellten Entwurfsmuster in Web-Anwendungen, die nicht auf *Frameworks* basieren, einzusetzen.   Einsatz

Referenzen zu Java EE-Entwurfsmustern finden Sie im Kapitel »Informationen zu JSPs«, S. 441.   Literatur

13 Fallstudie: WAM (Web-Anzeigenmarkt) **

Um eine Web-Entwicklung anschaulich und praxisnah zu zeigen, wird eine Fallstudie »Web-Anzeigenmarkt« schrittweise entwickelt.

Um die verschiedenen **Rollen** in einer Web-Entwicklung zu verdeutlichen, wird angenommen, die Firma WebSoft bekommt von der Firma eMarkt den Auftrag, einen Web-Anzeigenmarkt zu entwickeln. *Rollen*

Bei der Entwicklung eines Software-Produkts ist eine systematische Vorgehensweise erforderlich. Zusammengehörige Tätigkeiten werden zu **Phasen** zusammengefasst. *Vorgehensweise*

In der Regel werden mindestens folgende drei Phasen unterschieden: *Phasen*

- Die **Definitionsphase**:
  - In dieser Phase wird ein Pflichtenheft erstellt, das die Anforderungen an das neue Produkt enthält. Parallel dazu entsteht ein Glossar, das die für die Anwendung relevanten Begriffe definiert. Diese Tätigkeit wird durch einen Anwendungsspezialisten oder einen Systemanalytiker vorgenommen. Für den Web-Anzeigenmarkt sieht dies folgendermaßen aus:
  - »WAM – Pflichtenheft & Glossar«, S. 282
  - Nach der Erstellung des Pflichtenhefts und des Glossars wird eine Objektorientierte Analyse (OOA) durchgeführt. In der Regel bedeutet dies, dass ein Klassendiagramm in UML-Notation erstellt wird. Parallel dazu oder anschließend wird die Benutzungsoberfläche skizziert. Die objektorientierte Analyse führt in der Regel ein Systemanalytiker durch. Die Benutzungsoberfläche wird von einem Software-Ergonomen oder einem Web-Designer gestaltet. Für den Web-Anzeigenmarkt sieht dies folgendermaßen aus:
  - »WAM – OOA und Benutzungsoberfläche«, S. 284
  - »WAM – Layout«, S. 295

Nach der Definitionsphase folgt die Entwurfsphase:

- Die **Entwurfsphase**:
  - In dieser Phase wird auf Grundlage der Unterlagen aus der Definitionsphase die Software-Architektur entworfen. Diese Tätigkeit wird durch einen Software-Architekten vorgenommen. Die Architektur des Web-Anzeigenmarkts sieht wie folgt aus:
  - »WAM – Objektorientierter Entwurf – Teil 1«, S. 287
  - Es ist geplant, das MVC-Muster einzusetzen. Den Entwurf für die Model- und View-Komponenten finden Sie in:

○ »WAM – Objektorientierter Entwurf – Teil 2«, S. 290
○ »WAM – Objektorientierter Entwurf – Teil 3«, S. 292

Im Anschluss an die Entwurfsphase folgt die Implementierungs-phase:

■ Die **Implementierungsphase**:
☐ Die Programmierung der Web-Anwendung wird in Stufen vor-genommen. Die Beschreibung der geplanten Stufen befindet sich in:
○ »WAM – Implementierung in Stufen«, S. 296

Die Tätigkeiten für den Projektabschluss und die Übergabe an den Kunden werden erläutert in:

○ »WAM – Projektabschluss«, S. 386

Team   Insgesamt ist folgendes Team der Fa. WebSoft an der Entwicklung beteiligt:

Abb. 13.0-1: Firma WebSoft

Die Firma WebSoft ist ein junges, innovatives Unternehmen, das sich auf die Erstellung von Websites spezialisiert hat, d. h. auf Software, die über das Web zu bedienen ist. Aufträge werden durch ein interdisziplinäres Team bearbeitet. Jedes Teammitglied ist auf ein Fachgebiet spezialisiert. Die Abbildung zeigt einen Teil der WebSoft-Mannschaft.

Frau Dr. Graf   Dipl.-Ing. Pilot   Herr Kaiser   Frau Anton
Geschäftsführerin   **Projektleiter**   **Software-**   **Anwendungs-**
                         Ergonom   **Entwicklerin**

Herr Schulz   Frau Schick   Frau Aust   Frau Sonnenschein
Web-Entwickler   **Web- und Multi-**   **Software-**   **System-**
                      media-Designerin   **Architektin**   **analytikerin**

13.1   WAM – Pflichtenheft & Glossar **

Frau Sonnenschein von der Fa. WebSoft interviewt in ihrer Rolle als **Systemanalytikerin** den Auftraggeber Herrn Herbst von der Fa. eMarkt und erstellt in Zusammenarbeit mit ihm ein **Pflichtenheft** und ein **Glossar.**

Das Pflichtenheft Web-Anzeigenmarkt sieht folgendermaßen aus: Pflichtenheft

Zielbestimmung
Ziel ist es, Anbietern (Biete) und Interessenten (Suche) einen elektronischen Anzeigenmarkt zur Verfügung zu stellen. Dazu können Anbieter Verkaufsangebote und Interessenten Kaufgesuche als Web-Anzeigen aufgeben.

Produktfunktionen
/F10/ →Verkaufsangebot bzw. →Kaufgesuch **eintragen**:
Ein Anbieter oder Interessent erfasst über einen Webbrowser eine →Web-Anzeige evtl. mit Bild.
/F20/ →Verkaufsangebote bzw. →Kaufgesuche **suchen**:
Der Interessent sucht ein für ihn interessantes Verkaufsangebot und der Anbieter macht zu einem Kaufgesuch ein Angebot. Über den Anzeigenmarkt wird der Kontakt hergestellt.
/F30/ →Verkaufangebote bzw. →Kaufgesuche werden **nach Rubriken geordnet**.
/F40/ Mit einem Passwort kann der Anbieter oder Interessent eine →Web-Anzeige wieder **löschen**, z. B. wenn der Artikel verkauft wurde. Nach dem Erfassen einer Web-Anzeige erhält er das Passwort mitgeteilt.

Produktdaten
/D10/ Daten für die →Web-Anzeige (max. 100.000):
Eine Anzeige besteht aus: Lfd.-Nr, Rubrik, Art (Verkaufsangebot, Kaufgesuch), Titel, Detailbeschreibung, Preis, Gültig bis, Kontakt-E-Mail und Bild.

Benutzungsoberfläche
/B10/ →Web-Anzeigen über Web-Formular erfassen:
Für die Erfassung eines Verkaufsangebots oder Kaufgesuchs ist eine Web-Erfassung über ein Formular vorzusehen, wobei Bilder auf den Server ladbar sein müssen.

Im **Glossar Web-Anzeigenmarkt** sind folgende Begriffe definiert: Glossar

Kaufgesuch: Ein Interessent sucht einen Artikel.

Rubrik: →Verkaufsangebote und →Kaufgesuche werden Sachgebieten zugeordnet, z. B. Sport, Kunst usw.

Verkaufsangebot: Ein Anbieter bietet einen Artikel zum Verkauf an.

Web-Anzeige: Ein Anbieter oder ein Interessent geben eine →Web-Anzeige bzw. Kleinanzeige auf, um ihr →Verkaufsangebot oder ihr →Kaufgesuch im Web zu publizieren.

13.2 WAM – OOA und Benutzungsoberfläche **

Ausgehend von dem erstellten Pflichtenheft und dem Glossar erstellt Frau Sonnenschein in ihrer Rolle als **Systemanalytikerin** der Fa. WebSoft ein **objektorientiertes Analysemodell** (**OOA**-Modell).

Dabei beachtet Sie folgendes wichtige **Prinzip**: Das Fachkonzept wird zuerst und unabhängig von der oder den Benutzungsoberflächen (oft auch Benutzeroberfläche, Bedienoberfläche oder Benutzerschnittstelle genannt) und der späteren Programmiersprache, die für die Implementierung verwendet wird, modelliert. Kurzgefasst bedeutet dies: Zuerst der Inhalt, dann die Oberflächen und die Implementierung.

Aus dem Pflichtenheft ergibt sich ein **Klassendiagramm**. Wie die Abb. 13.2-1 zeigt, lässt sich eine Anzeige des Web-Anzeigenmarkts durch eine **Klasse** modellieren. Als Notation wird ein UML-Klassendiagramm verwendet.

Anzeige
Nummer
Rubrik
Art
Titel
Details
Preis
GültigBis
E-Mail
Bildverweis
Passwort
speichereInDB()
löscheInDB()
leseEintragAusDB()

Abb. 13.2-1: UML-Klassendiagramm für die Klasse Anzeige zur Nutzung in der objektorientierten Analyse.

Klasse Anzeige   In der Klasse Anzeige sind alle Attribute und Methoden aufgeführt, die für eine Web-Anzeige benötigt werden, um die Logik einer Web-Anzeige abzubilden.

- ■ Nummer: Jede Web-Anzeige soll eine eindeutige Nummer erhalten, um identifizierbar zu sein.
- ■ Rubrik: Gibt an, zu welchem Sachgebiet die Anzeige gehört, z. B. Computer & Zubehör, Musik usw.
- ■ Art: Gibt an, ob es sich um ein Verkaufsangebot oder ein Kaufgesuch handelt.
- ■ Titel: Charakterisiert die Anzeige.
- ■ Details: Detaillierte Beschreibung des Artikels.
- ■ Preis: Gibt bei Verkaufsangeboten den geforderten Preis, bei Kaufgesuchen optional den maximalen Preis an, den der Interessent bereit ist zu zahlen.

- ▦ GültigBis: Gibt an, wie lange die Anzeige gültig ist, d. h. im Web-Anzeigenmarkt sichtbar sein soll.
- ▦ E-Mail: Es wird eine Kontakt-E-Mail benötigt, damit die Web-Benutzer Kontakt zum Anbieter bzw. Interessenten aufnehmen können.
- ▦ Bildverweis: Gibt den Dateinamen eines Bildes an.
- ▦ Passwort: Gibt das Passwort an, mit dem eine Web-Anzeige gelöscht werden kann.
- ▦ speichereInDB: Methode, um eine Anzeige in der Datenbank zu speichern.
- ▦ löscheInDB: Methode, um eine Anzeige in der Datenbank zu löschen.
- ▦ leseEintragAusDB: Methode, um eine Anzeige aus der Datenbank zu lesen.

Frau Sonnenschein präzisiert auch Anforderungen aus dem Pflichtenheft und ergänzt Funktionen, die generell für Web-Anwendungen einzufügen sind und deshalb nicht explizit im Pflichtenheft stehen.

Funktionen

Solche Funktionen sind: Angabe der Allgemeinen Geschäftsbedingungen, Angabe der Verantwortlichen der Web-Anwendung (Impressum) usw. Einen Überblick über die zu realisierenden Funktionen gibt Abb. 13.2-2.

Abb. 13.2-2: Logische Gruppierung der Funktionen des Web-Anzeigenmarkts.

Ausgehend von dem erstellten Pflichtenheft, dem Glossar und dem objektorientierten Analysemodell erstellt Herr Kaiser von der Firma WebSoft in seiner Rolle als **Software-Ergonom** zunächst eine **Skizze für die Benutzungsoberfläche** (Abb. 13.2-3).

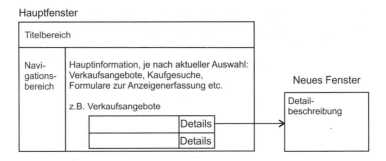

Abb. 13.2-3: Skizze der Benutzeroberfläche des Web-Anzeigenmarkts.

Aufteilung in 3
Bereiche

Wie die Skizze zeigt, soll der Arbeitsbereich des Browsers in drei Bereiche eingeteilt werden:

- Titelbereich
- Navigationsbereich
- Hauptinformation

Titelbereich

Im Titelbereich soll das Logo des Web-Anzeigenmarkts positioniert werden.

Navigations-
bereich

Im Navigationsbereich werden die verfügbaren Funktionen angezeigt. Dort sollen die Rubriken für die Verkaufsangebote und Kaufgesuche untereinander aufgeführt werden. Außerdem sollen dort die Funktionen für das Erfassen und Löschen einer Web-Anzeige sowie die Funktionen für die Anzeige der allgemeinen Informationen wie AGB, Impressum etc. dargestellt werden.

Haupt-
information

Im Bereich Hauptinformation werden je nach Anwahl einer Funktion im Navigationsbereich die zugehörigen Nutzinformationen dargestellt. Wird die Website zum erstenmal aufgerufen, dann soll in diesem Bereich eine Begrüßungsinformation angezeigt werden, die für den Besucher der Website möglichst interessant sein könnte. Wird im Navigationsbereich z. B. Verkaufsangebot Musik angewählt, so werden die **Verkaufsangebote** zur Rubrik **Musik** tabellarisch in Kurzform aufgelistet.

Jeder Tabelleneintrag enthält einen Link mit dem Text Details. Klickt der Benutzer auf diesen Link, dann soll in einem neuen Browserfenster die **Detailbeschreibung** angezeigt werden. Dieses Browserfenster ist *ohne* Bedienungselemente anzuzeigen. Klickt der Benutzer auf die Details einer anderen Tabellenzeile und eine Detailansicht ist noch offen, dann wird die neue Detailansicht ebenfalls in diesem Browserfenster angezeigt.

Begrüßungs-
information

Frau Sonnenschein und Herr Kaiser entscheiden, dass als »interessante« Begrüßungsinformation die aktuellen Verkaufsangebote der Rubrik Schnäppchen angezeigt werden.

13.3 WAM – Objektorientierter Entwurf – Teil 1 **

Der Projektleiter der Fa. WebSoft, Herr Pilot, entscheidet in einem Vorgespräch mit Fr. Sonnenschein, der Systemanalytikerin, und Fr. Aust, der **Software-Architektin** der Fa. WebSoft, dass der Web-Anzeigenmarkt mit JSP und Servlets unter Verwendung des MVC-Musters für die Architektur implementiert wird.

Bei diesem Vorgespräch wird auch entschieden, dass die persistente Datenhaltung in einer relationalen Datenbank erfolgt und als Datenbankmanagementsystem Derby oder MySQL zum Einsatz kommt. Herr Pilot beauftragt nach dem Vorgespräch Frau Aust, einen **objektorientierten Entwurf** (OOD-Modell) für den Web-Anzeigenmarkt vorzunehmen. Frau Aust entwickelt eine **Software-Architektur**, welche die Abb. 13.3-1 zeigt.

Die Architektur folgt dem MVC-Muster (siehe »Modell-1-Architektur und MVC-Muster«, S. 260) und berücksichtigt als Verfeinerung das Java EE-Entwurfsmuster Service-to-Worker-Muster (siehe »Java EE-Entwurfsmuster«, S. 273).

Erläuterung der Architektur

Alle HTTP-Request-Nachrichten für den Web-Anzeigenmarkt werden an die Front-Controller-Komponente geleitet. Andere JSP-Seiten, z. B. JSP-Seiten, die Ergebnisdokumente für die Response-Nachrichten erzeugen, werden nicht direkt aufgerufen. Die Front-Controller-Komponente wird als Servlet-Klasse mit Namen FrontContr implementiert.

Beim ersten Aufruf der Front-Controller-Komponente werden die notwendigen Initialisierungen für die Navigationsstrukturen innerhalb der Web-Anwendung (Einträge im Navigationsbereich, Abbildung von Ereignissen auf Funktionen) und die Konfiguration des Datenbankanschlusses vorgenommen. Eine HTTP-Request-Bearbeitung wird in folgenden Schritten durchgeführt:

- ▦ Anhand der Request-Parameter wird die vom Benutzer angewählte Funktion ermittelt, z. B. die Funktion »Verkaufsangebote einer Rubrik: Liste der Angebote«. Die Funktionen des Web-Anzeigenmarktes finden Sie in »WAM – OOA und Benutzungsoberfläche«, S. 284.
- ▦ Danach werden die Formularparameter mit Hilfe der Klasse ParamZuBean in die JavaBean Anzeige übertragen, damit nachfolgende Komponenten des *Controllers* nicht mehr auf die HTTP-Schnittstelle zugreifen müssen und damit von der HTTP-Schnittstelle entkoppelt werden.
- ▦ Nach Übertragung der Formularparameter wird die *Command-Controller-Komponente*, die zur angewählten Funktion gehört, aufgerufen. In Abb. 13.3-1 ist dies exemplarisch für die Command-Controller-Komponente

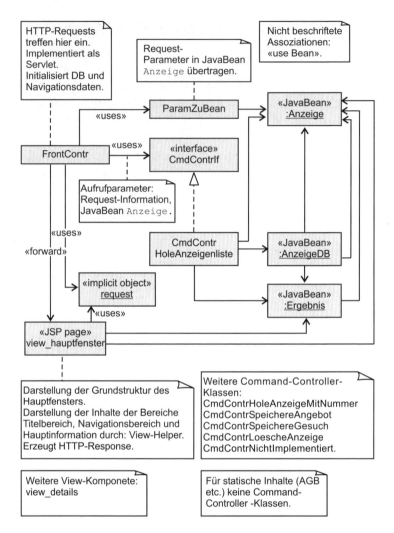

Abb. 13.3-1: Entwurf der Architektur des Web-Anzeigenmarkts nach dem MVC-Muster und dem Java EE-Entwurfsmuster Service-to-Worker dargestellt als UML-Diagramm.

CmdContrHoleAnzeigenliste dargestellt. Die weiteren Command-Controller-Klassen ergeben sich aus den Funktionen des Web-Anzeigenmarkts. Als Sonderfall ist die Command-Controller-Komponente CmdContrNichtImplementiert zu sehen, die während der Entwicklung für Funktionen verwendet wird, die noch nicht implementiert sind. Mit Hilfe dieser Command-Controller-Komponente können alle Funktionen schon zu Beginn der Entwicklung einheitlich behandelt werden, unabhängig davon, ob sie schon implementiert sind. Damit alle Command-Controller-Komponenten einheitlich aufgerufen werden können, wird das Interface CmdContrIf definiert.

- Eine Command-Controller-Komponente implementiert nun diese Funktion, indem sie Operationen in der Model-Komponente anstößt. Dazu gehört z. B. die Prüfung der Benutzereingaben und, wenn diese korrekt sind, der Aufruf von weiteren Methoden der Model-Komponente, in denen Daten in die Datenbank geschrieben oder aus der Datenbank gelesen werden.

- Die *Model-Komponente* besitzt die Klassen Anzeige, AnzeigeDB und Ergebnis. Die Klasse Anzeige dient zur Hinterlegung der Daten zu einer Anzeige, d. h. zu einem Verkaufsangebot oder zu einem Kaufgesuch. Objekte dieser Klasse werden sowohl als Eingabeparameter für die Klassen der Command-Controller-Komponenten als auch im Ergebnis verwendet. Die Klasse AnzeigeDB realisiert den Datenbankanschluss. Die Klasse Ergebnis enthält das Ergebnis der Funktionsdurchführung und dient als Transportobjekt, um das Ergebnis zwischen den Komponenten der Web-Anwendung weiterreichen zu können.

- Am Ende seiner Arbeit gibt eine Command-Controller-Komponente ihr Ergebnis, gehalten in einem Objekt der Klasse Ergebnis, an die Front-Controller-Komponente zurück.

- Jetzt entscheidet die Front-Controller-Komponente, an welche View-Komponente die weitere Bearbeitung der HTTP-Request-Nachricht per <jsp:forward> delegiert wird. Für die Arbeit der View-Komponente hinterlegt die Front-Controller-Komponente das Ergebnis sowie weitere Informationen im Kontext *Request*.

- Für Ergebnisdokumente mit statischem Inhalt (z. B. AGBs) sind keine Operationen auf der Model-Komponente notwendig. Deshalb gibt es hierzu keine Command-Controller-Komponenten. Die Front-Controller-Komponente leitet hier die Bearbeitung, der HTTP-Request-Nachricht sofort per <jsp:forward> an eine View-Komponente weiter.

- Die angesprochene *View*-Komponente erzeugt dann den HTML-Code der Webseite, die dem Benutzer im Browser anzeigt wird. Die View-Komponente, die dabei am häufigsten angesprochen wird, ist view_hauptfenster.jsp, die für die Erzeugung der Grundstruktur der Webseite, d. h. für die Anordnung der Bereiche, zuständig ist. Für die Erzeugung der Inhalte der einzelnen Bereiche werden View-Helper-Komponenten benutzt. Die View-Helper-Komponenten greifen wiederum auf die Model-Komponente, insbesondere auf das Objekt der Klasse Ergebnis, welches von der zugehörigen Command-Controller-Komponente zurückgeliefert wurde, zu.

▓ Die View-Komponente view_details.jsp zeigt die Detailinformationen zu einer Anzeige in einem separaten Browserfenster an. Die Darstellung der Informationen hat eine andere Struktur als das Hauptfenster, die durch view_hauptfenster.jsp erzeugt wird.

Initialisierung   Die Initialisierungsdaten der Web-Anwendung sind in der Konfigurationsdatei web.xml abgelegt. Beim ersten Aufruf des Front-Controller-Servlets liest dieses die Daten aus web.xml aus. Zu den Initialisierungsdaten gehören der Datenbanktreiber, der DBMS-Server und der Name der Datenbank, in welcher die Web-Anzeigen abgespeichert werden. Die Front-Controller-Komponente gibt diese Daten an die Klasse AnzeigeDB weiter.

Konfiguration   Die Rubrikenliste des Web-Anzeigenmarkts wird konfigurierbar geplant. Deshalb gehört es auch zur Aufgabe der Front-Controller-Komponente, beim ersten Aufruf die Konfiguration einzulesen und in der Web-Anwendung im Kontext *Application* zu hinterlegen. Die Konfiguration darf nicht mit der Initialisierung verwechselt werden. Eine Konfigurationsänderung ändert das Programm der Web-Anwendung, während eine Änderung der Initialisierungsdaten die unveränderte Web-Anwendung auf eine andere Umgebung anpasst.

13.4   WAM – Objektorientierter Entwurf – Teil 2 **

Frau Aust, entwirft auch die Klassen der Model-Komponente des MVC-Musters. Diese sind in Abb. 13.4-1, Abb. 13.4-2 und Abb. 13.4-3 zu sehen.

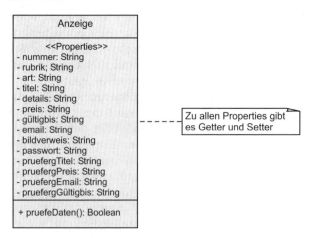

Abb. 13.4-1: Die Klasse Anzeige der Komponente *Model* des Web-Anzeigenmarkts.

Die Klasse Anzeige nimmt die Daten einer Web-Anzeige auf. Diese JavaBean-Klasse Anzeige wurde aus der UML-Klasse Anzeige der objektorientierten Analyse aus »WAM – OOA und Benutzungsoberfläche«, S. 284, abgeleitet. Die Klasse wurde hinsichtlich der Verwendung in der Software modifiziert, um neben den Attributen und Methoden für die fachliche Logik einer Web-Anzeige auch die Attribute und Methoden bereitzustellen, die für die Implementierung notwendig sind.

Es wurde die Methode pruefeDaten() aufgenommen, mit der die Eingabedaten des Benutzers auf Zulässigkeit geprüft werden.

Die Ergebnisse der Prüfungen der einzelnen Felder werden auch als *Propertys* in der Klasse abgespeichert. Außerdem wurden Umbenennungen der Attribute durchgeführt, um die **Programmierrichtlinien**, die in der Firma WebSoft gelten, einzuhalten.

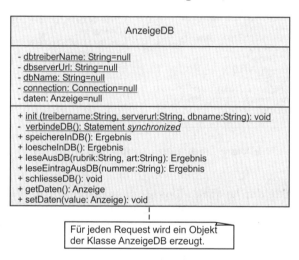

Abb. 13.4-2: Die Klasse AnzeigeDB der Komponente Model des Web-Anzeigenmarkts.

Die JavaBean-Klasse AnzeigeDB nimmt die Daten einer Web-Anzeige auf und kapselt den Datenbankzugriff, indem Sie für die Command-Controller-Komponenten Methoden zur Verfügung stellt. Jede HTTP-Request-Nachricht erzeugt sein eigenes Exemplar von AnzeigeDB und hinterlegt in der Property daten die Daten zu einer Anzeige, wenn eine Operation auf einer Anzeige (Speichern, Löschen, Lesen) durchgeführt werden soll.

Die Initialisierungsdaten für die Datenbank, wie Name der Datenbank, die Adresse des DBMS-Servers und Name des Datenbanktreibers, erhält die Klasse beim ersten Aufruf der Web-Anwendung durch die Front-Controller-Komponente (siehe »WAM –

Initialisierung der Datenbank

Neben-
läufigkeit

Objektorientierter Entwurf – Teil 1«, S. 287), welche die Methode `init()` der Klasse `AnzeigeDB` aufruft.

Damit eine Datenbankverbindung nur beim ersten Aufruf einmal aufgebaut wird – da der Aufbau viel Zeit kostet – konzipiert Frau Aust eine private Klassenoperation `verbindeDB()`. Der Zeiger auf die Datenbank soll in der privaten Klassenvariablen `connection` gespeichert werden. Die Klassenoperation `verbindeDB()` muss **synchronisiert** werden, damit Mehrfachaufrufe dieser Methode nacheinander abgearbeitet werden und so immer nur eine Verbindung zur Datenbank aufgebaut wird.

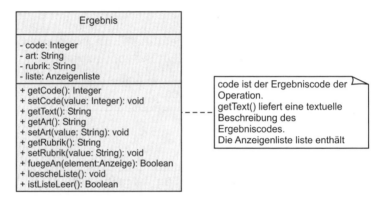

Abb. 13.4-3: Die Klasse Ergebnis der Komponente Model des Web-Anzeigenmarkts.

Die Objekte der JavaBean-Klasse `Ergebnis` werden als Datentransferobjekte benutzt, um Daten zwischen dem *Model*, dem *Controller* und der *View* auszutauschen. Diese Klasse stellt einen Ergebniscode und einen Ergebnistext für die durchgeführte Operation bereit. Außerdem wird festgehalten, welche Rubrik vom Benutzer angewählt wurde und, ob Verkaufsangebote oder Kaufgesuche selektiert war. In einer Liste werden je nach Operation keine (Löschen einer Anzeige), eine (Speichern einer Anzeige) oder mehrere (HoleAnzeigen zu einer Rubrik) Objekte der Klasse `Anzeige` verwaltet.

13.5   WAM – Objektorientierter Entwurf – Teil 3 **

Frau Aust, entwirft die JSP-Seiten der View-Komponente des MVC-Musters. Diese sind in Abb. 13.5-1 dargestellt.

Die Hauptseite `view_hauptfenster.jsp` definiert die Struktur des Hauptfensters wie in »WAM – OOA und Benutzungsoberfläche«, S. 284, vorgegeben. Die Struktur wird mit HTML-Elementen `div` erzeugt.

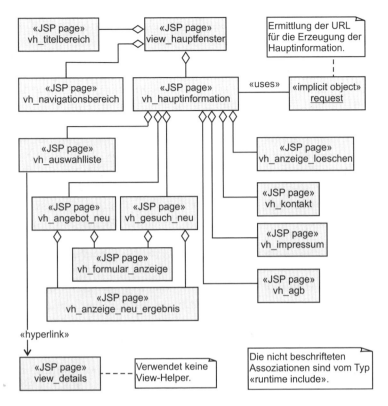

Abb. 13.5-1: Die JSP-Seiten der Komponente *View* des Web-Anzeigenmarkts.

view_hauptfenster.jsp bindet weitere JSP-Seiten als View-Helper-Komponenten für die Erzeugung der Inhalte der einzelnen Bereiche des Hauptfensters ein. Diese sind vh_titelbereich.jsp, vh_navigationsbereich.jsp und vh_hauptinformation.jsp. Somit wird das Hauptfenster modular aus einzelnen JSP-Seiten aufgebaut.

Die JSP-Seite vh_titelbereich.jsp beinhaltet ein Logo für den Web-Anzeigenmarkt, das gleichzeitig auch als Hyperlinks auf die Startseite des Web-Anzeigenmarkts dienen soll. Die JSP-Seite vh_navigationsbereich.jsp stellt die Hyperlinks zur Anwahl der Funktionen des Web-Anzeigenmarkts dar.

Die JSP-Seite vh_hauptinformation.jsp nutzt im Kontext *Request* hinterlegte Informationen, um eine weitere View-Helper-Komponente zu ermitteln, welche zur ausgewählten Funktion den Inhalt des Bereichs Hauptinformation erstellt.

Wird eine Funktion zur Ausgabe der Liste von Verkaufsangeboten oder Kaufgesuchen zu einer Rubrik angewählt, z. B. der Hyperlink Verkaufangebote zu Rubrik Sport&Zubehör, so wird in der Command-Controller-Komponente CmdHoleAnzeigenliste

Nutzung des Kontexts *Request*

durch Nutzung der Datenbank die zugehörige Liste von Web-Anzeigen ermittelt (siehe »OOD Teil 1«, S. 287). Diese Liste wird in
einem Datentransferobjekt der Klasse Ergebnis gespeichert und
im Kontext *Request* hinterlegt. Die Darstellung der Web-Anzei-
genliste übernimmt die JSP-Seite vh_auswahlliste.jsp, die alle notwendigen Informationen aus Ergebnis entnimmt.

Die gefundenen Web-Anzeigen werden in einer Tabelle ange-
zeigt. Zu jeder Web-Anzeige gibt es in der Tabelle einen Hy-
perlink, der Detailinformationen zu dieser Anzeige bietet. Die
Darstellung der Detailinformationen wird durch die Command-
Controller-Komponente CmdContrHoleAnzeigeMitNummer, welche die
Daten aus der Datenbank liest und im Kontext *Request* als
Ergebnis hinterlegt, sowie die View-Komponente view_details.jsp
realisiert. CmdContrHoleAnzeigeMitNummer, erhält die **Nummer** des
Angebots bzw. Gesuchs als Request-Parameter, angehängt an die
URL im Hyperlink übergeben. Mit Hilfe dieser Nummer können
dann die Detaildaten aus der Datenbank gelesen werden.

*Nutzung des
JSP-Parameter-
mechanismus*

Frau Aust nutzt bei ihrem Entwurf die Möglichkeit, dynamisch
erzeugte Parameter an JSP-Seiten zu übergeben (siehe auch:
»JSP-Standardaktion include«, S. 70). Wird die Funktion Neues
Verkaufsangebot abgeben angewählt, so wird die View-Helper-Komponente vh_angebot_neu.jsp angesteuert. Diese verwendet die
View-Helper-Komponente vh_formular_anzeige.jsp, um das Formular zur Erfassung der Anzeigedaten zu erstellen.

Die View-Helper-Komponente vh_formular_anzeige.jsp wird ebenfalls von vh_gesuch_neu.jsp für das Formular für die Erfassung
eines Kaufgesuchs verwendet, da die zu erfassenden Daten fast
gleich sind. Damit in vh_formular_anzeige.jsp die Unterschiede für
ein Verkaufsangebot bzw. Kaufgesuch in Form spezifischer Texte und Formularfelder berücksichtigt werden können, muss sein
Aufruf parametriert werden. Dazu hängen vh_angebot_neu.jsp
bzw. vh_gesuch_neu.jsp zusätzliche Request-Parameter an die Liste der Request-Parameter an, die von vh_formular_anzeige.jsp gelesen werden können.

Das Ergebnis der Ausführung von Neues Verkaufsangebot abgeben
bzw. Neues Verkaufsgesuch abgeben, wird durch
vh_anzeige_neu_ergebnis.jsp dargestellt. Nach erfolgreichem
Speichern einer Anzeige wird dem Benutzer die Anzeigennummer und ein Passwort angezeigt, die für das Löschen der
Anzeige notwendig sind. Damit die Übertragung der Daten vom
Formular in die JavaBean Anzeige einfach programmiert werden
kann, wird festgelegt, dass die **Namen der Formularfelder
und die Namen der *Propertys*** der JavaBean Anzeige **identisch**
sein müssen.

Über die JSP-Seite vh_anzeige_loeschen.jsp, die ein Formular zur Eingabe der Anzeigennummer und des Passworts enthält, kann eine Anzeige gelöscht werden. Damit der Benutzer seine Web-Anzeige selbst löschen kann, erhält er nach dem erfolgten Eintrag dieses Passwort angezeigt.

Löschen einer Web-Anzeige

Über den Navigationsbereich werden weitere Funktionen angesprochen, die lediglich statisch vorhandene Informationen abrufen und anzeigen und keinen Zugriff auf die Datenbank benötigen. Die zugehörigen Informationen werden durch die JSP-Seiten vh_kontakt.jsp, vh_impressum.jsp und vh_agb.jsp dargestellt.

Abruf statischer Informationen

13.6   WAM – Layout **

In seiner Rolle als **Software-Ergonom** entwickelt Herr Kaiser das Layout für die Website. Grundlegende Entscheidungen wurden schon in »WAM – OOA und Benutzungsoberfläche«, S. 284, gefällt. Herr Kaiser erstellt nun prototypisch ausgewählte Webseiten der Website. Dabei nutzt er ausschließlich HTML-Elemente. Die prototypischen Seiten enthalten keine fachliche Funktionalität. Ziel ist es, das Layout und die Bedienung zu entwickeln und mit dem Kunden abzustimmen. Außerdem können den anderen, am Projekt beteiligten Personen notwendige Informationen für die Programmierung der Web-Anwendung durch Vorzeigen des Prototyps weitergegeben werden.

Die erste wichtige Seite ist das Hauptfenster der Web-Anwendung. Herr Kaiser entwirft das in Abb. 13.6-1 gezeigte Layout.

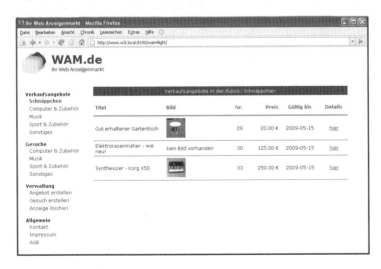

Abb. 13.6-1: Das ist das Hauptfenster des Web-Anzeigenmarkts.

Einfaches Hauptfenster

In dieser Fallstudie wird das Hauptfenster bewusst einfach gehalten, um nicht vom Wesentlichen abzulenken. Das Hauptfenster zeigt in Abb. 13.6-1 eine Tabelle mit Verkaufsangeboten. Die Webseite für die Kaufgesuche ist analog aufgebaut. Herr Kaiser entwickelt auch die Webseiten für die Formulare zur Eingabe von Verkaufsangeboten bzw. Kaufgesuche sowie das Formular für das Löschen von Anzeigen. Diese Formulare werden zusammen mit der Beschreibung der Implementierung der zugehörigen Funktionen in späteren Abschnitten vorgestellt und besprochen.

CSS-Stilvorlagen

Um die Farb- und Schriftgestaltung getrennt von den HTML- und JSP-Dateien zu halten, wird CSS eingesetzt werden. Die Farb- und Schriftfestlegungen können dann in CSS-Stilvorlagen erfolgen, die in eigenen Dateien abgelegt werden. Die Einbindung der CSS-Dateien in eine Webseite geschieht über das HTML-Element style im Kopfteil der HTML-Seite, wie z. B. in view_hauptfenster.jsp zu sehen.

view_haupt fenster.jsp (Ausschnitt)

```
<style type="text/css">
  @import url(css/wam.css);
</style>
```

CSS-Dateien

Die CSS-Dateien für den Web-Anzeigenmarkt finden Sie in »WAM – CSS-Datei«, S. 443.

13.7   WAM – Implementierung in Stufen **

Der Projektleiter Herr Pilot und Herr Schulz, der Web-Entwickler der Firma WebSoft, planen zusammen die Implementierung des Web-Anzeigenmarkts. Damit der Implementierungsfortschritt stets an einer lauffähigen Web-Anwendung nachvollziehbar ist, planen sie die Implementierung in Stufen. Eine Stufe ist dadurch gekennzeichnet, dass am Ende einer Stufe die Web-Anwendung lauffähig ist.

Folgende Stufen mit den aufgeführten Arbeitspaketen sind vorgesehen:

■ Stufe 1: »WAM – Hauptfenster«, S. 298
☐ Die JSP-Seiten zur Implementierung des Hauptfensters (View-Komponente und View-Helper-Komponente) werden erstellt. Die Funktionen zur Anzeige statischer Informationen werden implementiert (Kontakt, Impressum und AGB). Der Navigationsbereich wird dabei nur exemplarisch für diese Funktionen realisiert. Im Bereich Hauptinformation werden die JSP-Seiten mit statischem Inhalt dargestellt. Die View-Helper-Komponente vh_hauptinformation.jsp wertet in dieser Stufe die Request-Parameter (ausgewählte Funktion) aus, um den richtigen Inhalt im Bereich Hauptinformation zu erzeugen.

- ■ Stufe 2: »WAM – Controller – Teil 1 «, S. 302 (Front-Controller-Komponente – Rahmen und Prinzip)
- ☐ Eine rudimentärere Front-Controller-Komponente, welche die vom Benutzer ausgewählte Funktion aus den Request-Parametern extrahiert und funktionsabhängig an JSP-Seiten der Komponente *View* weiterleitet, wird realisiert. D. h. eine einfache Ereignisbehandlungsroutine der Front-Controller-Komponente wird entwickelt. Die View-Helper-Komponente vh_hauptinformation.jsp erhält jetzt von der Front-Controller-Komponente die Information, welchen Inhalt er erzeugen soll.
- ☐ Mechanismen zum Debugging der Web-Anwendung wie Ausgabe in eine Log-Datei und Ausgabe der Request-Parameter sowie der Attribute, die im Kontext *Request* hinterlegt sind, auf der Webseite werden eingebaut.
- ■ Stufe 3: »WAM – Controller – Teil 2«, S. 309 (Front-Controller-Komponente und Command-Controller-Komponenten)
- ☐ Es wird ein allgemeines Interface, das jede Command-Controller-Klasse implementieren muss, definiert.
- ☐ Das Prinzip der Einbindung der Command-Controller-Komponenten in die Front-Controller-Komponente wird gezeigt.
- ☐ Eine allgemeine Command-Controller-Klasse wird programmiert, die für Funktionen, die noch nicht implementiert sind, verwendet werden kann.
- ☐ Es wird die Hilfsklasse Ergebnis implementiert.
- ■ Stufe 4: »WAM – Anzeigenerfassung«, S. 314
  Neue Verkaufsangebote und Kaufgesuche sollen erstellt und in der Datenbank abgespeichert werden.
- ☐ Es wird die elementare JavaBean-Klasse Anzeige realisiert, welche die Daten einer Web-Anzeige aufnimmt. Bei der Klasse Anzeige wird auch die Eingabeüberprüfung, d. h. die Überprüfung der fachlichen Daten programmiert.
- ☐ Eine Command-Controller-Klasse zu dieser Funktion wird programmiert.
- ☐ Die JSP-Seiten (View-Helper-Komponenten) mit den Formularen für die Erfassung der Daten einer Web-Anzeige werden erstellt.
- ☐ Es wird die Hilfsklasse ParamZuBean implementiert.
- ■ Stufe 5: »WAM – Datenbankanbindung«, S. 330
- ☐ Als vorbereitendes Arbeitspaket muss die Datenbank eingerichtet werden.
- ☐ Die JavaBean-Klasse AnzeigeDB des *Models* wird soweit realisiert, wie es für diese Funktion notwendig ist.
- ☐ Die Command-Controller-Klassen zu dieser Funktion werden programmiert.

- Stufe 6: »WAM – Anzeigenauflistung«, S. 347 (Verkaufsange-bote bzw. Kaufgesuche einer Rubrik anzeigen)
- ☐ Die Klasse `AnzeigeDB` wird um die Funktionalität des Lesens von Web-Anzeigen aus der Datenbank erweitert.
- ☐ Eine Command-Controller-Komponente für diese Funktion wird erstellt.
- ☐ Eine View-Helper-Komponente zur Anzeige der in der Datenbank gefundenen Web-Anzeigen wird implementiert.
- Stufe 7: »WAM – Konfigurierbare Rubrikenliste«, S. 356
- ☐ Eine JSP-Seite für das Konfigurieren der Rubrikenliste wird erstellt.
- ☐ Controller-Komponenten werden so implementiert, dass sie eine konfigurierte Rubrikenliste nutzen.
- ☐ View-Komponenten werden so realisiert, dass sie eine konfigurierte Rubrikenliste berücksichtigen.
- Stufe 8: »WAM – Anzeige löschen«, S. 363
  Die MVC-Komponenten für diese Funktion werden ergänzt oder angepasst.
- Stufe 9: »WAM – Detailbeschreibung anzeigen«, S. 369
  Die MVC-Komponenten für diese Funktion werden ergänzt oder angepasst.
- Stufe 10: »WAM – Hochladen von Bildern«, S. 375
- ☐ Eine JavaBean-Klasse zum Abspeichern hochgeladener Dateien wird implementiert.
- ☐ Die MVC-Komponenten für diese Funktion werden ergänzt oder angepasst.

Den Quellcode zu allen Stufen finden Sie an dieser Stelle im Online-Kurs zum Buch.

13.8 WAM – Hauptfenster **

Herr Schulz, der Web-Entwickler der Firma WebSoft, beginnt mit der Implementierung der ersten Stufe. Er programmiert zuerst die JSP-Seite `view_hauptfenster.jsp`. Die Grundstruktur des Hauptfensters ist in »WAM – OOA und Benutzungsoberfläche«, S. 284, und das Layout in »WAM – Layout«, S. 295, definiert.

`view_haupt`
`fenster.jsp`

```
<%--
 Hauptfenster der Web-Anwendung
--%>
<%@ page errorPage="/WEB-INF/error.jsp" %>
<%@ page
    contentType="text/html; charset=ISO-8859-1" %>
<%@ page buffer="20kb" %>
<html>
<head>
    <title>Ihr Web-Anzeigenmarkt</title>
    <meta name="author" content="Herr Schulz" />
```

```
     <meta name="Keywords" content="Web-Anzeigenmarkt,
       Kleinanzeigenmarkt, Anzeigenmarkt, Verkaufsangebote,
       Kaufgesuche, Verkaufen, Kaufen" />
     <meta name="Description" content="Kleinanzeigenmarkt
       bzw. Web-Anzeigenmarkt zum Veröffentlichen von
       Verkaufsangeboten und Kaufgesuchen" />
     <style type="text/css">
       @import url(css/wam.css);
     </style>
</head>
<body>
<%--
  Struktur des Hauptfensters über div-Elemente definieren
--%>
<div class="Seitenkopf">
   <jsp:include page="vh_titelbereich.jsp" />
</div>
<div class="Navigation">
   <jsp:include page="vh_navigationsbereich.jsp" />
</div>
<div class="Hauptinfo">
   <jsp:include page="vh_hauptinformation.jsp" />
</div>
</body>
</html>
```

Die Grundstruktur wird über die HTML-Elemente div realisiert.
Die Inhalte der div-Bereiche werden durch JSP-Seiten gefüllt,
die mit der Standardaktion include eingebettet werden. Das
Layout ist über die Datei wam.css gegeben und wird im Kopfteil
des HTML-Dokuments importiert.

Die JSP-Seite view_hauptfenster.jsp wird als Startseite der Web-
Anwendung konfiguriert.

Startseite
konfigurieren

```
<?xml version="1.0" encoding="ISO-8859-1"?>
<web-app  version="3.0"
          xmlns="http://java.sun.com/xml/ns/javaee"
          xmlns:xsi="http://www.w3.org/2001/XMLSchema-instance"
          xsi:schemaLocation="http://java.sun.com/xml/ns/javaee
          http://java.sun.com/xml/ns/javaee/web-app_3_0.xsd">
  <servlet>
    <servlet-name>Hauptfenster</servlet-name>
    <jsp-file>/view_hauptfenster.jsp</jsp-file>
  </servlet>

  <servlet-mapping>
    <servlet-name>Hauptfenster</servlet-name>
    <url-pattern>/wam</url-pattern>
   </servlet-mapping>

  <welcome-file-list>
    <welcome-file>wam</welcome-file>
  </welcome-file-list>
```

web.xml
Stufe 1

```
</web-app>
```

Der Name der Startseite wird in `web.xml` auf `wam` festgelegt (siehe `<welcome-file-list>`). Der Name `wam` wird in dieser Stufe auf die JSP-Seite des Hauptfensters abgebildet (siehe `<servlet-mapping>` und `<servlet>`). In späteren Stufen soll `wam` auf das Front-Controller-Servlet abgebildet werden. Die Startseite dient auch als Aufrufseite in den Hyperlinks zu den einzelnen Funktionen des Web-Anzeigenmarkts. Sie ist der zentrale Einstiegspunkt für alle Funktionen der Web-Anwendung.

vh_titel bereich.jsp

```
<%--
    Gemeinsamer Seitenkopf der Webseiten des Hauptfensters
--%>
<!-- Logo dient auch als Hyperlink zur Startseite -->
<a class="Startverweis" href=".">
    <img  src="img/wam_logo.gif"
          style="border-style:none" alt="Startseite"/>
</a>
<jsp:include page="vh_stufe.jsp"/>
```

Durch die Angabe von . (Punkt) als Wert des Attributs `href` wird der aktuelle Aufrufpfad ohne Dateinamen, d. h. nur die Web-Anwendung, adressiert. Bei Aufruf der Web-Anwendung ohne Dateinnamen wird gemäß der Einstellung in `web.xml` (siehe `welcome-file`) die Startseite `wam` angesprochen. Damit erfolgt die Hyperlinkfunktionalität zur Startseite.

vh_navigations bereich.jsp Stufe 1

```
<%--
    Darstellung der Funktionen zur Navigation
--%>
<p>
<strong class="NavigationUeberschrift">Allgemein</strong>
<br />
<a class="Navigation" href=".?f=kontakt">
Kontakt</a><br />
<a class="Navigation" href=".?f=impressum">
Impressum</a><br />
<a class="Navigation" href=".?f=agb">
AGB</a><br />
</p>
```

In dieser Stufe stellt `vh_navigationsbereich.jsp` die Hyperlinks zur Anwahl der Funktionen direkt dar. Da immer die Startseite, d. h. die gleiche Webseite, als Aufrufseite angesprochen wird, erfolgt die Hinterlegung der Funktionsauswahl im Request-Parameter `f`.

vh_haupt information .jsp Stufe 1

```
<%--
    Funktionalität:
    Erzeugung der Hauptinformationen
--%>
<%
String funktion = request.getParameter("f");
if (funktion == null) {
```

```
%>
<jsp:include page="vh_nichtimplementiert.jsp" />
<%
} else if (funktion.equals("kontakt")){
%>
<jsp:include page="vh_kontakt.jsp" />
<%
} else if (funktion.equals("impressum")){
%>
<jsp:include page="vh_impressum.jsp" />
<%
} else if (funktion.equals("agb")){
%>
<jsp:include page="vh_agb.jsp" />
<%
} else {
%>
<jsp:include page="vh_nichtimplementiert.jsp" />
<%
}
%>
```

In dieser Stufe wird in vh_hauptinformation.jsp der Request-Parameter f direkt ausgewertet und die entsprechende JSP-Seite zur Darstellung des Inhalts des Bereichs Hauptinformation inkludiert.

Es folgen nun noch die JSP-Seiten, welche die Inhalte des Bereichs Hauptinformation erzeugen.

```
<h3>Noch nicht implementiert</h3>                              vh_nicht
<p>Wenn Sie diese Seite sehen, ist die ausgewählte Funktion    implementiert
   noch nicht implementiert.</p>                                .jsp
```

Dies ist eine Hilfsseite, die während der Implementierung nützlich ist, aber in der fertigen Web-Anwendung nicht mehr gebraucht wird.

```
<h3>Kontakt</h3>                                               vh_kontakt.jsp
<p><a href="mailto:Betreiber@webanzeigenmarkt.de">
EMail erstellen und senden</a></p>
```

```
<h3>Impressum</h3>                                             vh_impressum.jsp
<p>Hier wird angegeben, wer für den Inhalt
   verantwortlich ist.</p>
```

```
<h3>Allgemeine Geschäftsbedingungen</h3>                       vh_agb.jsp
<p>Hier stehen die Erläuterungen zu den allgemeinen
   Geschäftsbedingungen.</p>
```

Die letzten JSP-Seiten liefern statische Informationen.

Alle JSP-Seiten, die bisher gezeigt wurden, gehören zur Komponente *View* im Sinne des MVC-Musters. Alle JSP-Seiten außer view_hauptfenster.jsp haben die Rolle von View-Helper-Komponenten, was durch das Präfix vh_ im Dateinamen angedeutet wird.

 Deployen Sie die Stufe 1 des Web-Anzeigenmarkts und rufen Sie das Programm im Browser auf.

13.9   WAM – Controller – Teil 1 **

Herr Schulz entwickelt eine erste Version der Front-Controller-Komponente. Es wird der Rahmen für die Ermittlung von Ereignissen (Funktionsanwahl) und die spätere Abbildung auf funktionsspezifische Command-Controller-Komponenten geschaffen. Die Erzeugung der Ergebnisseite wird an die View-Komponenten delegiert. Damit wird mit dieser Stufe das MVC-Muster umgesetzt.

In dieser Version übernimmt die Front-Controller-Komponente die Auswertung des Request-Parameters f, der in der Stufe 1 durch die JSP-Seite vh_hauptinformation.jsp gelesen und interpretiert wurde. Das Auswertungsergebnis wird als Attribut im Kontext *Request* hinterlegt und dann später von vh_hauptinformation.jsp abgefragt und benutzt.

FrontContr
.java
Stufe 2

```
package jsplernen.markt;
import javax.servlet.*;
import javax.servlet.http.*;
import jsplernen.LogUtility;

public class FrontContr extends HttpServlet
{
    // Für Log-Datei
    private static String clsname = FrontContr.class.getName();
    private String logfileName=null;
    private LogUtility log=null;
    /* -------------------------------------------------------*/
    // Lebenszyklusmethoden des Servlets
    /* -------------------------------------------------------*/
    public void init() throws ServletException
    {
        // Logging
        ServletContext svlcxt = getServletContext();
        // Initialisiere Log-Datei
        String logfileRelativePathName =
          svlcxt.getInitParameter("logfileRelativePathName");
        logfileName=svlcxt.getRealPath("/")
          +logfileRelativePathName;
        log = new LogUtility(logfileName);
        // Hinterlege das Objekt log für den Zugriff in
        // anderen Servlets und JSP-Seiten.
        svlcxt.setAttribute("_log", log);
        svlcxt.setAttribute("_logfileName", logfileName);
        // Teste, ob in die Log-Datei geschrieben werden kann
        String res= log.writeLog(clsname+":init() aufgerufen");
```

```
    if (res!=null)
      svlcxt.setAttribute("_logfileNameErr", res);
  } // init()
  /* -----------------------------------------------------------*/
  // Methoden für HTTP-Nachrichten
  /* -----------------------------------------------------------*/
  protected void doGet(HttpServletRequest req,
                       HttpServletResponse resp)
          throws ServletException, java.io.IOException
  {
    ereignisBehandlung(req, resp);
  } // doGet()
  protected void doPost(HttpServletRequest req,
                        HttpServletResponse resp)
          throws ServletException, java.io.IOException
  {
    ereignisBehandlung(req, resp);
  } // doPost()
  /* -----------------------------------------------------------*/
  // Methode für die Ereignisermittlung und -behandlung
  /* -----------------------------------------------------------*/
  private void ereignisBehandlung(HttpServletRequest req,
                       HttpServletResponse resp)
          throws ServletException, java.io.IOException
  { String from=clsname+".ereignisBehandlung()";
    ServletContext svlcxt = getServletContext();

    // Funktion aus Request-Parameter extrahieren
    String fAusgewaehlt = req.getParameter("f");

    // URL der View für Weiterleitung
    // Default View: Hauptfenster
    String urlview="/view_hauptfenster.jsp";
    /* URL eines View-Helpers für die View
       z. B. für View Hauptfenster der View-Helper
       für den Bereich Hauptinformation
       Default: Funktion nicht implementiert
    */
    String urlvh="/vh_nichtimplementiert.jsp";

    // Prüfe Funktion für Navigation und
    // verzweige entsprechend
    if (fAusgewaehlt==null)
    { // Keine Funktionsauswahl vorhanden:
      // Startseite wählen.
      urlview="/view_hauptfenster.jsp";
      urlvh="/vh_nichtimplementiert.jsp";

    } else if (fAusgewaehlt.equals("kontakt")){
      urlview="/view_hauptfenster.jsp";
      urlvh="/vh_kontakt.jsp";

    } else if (fAusgewaehlt.equals("impressum")){
      urlview="/view_hauptfenster.jsp";
      urlvh="/vh_impressum.jsp";
```

```
    } else if (fAusgewaehlt.equals("agb")){
      urlview="/view_hauptfenster.jsp";
      urlvh="/vh_agb.jsp";

    } else {
        // Unbekannte Funktion aufgerufen
        urlview="/view_hauptfenster.jsp";
        urlvh="/vh_nichtimplementiert.jsp";
        log.writeLog
          (from+": Unbekannte Funktion f="
            +fAusgewaehlt+" aufgerufen");
    } // else

    // Werte für View setzen
    /*Namenskonvention:
      Parameter für View und View-Helper, die im
      Request-Kontext als Attribut abgelegt werden:
        Namen beginnen mit "_",
      um diese von Request-Parametern besser unterscheiden
      zu können.
      Beispiel: _urlvh
    */
    req.setAttribute("_urlvh",urlvh);

    // forwarding zur View
    RequestDispatcher disp=
      getServletContext().getRequestDispatcher(urlview);
    disp.forward(req, resp);
  } // ereignisBehandlung()
  /* --------------------------------------------------------*/
} // class  FrontContr
```

Initialisierung & Log-Datei

In der Methode init(), die einmalig beim Laden des Servlets aufgerufen wird, werden Daten initialisiert. In dieser Stufe wird der Zugang zur Log-Datei eingerichtet. In die Log-Datei werden interne Informationen geschrieben, die für die Fehlersuche während der Entwicklung sehr nützlich sein können. Es wird der Name und Pfad der Log-Datei aus web.xml gelesen und ein zugehöriges Objekt vom Typ LogUtility erzeugt, das in der Objektvariablen log zur Verwendung innerhalb der Klasse FrontContr abgelegt wird. Wird z. B. bei der Auswertung des Request-Parameters f keine bekannte Funktion ermittelt (letzter else-Zweig in ereignisBehandlung() wird durchlaufen), dann wird ein Eintrag in die Log-Datei geschrieben. Damit das Objekt auch in JSP-Seiten der Web-Anwendung zum Schreiben von Log-Einträgen verwendet werden kann, wird das Objekt im Kontext *Application* hinterlegt. Auf die Methoden der Klasse LogUtility wird weiter unten eingegangen.

In der nachfolgenden Darstellung des Quellcodes zur Fallstudie sind die Aufrufe für die Einträge in die Log-Datei der Übersichtlichkeit halber nicht vorhanden. Im Quellcode sind die
Aufrufe jedoch enthalten.

Hinweis

HTTP-Request-Nachrichten werden im Servlet bearbeitet, indem der Webserver im Servlet die Methode service() aufruft
(siehe »Servlets – Grundlagen«, S. 96), welche in ihrer Defaul-
timplementierung, je nach HTTP-Methode der HTTP-Request-
Nachricht, an eine der Methoden doGet() oder doPost() weiterleitet. Die Front-Controller-Komponente kann beide Aufruf-
arten gleich behandeln. Deshalb wird sowohl in doGet() als
auch in doPost() nur eine weitere, in der Klasse FrontContr neu
hinzugekommene Methode ereignisBehandlung() aufgerufen. In
dieser Methode ist ein Rahmen für die Verarbeitung der Ereignisse definiert.

Nachrichten-
verarbeitung

In ereignisBehandlung() wird die lokale Variable fAusgewaehlt
definiert und mit dem Wert des Request-Parameters f belegt. Das Auswertungsprinzip mit geschachtelten Java-if-else-
Anweisungen ist analog zur Codierung der Evaluierung von
f in der JSP-Seite vh_hauptinformation.jsp in Stufe 1. In diese Schachtelung kann in die einzelnen Zweige später der
Aufruf von funktionsspezifischen Command-Controller-Komponenten eingehängt werden. Als Ergebnis der Auswertung
werden die beiden lokalen Variablen urlview und urlvh gesetzt. Der Wert von urlview enthält den Namen der View-Komponenten, an welche die Erzeugung der Ergebnisseite delegiert wird. Nach dem Design (siehe »WAM – Objektorientierter Entwurf – Teil 1«, S. 287) sind nur view_hauptfenster.jsp
und view_details.jsp zulässige Werte für urlview. Der Wert
von urlvh enthält den Namen der View-Helper-Komponente,
die den Inhalt des Bereichs Hauptinformation erzeugt. Der Wert
von urlvh wird als Attribut mit Namen _urlvh im Kontext *Request* hinterlegt, damit dieser Wert in der View-Komponente
im *View-Helper* vh_hauptinformation.jsp zur Verfügung steht.
vh_hauptinformation.jsp muss für Stufe 2 neu programmiert
werden (siehe unten).

Ereignis-
behandlung

Abschließend wird die weitere Bearbeitung der HTTP-Request-
Nachricht an eine *View*-Komponente delegiert. Der Code, den
Sie dazu sehen, hat die analoge Wirkung wie <jsp:forward> in
JSP-Seiten.

Weiterleitung

Die neue Version von `vh_hauptinformation.jsp` sieht folgendermaßen aus:

```
<%--
  Funktionalität:
  Erzeugung der Hauptinformationen
--%>
<%// erhaltene Parameter
  String urlHauptinfo =
    (String) request.getAttribute("_urlvh");
%>
<jsp:include page="<%=urlHauptinfo%>" />
<jsp:include page="/WEB-INF/debuginfo.jsp" />
```

Wie Sie sehen, ist der Quellcode von `vh_hauptinformation.jsp` sehr kurz geworden und nicht mehr von den Namen der JSP-Seiten, die eingebunden werden, abhängig. Damit braucht diese JSP-Seite bei späteren Erweiterungen der Funktionen des Web-Anzeigenmarkts in nachfolgenden Stufen nicht mehr modifiziert zu werden. Damit die Front-Controller-Komponente und die View-Komponente richtig zusammenspielen, muss noch die Konfigurationsdatei `web.xml` angepasst werden.

```
?xml version="1.0" encoding="ISO-8859-1"?>
<web-app  version="3.0"
             xmlns="http://java.sun.com/xml/ns/javaee"
             xmlns:xsi="http://www.w3.org/2001/XMLSchema-instance"
             xsi:schemaLocation="http://java.sun.com/xml/ns/javaee
             http://java.sun.com/xml/ns/javaee/web-app_3_0.xsd">
  <servlet>
    <servlet-name>ServletFrontController</servlet-name>
    <servlet-class>jsplernen.markt.FrontContr</servlet-class>
    <load-on-startup>1</load-on-startup>
  </servlet>

  <servlet-mapping>
    <servlet-name>ServletFrontController</servlet-name>
    <url-pattern>/wam</url-pattern>
   </servlet-mapping>

  <welcome-file-list>
    <welcome-file>wam</welcome-file>
  </welcome-file-list>

  <context-param>
    <param-name>aufrufseite</param-name>
    <param-value>wam</param-value>
  </context-param>

  <context-param>
    <param-name>logfileRelativePathName</param-name>
    <param-value>WEB-INF/log/logfile.txt</param-value>
  </context-param>

</web-app>
```

Wie Sie sehen, hat sich die Abbildung des Namens der Aufrufseite wam auf eine JSP-Seite bzw. Servlet geändert. Dieser wird nun auf ServletFrontController (die Front-Controller-Komponente) statt auf das Hauptfenster abgebildet. Zusätzlich ist jetzt in web.xml der Pfad und Name der Log-Datei als Initialisierungsparameter abgelegt.

Hilfsmodule zum Debugging

An dieser Stelle sei betont, dass durch das Zusammenspiel von Servlets und JSP-Seiten einer neuer Grad an Komplexität erreicht wird, bei dem auch das Debugging nochmals wichtiger wird. Zur Unterstützung des Debuggings werden die JSP-Hilfsseite debuginfo.jsp und die Klasse LogUtility verwendet.

Die JSP-Seite debuginfo.jsp dient zur Ausgabe von Request-Parametern und den Attributen, die im Kontext *Request* hinterlegt sind. Diese Hilfsseite braucht nur in vh_hauptinformation.jsp eingebunden zu werden, um die Wertübergabe zwischen der Front-Controller-Komponente und der View-Komponente zum Hauptfenster untersuchen zu können.

debuginfo.jsp

```
<%
  out.println("<hr />");
  out.println("<h4>Debug - Gefundene Request-Parameter:</h4>");
  out.println("<p>");

  Enumeration parameterNamen = request.getParameterNames();
  while (parameterNamen.hasMoreElements())
  {
    String parName = (String) parameterNamen.nextElement();
    String parWert = request.getParameter(parName);
    out.println(parName+":&gt;"+parWert+"&lt; <br />");
  } // while
  out.println("<hr />");
  out.println("<h4>Debug - " + "
    Gefundene Attribute im Kontext Request:</h4>");
  out.println("<p>");

  Enumeration attrNamen = request.getAttributeNames();
  while (attrNamen.hasMoreElements())
  {
    String attrName = (String) attrNamen.nextElement();
    Object attrWert = request.getAttribute(attrName);
    out.println(attrName+":&gt;"+attrWert.toString()+
      "&lt; <br />");
  } // while
%>
```

LogUtility ermöglicht es, Informationen in einer Log-Datei zu abzuspeichern. Diese Klasse wird in Java-Klassen zum Debug-

ging verwendet (siehe auch »Debugging von JSP-basierten Anwendungen«, S. 123).

LogUtility.java

```java
package jsplernen;
import java.io.*;
import java.sql.*;

public class LogUtility
{
  private String logfile;
  /* ---------------------------------------------------- */
  public LogUtility (String logfileName)
  {
    logfile = logfileName;
  }
  /* ---------------------------------------------------- */
  private String stackTrace(Throwable e)
  {
    //Ausgabe des Fehlerkellers in String vorbereiten
    StringWriter sw = new StringWriter();
    PrintWriter pw = new PrintWriter(sw);
    e.printStackTrace(pw);
    String fehlerkeller = sw.toString();
    return fehlerkeller;
  }
  /* ---------------------------------------------------- */
  public void errorLog(Throwable e)
  {
    /* Log-Eintrag für Fehler, die Ausnahmen verursachen,
       mit Sonderbehandlung für SQL-Ausnahmen.
    */
    if (e instanceof SQLException)
      SQLExceptionLog((SQLException)e);
    else
    {
      writeLog("--- Ausnahme aufgetreten:");
      writeLog(stackTrace(e));
    }
  } // errorLog()
  /* ---------------------------------------------------- */
  public void SQLExceptionLog(SQLException sqle)
  {
    /* Log-Eintrag für Fehler, die SQL-Ausnahmen
       verursachen.
    */
    while (sqle != null)
    {
      writeLog("--- SQL-Ausnahme aufgetreten:");
      writeLog("SQLState:  " + (sqle).getSQLState());
      writeLog("Severity: " + (sqle).getErrorCode());
      writeLog("Message:  " + (sqle).getMessage());
      sqle = sqle.getNextException();
    } // while
  } // SQLExceptionLog()
  /* ---------------------------------------------------- */
```

```
public String writeLog(String msg)
{
  if (logfile !=null)
  {
    try
    {
      boolean append=true;
      BufferedWriter bfw = new BufferedWriter
        (new FileWriter(logfile,append));
      String line=msg;
      line= new java.util.Date().toString()+" "+line;
      bfw.write(line);
      bfw.newLine();
      bfw.close();
      return null;
    }
    catch(IOException e)
    {
      // Datei kann nicht geoeffnet werden
      return e.getClass().getName()+":"+e.getMessage();
    }
  }
  return "logfile == null";
} // writeLog()
/* ------------------------------------------------ */
} // class LogUtility
```

Neben der Ausgabe von Textinformationen, die als Aufruf-parameter übergeben werden (siehe `writeLog(String msg)`), bietet diese Klasse die Möglichkeit, Informationen zu Java-Ausnahmen ausgegeben zu lassen.

Deployen Sie diese Stufe des Web-Anzeigenmarkts und rufen Sie das Programm im Browser auf.

13.10   WAM – Controller – Teil 2 **

Die Kernfunktionalität von Funktionen des Web-Anzeigenmark-tes wird über Command-Controller-Komponenten gesteuert, die von Front-Controller-Komponente benutzt werden. Herr Schulz möchte, dass alle Command-Controller-Komponenten einheit-lich vom *Front-Controller* angesprochen werden können. Er ent-wirft deshalb das Interface `CmdContrIf`. Dieses Interface wird von allen Klassen der Command-Controller-Komponenten implemen-tiert.

Das Interface `CmdContrIf` definiert die Methode `operiere()`, wel-che von der Front-Controller-Komponente zum Aufruf einer Command-Controller-Komponenten benutzt wird.

CmdContrIf.java

```
package jsplernen.markt;
import jsplernen.BeanHochladen;
import jsplernen.LogUtility;


public interface CmdContrIf
{
  public Ergebnis operiere(
    String funktion,
    Anzeige anzeige,
    BeanHochladen multipartbody,
    String realpath,
    LogUtility log);
    /*
       Der Rückgabewert muss stets ein gültiges Objekt sein.
    */
} // interface CmdContrIf
```

Folgende Parameter müssen versorgt werden:

○ funktion: Die von der Front-Controller-Komponente ermittelte Funktion wird hier übergeben.

○ anzeige: Falls vom Benutzer eingegebene Formulardaten
übertragen werden, so werden diese von der Front-
Controller-Komponente in ein JavaBean-Objekt vom Typ
Anzeige transferiert und hier übergeben.

○ multipartbody: Falls neben den Formularparametern auch
eine Datei hochgeladen wird, erfolgt die Verarbeitung des
Message-Bodys einer HTTP-Request-Nachricht durch das
hier übergebene Objekt. Ansonsten wird für diesen Parameter null eingesetzt.

○ realpath: Pfad im Dateisystem, in dem die Web-Anwendung
deployt ist. Daraus kann eine Command-Controller-Komponente den Pfad zum Abspeichern einer hochgeladenen
Datei herleiten.

○ log: Anschluss an die anwendungsspezifische Log-Datei.

Herr Schulz schreibt als Nächstes eine Klasse, die das Interface
CmdContrIf implementiert. Diese Klasse ist ohne Funktionalität
und wird von Herrn Schulz immer dann eingesetzt, wenn er eine
Funktion noch nicht implementiert hat, aber das Ereignis zum
Funktionsaufruf schon behandeln möchte.

CmdContr
Nicht
Implementiert
.java

```
package jsplernen.markt;
import jsplernen.LogUtility;
import jsplernen.BeanHochladen;


public class CmdContrNichtImplementiert
  implements CmdContrIf
{
  private String clsname=
```

```
    CmdContrNichtImplementiert.class.getName();

  public Ergebnis operiere(String funktion, Anzeige anzeige,
    BeanHochladen multipartbody, String realpath,
    LogUtility log)
  {
    // Beispiel für Schreiben in Log-Datei
    String from=clsname+".operiere()";
    // Gemäß CmdContrIf muss die Methode operiere() ein
    // gültiges Objekt zurückliefern.
    Ergebnis erg = new Ergebnis(Ergebnis.OK);
    return erg;
  } // operiere()
} // class CmdContrNichtImplementiert
```

Die Klasse `CmdContrNichtImplementiert` zeigt das Erzeugen eines Ergebnisobjekts vom Typ `Ergebnis` (Implementierung dieser Klasse siehe unten), das Setzen eines Ergebniscodes und die Benutzung der Log-Datei. Herr Schulz baut noch die Erzeugung eines Command-Controller-Objekts und den Aufruf der Methode `operiere()` in der Front-Controller-Komponente ein. Sie sehen nachfolgend den Ausschnitt der Klasse `FrontContr`, der geändert wurde.

FrontContr.java
Stufe 3
(Ausschnitt)

```
.......
    if (fAusgewaehlt==null)
    { // Keine Funktionsauswahl vorhanden:
      // Startseite wählen.
      CmdContrIf cmdObj = new CmdContrNichtImplementiert();
      cmdObj.operiere(fAusgewaehlt,null,null,null,log);
      urlview="/view_hauptfenster.jsp";
      urlvh="/vh_nichtimplementiert.jsp";

    } else if (fAusgewaehlt.equals("kontakt")){
.......
```

Die Übergabeparameter an `operiere()`, die bei `CmdContrNicht Implementiert` nicht benutzt werden, können auf `null` gesetzt werden.

JavaBean-Klasse Ergebnis

Die Klasse `Ergebnis` dient dem Datenaustausch zwischen *Model*, *Controller* und *View*.

Die Java-Klasse `Ergebnis` ist aus der im Entwurf modellierten Klasse `Ergebnis` hergeleitet (siehe »WAM – Objektorientierter Entwurf – Teil 2«, S. 290). Durch Nutzung der Vererbung in Java wird die Java-Klasse `Ergebnis` auf Basis der Java-Klasse `Vector` definiert.

Ergebnis.java

```
package jsplernen.markt;
import java.util.*;
```

```java
public class Ergebnis
  extends Vector<jsplernen.markt.Anzeige>
 /*
    Vector enthält Liste von Anzeigen-Objekten
 */
{
   // Klassenvariablen
   // Ergebniscode: Konstanten
   public static final int OK=0;
   public static final int UNBEKANNTER_FEHLER=-1;
   public static final int DB_VERBINDUNGS_FEHLER=-2;
   public static final int SQL_SYSTEM_FEHLER=-3;
   public static final int SQL_KEIN_DATENSATZ_GEFUNDEN=-4;
   public static final int FALSCHE_FORMULAR_EINGABE=-5;
   public static final int FALSCHE_RUBIRK_ANGEGEBEN=-6;
   // Ergebnismeldungen
   // Ergebniscode * (-1) ergibt Index
   private static String [] ergebnistexte =
   {
      "Operation <b>erfolgreich</b> ausgeführt.",
      "Operation aufgrund unbekannten Fehlers"
        + " <b>fehlgeschlagen</b>.",
      "Leider ist zur Zeit <b>keine</b> Datenbankanbindung"
        + " vorhanden." + " <br />"
          + "Versuchen Sie es bitte später nochmals.",
      "Operation auf der Datenbank aufgrund interner Probleme"
        + " <b>fehlgeschlagen</b>.",
      "Operation auf der Datenbank aufgrund unzulässiger Werte"
        + " <b>fehlgeschlagen</b>.",
      "Bitte <b>korrigieren</b> sie Ihre Eingaben.",
      "Operation aufgrund interner Probleme"
        + " <b>fehlgeschlagen</b> (falsche Rubrik)."
   };
   // Für Fehlermeldungen
   private static final String clsname =
     Ergebnis.class.getName();
   /* ----------------------------------------------- */
   // Private Objektvariablen, die zu Propertys
   // korrespondieren.
   /* ----------------------------------------------- */
   // Ergebniscode: wert >= 0 --> o.k., Aktionscode
   // Ergebniscode: wert < 0  --> spezifischer Fehlercode
   private int ergebniscode = UNBEKANNTER_FEHLER;
   private String art = null;
   private String rubrik = null;
   /* ----------------------------------------------- */
   // Kontruktoren
   /* ----------------------------------------------- */
   Ergebnis ()
   {
      ergebniscode = UNBEKANNTER_FEHLER;
   }
   Ergebnis (int value)
   {
      ergebniscode = value;
```

```
}
/* --------------------------------------------------- */
// Getter und Setter
/* --------------------------------------------------- */
public int getCode()
{
  return ergebniscode;
}
public void setCode(int value)
{
  ergebniscode = value;
}
public String getArt()
{
  return art;
}
public void setArt(String value)
{
  art = value;
}
public String getRubrik()
{
  return rubrik;
}
public void setRubrik(String value)
{
  rubrik = value;
}
/* --------------------------------------------------- */
// Öffentliche Methoden
/* --------------------------------------------------- */
public String getText()
// Abbildung der Ergebniscodes auf Ergebnismeldungen
{
  int idx = ergebniscode * (-1);
  if (idx>=0 && idx<ergebnistexte.length)
      return ergebnistexte[idx];
  else
      return clsname+".getText(): Interner Fehler";
}
} // class Ergebnis
```

Die *Propertys* code, art, rubrik und text werden im obigen Quellcode direkt programmiert. Der Wert der *Property* text wird nicht als Objektvariable hinterlegt, sondern bei jedem Aufruf dynamisch aus dem Wert von code berechnet. Die Anzeigenliste, die in Ergebnis gespeichert wird, wird von der Basisklasse Vector implementiert. Es kann also eine fertige Listenverwaltung genutzt werden. Durch Verwendung der Klasse Vector ändern sich Methodennamen gegenüber der im Entwurf modellierten Klasse Ergebnis, da einige Methodennamen schon in Vector vorgegeben sind. Die Tab. 13.10-1 zeigt eine Zuordnung der geänderten Methodennamen.

Im Entwurf modellierte Klasse	Java-Klasse (Methodennamen von Vector vorgegeben)
fuegeAn	add
loescheListe	clear
istListeLeer	isEmpty

Tab. 13.10-1: Zuordnung von Methoden der im Entwurf modellierten Klasse Ergebnis zur Java-Klasse Ergebnis bei geänderten Methodenamen.

 Deployen Sie diese Stufe des Web-Anzeigenmarkts und rufen Sie das Programm im Browser auf. Sehen Sie in der Log-Datei nach, ob dort Einträge vorgenommen werden. Vergessen Sie nicht, vor dem *Deployment* die Klasse FrontContr neu zu kompilieren.

13.11   WAM – Anzeigenerfassung **

Zur Funktion neue Verkaufsangebote und Kaufgesuche abgeben sollen die Daten in einem Formular erfasst und auf dem Webserver geprüft werden. Herr Schulz sieht folgende Arbeitspakete vor:

- »WAM – JavaBean-Klassen für die Web-Anzeige«, S. 314: Es werden die elementaren JavaBean-Klassen Anzeige und ParamZuBean realisiert, die zur Erfassung und Prüfung von Web-Anzeigen in dieser Stufe wichtig sind. Bei der Klasse Anzeige wird auch die Eingabeüberprüfung, d. h. die Überprüfung der fachlichen Daten programmiert.
- »WAM – Controller für die Anzeigenerfassung«, S. 319: Die Command-Controller-Klassen zu dieser Funktion werden programmiert, sodass die Prüfung der Daten erfolgt, aber das Abspeichern der Anzeigen in die Datenbank noch nicht geschieht. Eine zugehörige Ereignisbehandlung wird in die Front-Controller-Komponente aufgenommen.
- »WAM – View für die Anzeigenerfassung«, S. 322: Die JSP-Seiten (View-Helper-Komponenten) mit den Formularen für die Erfassung der Anzeigedaten werden erstellt. Im Navigationsbereich werden Einträge zur Anwahl der Funktion neue Verkaufsangebote und Kaufgesuche abgeben eingefügt. Zunächst werden aber nur Einträge für die Rubrik Computer & Zubehör hinzugenommen.

13.11.1   WAM – JavaBean-Klassen für die Web-Anzeige **

Im nächsten Schritt implementiert Herr Schulz die JavaBean-Klassen Anzeige und Ergebnis der Model-Komponente sowie die

JavaBean-Hilfsklasse `ParamZuBean` der Controller-Komponente, da diese für alle weiteren Funktionen gebraucht werden.

In der Klasse `Anzeige` werden die Daten einer Web-Anzeige gehalten. Der Code der Klasse `Anzeige` ergibt sich aus der im Entwurf modellierten Klasse `Anzeige` (siehe »WAM – Objektorientierter Entwurf – Teil 2«, S. 290).

Anzeige.java

```java
package jsplernen.markt;
import jsplernen.Utility;

public class Anzeige
{ /*
    Private Objektvariablen, die zu Propertys
    korrespondieren.
  */
  private String bildverweis=""; // kein Bild vorhanden
  private String details;
  private String email;
  private String gueltigbis;
  private String nummer;
  private String passwort;
  private String preis;
  private String rubrik;
  private String titel;
  private String art;
  // Prüfergebnisse
  private String pruefergPreis;
  private String pruefergTitel;
  private String pruefergGueltigbis;

  /* -------------------------------------------------- */
  /* Setter-Methoden                                    */
  /* -------------------------------------------------- */
  public void setRubrik(String value)
  {
    this.rubrik = value;
  }
  public void setArt(String value)
  {
    if (value==null)
      return;
    art = value;
  }
  public void setTitel(String value)
  {
    this.titel = value;
  }
  public void setDetails(String value)
  {
    this.details = value;
  }
  public void setPreis(String preis)
  {
    if ((preis==null) || (preis.equals("")))
```

```
      return;
   /*
      Dezimalkomma durch Dezimalpunkt ersetzen, da
      Trennzeichen in Dezimalzahlen bei Java der Punkt ist
   */
   this.preis = preis.replace(',','.');
}
public void setGueltigbis(String gueltigbis)
{
   this.gueltigbis = gueltigbis;
}
public void setEmail(String email)
{
   this.email = email;
}
public void setBildverweis(String bildverweis)
{
   this.bildverweis = bildverweis;
}
public void setPasswort(String passwort)
{
   this.passwort = passwort;
}
public void setNummer(String nummer)
{
   this.nummer = nummer;
}
/* ------------------------------------------------- */
/* Getter-Methoden                                   */
/* ------------------------------------------------- */
public String getRubrik()
{
   return rubrik;
}
public String getArt()
{
   return art;
}
public String getTitel()
{
   return titel;
}
public String getDetails()
{
   return details;
}
public String getPreis()
{
   return preis;
}
public String getGueltigbis()
{
   return gueltigbis;
}
public String getEmail()
```

```
{
  return email;
}
public String getBildverweis()
{
  return bildverweis;
}
public String getPasswort()
{
  return passwort;
}
public String getNummer()
{
  return nummer;
}
/* -------------------------------------------------- */
public String getPruefergPreis()
{
  return pruefergPreis;
}
public String getPruefergTitel()
{
  return pruefergTitel;
}
public String getPruefergGueltigbis()
{
  return pruefergGueltigbis;
}
/* -------------------------------------------------- */
/* Öffentliche Methoden                               */
/* -------------------------------------------------- */
public boolean pruefeDaten()
{
  boolean res=true;
  // prüfe Titel
  if (titel==null || titel.equals(""))
  {
    pruefergTitel="Titel muss angegeben werden";
    res=false;
  }
  try // prüfe Preisangabe
  {
    Float.parseFloat(preis);
  }
  catch (Exception e)
  {
    pruefergPreis="Falsche Zeichen für Preis angegeben!";
    res = false;
  }
  // Prüfe und setze ggf. Dauer
  if ((gueltigbis==null) || gueltigbis.equals(""))
  {
      long value = 30L*24*60*60*1000; // 30 Tage
      gueltigbis=Utility.generateDateWithDuration(value);
      pruefergGueltigbis="30 Tage eingestellt";
```

```
    }
    return res;
  }
  /* ----------------------------------------------- */
} // class Anzeige
```

Prüfen der Benutzereingabe

Neben den *Getter-* und *Setter-*Methoden enthält die Klasse Anzeige die Prüfmethode pruefeDaten(). In der jetzigen Implementierung werden allerdings nur die Daten des Titels und die Daten für den Preis überprüft. Werden bei der Überprüfung falsche Daten für eine *Property* vorgefunden, dann wird in einer zweiten *Property*, deren Namen sich aus prueferg und dem Namen der geprüften *Property* zusammensetzt, ein Fehlergrund eingetragen. Dieser Fehlergrund kann dann in einer View-Komponente abgerufen und dem Benutzer angezeigt werden.

Die Klasse ParamZuBean dient der Überführung der Benutzereingaben, die als Request-Parameter zur Web-Anwendung gesendet werden, in die *Propertys* der JavaBean Anzeige. In dieser Stufe wird die Klasse ParamZuBean so programmiert, dass Formularparameter, die in der Standardcodierung von Formularen enctype="application/x-www-form-urlencoded" gesendet werden, gelesen und übertragen werden können. Die Codierung enctype="multipart/form-data", die beim Hochladen von Dateien benötigt wird, wird in dieser Stufe noch nicht unterstützt.

ParamZuBean Stufe 4

```
package jsplernen.markt;
import javax.servlet.http.*;

public class ParamZuBean
/*
  Abbildung der Request-Parameter in die Propertys
  einer JavaBean
*/
{
  /* ----------------------------------------------- */
  public Anzeige holeNormal
      (HttpServletRequest req)
  {
    Anzeige anzeige=null;
    String absendenStr = req.getParameter("absenden");

    if (absendenStr!=null )
    { // Formular absenden war ausgeählt
      anzeige = new Anzeige();

      String val =req.getParameter("rubrik");
      anzeige.setRubrik(val);

      val =req.getParameter("titel");
```

```
      anzeige.setTitel(val);

      val =req.getParameter("details");
      anzeige.setDetails(val);

      val =req.getParameter("preis");
      anzeige.setPreis(val);

      val =req.getParameter("gueltigbis");
      anzeige.setGueltigbis(val);

      val =req.getParameter("email");
      anzeige.setEmail(val);

      val =req.getParameter("passwort");
      anzeige.setPasswort(val);

      val =req.getParameter("nummer");
      anzeige.setNummer(val);
    } // if
    return anzeige;
  } // holeNormal
} // class ParamZuBean
```

Beim Erstaufruf eines Formulars soll das Formular nur angezeigt werden, damit der Benutzer Daten eingeben kann. Es
werden keine Formularparameter an die Web-Anwendung gesendet. Deshalb sind auch keine Daten an ein JavaBean-Objekt zu übertragen. Beim Absenden eines Formulars müssen
die Daten jedoch in ein JavaBean-Objekt transferiert werden.
Herr Schulz definiert, dass alle Formulare beim Absenden den
Formularparameter absenden erzeugen müssen. Die Abfrage if
(absendenStr!=null) hat den Zweck festzustellen, ob es sich um
einen Erstaufruf oder das Absenden eines Formulars handelt.

Erstaufruf vs. Formular absenden

13.11.2 WAM – Controller für die Anzeigenerfassung **

Herr Schulz definiert die Funktionsnamen für die Funktionen
zur Erfassung von Web-Anzeigen der Rubrik Computer & Zubehör
in Tab. 13.11-1.

Funktion	Funktionsnamen
Neues Verkaufsangebot abgeben	angebote_erstellen
Neues Kaufgesuch abgeben	gesuche_erstellen

Tab. 13.11-1: Zuordnung von Funktionen zu Funktionsnamen.

Mit dieser Festlegung kann er die Front-Controller-Komponente erweitern, um die Ereignisse zu diesen Funktionen zu behandeln. Sie sehen nachfolgend die in der Klasse FrontContr geänderten Codezeilen.

FrontContr.java
Stufe 4
(Ausschnitt)

```
.......
    private void ereignisBehandlung(HttpServletRequest req,
                        HttpServletResponse resp)
            throws ServletException, java.io.IOException
    {
        // Zusatz in Stufe Anzeigenerfassung: Beginn
        // Ergebnis, welches zur View weitergegeben wird
        Ergebnis erg = new Ergebnis(Ergebnis.OK);
        // Zusatz in Stufe Anzeigenerfassung: Ende

        // Prüfe Funktion für Navigation und
        // verzweige entsprechend
        if (fAusgewaehlt==null)
        { // Keine Funktionsauswahl vorhanden:
          // Startseite wählen.
          CmdContrIf cmdObj = new CmdContrNichtImplementiert();
          cmdObj.operiere(fAusgewaehlt,null,null,null,log);
          urlview="/view_hauptfenster.jsp";
          urlvh="/vh_nichtimplementiert.jsp";
        // Zusatz in Stufe Anzeigenerfassung: Beginn
        } else if (fAusgewaehlt.equals("angebote_erstellen")){
          // JavaBean zur Formularparameteraufnahme
          ParamZuBean pToBeanObj = new ParamZuBean();
          Anzeige anzeige=pToBeanObj.holeNormal(req);
          // Command-Controller aufrufen
          CmdContrIf cmdObj = new CmdContrSpeichereAnzeige();
          erg = cmdObj.operiere(fAusgewaehlt,anzeige,
             null,svlcxt.getRealPath("/"),log);
          urlview="/view_hauptfenster.jsp";
          urlvh="/vh_angebot_neu.jsp";
        } else if (fAusgewaehlt.equals("gesuche_erstellen")){
          // JavaBean zur Formularparameteraufnahme
          ParamZuBean pToBeanObj = new ParamZuBean();
          Anzeige anzeige=pToBeanObj.holeNormal(req);
          // Command-Controller aufrufen
          CmdContrIf cmdObj = new CmdContrSpeichereAnzeige();
          erg = cmdObj.operiere(fAusgewaehlt,anzeige,
             null,svlcxt.getRealPath("/"),log);
          urlview="/view_hauptfenster.jsp";
          urlvh="/vh_gesuch_neu.jsp";
        // Zusatz in Stufe Anzeigenerfassung: Ende
        } else if (fAusgewaehlt.equals("kontakt")){
.......
          req.setAttribute("_urlvh",urlvh);
          // Zusatz in Stufe Anzeigenerfassung: Beginn
          req.setAttribute("_erg",erg);
          req.setAttribute("_fAusgewaehlt",fAusgewaehlt);
```

```
    // Zusatz in Stufe Anzeigenerfassung: Ende

    // forwarding zur View
.......
```

Vor den verschachtelten Java-if-else-Anweisungen wird die lokale Variable `erg` definiert, die das Ergebnis des Aufrufs der Command-Controller-Komponente zur angewählten Funktion aufnimmt. In den verschachtelten Java-if-else-Anweisungen kommen zwei Zweige, je einer für die beiden neuen Funktionen hinzu. Innerhalb eines Zweiges werden zuerst die Request-Parameter der HTTP-Anfrage durch `pToBeanObj.holeNormal()` in ein JavaBean-Objekt vom Typ `Anzeige` überführt. Danach wird ein Objekt `cmdObj` der Command-Controller-Klasse `CmdContrSpeichereAnzeige` erzeugt und die Methode `cmdObj.operiere()` aufgerufen, welche ein Objekt vom Typ `Ergebnis` zurückliefert. Abschließend werden, wie schon aus einer früheren Stufe bekannt, die Werte für die Weiterleitung zur View-Komponente gesetzt. Eine weitere Änderung ergibt sich am Ende der Methode `ereignisBehandlung()`. Es werden zwei weitere Objekte, `_erg` und `_fAusgewaehlt`, als Attribute im Kontext *Request* zur Nutzung in der View-Komponente hinterlegt.

Herr Schulz schreibt als Nächstes die Klasse `CmdContrSpeichere Anzeige`, wobei das Abspeichern in die Datenbank und das Hochladen von Dateien noch ausgeklammert wird.

```
package jsplernen.markt;
import jsplernen.LogUtility;
import jsplernen.BeanHochladen;

public class CmdContrSpeichereAnzeige
  implements CmdContrIf
{
  public Ergebnis operiere(String funktion, Anzeige anzeige,
    BeanHochladen multipartbody, String realpath,
    LogUtility log)
  {
    Ergebnis erg = new Ergebnis(Ergebnis.OK);
    if (anzeige == null)
    { // Aufruf ohne Formular absenden
      return erg;
    }
    // Prüfe die eingegebenen Daten
    boolean datenOK = anzeige.pruefeDaten();
    if (datenOK == false)
    {
      erg = new Ergebnis(Ergebnis.FALSCHE_FORMULAR_EINGABE);
      erg.add(anzeige);
      return erg;
```

CmdContr
Speichere
Anzeige
.java
Stufe 4

```
    }
    else { // nur Stufe 4
      erg =
        new Ergebnis(Ergebnis.DB_VERBINDUNGS_FEHLER);
      erg.add(anzeige);
    }    return erg;
  } // operiere()
} // class CmdContrSpeichereAnzeige
```

Als erstes wird abgeprüft (if (anzeige == null)), ob Daten für
eine Web-Anzeige mitgeliefert wurden. Sind keine Daten vorhanden, was beim Erstaufruf des Formulars der Fall ist, kann
die Command-Controller-Komponente sofort das Ergebnis zurück gegeben. Wenn Daten existieren sind, werden die Daten
geprüft und das Prüfergebnis in das Objekt erg eingetragen.
In dieser Stufe ist die Arbeit der Command-Controller-Komponente zu Ende, da das Abspeichern der Web-Anzeige in der
Datenbank und das Hochladen von Bildern erst später implementiert werden.

13.11.3   WAM – View für die Anzeigenerfassung **

Herr Schulz implementiert die JSP-Seiten (View-Helper-Komponenten) für die Erfassung der Anzeigendaten. Zuerst ermöglicht
er die Anwahl der neuen Funktionen im Navigationsbereich.

vh_navigations
bereich.jsp
Stufe 4

```
<%--
   Darstellung der Funktionen zur Navigation
--%>
<p>
<%-- Beginn: Ergänzungen Stufe 4 --%>
<strong class="NavigationUeberschrift">Verwaltung</strong>
<br />
<a class="Navigation" href=".?f=angebote_erstellen">
Angebot erstellen</a><br />
<a class="Navigation" href=".?f=gesuche_erstellen">
Gesuch erstellen</a><br />
<%-- Ende: Ergänzungen Stufe 4 --%>
<strong class="NavigationUeberschrift">Allgemein</strong>
<br />
<a class="Navigation" href=".?f=kontakt">
Kontakt</a><br />
<a class="Navigation" href=".?f=impressum">
Impressum</a><br />
<a class="Navigation" href=".?f=agb">
AGB</a><br />
</p>
```

Es werden neue Hyperlinks zur Anwahl der Funktionen
Neues Verkaufsangebot abgeben und Neues Kaufgesuch abgeben eingefügt. Die Parameter, die an die Hyperlinks anzuhängen sind,

ergeben sich aus den Festlegungen in »WAM – Controller für die Anzeigenerfassung«, S. 319.

Das von Herrn Kaiser, dem Software-Ergonom, entwickelte Formular zum Erfassen eines Verkaufsangebots ist in Abb. 13.11-1 dargestellt.

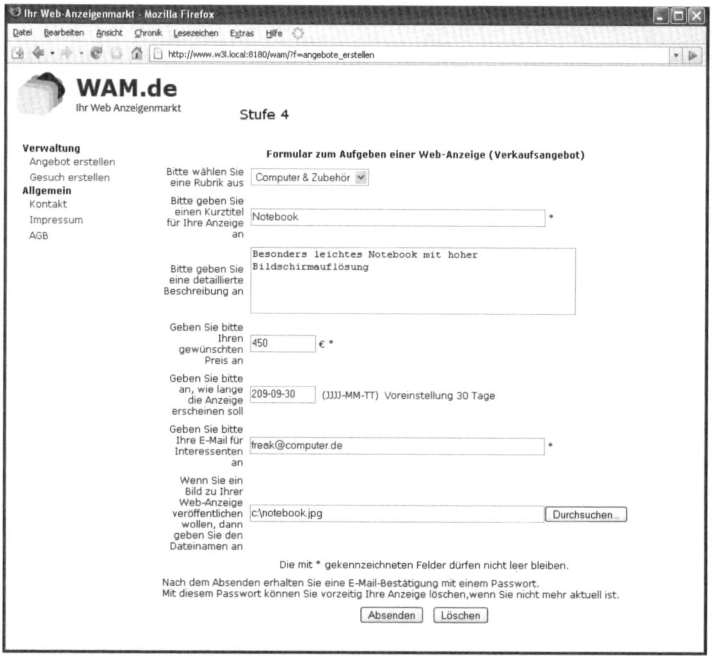

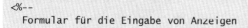

Abb. 13.11-1: Das Aussehen des Formulars zur Erfassung eines Verkaufsangebots im Browser.

In Abb. 13.11-2 sehen Sie das Formular zur Eingabe eines Kaufgesuchs.

Herr Schulz schaut sich die von Herrn Kaiser zu den beiden Formularen entwickelten HTML-Quellcode-Dateien an und stellt fest, dass der HTML-Quellcode sehr viele Gemeinsamkeiten enthält. Deshalb kann Herr Schulz, wie schon in »WAM – Objektorientierter Entwurf – Teil 3«, S. 292, geplant, beide Formulare über eine gemeinsame JSP-Seite vh_formular_anzeige.jsp realisieren, und die Unterschiede dadurch zu berücksichtigen, dass die JSP-Seite vh_formular_anzeige.jsp, beim Aufruf parametriert wird. Je nach übergebenen Parametern wird ein Formular für ein Verkaufsangebot oder ein Kaufgesuch generiert.

Parametrisierung

```
<%--
  Formular für die Eingabe von Anzeigen
```

*vh_formular
_anzeige.jsp
Stufe 4*

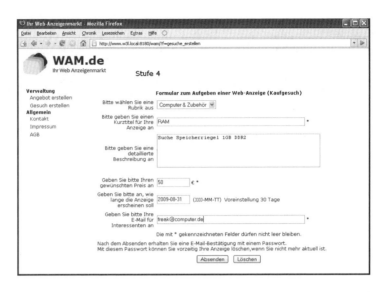

Abb. 13.11-2: Das Aussehen des Formulars zur Erfassung eines Kaufgesuchs im Browser.

```
--%>
<%@ page import="jsplernen.markt.Anzeige" %>
<%@ page import="jsplernen.markt.Ergebnis" %>
<%// Erhaltene Parameter
  String titelWert =
    request.getParameter("_titelWert");
  String absendenName =
    request.getParameter("_absenden");
  String funktionName =
    request.getParameter("_funktion");
  String configHochladen=
    request.getParameter("_feldHochladen");
  // Lokale Variablen
  String enctype="application/x-www-form-urlencoded";
  if (configHochladen !=null)
  { // Für spätere Stufe
    // enctype="multipart/form-data";
  }

  // Wert des Attributs action des Formulars zusammenbauen
  String actionURL=".";
  // Absenden als Parameter an URL anhängen
  actionURL=actionURL+"?"+absendenName;
  // Funktion als Parameter an URL anhängen
  actionURL=actionURL+"&amp;f="+funktionName;
  // URL für Aktion Formularfelder löschen zusammenbauen
  String actionURLloeschen=".";
  // Funktion als Parameter an URL anhängen
  actionURLloeschen=actionURLloeschen+"?f="+funktionName;%>
<%
```

```java
Ergebnis erg = (Ergebnis) request.getAttribute("_erg");
Anzeige anzeige=null;
/*
  lokale Variablen für die zuletzt im Formular
 eingetragenen Werte und Fehlermeldungen
*/
String  titel="";
String  preis="";
String  details="";
String  rubrik="";
String  msgTitel="";
String  msgPreis="";
String  msgGueltigbis="";

if (erg.iterator().hasNext())
{ /*
    Ermitteln der zuletzt im Formular eingetragenen
    Werte und Fehlermeldungen
  */
  anzeige= (Anzeige) erg.iterator().next();
  titel = anzeige.getTitel();
  if (titel==null)
    titel="";

  msgTitel = anzeige.getPruefergTitel();
  if (msgTitel==null)
    msgTitel="";

  preis = anzeige.getPreis();
  if (preis==null)
    preis="";

  msgPreis = anzeige.getPruefergPreis();
  if (msgPreis==null)
    msgPreis="";

  msgGueltigbis = anzeige.getPruefergGueltigbis();
  if (msgGueltigbis==null)
    msgGueltigbis="";

  details = anzeige.getDetails();
  if (details==null)
    details="";

  rubrik = anzeige.getRubrik();
  if (rubrik==null)
    rubrik="";
} // if
%>

<div class="InhaltFormulare">
  <form action="<%=actionURL%>" method="post"
    enctype="<%=enctype%>">
  <!-- Layout-Tabelle verwenden -->
  <table border="0" cellspacing="3" cellpadding="3"
```

```
width="100%">
<colgroup>
  <col width="30%"/>
  <col width="50%"/>
  <col width="20%"/>
</colgroup>
<tr>
  <th colspan="3"><%=titelWert%></th>
</tr>
<tr>
  <td align="right">
  Bitte w&auml;hlen Sie eine Rubrik aus
  </td>
  <td>
    <select name="rubrik">
    <%-- Rubriken einfügen --%>
      <option value="computer">Computer &amp; Zubeh&ouml;r
      </option>

    </select>
  </td>
  <td> </td>
</tr>
<tr>
  <td align="right">
  Bitte geben Sie einen Kurztitel f&uuml;r Ihre Anzeige
  an
  </td>
  <td>
    <input type="text" name="titel" value="<%=titel%>"
    size="60" maxlength="100" /> *
  </td>
  <td style="color:red"><%=msgTitel%>
  </td>
</tr>
<tr>
  <td align="right">
  Bitte geben Sie eine detaillierte Beschreibung an
  </td>
  <td>
    <textarea name="details"
    cols="50" rows="4"><%=details%></textarea> 
  </td>
  <td> </td>
</tr>
<tr>
  <td align="right">
  Geben Sie bitte Ihren gew&uuml;nschten Preis an
  </td>
  <td>
    <input type="text" name="preis" value="<%=preis%>"
    size="10" maxlength="12" /> &euro; *
  </td>
  <td style="color:red"><%=msgPreis%>
  </td>
```

```
</tr>
<tr>
  <td align="right">
  Geben Sie bitte an, wie lange die Anzeige erscheinen
   soll
  </td>
  <td>
    <input type="text" name="gueltigbis" value=""
      size="10" maxlength="10" />
     (JJJJ-MM-TT)  Voreinstellung 30 Tage
  </td>
  <td style="color:red"><%=msgGueltigbis%></td>
</tr>
<tr>
  <td align="right">
  Geben Sie bitte Ihre E-Mail f&uuml;r Interessenten an
  </td>
  <td>
    <input type="text" name="email" value="" size="60"
      maxlength="100" /> *
  </td>
  <td> </td>
</tr>
<%-- Feld für Bild Hochladen --%>
<%
  if (configHochladen !=null)
  {
%>
<tr>
  <td align="right">
  Wenn Sie ein Bild zu Ihrer Web-Anzeige
  ver&ouml;ffentlichen wollen,
  dann geben Sie den Dateinamen an
  </td>
  <td>
    <input type="file" name="bildverweis" value=""
      size="60" maxlength="254" />
  </td>
  <td> </td>
</tr>
<%
  } // if
%>
<!-- Hinweiszeile -->
<tr>
  <td colspan="3" align="center">
  Die mit * gekennzeichneten Felder dürfen nicht leer
   bleiben.
  </td>
</tr>
<tr>
  <td colspan="3" align="left">
  Nach dem Absenden erhalten Sie eine
  E-Mail-Best&auml;tigung mit einem Passwort. <br />
  Mit diesem Passwort k&ouml;nnen Sie vorzeitig Ihre
```

```
        Anzeige l&ouml;schen,wenn Sie nicht mehr aktuell ist.
      </td>
    </tr>
    <tr>
      <td colspan="3" align="center">
        <input type="submit" name="<%=absendenName%>"
          value="Absenden" />
         
        <input type="reset" value="L&ouml;schen" />
        <input type="button" value="L&ouml;schen"
          onclick=
          "window.location.href='<%=actionURLloeschen%>'"/>
      </td>
    </tr>
  </table>
  </form>
</div>
```

Wie Sie sehen, werden im Quellcode der JSP-Seite zu Beginn die übergebenen Request-Parameter ausgelesen und in lokale Variablen überführt. Die lokalen Variablen werden dann beim Generieren des HTML-Codes des Formulars verwendet.

Attribut
enctype

Etwas überraschend ist hier vielleicht, dass im HTML-Element form der Wert des Attributs enctype explizit gesetzt wird, obwohl sowohl bei Verkaufsangeboten als auch bei Kaufgesuchen die gleichen Werte eingefügt werden. Hier hat Herr Schulz schon für die Version des Web-Anzeigenmarktes mit Hochladen von Bildern vorgedacht. In der Version mit Hochladen von Bildern ist bei dem Wert des Attributs nämlich eine Unterscheidung zwischen Verkaufsangebot und Kaufgesuch notwendig.

Aus dem objektorientierten Entwurf (siehe »WAM – Objektorientierter Entwurf – Teil 3«, S. 292) wissen Sie, dass die JSP-Seite vh_formular_anzeige.jsp von den JSP-Seiten vh_angebot_neu.jsp bzw. vh_gesuch_neu.jsp aufgerufen wird. Diese beiden JSP-Seiten nehmen die erforderliche Parametrierung zum Aufruf von vh_formular_anzeige.jsp vor.

vh_angebot
_neu.jsp

```
<%--
  Funktionalität: Verkaufsangebot erfassen
--%>
<%!
  String titelWert=
    "Formular zum Aufgeben einer Web-Anzeige"
    + " (Verkaufsangebot)";
%>
<%  // Vom Controller hinterlegtes Attribut holen
  String funktion = (String)
    request.getAttribute("_fAusgewaehlt");
```

```
%>
<jsp:include page="vh_formular_anzeige.jsp" >
  <jsp:param name="_titelWert" value="<%=titelWert%>" />
  <jsp:param name="_absenden"  value="absenden" />
  <jsp:param name="_funktion"  value="<%=funktion%>" />
  <jsp:param name="_feldHochladen"  value="ein" />
</jsp:include>
<jsp:include page="vh_anzeige_neu_ergebnis.jsp" />
```

Für die Parametrierung des Aufrufs der JSP-Seite vh_formular_anzeige.jsp wird die Möglichkeit benutzt, der Standardaktion include Parameter übergeben zu können (siehe »JSP-Standardaktion param«, S. 80). Der Wert des Parameters funktion wird aus dem Kontext *Request* geholt, wo er von der Front-Controller-Komponente abgelegt wurde. Am Ende der JSP-Seite wird eine weitere View-Helper-Komponente vh_anzeige_neu_ergebnis.jsp eingebunden, welche das Ergebnis nach Absenden des Formulars anzeigt.

vh_gesuch
_neu.jsp

```
<%--
  Funktionalität: Kaufgesuch erfassen
--%>
<%!
  String titelWert=
    "Formular zum Aufgeben einer Web-Anzeige"
    + " (Kaufgesuch)";
%>
<% // Vom Controller hinterlegtes Attribut holen
  String funktion = (String)
    request.getAttribute("_fAusgewaehlt");
%>
<jsp:include page="vh_formular_anzeige.jsp" >
  <jsp:param name="_titelWert" value="<%=titelWert%>" />
  <jsp:param name="_absenden"  value="absenden" />
  <jsp:param name="_funktion"  value="<%=funktion%>" />
  <jsp:param name="_ungueltigeRubrik"  value="schnaeppchen" />
</jsp:include>
<jsp:include page="vh_anzeige_neu_ergebnis.jsp" />
```

Der Aufbau und die Funktionsweise dieser JSP-Seite ist analog zu vh_angebot_neu.jsp.

vh_anzeige_neu
_ergebnis.jsp

```
<%--
  Funktionalität: Anzeige des Ergebnisses
  einer Einfügeoperation für eine Anzeige
--%>
<%@ page import="jsplernen.markt.Anzeige" %>
<%@ page import="jsplernen.markt.Ergebnis" %>
<%!
  String msgLoeschdaten=
    "<b>Danke für Ihre Web-Anzeige</b><br />"
    + "Ihr Daten zum vorzeitigen Löschen Ihrer Anzeige"
    + " lauten: ";
```

```
%>
<%// erhaltener Parameter
  Ergebnis erg = (Ergebnis) request.getAttribute("_erg");

  if (erg.iterator().hasNext())
  { // Formular absenden war ausgeählt
    if (erg.getCode() == Ergebnis.OK)
    { // Einfügen erfolgreich
      Anzeige anzeige = (Anzeige) erg.iterator().next();
      String nr = anzeige.getNummer();
      String passwort = anzeige.getPasswort();
      out.println(msgLoeschdaten);
      out.println("Nr.=<b>"+nr+"</b>, "
        + "Passwort=<b>"+passwort+"</b>");
    }
    else
    { // Einfügen fehlgeschlagen
      String ergebnisText = erg.getText();
      out.println("<p><strong>Ergebnis</strong>: "
        + ergebnisText+"</p>");
    }
  } /* if (erg.iterator().next()) */
  else {} // Erstaufruf, keine Daten, keine Meldungen
%>
```

Diese JSP-Seite wertet den Ergebniscode des Objekts erg aus und gibt auf der Webseite eine Meldung über das Ergebnis der letzten Operation im Klartext aus.

 Deployen Sie diese Stufe des Web-Anzeigenmarkts und rufen Sie das Programm im Browser auf. Sie können Anzeigedaten eingeben und prüfen lassen.

 Erweitern Sie die Klasse Anzeige, sodass auch die Eingaben des Feldes für die E-Mail geprüft werden. Akzeptieren Sie Eingaben für dieses Feld, die nicht leer sind und genau einmal das Zeichen @ enthalten. Führen Sie dann das Programm wieder aus.

13.12   WAM – Datenbankanbindung **

 Die Daten für die Funktion neue Verkaufsangebote und Kaufgesuche abgeben sollen in einer Datenbank abgespeichert werden. Dazu muss eine Datenbankanbindung hergestellt werden. Herr Schulz, der Web-Entwickler der Firma WebSoft, plant Folgendes:

 ■ »Einrichten der Datenbank«, S. 331: Als vorbereitendes Arbeitspaket muss die Datenbank eingerichtet werden. Es muss das Datenbank-Schema definiert und damit eine Datenbank erzeugt werden.

■ »Schreiben in die Datenbank«, S. 335: Die JavaBean-Klasse AnzeigeDB der Komponente Model wird soweit realisiert, wie es für das Speichern von Web-Anzeigen notwendig ist. Das

Lesen und das Löschen der Web-Anzeigen wird später implementiert.

▪ »Ergänzung des Controllers«, S. 345: Die Command-Controller-Klasse CmdContrSpeichereAnzeige zur Funktion neue Verkaufsangebote und Kaufgesuche abgeben wird erweitert.

13.12.1   WAM – Einrichten der Datenbank **

Herr Schulz entwirft das Datenbank-Schema zur Datenbank. Die Klasse Anzeige aus dem OO-Entwurf (Abb. 13.12-1) kann direkt in eine Datenbanktabelle einer relationalen Datenbank umgesetzt werden.

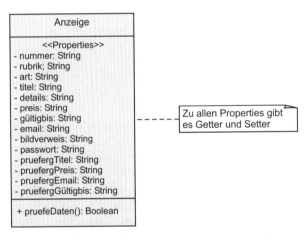

Abb. 13.12-1: Die Klasse Anzeige der Komponente *Model* des Web-Anzeigenmarkts.

Der Datenbankentwurf besteht lediglich aus einer Datenbanktabelle, nämlich der Tabelle anzeigen. Für die Tabelle anzeigen werden pro Spalte der Spaltenname und der Datentyp sowie ggf. ergänzende Eigenschaften definiert. Die abzuspeichernden *Propertys* der Klasse Anzeige ergeben je eine Spalte der Datenbanktabelle.

In der Tab. 13.12-1 gibt eine Zeile die Informationen an, die für die Definition einer Spalte der Datenbanktabelle notwendig sind. Wie Sie sehen, wurden die Property-Namen als Spaltennamen in die Datenbanktabelle übernommen. Als Datentypen hat Herr Schulz in der Datenbank die »natürlichen« Typen der jeweiligen Daten gewählt, damit beim späteren Abfragen in der Datenbank die auf den Typen vorhandenen Vergleichsoperationen benutzt werden können. Außerdem sind folgende Punkte zu bemerken:

Property	Spaltenname	Spaltentyp	Besonderheiten
nummer	nummer	integer	Primärschlüssel (DBMS-spezifisch umgesetzt)
rubrik	rubrik	varchar(100)	not null
art	art	char(1)	
titel	titel	varchar(100)	not null
details	details	char(254)	not null
preis	preis	decimal(8,2)	default 0
gueltigbis	gueltigbis	date	
email	email	varchar(100)	not null
bildverweis	bildverweis	varchar(254)	
passwort	passwort	varchar(10)	

Tab. 13.12-1: Aufbau der Datenbank: Tabelle anzeigen.

■ Für die Spalten vom Typ »Zeichenkette« muss jeweils eine maximale Länge angegeben werden, während dies für die *Propertys* beim Java-Typ String nicht notwendig war.

■ Da jeder Tabelleneintrag in einer Datenbank einen eindeutigen **Primärschlüssel** besitzen muss, vergibt Herr Schulz eine fortlaufende Nummer, die mit 1 initialisiert wird. Diese Nummer wird durch die Spalte nummer repräsentiert. Das automatische Hochzählen von nummer lässt er vom DBMS erledigen. Die Implementierung dafür ist DBMS-spezifisch. Bei Derby ist hierfür generated always as identity und bei MySQL auto_increment als Kennzeichnung anzugeben.

■ Um zu unterscheiden, ob ein Verkaufangebot oder ein Kaufgesuch vorliegt, wird in der Spalte art ein Zeichen dafür verwendet. A für Verkaufsangebot und G für Kaufgesuch.

■ Da für die HTML-Anzeige die Bilder in einer Datei vorliegen müssen, entscheidet Herr Schulz, diese Medien nicht in der Datenbank abzuspeichern, sondern in der Datenbank nur den Dateipfad in der Spalte bildverweis zu hinterlegen.

Datenbank erzeugen

Nachdem der Datenbankentwurf fertig ist, kann die Datenbank erzeugt werden. Dies kann interaktiv mit grafischen Werkzeugen des speziellen DBMS oder mit kommandozeilenorientierten Programmen des DBMS erfolgen. Herr Schulz erzeugt als Administrator des DBMS die Datenbank WAM5MVCDB und legt im DBMS einen Benutzer jsplerner an. Das Passwort für den Benutzer jsplerner lässt es leer. Dem Benutzer jsplerner gibt Herr Schulz alle Rechte auf der Datenbank WAM5MVCDB. Jetzt kann der Benutzer jsplerner die Datenbanktabelle anzeigen in der Datenbank WAM5MVCDB erzeugen.

Auch dies kann interaktiv mit grafischen Werkzeugen des speziellen DBMS, mit kommandozeilenorientierten Programmen des DBMS oder über ein eigens dafür geschriebenes Programm erfolgen. Beim DBMS MySQL heißt das kommandozeilenorientierte Programm mysql, beim Java-basierten DBMS Derby lautet der Name des Programms ij.

Datenbank-
tabelle
erzeugen

Notwendig für das kommandozeilenorientierte Anlegen der Datenbanktablle ist meist ein SQL-Befehl create. Der SQL-Befehl, der die in der obigen Tabelle definierten Eigenschaften der Datenbankspalten berücksichtigt, sieht für MySQL so aus:

```
create table anzeigen
 (nummer integer not null
  auto_increment primary key,
  rubrik varchar(100) not null,
  art char(1),
  titel varchar(100) not null,
  details char(254) not null,
  preis decimal(8,2) default 0,
  gueltigbis date,
  email varchar(100) not null,
  bildverweis varchar(254),
  passwort varchar(10)
 )
```

SQL-Befehl
create
MySQL

Für Derby ist der SQL-Befehl create leicht geändert:

```
create table anzeigen
 (nummer integer not null
  generated always as identity primary key,
  rubrik varchar(100) not null,
  art char(1),
  titel varchar(100) not null,
  details char(254) not null,
  preis decimal(8,2) default 0,
  gueltigbis date,
  email varchar(100) not null,
  bildverweis varchar(254),
  passwort varchar(10)
 )
```

SQL-Befehl
create
Derby

Die gerade besprochenen DBMS-spezifischen Befehle zur Erzeugung der Datenbank sind auch in den Dateien createmysqldb.sql bzw. createderbydb.sql zu finden. Für die Einzelheiten der Erzeugung der Datenbank sei auf die Dokumentation des DBMS verwiesen, das Sie benutzen.

Erzeugen Sie die Datenbank zum Web-Anzeigenmarkt mit Ihrem DBMS.

Initialisierungsdaten für die Datenbankverbindung in der Web-Anwendung WAM

Die Web-Anwendung benötigt für die Herstellung einer Datenbankverbindung den Namen des Datenbanktreibers, die URL des Datenbankservers und den Namen der Datenbank im Datenbankserver. Damit bei Änderung der »Adressdaten« der Datenbank die Web-Anwendung nicht geändert werden muss, werden diese Daten in web.xml hinterlegt. Nachfolgend sehen Sie die Konfigurationsdaten in web.xml, die für das DBMS MySQL notwendig sind.

web.xml
Stufe 5
(Ausschnitt)
MySQL

```
.......
    <context-param>
        <param-name>dbtreibername</param-name>
        <param-value>com.mysql.jdbc.Driver</param-value>
    </context-param>

    <context-param>
        <param-name>dbserverurl</param-name>
        <param-value>jdbc:mysql://localhost:3306/</param-value>
    </context-param>

    <context-param>
        <param-name>dbname</param-name>
        <param-value>jdbcWAM5MVCDB</param-value>
    </context-param>
    <context-param>
.......
```

Die Daten für die Datenbankverbindung werden in Elementen contex-param abgelegt und stehen damit als Initialisierungsparameter in der ganzen Web-Anwendung zur Verfügung.

Für das DBMS Derby sehen die Konfigurationsdaten folgendermaßen aus:

web.xml
Stufe 5
(Ausschnitt)
Derby

```
.......
    <context-param>
        <param-name>dbtreibername</param-name>
        <param-value>
          org.apache.derby.jdbc.ClientDriver
        </param-value>
    </context-param>

    <context-param>
        <param-name>dbserverurl</param-name>
        <param-value>jdbc:derby://localhost:1527/</param-value>
    </context-param>

    <context-param>
        <param-name>dbname</param-name>
        <param-value>jdbcWAM5MVCDB</param-value>
    </context-param>
```

```
  <context-param>
  .......
```

Die Übertragung der Daten für die Datenbankverbindung von web.xml in die Web-Anwendung wird von der Front-Controller-Komponente durchgeführt.

FrontContr.java
Stufe 5
(Ausschnitt)

```
  .......
  public void init() throws ServletException
  {
  .......
  // Initialisiere Datenbankkonfiguration
    initdb(logfileName);
  } // init()
  .......
  private void initdb(String logfileName)
  {
    ServletContext context=getServletContext();
    String dbDriver=context.getInitParameter("dbtreibername");
    String serverUrl=context.getInitParameter("dbserverurl");
    String dbName = context.getInitParameter("dbname");
    AnzeigeDB.init
      (dbDriver, serverUrl, dbName, logfileName);
  } // initdb
  .......
```

Die Daten für die Datenbankverbindung werden von der Front-Controller-Komponente aus web.xml gelesen und in Klassenattributen der Klasse AnzeigeDB gespeichert. Die Methode initdb() wird am Ende der Methode init(), die nur einmal beim Laden des Servlets ausgeführt wird, aufgerufen.

13.12.2 WAM – Schreiben in die Datenbank **

Herr Schulz beginnt mit der Implementierung der **Speicherung** einer Anzeige. Das Speichern einer Anzeige erfolgt durch das Schreiben in die Datenbank und wird ausschließlich über die JavaBean-Klasse AnzeigeDB durchgeführt.

Der objektorientierte Entwurf der JavaBean-Klasse AnzeigeDB, den Sie aus »WAM – Objektorientierter Entwurf – Teil 2«, S. 290, kennen, wird jetzt nochmals für die Implementierung verfeinert. Das Ergebnis der Verfeinerung sehen Sie in Abb. 13.12-2.

Verfeinerter
Entwurf

Jetzt sind im Entwurf auch private Methoden der JavaBean-Klasse AnzeigeDB berücksichtigt, die im Sinne »Teile und Herrsche« eingeführt werden, damit die Implementierung der öffentlichen Methoden überschaubar und wartbar bleibt. Außerdem hat Hr. Schulz eine Log-Datei vorgesehen. In die Log-Datei werden die Ergebnisse von SQL-Befehlsausführungen geschrieben. Die Ein-

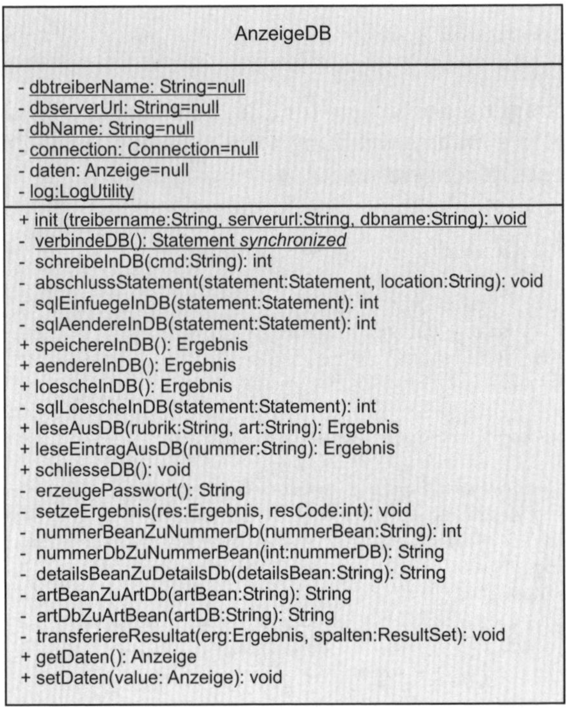

```
┌─────────────────────────────────────────────────────────────┐
│                         AnzeigeDB                             │
├─────────────────────────────────────────────────────────────┤
│ - dbtreiberName: String=null                                  │
│ - dbserverUrl: String=null                                    │
│ - dbName: String=null                                         │
│ - connection: Connection=null                                 │
│ - daten: Anzeige=null                                         │
│ - log:LogUtility                                              │
├─────────────────────────────────────────────────────────────┤
│ + init (treibername:String, serverurl:String, dbname:String): void │
│ - verbindeDB(): Statement synchronized                        │
│ - schreibeInDB(cmd:String): int                               │
│ - abschlussStatement(statement:Statement, location:String): void │
│ - sqlEinfuegeInDB(statement:Statement): int                   │
│ - sqlAendereInDB(statement:Statement): int                    │
│ + speichereInDB(): Ergebnis                                   │
│ + aendereInDB(): Ergebnis                                     │
│ + loescheInDB(): Ergebnis                                     │
│ - sqlLoescheInDB(statement:Statement): int                    │
│ + leseAusDB(rubrik:String, art:String): Ergebnis              │
│ + leseEintragAusDB(nummer:String): Ergebnis                   │
│ + schliesseDB(): void                                         │
│ - erzeugePasswort(): String                                   │
│ - setzeErgebnis(res:Ergebnis, resCode:int): void              │
│ - nummerBeanZuNummerDb(nummerBean:String): int                │
│ - nummerDbZuNummerBean(int:nummerDB): String                  │
│ - detailsBeanZuDetailsDb(detailsBean:String): String          │
│ - artBeanZuArtDb(artBean:String): String                      │
│ - artDbZuArtBean(artDB:String): String                        │
│ - transferiereResultat(erg:Ergebnis, spalten:ResultSet): void │
│ + getDaten(): Anzeige                                         │
│ + setDaten(value: Anzeige): void                              │
└─────────────────────────────────────────────────────────────┘
```

Abb. 13.12-2: UML-Diagramm zu JavaBean-Klasse `AnzeigeDB` mit allen Details.

träge der Log-Datei sind für die Fehlersuche während der Entwicklung sehr hilfreich. Ferner stellen diese Einträge im laufenden Betrieb ein Protokoll der getätigten Benutzeraktionen, die zu Datenbankzugriffen führen, dar.

Damit das Zusammenspiel zwischen der Command-Controller-Klasse `CmdContrSpeichereAnzeige` sowie den öffentlichen und privaten Methoden der JavaBean-Klasse `AnzeigeDB` deutlich wird, sehen Sie in Abb. 13.12-3 ein Sequenzdiagramm, welches den Ablauf für die Speicherung eines Verkaufsangebots oder eines Kaufgesuchs zeigt.

1   Im Schritt 1 der Command-Controller-Komponente wird ein Objekt der Klasse `AnzeigeDB` erzeugt und es werden mit `setDaten()` die Daten zur Web-Anzeige, die gespeichert werden soll, an `AnzeigeDB` übergeben.

2   Danach erfolgt im Schritt 2 der Aufruf `speichereInDB()`, mit dem die Command-Controller-Komponente das Speichern der übergebenen Daten startet.

3   Zum Speichern wird ein Passwort erzeugt.

4   Die Methode `schreibeInDB()` klammert mehrere Operationen und ist für die Fehlerbehandlung zuständig.

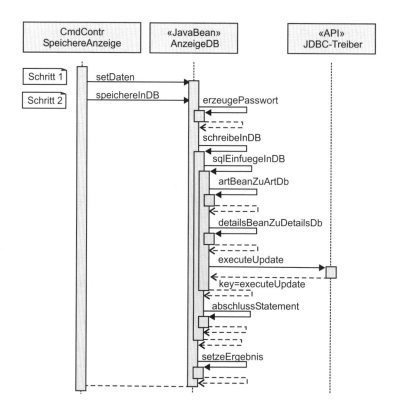

Abb. 13.12-3: UML-Sequenzdiagramm für den Ablauf beim Speichern einer Web-Anzeige in die Datenbank ohne Hochladen eines Bildes.

5 Die Methode sqlEinfuegeInDB() setzt die Daten zum Objekt daten der Klasse Anzeige in eine SQL-Anweisung zum Speichern um und sendet die SQL-Anweisung mit executeUpdate() über den JDBC-Treiber an die Datenbank. Im Ergebnis von executeUpdate() ist die von der Datenbank generierte, eindeutige Nummer (key) der Web-Anzeige enthalten. Die Methoden artBeanZuArtDb() und detailsBeanZuDetailsDb() sind Hilfsmethoden, um die Darstellung von Informationen im Hauptspeicher der Web-Anwendung an die Darstellung der Informationen in der Datenbank anzupassen. Die Situation, dass die Darstellung von Daten im Hauptspeicher und in der Datenbank unterschiedlich ist, kommt häufig vor und lässt sich oft nicht vermeiden.

6 Die Methode abschlussStatement() räumt auf und gibt benötigte Ressourcen frei.

7 Zum Abschluss wird mit setzeErgebnis() das interne Ergebnis der Speichern-Operation in ein Objekt der Klasse

Ergebnis transformiert, welches als Datentransferobjekt zwischen Model-, Controller- und View-Komponente dient.

Den Ausschnitt des Quellcodes der JavaBean-Klasse AnzeigeDB, der für das Schreiben eines Verkaufsangebots oder eines Kaufgesuchs in die Datenbank relevant ist, sehen Sie nachfolgend:

AnzeigeDB.java
Stufe 5

```java
package jsplernen.markt;
import jsplernen.LogUtility;
import java.sql.SQLException;
import java.sql.Statement;
import java.sql.ResultSet;

public class AnzeigeDB
{
  // Klassenvariablen
  private static String dbtreiberName=null; // Treiber zu DBMS
  private static String dbserverUrl=null; // URL zum DBMS
  private static String dbName=null;
  private static java.sql.Connection connection = null;
  private static String dbuser="jsplerner";
  private static String dbpassword="";
  // Für Log-Datei
  private static LogUtility log;
  private static String clsname = AnzeigeDB.class.getName();
  // Konstanten
  private static final int MAX_LENGTH_DETAILS=254;
  private static final String CMD_SPEICHERE="speichere";
  private static final String CMD_SETZE_BILDVERWEIS=
    "setzeBildverweis";
  private static final String CMD_LOESCHE="loesche";
  /*
    Private Objektvariable, welche die Daten
    für eine Anzeige enthält.
  */
  private Anzeige daten=null;
  /* -------------------------------------------------------*/
  // Methoden für die Initialisierung
  /* -------------------------------------------------------*/
  public static void init(String treibername,
    String serverurl, String dbname, String logfileurl)
  {
    String from = clsname+".init()";
    dbtreiberName=treibername;
    dbserverUrl=serverurl+dbname;
    AnzeigeDB.dbName=dbname;
    log=new LogUtility(logfileurl);
    .......
    /* Die Ausgaben in die Log-Datei werden aus Gründen der
      Übersichtlichkeit hier nicht angegeben.
      Im Quellcode sind diese Ausgaben jedoch vorhanden. */
  } // init()
  /* -------------------------------------------------------*/
  // Getter und Setter
  /* -------------------------------------------------------*/
```

```
public void setDaten(Anzeige anzeige)
{
  daten = anzeige;
}
public Anzeige getDaten()
{
  return daten;
}
/* ------------------------------------------------------*/
// Hilfsmethoden für den Datenbankanschluss
/* ------------------------------------------------------*/
private static synchronized Statement verbindeDB ()
/* Privat: Einmal die Verbindung zur Datenbank herstellen.
   Klassenoperation, synchronisiert.
   Gibt null zurück,
   wenn keine DB-Verbindung hergestellt werden kann.
*/
{
  String from=clsname+".verbindeDB()";
  if (connection == null)
  /* Verbindung herstellen, da keine vorhanden */
  {
    try
    { // DB-Treiber laden
      Class.forName(dbtreiberName);
      connection = java.sql.DriverManager.getConnection
                      (dbserverUrl, dbuser,dbpassword);
    }
    catch(ClassNotFoundException e1)
    {
      return null;
    }
    catch(SQLException e1)
    {
      return null;
    }
  } // if
  try
  {
    return connection.createStatement();
  }
  catch(SQLException e2)
  {
    connection = null; // Verbindung nicht mehr vorhanden
    return null;
  }
} // verbindeDB()
/* ------------------------------------------------------*/
private int schreibeInDB(String cmd)
/* Schreibender SQL-Befehl in der Datenbank ausführen.
   Liefert Ergebniscode der Operation zurück.
*/
{
  String from=clsname+".schreibeInDB("+cmd+")";
  int res=Ergebnis.DB_VERBINDUNGS_FEHLER;
```

```
   Statement statement = null;
   try
   {
     statement = verbindeDB();
     if (statement != null)
     {
       if (cmd.equals(CMD_SPEICHERE))
         res=sqlEinfuegeInDB(statement);
       if (cmd.equals (CMD_SETZE_BILDVERWEIS))
         res=sqlAendereBildverweisInDB(statement);
       if (cmd.equals (CMD_LOESCHE))
         res=sqlLoescheInDB(statement);
     } // if (statement != null)
   }
   catch(SQLException e)
   {
     try {
       if (!connection.isValid(3)) {
         // 3 Sekunden Time-out bis Antwort vom DB-Server
         res=Ergebnis.DB_VERBINDUNGS_FEHLER;
         connection = null;
       } // if
       else {
         res=Ergebnis.SQL_SYSTEM_FEHLER;
       } // else
     } // try
     catch (SQLException e1) {
       res=Ergebnis.SQL_SYSTEM_FEHLER;
       connection = null;
     } // catch
   } // catch
   finally
   {
     abschlussStatement(statement,from);
   }
   return res;
 } // schreibeInDB()
/* ----------------------------------------------------------*/
private void abschlussStatement
  (Statement statement, String location)
/* Gibt Ressourcen zum statmnt,
   ggf. inklusive zugehörigem ResultSet, frei.
*/
{
  String from=clsname+".abschlussStatement()";
  if (statement != null)
  { //Abschluss des SQL-Befehls
    try
    {
      statement.close();
    }
    catch(SQLException e)
    {
    }
  } // if
```

```
} // abschlussStatement()
/* --------------------------------------------------------*/
private int sqlEinfuegeInDB(Statement statement)
  throws SQLException
/* Speichern der Web-Anzeige in der Datenbank.
   Liefert Ergebniscode der Operation zurück.
*/
{
  int res=Ergebnis.SQL_SYSTEM_FEHLER;
  String from=clsname+".sqlEinfuegeInDB()";
  String insertstart =
    "insert into anzeigen"
    + "(rubrik,art,titel,details,"
    + "preis,"
    + "gueltigbis,email,bildverweis,passwort)";
  // Werte zwischen Bean und DB-Schema abbilden
  String art=artBeanZuArtDb(daten.getArt());
  String details=detailsBeanZuDetailsDb(daten.getDetails());
  String insertvalues =
    "VALUES('"+daten.getRubrik()+"', '"
    + art+"','"
    + behandleHochkomma(daten.getTitel())+ "',"
    + "'"+behandleHochkomma(details)+"',"
    + behandleHochkomma(daten.getPreis())+","
    + "'"+behandleHochkomma(daten.getGueltigbis())+"',"
    + "'"+behandleHochkomma(daten.getEmail())+"',"
    + "'"+daten.getBildverweis()+"',"
    + "'"+daten.getPasswort()+"')";

  /* Einfügen des Datensatzes in DB.
     Feld "nummer" wird automatisch erzeugt. Wert von
     nummer wird deshalb nur als "key", nicht als Feld des
     Datensatzes im ResultSet zurückgeliefert.
     Also: Aufruf der Einfügeoperation, sodass im
     ResultSet auch der Key mitgeteilt wird.
     Jetzt kann dem Benutzer die Nummer seiner Anzeige
     mitgeteilt werden kann.
  */
  statement.executeUpdate(insertstart + insertvalues,
  Statement.RETURN_GENERATED_KEYS);
  /* Abfrage des erzeugten Keys,
     um Wert der Tabellenspalte "nummer" zu ermitteln
  */
  java.sql.ResultSet keys=statement.getGeneratedKeys();
  if (keys!=null)
  {
    // key vorhanden
    keys.next();
    daten.setNummer(keys.getString(1));
    res=Ergebnis.OK;
  } // if
  else
  {
    res=Ergebnis.SQL_SYSTEM_FEHLER;
  }
```

```
      return res;
   } // sqlEinfuegeInDB()
   /* -----------------------------------------------------------*/
   ...
   /* -----------------------------------------------------------*/
   // Öffentliche Methoden für Datenbankanschluss
   /* -----------------------------------------------------------*/
   public Ergebnis speichereInDB()
   /* Speichern der Web-Anzeige in der Datenbank. */
   {
     Ergebnis res = new Ergebnis();
     erzeugePasswort();  // Passwort für neue Anzeige
     int resCode=schreibeInDB(CMD_SPEICHERE);
     setzeErgebnis(res, resCode);
     return res;
   } // speichereInDB()
   /* -----------------------------------------------------------*/
   /* -----------------------------------------------------------*/
   public static void schliesseDB()
   {
     String from=clsname+".schliesseDB()";
     try
     { // Freigabe der Ressourcen
       if (connection != null)
         connection.close();
     } // try
     catch (Exception e)
     { /*  Alle Typen von Exceptions auffangen */
     } // catch
     connection = null;
   } // schliesseDB()
   /* -----------------------------------------------------------*/
   // Private Hilfsmethoden
   /* -----------------------------------------------------------*/
   private String erzeugePasswort()
   {
     //Passwort als Zufallszahl erzeugen
     java.util.Random zufall = new java.util.Random();
     //Skalieren der Zufallszahl auf den 4-stelligen Bereich
     int passwortalszahl = 1000 + zufall.nextInt(9000);
     String passwort = Integer.toString(passwortalszahl);
     daten.setPasswort(passwort);
     return passwort;
   } // erzeugePasswort()
   /* -----------------------------------------------------------*/
   private void setzeErgebnis(Ergebnis res, int resCode)
   {
     // Ergebniscodes von Ergebnis und AnzeigeDB gleich.
     res.setCode(resCode);
     // Anzeige, für welche das Ergebnis erzielt wurde.
     res.add(daten);
   }
   /* -----------------------------------------------------------*/
   private int nummerBeanZuNummerDb(String nummerBean)
   {
```

```
  try
  {
      return Integer.parseInt(nummerBean);
  }
  catch (Exception e)
  { // unbenutzte Nummer
      return -1;
  }
};
/* ------------------------------------------------------*/
private String nummerDbZuNummerBean(int nummerDb)
{
   return String.valueOf(nummerDb);
};
/* ------------------------------------------------------*/
private String detailsBeanZuDetailsDb(String detailsBean)
{
  String from=clsname+".detailsBeanZuDetailsDb()";
  if (detailsBean==null)
    return "";
  if (detailsBean.length()<=MAX_LENGTH_DETAILS)
    return detailsBean;
  else
    return detailsBean.substring(0,MAX_LENGTH_DETAILS);
};
/* ------------------------------------------------------*/
private String artBeanZuArtDb(String artBean)
{
  String from=clsname+".artBeanZuArtDb()";
  if (artBean.equals(WamKonfig.ART_ANGEBOT))
   return "A";
  else if (artBean.equals(WamKonfig.ART_GESUCH))
   return "G";
  else{
    return "O";
  }
};
/* ------------------------------------------------------*/
private String artDbZuArtBean(String artDb)
{
  String from=clsname+".artDbZuArtBean()";
    if (artDb.equals("A"))
    return WamKonfig.ART_ANGEBOT;
  else if (artDb.equals("G"))
    return WamKonfig.ART_GESUCH;
  else
  {
    return "unbekannte Art";
  }
};
/* ------------------------------------------------------*/
...
/* ------------------------------------------------------*/
private String behandleHochkomma(String str)
{
```

```
    return str.replaceAll("'","''");
  } // behandleHochkomma()
} // class AnzeigeDB
```

Initialisierung

Durch Aufruf der Methode `init()` erhält die JavaBean `AnzeigeDB` die notwendigen Informationen, um eine Datenbankverbindung erstellen zu können.

Verbindungs-aufbau zur Datenbank

Die Datenbankverbindung wird in der Methode `verbindeDB()` aufgebaut. Die erhaltene Verbindung wird in der Klassenvariablen `connection` gespeichert und steht dann für alle Datenbankoperationen zur Verfügung. Diese Methode braucht nicht öffentlich zugänglich zu sein. `verbindeDB()` wird von allen Methoden benutzt, die einen Datenbankzugriff durchführen wollen. Will eine Methode auf die Datenbank zugreifen, dann lässt sie sich von `verbindeDB()` eine Datenbankverbindung geben. `verbindeDB()` prüft zunächst, ob der Wert der Variablen `connection` eine Verbindung darstellt. Dies ist der Fall, wenn der Wert von `connection` ungleich `null` ist. Ansonsten versucht `verbindeDB()` eine Datenbankverbindung aufzubauen. Wird festgestellt, dass eine in `connection` gespeicherte Verbindung nicht mehr gültig ist, dann wird `connection` auf `null` gesetzt. Eine Verbindung kann ungültig werden, wenn z.B. bei bestehender Verbindung der Datenbankserver heruntergefahren wurde. Weil jede Datenbankzugriffsoperation sich die Datenbankverbindung über `verbindeDB()` geben lässt, wird die Verbindung zur Datenbank im laufenden Betrieb der Web-Anwendung automatisch wieder hergestellt, wenn der Datenbankserver verfügbar ist.

SQL und einfache Hochkommata

Die Werte einer SQL-Anweisung werden in einfache Hochkommata eingeschlossen. Enthält eine SQL-Anweisung in ihren Werten einfache Hochkommata als Zeichen, so müssen diese Zeichen speziell kodiert werden, damit sie nicht als Enderkennung des Werts interpretiert werden. Die Codierung besteht darin, ein einfaches Hochkomma durch zwei einfache Hochkommata zu ersetzen, so wie dies in der Methode `behandleHochkomma()` getan wird.

Nebenläufigkeit

Da JSP-Anwendungen mehrere Threads parallel laufen haben können, können auch mehrere Threads gleichzeitig `verbindeDB()` aufrufen, was zu mehreren Datenbankverbindungen führen würde. Damit dies nicht geschieht, ist `verbindeDB()` als synchronisierte Klassenmethode von `AnzeigeDB` implementiert.

Operationen auf der Datenbank

Die Methode `schreibeInDB()` wickelt die Fehlerbehandlung für die Datenbankzugriffe ab, welche die Datenbank durch Einfüge-, Aktualisierungs- oder Löschbefehle verändern. Anhand des Parameters cmd wird dann die Methode, die den SQL-Befehl durchführt, ausgewählt und aufgerufen.

Die Methode sqlEinfuegeInDB() führt den SQL-Befehl zum Einfügen eines Datensatzes aus.

Die Methode speichereInDB() wird von außen aufgerufen, um die Werte, die in den *Propertys* der JavaBean Anzeige gespeichert sind, als Datensatz in die Datenbank zu speichern. speichereInDB() nutzt dazu die Methode schreibeInDB() und übergibt als Parameter die Konstante cmdSpeichere.

Die Methode schliesseDB() wird von außen aufgerufen, um eine bestehende Datenbankverbindung zu schließen. Eine typische Situation für den Aufruf dieser Methode ist das *Undeployment* der Web-Anwendung.

WamKonfig.java

```java
package jsplernen.markt;
public class WamKonfig
{
    // Konstanten
    public static final String ART_ANGEBOT="Angebot";
    public static final String ART_GESUCH="Gesuch";
    // Konstanten
    public static final String ART_ANGEBOT="Angebot";
    public static final String ART_GESUCH="Gesuch";
    public static final String ANGEBOTE_STR = "angebote_";
    public static final String GESUCHE_STR = "gesuche_";
    private static final int
        ANGEBOTE_STR_LEN = ANGEBOTE_STR.length();
    private static final int
        GESUCHE_STR_LEN = GESUCHE_STR.length();
} // class WamKonfig
```

In der Klasse WamKonfig werden Konstanten eingeführt, die in der Klasse AnzeigeDB und weiteren Klassen und JSP-Seiten der Web-Anwendung benötigt werden.

13.12.3 WAM – Controller und Schreiben in die Datenbank **

Herr Schulz erweitert die Command-Controller-Klasse CmdContrSpeichereAnzeige so, dass ein Exemplar der Klasse AnzeigeDB erzeugt wird. Mit Hilfe dieses Exemplars der Klasse AnzeigeDB wird die eingegebene Anzeige in der Datenbank abgespeichert. Nachfolgend sehen Sie den ergänzten Quellcode der Klasse CmdContrSpeichereAnzeige.

CmdContr
Speichere
Anzeige.java
Stufe 5

```java
package jsplernen.markt;
import jsplernen.LogUtility;
import jsplernen.BeanHochladen;
```

```
public class CmdContrSpeichereAnzeige
  implements CmdContrIf
{
  public Ergebnis operiere(String funktion, Anzeige anzeige,
    BeanHochladen multipartbody, String realpath,
    LogUtility log)
  {
    Ergebnis erg = new Ergebnis(Ergebnis.OK);
    if (anzeige == null)
    { // Aufruf ohne Formular absenden
      return erg;
    }
    // Prüfe die eingegebenen Daten
    boolean datenOK = anzeige.pruefeDaten();
    if (datenOK == false)
    {
      erg = new Ergebnis(Ergebnis.FALSCHE_FORMULAR_EINGABE);
      erg.add(anzeige);
      return erg;
    }
    // Beginn: Ergänzung zum Speichern einer Anzeige
    // Art ermitteln
    String art;
    if (funktion.equals("gesuche_erstellen"))
      art="Gesuch";
    else
      art="Angebot";
    // Neu Anzeige in DB speichern
    AnzeigeDB db=new AnzeigeDB();
    anzeige.setArt(art);
    db.setDaten(anzeige);
    erg=db.speichereInDB();
    // Ende: Ergänzung zum Speichern einer Anzeige
    return erg;
  } // operiere()
  /* -------------------------------------------------- */
} // class CmdContrSpeichereAnzeige
```

Nachdem die eingegebenen Daten geprüft und als korrekt befunden sind, werden die Daten als Anzeige in der Datenbank gespeichert. Dazu wird zuerst die Art der Anzeige bestimmt. Danach wird ein Exemplar db der Klasse AnzeigeDB erzeugt. Die Daten der Anzeige werden über das Objekt anzeige an das Objekt db übergeben. Zum Abschluss wird die Methode speicherInDB() aufgerufen.

 Deployen Sie diese Stufe des Web-Anzeigenmarkts und rufen Sie das Programm im Browser auf. Sehen Sie in der Log-Datei nach, ob dort Einträge vorgenommen werden. Vergessen Sie nicht, vor dem *Deployment* die Klasse CmdContrSpeichereAnzeige neu zu kompilieren.

13.13   WAM – Anzeigenauflistung **

Herr Schulz realisiert im nächsten Schritt die Implementierung der Auflistung der eingegebenen und in der Datenbank gespeicherten Anzeigen.

Folgende Teilaufgaben muss er bearbeiten:

- »Lesen aus der Datenbank«, S. 347: Die JavaBean-Klasse AnzeigeDB wird um das Lesen von Anzeigen aus der Datenbank ergänzt.
- »Ergänzung des Controllers«, S. 349: Die Klasse FrontContr wird um die Funktionen Verkaufsangebote Rubrik: Computer & Zubehör und Kaufgesuche Rubrik: Computer & Zubehör erweitert. Die Klasse CmdContrHoleAnzeigenliste, welche die Command-Controller-Komponente zu diesen Funktionen bildet, wird implementiert.
- »View-Komponenten für die Anzeigenauflistung«, S. 351: Der Navigationsbereich wird erweitert, damit die Auflistung von Anzeigen anwählbar wird. Eine View-Helper-Komponente zur Darstellung der Anzeigen in einer Liste wird implementiert.

13.13.1   WAM – Lesen aus der Datenbank **

Zum Lesen von Web-Anzeigen aus der Datenbank wird die Klasse AnzeigeDB um die Methode leseAusDB() und dafür notwendige Hilfsmethoden erweitert.

```
public class AnzeigeDB
{
.......
   public Ergebnis leseAusDB (String rubrik, String art)
   /* Lesen der Web-Anzeigen aus der Datenbank. */
   {
      java.sql.ResultSet resSet=null;
      String from=clsname+".leseAusDB()";
      Statement statement = null;

      Ergebnis erg = new Ergebnis(Ergebnis.UNBEKANNTER_FEHLER);
      String artDb = artBeanZuArtDb(art);
      try
      {
         statement = verbindeDB();
         if (statement !=null)
         {
         //SQL-Abfrage
            String sqlBefehl="select * from anzeigen where"
               + "rubrik = '"+rubrik+"' and "
               + "art = '"+artDb+"'";
            log.writeLog(from+": SQL-Befehl: " + sqlBefehl);
            resSet = statement.executeQuery(sqlBefehl);
            transferiereResultat(erg, resSet);
         }
```

AnzeigeDB.java
Stufe 6
(Ausschnitt)

```
      else
      {
        log.writeLog(from+": Keine DB-Verbindung vorhanden");
        erg.setCode(Ergebnis.DB_VERBINDUNGS_FEHLER);
      }
    }
    catch(SQLException e)
    {
      log.writeLog(from+": SQLException: "+e.getMessage()+
        ", SQLState: "+e.getSQLState()+
        ", ErrorCode: "+e.getErrorCode());
      try {
        if (!connection.isValid(3)) {
          // 3 Sekunden Time-out bis Antwort vom DB-Server
          log.writeLog
            (from+": Keine DB-Verbindung mehr vorhanden");
          erg.setCode(Ergebnis.DB_VERBINDUNGS_FEHLER);
          connection = null;
        } // if
        else {
          erg.setCode(Ergebnis.SQL_SYSTEM_FEHLER);
        } // else
      } // try
      catch (SQLException e1) {
        erg.setCode(Ergebnis.SQL_SYSTEM_FEHLER);
        connection = null;
      } // catch
    } // catch
    finally
    {
      /*
        Hier: abschlussStatement(statement,from);
        möglich, da ResultSet in Ergebnis übertragen wurde.
      */
      abschlussStatement(statement,from);
    }
    return erg;
  } // leseAusDB()
  /* ------------------------------------------------------*/
.......
  /* ------------------------------------------------------*/
  private void transferiereResultat
    (Ergebnis erg, ResultSet spalten)
    throws SQLException
  {
    while (spalten.next())
    {
      Anzeige a = new Anzeige();
      //Inhalt in Propertys speichern
      a.setArt(artDbZuArtBean(spalten.getString("art")));
      a.setBildverweis(spalten.getString("bildverweis"));
      a.setDetails(spalten.getString("details"));
      a.setEmail(spalten.getString("email"));
      a.setGueltigbis(spalten.getString("gueltigbis"));
      a.setNummer(spalten.getString("nummer"));
```

```
        a.setPasswort(spalten.getString("passwort"));
        a.setPreis(spalten.getString("preis"));
        a.setRubrik(spalten.getString("rubrik"));
        a.setTitel(spalten.getString("titel"));
        erg.add(a);
      } // while
      erg.setCode(Ergebnis.OK);
    } // transferiereResultat()
    /* ------------------------------------------------------*/
.......
} // class AnzeigeDB
```

In der Methode leseAusDB() wird zunächst eine SQL-Anweisung erstellt, mit der die Datenbank über statement.executeQuery() abgefragt wird. Das Abfrageergebnis liegt als eine Liste von Records (resSet) vor und wird mit der Hilfsmethode transferiereResultat() in eine Liste von Objekten der Klasse Anzeige umgewandelt. Das Ergebnis als Liste von Objekten der Klasse Anzeige wird im Ergebnisobjekt erg der Methode leseAusDB() an die Controller-Komponente zurückgegeben, wo es ausgewertet und/oder an die View-Komponente weitergeleitet werden kann.

13.13.2   WAM – Controller für die Anzeigenauflistung **

Herr Schulz definiert die Funktionsnamen für die Funktionen zur Auflistung von Web-Anzeigen der Rubrik Computer & Zubehör in Tab. 13.13-1.

Funktion	Funktionsnamen
Verkaufsangebot Rubrik: Computer & Zubehör	angebote_computer
Kaufgesuch Rubrik: Computer & Zubehör	gesuche_computer

Tab. 13.13-1: Zuordnung von Funktionen zu Funktionsnamen.

Mit dieser Festlegung kann er die Front-Controller-Komponente erweitern, um die Ereignisse zu diesen Funktionen zu behandeln. Sie sehen nachfolgend die in der Klasse FrontContr geänderten Codezeilen.

```
public class FrontContr extends HttpServlet
{
  .......
  private void ereignisBehandlung(HttpServletRequest req,
            HttpServletResponse resp)
        throws ServletException, java.io.IOException
  {
```

FrontContr
.java
Stufe 6
(Ausschnitt)

```
.......
        } else if (fAusgewaehlt.equals("gesuche_erstellen")){
                // JavaBean zur Formularparameteraufnahme
        ParamZuBean pToBeanObj = new ParamZuBean();
        Anzeige anzeige=pToBeanObj.holeNormal(req);
                // Command-Controller aufrufen
        CmdContrIf cmdObj = new CmdContrSpeichereAnzeige();
        erg = cmdObj.operiere(fAusgewaehlt,anzeige,
          null,svlcxt.getRealPath("/"),log);
        urlview="/view_hauptfenster.jsp";
        urlvh="/vh_gesuch_neu.jsp";

    // Zusatz in Stufe Anzeigenauflistung: Beginn
        } else if (fAusgewaehlt.equals("angebote_computer")){
                // Command-Controller aufrufen
        CmdContrIf cmdObj = new CmdContrHoleAnzeigenliste();
        erg = cmdObj.operiere(fAusgewaehlt,null,
          null,svlcxt.getRealPath("/"),log);
        urlview="/view_hauptfenster.jsp";
        urlvh="/vh_auswahlliste.jsp";
        } else if (fAusgewaehlt.equals("gesuche_computer")){
                // Command-Controller aufrufen
        CmdContrIf cmdObj = new CmdContrHoleAnzeigenliste();
        erg = cmdObj.operiere(fAusgewaehlt,null,
          null,svlcxt.getRealPath("/"),log);
        urlview="/view_hauptfenster.jsp";
        urlvh="/vh_auswahlliste.jsp";
    // Zusatz in Stufe Anzeigenauflistung: Ende
    .......
    } // ereignisBehandlung()
    .......
} // class   FrontContr
```

Es ist zu erkennen, dass lediglich in der Java-if-else-Verschachtelung zwei weitere Zweige hinzugekommen sind. Der Code innerhalb der neuen Zweige ist analog zum Code schon vorhandener Zweige aufgebaut. Es werden die Command-Controller-Komponente (CmdContrHoleAnzeigenliste) und die View-Komponente (vh_auswahlliste) zu den neuen Funktionen angesprochen.

Der Quellcode zur Klasse CmdContrHoleAnzeigenliste sieht folgendermaßen aus:

CmdContrHole
Anzeigenliste
.java
Stufe 6

```
package jsplernen.markt;
import jsplernen.LogUtility;
import jsplernen.BeanHochladen;

public class CmdContrHoleAnzeigenliste
  implements CmdContrIf
{
  public Ergebnis operiere(String funktion, Anzeige anzeige,
    BeanHochladen multipartbody, String realpath,
    LogUtility log)
```

```
    {
    Ergebnis erg = null;
    String rubrik = "computer";
    String art;
    if (funktion.equals("gesuche_computer"))
      art="Gesuch";
    else
      art="Angebot";
    // Rubrik prüfen
    if (rubrik != null)
    { // Rubrikwert gültig
      AnzeigeDB anzeigeDB = new AnzeigeDB();
      erg=anzeigeDB.leseAusDB(rubrik,art);
    }
    else
    {
        erg = new Ergebnis(Ergebnis.FALSCHE_RUBIRK_ANGEGEBEN);
    }
    // Setze Daten für die View
    erg.setArt(art);
    erg.setRubrik(rubrik);
    return erg;
  } // operiere()
} // class CmdContrHoleAnzeigenliste
```

Mit Hilfe der Klasse AnzeigeDB werden die in der Datenbank vorhandenen Web-Anzeigen der Rubrik gelesen und im Datentransferobjekt erg der Klasse Ergebnis gespeichert. Im Objekt erg werden die Resultate an die Front-Controller-Komponente zurückgegeben, die diese wiederum an die View-Komponente weiterleitet.

13.13.3 WAM – View für die Anzeigenauflistung **

Damit die Funktionen Verkaufsangebote Rubrik: Computer & Zubehör und Kaufgesuche Rubrik: Computer & Zubehör in der Web-Anwendung angewählt werden können, muss der Bereich Navigation erweitert werden.

```
<p>
    <%-- Beginn: Ergänzung in Stufe 6  --%>
<strong class="NavigationUeberschrift">Verkaufsangebote</strong>
<br />
<a class="Navigation" href=".?f=angebote_computer">
Computer &amp; Zubehör</a><br />
<strong class="NavigationHeader">Gesuche</strong><br />
<a class="Navigation" href=".?f=gesuche_computer">
Computer &amp; Zubehör</a><br />
    <%-- Ende: Ergänzung in Stufe 6  --%>
....<%-- Weiter wie in Stufe 4 --%>
</p>
```

vh_navigations
bereich.jsp
Stufe 6

Als Darstellungsmittel für die Web-Anzeigen wurde in »WAM –
Layout«, S. 295, eine Tabelle festgelegt. Die Tabelle wird in der
View-Helper-Komponente vh_auswahlliste.jsp implementiert.

vh_auswahl
liste.jsp
Stufe 6

```
<%--
   Auflistung der gefundenen Anzeigen
--%>
<%-- *1* --%>
<%@ page import="java.util.*" %>
<%@ page import="jsplernen.markt.Anzeige" %>
<%@ page import="jsplernen.markt.Ergebnis" %>
<%-- *2* --%>
<%// erhaltene Parameter
   Ergebnis erg = (Ergebnis) request.getAttribute("_erg");
   String art= erg.getArt();
   String rubrik= erg.getRubrik();
%>
<%-- *3* --%>
<% // Titel der Liste zusammenstellen
   String titel;
   if (art.equals("Angebot"))
     titel="Verkaufsangebote in der Rubrik: ";
   else
     titel="Kaufgesuche in der Rubrik: ";
   String rubrikTitel = "Computer &amp; Zubehör";
   titel = titel+rubrikTitel;
%>
<%-- *4* --%>
<%
   Iterator zeilen = erg.iterator();
   Anzeige anzeige = null;
if (erg.getCode()<0)
{
   String ergebnisText = erg.getText();
   out.println("<p><strong>Ergebnis</strong>: "
        + ergebnisText+"</p>");
} else if (!zeilen.hasNext())
{
%>
   <p style="align:left">
     Leider keine Angebote zu &quot;<%=titel%>&quot; vorhanden.
   </p>
<%
   } // if
   else
   {
%>
<%-- *5* --%>
<div class="InhaltAngebote">
   <table  class="AngeboteMitRubrik">
   <%-- *6* --%>
     <caption><%=titel%></caption>
     <tr>
       <th class="titel">Titel</th>
       <th class="bild">Bild</th>
```

```
        <th class="nummer">Nr.</th>
        <th class="preis">Preis</th>
        <th class="gueltig">G&uuml;ltig bis</th>
        <th class="details">Details</th>
      </tr>
<%
  /* Muster:
    <tr>
      <td class="titel"  >Gut erhaltener Gartentisch</td>
      <td class="bild"  >
        <img src="images/gartentisch_klein.jpg" width="67"
          height="50" alt="Minibild vom Gartentisch"
          border="0" />
      </td>
      <td class="nummer" >1228</td>
      <td class="preis"  >&euro; 20.-</td>
      <td class="gueltig">24.01.2008</td>
      <td class="details">
        <a class="Navigation"
        href=".?f=details&amp;nummer=1228"
        onclick="newwindow=window.open
          ('.?f=details&amp;nummer=1228','Details',
           'width=500,height=400,screenX=100,screenY=200,
           top=100,left=200');
           newwindow.focus();return false">Details</a></td>
    </tr>
  */
  /*-- *7* --*/
  do //Alle Einträge abarbeiten
  {
    anzeige= (Anzeige) zeilen.next();
    String nrStr = anzeige.getNummer();
    int nr = Integer.parseInt(nrStr);
    String kurztitel = anzeige.getTitel();
    String gueltigbis = anzeige.getGueltigbis();
    String bildverweis = anzeige.getBildverweis();
    String preisStr = anzeige.getPreis()+" &euro;";

    out.println("<tr>");
    out.println("<td class=\"titel\" >"); // Kurztitel
      out.println(kurztitel);
    out.println("</td>");
    out.println("<td class=\"bild\" >"); // Bild
    if (bildverweis.equals(""))
    {
      out.println("kein Bild vorhanden");
    }
    else
    {
      String imgsrc="";
      imgsrc=imgsrc+application.getContextPath()+"/";
      imgsrc=imgsrc+bildverweis;
      String anker="<a href=\""+imgsrc+"\"><img src=\""
        + imgsrc+"\" alt=\""+imgsrc+"\" width=\"50\""
        + " height=\"50\" style=\"border-style:none\" />"
```

```
              + "</a>";
          out.println(anker);
        }
      out.println("</td>");
      out.println("<td class=\"nummer\" >"); // Nr.
        out.println(nr);
      out.println("</td>");
      out.println("<td class=\"preis\" >"); // Preis
        out.println(preisStr);
      out.println("</td>");
      out.println("<td class=\"gueltig\" >"); // Datum
        out.println(gueltigbis);
      out.println("</td>");
      /*-- *8* --*/
      out.println("<td class=\"details\" >"); // Details
      out.println("<a class=\"details\""
          + " href=\".?f=details&amp;nummer="+nr
          + "&amp;absenden\" "
          + " onclick=\"newwindow=window.open("
          + "'.?f=details&amp;nummer="+nr
          + "&amp;absenden','"+"'Details',"
          + "'width=500,height=400,screenX=100,screenY=200,"
          + "top=100,left=200'); "
          + "newwindow.focus();return false\">"
          + "hier</a>");
      out.println("</td>");
      out.println("</tr>");
    } while(zeilen.hasNext());
%>
  </table>
</div>
<%
  } // else
%>
```

■ An der Stelle *1* werden die benötigten Java-Klassen bekannt gemacht.

■ Bei *2* wird das Ergebnis, welches von der Controller-Komponente an die View-Komponente gegeben wurde, abge-
holt. Dieses Ergebnis steuert die Ausgabe der View-Helper-
Komponente vh_auswahlliste.jsp.

■ Da die View-Helper-Komponente sowohl für die Auflistung
von Verkaufsangeboten als auch für die Ausgabe von Kaufgesuchen verwendet wird, folgen bei *3* Einstellungen, um
den richtigen Kontext zu setzen.

■ Bei *4* wird die Überschrift der Tabelle erzeugt.

■ Ab *5* wird die Tabelle erstellt.

■ An der Stelle *6* wird die Kopfzeile der Tabelle geschrieben.

■ Ab *7* werden die Zeilen der Tabelle erzeugt.

■ Bei *8* wird der Hyperlink für das Detailfenster generiert. Dies lässt sich nicht allein mit HTML-Mitteln bewerkstelligen. Herr Schulz setzt an dieser Stelle JavaScript ein.

Die Verwendung von JavaScript-Befehlen erlaubt es, Verweise in einem neuen Browser-Fenster zu öffnen und zusätzlich die Eigenschaften und die Position des Fensters zu definieren. Alle Interaktionselemente des Browser-Fensters, im Englischen oft *chrome* (Chrom) genannt, können ausgeblendet werden *(chromless window)*. Durch Anklicken des folgenden Hyperlinks wird ein neues Browser-Fenster ohne Chrom erzeugt.

»Fenster ohne Chrom«

```
<a class="Navigation" href="anzeigen/details.jsp?nr=1228"
  onclick="newwindow=window.open
  ('anzeigen/details.jsp?nr=1228','Details','width=500,
  height=400,screenX=100,screenY=200,top=100,left=200');
  newwindow.focus();return false">
  Detail
</a>
```

Beispiel

Bei Anklicken des Hyperlinks wird zunächst die Ereignisbehandlungsmethode zum Ereignis `click` ausgeführt. Die Ereignisbehandlungsmethode ist durch den Wert des Attributs `onclick` gegeben. Im Beispiel besteht die Ereignisbehandlungsmethode aus drei JavaScript-Befehlen, nämlich `window.open()`, `newwindow.focus()` und `return false`.

Mit `window.open()` wird ein neues Browser-Fenster geöffnet, dessen Inhalt vom URL `anzeigen/details.jsp?nr=1228` bezogen wird. Der Name des Fensters ist `Details`. Danach folgen Daten für die Größe und Position des Fensters. Mit dem zweiten Befehl wird das neue Fenster in den Vordergrund geholt, damit der Benutzer es sofort bemerkt. Der dritte Befehl `return false` bewirkt, dass die Hyperlinkfunktionalität zur URL, die im Attribut `href` angegeben ist, vom Browser nicht ausgeführt wird. Wird der Hyperlink im Beispiel ein zweites Mal angewählt und ist das Fenster, welches beim ersten Anwählen erzeugt wurde noch geöffnet, so wird beim zweiten Mal kein neues Fenster erzeugt, sondern der Inhalt im Fenster überschrieben. Dies ist deshalb der Fall, weil als Ziel beim `window.open()` der Name des Fensters `Details` angegeben wurde. Ein neues Fenster wird nur erstellt, wenn kein Browser-Fenster mit dem angegebenen Namen existiert. Diese Art der Fenstererzeugung hat für den Web-Anzeigenmarkt zur Konsequenz, dass stets nur die Details zu einem einzigen Verkaufsangebot bzw. Kaufgesuch angezeigt werden können.

Deployen Sie diese Stufe des Web-Anzeigenmarkts und rufen Sie das Programm im Browser auf. Vergessen Sie nicht, vor dem *Deployment* die geänderten Java-Klassen neu zu kompilieren.

13.14   WAM – Konfigurierbare Rubrikenliste **

Herr Schulz hat bei der Implementierung der bisherigen Stufen nur die Rubrik Computer berücksichtigt. Bei einem Web-Anzeigenmarkt ist die Anzahl der Rubriken und deren Namen aber sicherlich stark vom Einsatzbereich abhängig. Deshalb beschließt Herr Schulz die Rubriken konfigurierbar zu gestalten. Dies ergibt die folgenden Arbeitspakete:

- ▧ »WAM – Konfigurationsdatei für die Rubriken«, S. 356: Erstellung der Konfigurationsdatei für die Rubriken.
- ▧ »WAM – Erweiterter Front-Controller«, S. 357: Umbau der Front-Controller-Komponente, sodass beliebige Rubriken als Ereignisse erkannt und die zugehörige Command-Controller-Komponente CmdContrHoleAnzeigenliste aufgerufen wird. Außerdem muss die Command-Controller-Komponente CmdContrHoleAnzeigenliste angepasst werden.
- ▧ »WAM – Parametrisierte View-Komponenten«, S. 360: Anpassung von View-Komponenten.

13.14.1   WAM – Konfigurationsdatei für die Rubriken **

Herr Schulz entscheidet, die Konfiguration der Rubriken in die JSP-Seite wamkonfig.jsp zu legen. Die Wahl einer JSP-Seite als Ablage der Konfigurationsdaten erfolgt aus entwicklungstechnischen Gründen. Herr Schulz möchte die Daten ändern können, ohne die Web-Anwendung neu *deployen* zu müssen. Deshalb sind die Daten in die JSP-Seite ausgelagert, da der JSP-Server Änderungen in JSP-Seiten während der Laufzeit einer Web-Anwendung automatisch erkennt und berücksichtigt, während er Änderungen in Java-Klassen nur beim *Redeployment* feststellt.

wamkonfig.jsp
Stufe 7

```
<%@ page errorPage="/WEB-INF/error.jsp" %>
<%!
  private static String [][] rubrikenliste =
  { // 0: Rubrik
    // 1: Titel
    {"schnaeppchen", "Schnäppchen"},
    {"computer", "Computer &amp; Zubeh&ouml;r"},
    {"musik", "Musik"},
    {"sport", "Sport &amp; Zubeh&ouml;r"},
    {"sonstiges", "Sonstiges"}
  };
  public void jspInit()
  {
    ServletContext application = getServletContext();
    application.setAttribute("rubrikenliste", rubrikenliste);
```

```
    } // jspInit()
%>
```

Die Liste rubrikenliste enthält in jedem Eintrag einen internen Rubrikennamen und einen Titel der Rubrik für Darstellung auf der Benutzungsoberfläche des Web-Anzeigenmarkts. Die Liste wird beim ersten Aufruf der JSP-Seite im Kontext *Application* als Attribut mit Namen rubrikenliste abgelegt und kann danach von allen anderen JSP-Seiten und Servlets der Web-Anwendung verwendet werden.

13.14.2 WAM – Erweiterter Front-Controller **

Herr Schulz baut die Front-Controller-Komponente so um, dass konfigurierte Rubriken verarbeitet werden können.

```
package jsplernen.markt;
import javax.servlet.*;
import javax.servlet.http.*;
import jsplernen.BeanHochladen;
import jsplernen.LogUtility;

public class FrontContr extends HttpServlet
{
    // Für Log-Datei
    private static String clsname = FrontContr.class.getName();
    private String logfileName=null;
    private LogUtility log=null;
    .......
    private void ereignisBehandlung(HttpServletRequest req,
                    HttpServletResponse resp)
            throws ServletException, java.io.IOException
    { String from=clsname+".ereignisBehandlung()";
    ServletContext svlcxt = getServletContext();
    /* *1* */
    /* Initialisierung der Rubriken
        der Web-Anwendung
    */
    RequestDispatcher dispInc=
        getServletContext().
        getRequestDispatcher("/WEB-INF/wamkonfig.jsp");
    dispInc.include(req, resp);
    // Für Debugging-Zwecke
    Exception ex=null;
    // Funktion aus Request-Parameter extrahieren
    String fAusgewaehlt = req.getParameter("f");
    // URL der View für Weiterleitung
    // Default View: Hauptfenster
    String urlview="/view_hauptfenster.jsp";
    /* URL eines View-Helpers für die View
        z.B. für View Hauptfenster der View-Helper
```

FrontContr.java
erweitert
Stufe 7
(Änderungen)

```
        für den Bereich Hauptinformation
        Default: Funktion nicht implementiert
*/
String urlvh="/vh_nichtimplementiert.jsp";
// Ergebnis, welches zur View weitergegeben wird
Ergebnis erg = new Ergebnis(Ergebnis.OK);

// Prüfe Funktion für Navigation und
// verzweige entsprechend
if (fAusgewaehlt==null)
{ // Keine Funktionsauswahl vorhanden:
  // Startseite wählen.
// Modifikation in Stufe 7: Beginn
  String[][] rubrikenliste = (String [][])
    svlcxt.getAttribute("rubrikenliste");
  fAusgewaehlt="angebote_"+rubrikenliste[0][0];
  CmdContrIf cmdObj = new CmdContrHoleAnzeigenliste();
  erg = cmdObj.operiere(fAusgewaehlt,null,
    null,svlcxt.getRealPath("/"),log);
  urlview="/view_hauptfenster.jsp";
  urlvh="/vh_auswahlliste.jsp";
// Modifikation in Stufe 7: Ende
} else if (fAusgewaehlt.equals("angebote_erstellen")){
            // JavaBean zur Formularparameteraufnahme
  ParamZuBean pToBeanObj = new ParamZuBean();
  Anzeige anzeige=pToBeanObj.holeNormal(req);
            // Command-Controller aufrufen
  CmdContrIf cmdObj = new CmdContrSpeichereAnzeige();
  erg = cmdObj.operiere(fAusgewaehlt,anzeige,
    null,svlcxt.getRealPath("/"),log);
  urlview="/view_hauptfenster.jsp";
  urlvh="/vh_angebot_neu.jsp";
} else if (fAusgewaehlt.equals("gesuche_erstellen")){
            // JavaBean zur Formularparameteraufnahme
  ParamZuBean pToBeanObj = new ParamZuBean();
  Anzeige anzeige=pToBeanObj.holeNormal(req);
            // Command-Controller aufrufen
  CmdContrIf cmdObj = new CmdContrSpeichereAnzeige();
  erg = cmdObj.operiere(fAusgewaehlt,anzeige,
    null,svlcxt.getRealPath("/"),log);
  urlview="/view_hauptfenster.jsp";
  urlvh="/vh_gesuch_neu.jsp";
// Zusatz in Stufe 7 Konfigurierbare Rubrikenliste: Beginn
// equals zu startsWith: Beginn
} else if (fAusgewaehlt.startsWith("angebote_") ||
            fAusgewaehlt.startsWith("gesuche_")){
  /* Beachte: angebote_erstellen und gesuche_erstellen
              wurde vorher schon behandelt! */
            // Command-Controller aufrufen
  CmdContrIf cmdObj = new CmdContrHoleAnzeigenliste();
  erg = cmdObj.operiere(fAusgewaehlt,null,
    null,svlcxt.getRealPath("/"),log);
  urlview="/view_hauptfenster.jsp";
  urlvh="/vh_auswahlliste.jsp";
// Zusatz in Stufe 7 Konfigurierbare Rubrikenliste: Ende
```

```
      } else if (fAusgewaehlt.equals("kontakt")){
        urlview="/view_hauptfenster.jsp";
        urlvh="/vh_kontakt.jsp";
      } else if (fAusgewaehlt.equals("impressum")){
        urlview="/view_hauptfenster.jsp";
        urlvh="/vh_impressum.jsp";
      } else if (fAusgewaehlt.equals("agb")){
        urlview="/view_hauptfenster.jsp";
        urlvh="/vh_agb.jsp";
      } else {
          // Unbekannte Funktion aufgerufen
          urlview="/view_hauptfenster.jsp";
          urlvh="/vh_nichtimplementiert.jsp";
      } // else
      // Werte für View setzen
      /*Namenskonvention:
        Parameter für View und View-Helper, die im
        Request-Kontext als Attribut abgelegt werden:
          Namen beginnen mit "_",
        um diese von Request-Parametern besser unterscheiden
        zu können.
        Beispiel: _urlvh
      */
      req.setAttribute("_urlvh",urlvh);
      req.setAttribute("_erg",erg);
      req.setAttribute("_fAusgewaehlt",fAusgewaehlt);
      // forwarding zur View
      RequestDispatcher disp=
        getServletContext().getRequestDispatcher(urlview);
      disp.forward(req, resp);
    } // ereignisBehandlung()
    .......
} // class   FrontContr
```

An der Stelle *1* wird die Konfigurationsdatei wamkonfig.jsp inkludiert, um die Konfigurationsdaten zu initialisieren.

Der Code der Command-Controller-Komponente CmdContrHole Anzeigenliste wird folgendermaßen angepasst:

```
package jsplernen.markt;
import jsplernen.LogUtility;
import jsplernen.BeanHochladen;

public class CmdContrHoleAnzeigenliste
  implements CmdContrIf
{
  public Ergebnis operiere(String funktion, Anzeige anzeige,
    BeanHochladen multipartbody, String realpath,
    LogUtility log)
    {
    Ergebnis erg = null;
    String rubrik = null;
    String from=getClass().getName()+"::operiere";
    String art=null;
```

CmdContrHole
Anzeigenliste
.java
Stufe 7

```
      if (funktion.startsWith("gesuche_")){
        art=WamKonfig.ART_GESUCH;
        rubrik=funktion.substring("gesuche_".length());
      }
      if (funktion.startsWith("angebote_")){
        art=WamKonfig.ART_ANGEBOT;
        rubrik=funktion.substring("angebote_".length());
      }
      // Rubrik prüfen
      if (rubrik != null && !rubrik.equals(""))
      { // Rubrikwert gültig
        AnzeigeDB anzeigeDB = new AnzeigeDB();
        erg=anzeigeDB.leseAusDB(rubrik,art);
      }
      else
      {
          erg = new Ergebnis(Ergebnis.FALSCHE_RUBIRK_ANGEGEBEN);
      }
      // Setze Daten für die View
      erg.setArt(art);
      erg.setRubrik(rubrik);
      return erg;
    } // operiere()
} // class CmdContrHoleAnzeigenliste
```

Die angewählte Rubrik wird jetzt im Code dynamisch ermittelt.

Herr Schulz kann jetzt in der Konfigurationsdatei wamkonfig.jsp weitere Rubriken einfügen, ohne die Front-Controller-Komponente und die Command-Controller-Komponente CmdContrHoleAnzeigenliste ändern zu müssen.

13.14.3   WAM – Parametrisierte View-Komponenten **

Die JSP-Seite, die den Inhalt des Navigationsbereichs erzeugt, wird umgestellt. Die im Navigationsbereich anzuzeigenden Rubriken werden aus der Rubrikenliste, die im Kontext *Application* hinterlegt ist, gelesen.

vh_navigations
bereich.jsp
Stufe 7

```
<%--
  Darstellung der Funktionen zur Navigation
--%>
<%@ page import="jsplernen.markt.*" %>
<%
// erhaltene Parameter
  String fAusgewaehlt=(String)
    request.getAttribute("_fAusgewaehlt");
// Rubrikenliste aus Kontext Application holen
  String[][] rubrikenliste =
    (String [][]) application.getAttribute("rubrikenliste");
%>
```

```
<%!
  private void zeigeNavigationseintragAn
    (String fAusgewaehlt,  String funktion,
     String funktionTitel,
     javax.servlet.jsp.JspWriter out)
     throws Exception
  {
    String cssClass = "Navigation";
    String hrefStr =
      "href='.?f="+funktion+"'";
      if (fAusgewaehlt != null &&
          fAusgewaehlt.equals(funktion)){
      cssClass="AktivNavigation";
      hrefStr="";
      }
    String htmlStr = "<a class='"+cssClass+"' "+hrefStr+">";
    htmlStr += funktionTitel;
    htmlStr += "</a><br />";
    out.println(htmlStr);
  } // zeigeNavigationseintragAn()
%>
<p>
<strong class="NavigationUeberschrift">Verkaufsangebote
</strong><br />
<%
   for(int i=0; i<rubrikenliste.length;i++){
     String rubrikelem = rubrikenliste[i][0];
     String rubrikTitel=rubrikenliste[i][1];
       zeigeNavigationseintragAn(fAusgewaehlt,
         WamKonfig.ANGEBOTE_STR+rubrikelem, rubrikTitel, out);
   } // for
%>
<strong class="NavigationUeberschrift">Gesuche</strong><br />
<% String ungueltigeRubrik="schnaeppchen";
   for(int i=0; i<rubrikenliste.length;i++){
     String rubrikelem = rubrikenliste[i][0];
     String rubrikTitel=rubrikenliste[i][1];
     if (!rubrikelem.equals(ungueltigeRubrik)) {
       zeigeNavigationseintragAn(fAusgewaehlt,
         WamKonfig.GESUCHE_STR+rubrikelem, rubrikTitel, out);
     } // if
   } // for
%>
<strong class="NavigationUeberschrift">Verwaltung
</strong><br />
<%
  zeigeNavigationseintragAn(fAusgewaehlt,
    "angebote_erstellen", "Angebot erstellen", out);
  zeigeNavigationseintragAn(fAusgewaehlt,
    "gesuche_erstellen", "Gesuch erstellen", out);
%>
<strong class="NavigationUeberschrift">Allgemein</strong><br />
<%
  zeigeNavigationseintragAn(fAusgewaehlt,
    "kontakt", "Kontakt", out);
```

```
    zeigeNavigationseintragAn(fAusgewaehlt,
     "impressum", "Impressum", out);
    zeigeNavigationseintragAn(fAusgewaehlt,
     "agb", "AGB", out);
 %>
 </p>
```

Herr Schulz kann jetzt neue Rubriken in den Web-Anzeigen-markt über die Konfigurationsdatei wamkonfig.jsp einbringen, ohne die JSP-Seite vh_navigationsbereich.jsp ändern zu müssen. In der View-Komponente vh_formular_anzeige.jsp wird die Rubriken-liste aus einem Attribut aus dem Kontext *Application* bezogen.

vh_formular_
anzeige.jsp
Stufe 7
(Änderungen)

```
 ........
 <%-- Hinzugekommen --%>
 <%@ page import="java.util.*" %>
 ........
 <%-- Hinzugekommen --%>
 String ungueltigeRubrik=
    request.getParameter("_ungueltigeRubrik");
 ........
       <%--  Rubriken einfügen --%>
 <%-- Weggefallen, weil ersetzt --%>
    <option value="computer">Computer &amp; Zubeh&ouml;r
    </option>
 <%-- Dafür hinzugekommen --%>
 <%-- Muster:
       <option value="R1">Sport &amp; Zubeh&ouml;r
       </option>
    --%>
 <% String[][] rubrikenliste = (String [][])
       application.getAttribute("rubrikenliste");
    for(int i=0; i<rubrikenliste.length;i++){
       String rubrikelem = rubrikenliste[i][0];
       // bereits ausgeählte Rubrik beibehalten
       String checked="";
       if (rubrikelem.equals(rubrik))
         checked = "selected='selected'";
       String rubrikTitel=rubrikenliste[i][1];
       if (!rubrikelem.equals(ungueltigeRubrik))
         out.println("<option value=\""+rubrikelem
            + "\" "+checked+" >"+rubrikTitel+"</option>");
    } // for
 %>
 ........
```

Die Rubrikenliste kann jetzt um weitere Rubriken ergänzt werden, ohne dass die JSP-Seite für das Formular angepasst werden muss. Letztlich muss noch die Datei vh_auswahlliste.jsp angepasst werden.

vh_auswahlliste
.jsp
Stufe 7
(Änderungen)

```
 ........
 <%-- Weggefallen, weil ersetzt --%>
```

```
String rubrikTitel = "Computer &amp; Zubehör";
<%-- Hinzugekommen --%>
String[][] rubrikenliste = (String [][])
   application.getAttribute("rubrikenliste");
String rubrikTitel="Fehler: keine Rubrik";
for(int i=0; i<rubrikenliste.length;i++){
   if (rubrikenliste[i][0].equals(rubrik))
      rubrikTitel=rubrikenliste[i][1];
}
.......
```

Damit sind alle View-Komponenten so erweitert, dass die Rubriken konfiguriert werden können und keine Änderungen mehr dafür in View-Komponenten notwendig sind.

13.15 WAM – Anzeige löschen **

Herr Schulz nimmt nun die Realisierung der Funktion Anzeige löschen in Angriff. Eine Web-Anzeige soll nach Eingabe der Anzeigennummer und des dazugehörigen Passworts, welches bei der Anzeigenerstellung generiert und dem Benutzer mitgeteilt wurde, gelöscht werden können. Herr Schulz definiert die folgenden Aufgabenpakete:

- Ergänzung der Klasse AnzeigeDB um eine Methode zum Löschen einer Web-Anzeige in der Datenbank.
- Ergänzung der Front-Controller-Komponente zur Funktion Anzeige löschen.
- Implementierung einer Command-Controller-Komponente zur Funktion Anzeige löschen.
- Ergänzung der JSP-Seite für die Navigation um einen Eintrag für die Funktion Anzeige löschen.
- Erstellung einer View-Helper-Komponente für die Auswahl der zu löschenden Web-Anzeige.

Ergänzung der Klasse AnzeigeDB

Herr Schulz ergänzt die JavaBean-Klasse AnzeigeDB um die Methode loescheInDB(), die schon im objektorientierten Entwurf in »WAM – Schreiben in die Datenbank«, S. 335, vorgesehen war.

```
.......
public Ergebnis loescheInDB()
/* Löschen der Web-Anzeige in der Datenbank. */
{
   Ergebnis res = new Ergebnis();
   int resCode = schreibeInDB(CMD_LOESCHE);
   setzeErgebnis(res, resCode);
   return res;
} // loescheInDB()
private int sqlLoescheInDB(Statement statement)
```

AnzeigeDB
Stufe 8
(Ergänzung)

```
      throws SQLException
/* Löschen der Web-Anzeige in der Datenbank.
   Liefert Ergebniscode der Operation zurück.
*/
{
  int res=Ergebnis.SQL_SYSTEM_FEHLER;
  String from=clsname+".sqlLoescheInDB()";

  int nummerDb =
    nummerBeanZuNummerDb(daten.getNummer());
  String passwort=daten.getPasswort();
  java.sql.ResultSet spalten = statement.executeQuery(
    "select passwort from anzeigen where nummer = "
    +nummerDb+" and passwort = '"+passwort+"'");
  // Beachte Hochkommata schließen den Wert von passwort ein,
  // da der Wert eine Zahl sein kann.
  boolean gefunden = spalten.next();
  if (gefunden)
  {
    //Anzeige löschen
    statement.executeUpdate(
      "delete from anzeigen where nummer = "+nummerDb);
    res=Ergebnis.OK;
  }
  else
  {
    res=Ergebnis.SQL_KEIN_DATENSATZ_GEFUNDEN;
  }
  return res;
} // sqlLoescheInDB()
.......
```

Der Ablauf des Löschens einer Web-Anzeige funktioniert analog zum Ablauf des Speicherns einer neuen Web-Anzeige (siehe »WAM – Schreiben in die Datenbank«, S. 335). Die öffentliche Methode loescheInDB() wird von der zugehörigen Command-Controller-Komponente aufgerufen. In loescheInDB() wird die private Methode schreibeInDB() mit dem Aufrufparameter CMD_LOESCHE verwendet.

Die Methode schreibeInDB() kümmert sich um die Datenbankverbindung, die Fehlerbehandlung und den Aufruf einer Verarbeitungsmethode für das durch den Aufrufparameter angewählte Kommando (siehe »WAM – Schreiben in die Datenbank«, S. 335). Bei Aufrufparameter CMD_LOESCHE wird die private Verarbeitungsmethode sqlLoescheInDB() angestoßen. In sqlDeleteInDB() wird im ersten Schritt mit Hilfe eines SQL-Befehls select getestet, ob zu der angegebenen Anzeigennummer und dem angegebenen Passwort eine Web-Anzeige in der Datenbank existiert.

Wenn dies der Fall ist, wird im zweiten Schritt der SQL-Befehl delete zum Löschen der Web-Anzeige aus der Datenbank ausgeführt. Der Rückgabewert enthält das Ergebnis der Aktion, damit dem Benutzer das Resultat mitgeteilt werden kann.

Front-Controller-Komponente

Die Front-Controller-Komponente muss erweitert werden, damit die Funktion Anzeige löschen verarbeitet wird und die zugehörige Command-Controller-Komponente aufgerufen wird.

```
.....
    } else if (fAusgewaehlt.startsWith("angebote_") ||
            fAusgewaehlt.startsWith("gesuche_")){
        /* Beachte: angebote_erstellen und gesuche_erstellen
                wurde vorher schon behandelt! */
        // Command-Controller aufrufen
        CmdContrIf cmdObj = new CmdContrHoleAnzeigenliste();
        erg = cmdObj.operiere(fAusgewaehlt,null,
          null,svlcxt.getRealPath("/"),log);
        urlview="/view_hauptfenster.jsp";
        urlvh="/vh_auswahlliste.jsp";

    /* Stufe 8 Ergänzungen: Beginn */
    } else if (fAusgewaehlt.equals("anzeigeloeschen")){
            // Command-Controller aufrufen
        ParamZuBean pToBeanObj = new ParamZuBean();
        // Formularparameter gewöhnlich übertragen
        Anzeige anzeige=pToBeanObj.holeNormal(req);
        CmdContrIf cmdObj = new CmdContrLoescheAnzeige();
        erg = cmdObj.operiere(fAusgewaehlt,anzeige,
          null,svlcxt.getRealPath("/"),log);
        urlview="/view_hauptfenster.jsp";
        urlvh="/vh_anzeige_loeschen.jsp";
    /* Stufe 8 Ergänzungen: Ende */

    } else if (fAusgewaehlt.equals("kontakt")){
        urlview="/view_hauptfenster.jsp";
        urlvh="/vh_kontakt.jsp";
.....
```

FrontContr.java
Stufe 8
(Ergänzungen)

Command-Controller-Komponente

Nachfolgend sehen Sie den Quellcode der Command-Controller-Komponente zur Funktion Anzeige löschen.

```
package jsplernen.markt;
import jsplernen.LogUtility;
import jsplernen.BeanHochladen;

public class CmdContrLoescheAnzeige
  implements CmdContrIf
{
  public Ergebnis operiere(String funktion, Anzeige anzeige,
```

CmdContrLoesche
Anzeige.java

```
      BeanHochladen multipartbody, String realpath,
      LogUtility log)
    {
      Ergebnis erg = new Ergebnis(Ergebnis.OK);
      if (anzeige == null)
      { // Aufruf ohne Formular absenden
        return erg;
      }
      if (anzeige.getNummer().equals("")
            || anzeige.getPasswort().equals(""))
      {
        erg = new Ergebnis(Ergebnis.FALSCHE_FORMULAR_EINGABE);
          erg.add(anzeige);
        return erg;
      }
      AnzeigeDB db=new AnzeigeDB();
      db.setDaten(anzeige);
      erg=db.loescheInDB();

      return erg;
    } // operiere()
  } // class CmdContrLoescheAnzeige
```

View-Komponente für die Navigation

In der JSP-Seite zum Navigationsbereich wird die Funktion Anzeige löschen eingebaut.

vh_navigations
bereich.jsp
Stufe 8
(Ergänzung)

```
.......
<strong class="NavigationUeberschrift">Verwaltung
</strong><br />
<%
  zeigeNavigationseintragAn(fAusgewaehlt,
    "angebote_erstellen", "Angebot erstellen", out);
  zeigeNavigationseintragAn(fAusgewaehlt,
    "gesuche_erstellen", "Gesuch erstellen", out);
   /* Stufe 8 Ergänzung: Beginn */
  zeigeNavigationseintragAn(fAusgewaehlt,
    "anzeigeloeschen", "Anzeige löschen", out);
   /* Stufe 8 Ergänzung: Ende */
%>
.....
```

View-Komponente für das Löschen der Anzeige

Zur Auswahl der Web-Anzeige, die gelöscht werden soll, wird die View-Helper-Komponente vh_anzeige_loeschen.jsp implementiert, die ein Formular zur Eingabe der Web-Anzeigennummer und des Passworts anbietet. Abb. 13.15-1 zeigt das Formular.

vh_anzeige
_loeschen.jsp

```
<%--
  Funktionalität: Anzeige löschen
--%>
<%-- *1* --%>
```

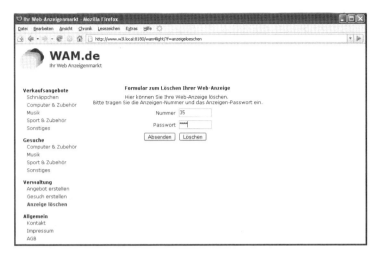

Abb. 13.15-1: Erscheinungsbild der Webseite zum Löschen von Anzeigen im Browser.

```
<%@ page import="java.util.*" %>
<%@ page import="jsplernen.markt.Anzeige" %>
<%@ page import="jsplernen.markt.Ergebnis" %>
<%-- *2* --%>
<%  // Vom Controller hinterlegtes Attribut holen
  String funktionName = (String)
    request.getAttribute("_fAusgewaehlt");
%>
<%-- *3* --%>
<%
  // Wert des Attributs action des Formulars zusammenbauen
  String absendenName="absenden";
  String actionURL=".";
  // Absenden als Parameter an URL anhängen
  actionURL=actionURL+"?"+absendenName;
  // Funktion als Parameter an URL anhängen
  actionURL=actionURL+"&amp;f="+funktionName;
%>
<%-- *4* --%>
<%
String nummer = request.getParameter("nummer");
if(nummer == null) nummer = "";
String passwort = request.getParameter("passwort");
%>
<%-- *5* --%>
<form action="<%=actionURL %>" method="post" >
  <!-- Layout-Tabelle verwenden -->
  <table border="0" cellspacing="3" cellpadding="3">
    <tr>
      <th colspan="2">Formular zum L&ouml;schen Ihrer
        Web-Anzeige</th>
    </tr>
```

```
<tr>
  <td colspan="2" align="center">
  Hier k&ouml;nnen Sie Ihre Web-Anzeige l&ouml;schen.
  <br />
  Bitte tragen Sie die Anzeigen-Nummer und das
  Anzeigen-Passwort ein.
  </td>
</tr>
<tr>
  <td align="right">
  Nummer
  </td>
  <td>
    <input class = "position4" type="text" name="nummer"
      maxlength="10" size="10"
      value="<%=nummer%>" />
  </td>
</tr>
<tr>
  <td align="right">
  Passwort
  </td>
  <td>
    <input class = "position4" type="password"
      name="passwort" maxlength="10" size="10" />
  </td>
</tr>
<tr>
  <td align="right">
    <input type="submit" name="<%=absendenName%>"
      value="Absenden" />
  </td>
  <td align="left">
    <input type="reset" value="L&ouml;schen" />
  </td>
</tr>
</table>
</form>
<%-- *6* --%>
<%
  Ergebnis erg = (Ergebnis) request.getAttribute("_erg");
  Iterator zeilen = erg.iterator();
  if (zeilen.hasNext())
  { // Formular absenden war ausgewählt
    if (erg.getCode() == Ergebnis.OK)
    { // Löschen erfolgreich
        out.println("<p><b>Ergebnis</b>: Anzeige "+nummer
        + " mit Passwort "+passwort
        + " <b>gelöscht</b>.</p>");
    } else if (erg.getCode() ==
                Ergebnis.SQL_KEIN_DATENSATZ_GEFUNDEN)
    {
      // Löschen fehlgeschlagen: falsche Daten
      out.println("<p><b>Ergebnis</b>: Anzeige Nr. "+nummer
        + " mit Passwort **** konnte <b>nicht gelöscht</b>"
```

```
          + " werden.</p>");
    } // else if
    else
    { // Löschen fehlgeschlagen: sonstige Gründe
      String ergebnisText = erg.getText();
      out.println("<p><b>Ergebnis</b>: "
          + ergebnisText+"</p>");
    }
    } // if (zeilen.hasNext())
    else {} // Erstaufruf, keine Daten, keine Meldungen
%>
```

■ Bei *1* werden die benötigten Java-Klassen bekannt gemacht.

■ An der Stelle *2* wird ein von der Controller-Komponente
  hinterlegtes Attribut geholt, welches die aufgerufene Funktion enthält.

■ Der Wert des Attributs action des Formulars wird bei *3*
  zusammengebaut.

■ Die vom Benutzer eingegebenen Werte werden bei *4* geholt, damit sie als Voreinstellungswerte in das Formular
  eingetragen werden können bzw. dem Benutzer im Ergebnis seiner Löschoperation angezeigt werden können.

■ Ab *5* wird das Formular zur Auswahl der zu löschenden
  Web-Anzeige erzeugt.

■ An der Stelle *6* wird das Ergebnis, welches bei der aktuellen Operation erzielt wurde, geprüft und angezeigt.

Deployen Sie diese Stufe des Web-Anzeigenmarkts und rufen Sie
das Programm im Browser auf. Vergessen Sie nicht, vor dem
Deployment die geänderten Java-Klassen neu zu kompilieren.

13.16 WAM – Detailbeschreibung anzeigen **

Hat der Benutzer im Web-Anzeigenmarkt eine Rubrik ausgewählt,
dann zeigt eine Tabelle die Verkaufsangebote bzw. Kaufgesuche.
Zu jedem Angebot und jedem Gesuch kann eine Detailansicht
gewählt werden, die nähere Informationen ausgibt. Herr Schulz
definiert die Arbeitspakete, die er zur Realisierung der Funktion
Detailbeschreibung anzeigen abarbeiten muss.

■ Ergänzung der Klasse AnzeigeDB um eine Methode zum Lesen
  der Details einer Web-Anzeige aus der Datenbank.

■ Ergänzung der Front-Controller-Komponente zur Funktion
  Detailbeschreibung anzeigen.

■ Implementierung einer Command-Controller-Komponente
  zur Funktion Detailbeschreibung anzeigen.

■ Erstellung einer View-Helper-Komponente für die Anzeige der
Detailbeschreibung einer Web-Anzeige.

Ergänzung der Klasse AnzeigeDB

Herr Schulz ergänzt die JavaBean-Klasse AnzeigeDB um die Methode leseEintragAusDB(), die schon im objektorientierten Entwurf in
»WAM – Schreiben in die Datenbank«, S. 335, vorgesehen war.

AnzeigeDB
.java
Stufe 9
(Ergänzung)

```
.......
public Ergebnis leseEintragAusDB(String nummer)
/* Lesen einer Web-Anzeigen aus der Datenbank. */
{
  String from=clsname+".leseEintragAusDB()";
  Statement statement=null ;
  java.sql.ResultSet spalten=null;

  Ergebnis res = new Ergebnis(Ergebnis.UNBEKANNTER_FEHLER);
  daten = new Anzeige();
  // Angefragte Nummer im Ergebnis merken
  daten.setNummer(nummer);
  res.add(daten);
  try
  {
    statement = verbindeDB();
    if (statement !=null)
    {
      //Eintrag zur entsprechenden Nummer suchen
      spalten = statement.executeQuery(
        "select * from anzeigen where nummer = "+nummer);
      spalten.next();

      //Inhalt in Propertys speichern
      daten.setBildverweis(
        spalten.getString("BILDVERWEIS"));
      daten.setDetails(spalten.getString("DETAILS"));
      daten.setEmail(spalten.getString("EMAIL"));
      daten.setGueltigbis(spalten.getString("GUELTIGBIS"));
      daten.setNummer(spalten.getString("NUMMER"));
      daten.setPasswort(spalten.getString("PASSWORT"));
      daten.setPreis(spalten.getString("PREIS"));
      daten.setRubrik(spalten.getString("RUBRIK"));
      daten.setTitel(spalten.getString("TITEL"));
      daten.setArt
        (artDbZuArtBean(spalten.getString("ART")));
      res.setCode(Ergebnis.OK);
    }
    else
    {
      res.setCode(Ergebnis.DB_VERBINDUNGS_FEHLER);
    }
  }
  catch(SQLException e1)
  {
    res.setCode(Ergebnis.SQL_SYSTEM_FEHLER);
```

```
    }
    finally
    {
      abschlussStatement(statement,from);
    }
    return res;
  } // leseEintragAusDB()
.......
```

Die Methode leseEintragAusDB() funktioniert analog zur Methode leseAusDB(). Mit einen SQL-Befehl select wird durch den Aufruf von executeQuery() die Datenbank abgefragt. Vom zurückgelieferten ResultSet wird nur der erste Datensatz gelesen und in ein JavaBean-Objekt der Klasse Anzeige übertragen. Dieses JavaBean-Objekt wird beim Ergebnisobjekt res hinterlegt, sodass es im weiteren Verlauf der Request-Verarbeitung verwendet werden kann.

Front-Controller-Komponente

Die Front-Controller-Komponente wird für die Verarbeitung der Funktion Detailbeschreibung anzeigen ertüchtigt.

```
.......
    } else if (fAusgewaehlt.equals("agb")){
      urlview="/view_hauptfenster.jsp";
      urlvh="/vh_agb.jsp";
    /* Stufe 9 Ergänzung: Beginn */
    } else if (fAusgewaehlt.equals("details")){
      ParamZuBean pToBeanObj = new ParamZuBean();
      // Formularparameter gewöhnlich übertragen
      Anzeige anzeige=pToBeanObj.holeNormal(req);
      CmdContrIf cmdObj = new CmdContrHoleAnzeigeMitNummer();
      erg = cmdObj.operiere(fAusgewaehlt,anzeige,
        null,svlcxt.getRealPath("/"),log);
      urlview="/view_details.jsp";
      urlvh=null;
    /* Stufe 9 Ergänzung: Ende*/
    } else {
      // Unbekannte Funktion aufgerufen
      urlview="/view_hauptfenster.jsp";
      urlvh="/vh_nichtimplementiert.jsp";
    } // else
.......
```

FrontContr.java
Stufe 9
(Ergänzung)

Command-Controller-Komponente

Nachfolgend sehen Sie den Quellcode der Command-Controller-Komponente zur Funktion Detailbeschreibung anzeigen.

```
package jsplernen.markt;
import jsplernen.LogUtility;
```

CmdContrHole
AnzeigeMitNummer
.java

```
import jsplernen.BeanHochladen;

public class CmdContrHoleAnzeigeMitNummer
  implements CmdContrIf
{
  public Ergebnis operiere(String funktion, Anzeige anzeige,
    BeanHochladen multipartbody, String realpath,
    LogUtility log)
  {
    String nr=anzeige.getNummer();

    Ergebnis erg = null;
    AnzeigeDB anzeigeDB = new AnzeigeDB();
    erg=anzeigeDB.leseEintragAusDB(nr);
    return erg;
  } // operiere()
} // class CmdContrHoleAnzeigeMitNummer
```

View-Komponenten

Die Detailansicht ist, wie in »WAM – OOA und Benutzungsoberfläche«, S. 284, definiert, in einem gesonderten Browser-Fenster
anzuzeigen. Das von Herrn Kaiser entworfene Layout für diese
Webseite ist in Abb. 13.16-1 zusehen.

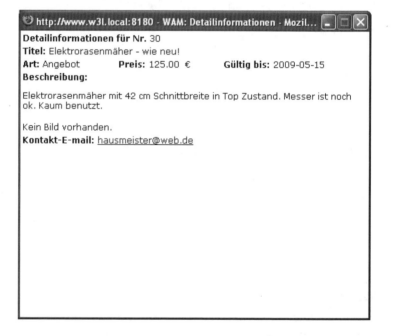

Abb. 13.16-1: Layout der Webseite für die Detailinformationen einer Anzeige.

Die Anwahl der Funktion Detailbeschreibung anzeigen erfolgt
über einen Hyperlink, der in der Webseite zur Funktion
Anzeigenauflistung für jede gefundene Web-Anzeige eingebaut ist
(siehe »WAM – View für die Anzeigenauflistung«, S. 351). Über
die Realisierung des Hyperlinks wird gesteuert, dass bei Anwahl
des Hyperlinks ein neues Browserfenster geöffnet wird. Der Inhalt des neuen Browserfensters wird durch die View-Komponente view_details.jsp erzeugt.

```
<%--
  Detailanzeige für den Web-Anzeigenmarkt
--%>
<html>
<head><title>WAM: Detailinformationen</title>
   <style type="text/css">
      @import url(css/wam.css);
   </style>
</head>
<body>
<%@ page errorPage="/WEB-INF/error.jsp" %>
<%@ page import="jsplernen.markt.Anzeige" %>
<%@ page import="jsplernen.markt.Ergebnis" %>
<%-- *1* --%>
<%
  /* CmdController zu Details muss immer
   ein Objekt Ergebnis liefern */
  Ergebnis erg = (Ergebnis) request.getAttribute("_erg");
  Anzeige eineAnzeige = (Anzeige) erg.iterator().next();
  String nr = eineAnzeige.getNummer();
  /*-- *2* --*/
  if ((erg.getCode()<0))
  {
    out.println("<p>Leider zur Zeit keine Detailinformation"
      + " zu Anzeige Nr. <b>"
      + nr +"</b> möglich.</p>");
  }
  else
  { // eine Anzeige zur Nummer ist gefunden:
%>
<table border="0">
<tr><td colspan="4">
<strong>Detailinformationen für Nr.</strong>
<%=nr%>
</td></tr>
<tr><td colspan="4">
<%-- *3* --%>
  <strong>Titel:</strong>
  <%=eineAnzeige.getTitel()%>
</td></tr>

<tr><td>
  <strong>Art:</strong>
  <%=eineAnzeige.getArt()%>
</td><td>
```

view_details
view.jsp

```
   
</td><td>
  <strong>Preis:</strong>
  <%=eineAnzeige.getPreis()%>
   &euro;
</td><td>
  <strong>Gültig bis:</strong>
  <%=eineAnzeige.getGueltigbis()%>
</td></tr>

<tr><td colspan="4">
  <strong>Beschreibung:</strong>
  <p>
  <%=eineAnzeige.getDetails()%>
  </p>
</td></tr>

<tr><td colspan="4">
<%
  String bildverweis=eineAnzeige.getBildverweis();
  String imgsrc;
  imgsrc=application.getContextPath()+"/"+bildverweis;
%>
<%
  if (!bildverweis.equals(""))
  {
%>
<img src="<%=imgsrc%>" alt="<%=imgsrc%>" />
<%
  } // if
  else
  {
    out.println("Kein Bild vorhanden.");
  }
%>
</td></tr>
<tr><td colspan="4">
  <strong>Kontakt-E-mail:</strong>
<%
  /* Muster
  <a href="mailto:m.m@web.de
     ?cc=wam4@web.de&amp;subject=gitarre">m.m@talknet.de</a>
  */
  String hlink="<a href=\"mailto:";
  hlink=hlink+eineAnzeige.getEmail();
  hlink=hlink+"?cc=Verwaltung@wam4.de";
  hlink=hlink+"&amp;subject=";
  hlink=hlink+eineAnzeige.getTitel();
  hlink=hlink+"\">";
  hlink=hlink+eineAnzeige.getEmail();
  hlink=hlink+"</a>";
  out.println(hlink);
%>
</td>
</tr></table>
```

```
<%
  } // else ((erg == null) || erg.getCode()<0))
%>
</body>
</html>
```

- Bei *1* wird das von der Controller-Komponente übermittelte Ergebnis der Datenbankabfrage gelesen (Ergebnisobjekt erg und JavaBean-Objekt eineAnzeige).
- An der Stelle *2* wird geprüft, ob die Datenbankabfrage erfolgreich war und eine Web-Anzeige gefunden wurde. Andernfalls wird eine Fehlermeldung ausgegeben.
- Ab *3* werden die *Propertys* von meineAnzeige, welche die Detailinformation des Verkaufsangebots bzw. des Kaufgesuchs darstellen, gelesen und dazu HTML-Code generiert, damit der Benutzer die Informationen im Browser sehen kann.

Deployen Sie diese Stufe des Web-Anzeigenmarkts und rufen Sie das Programm im Browser auf. Vergessen Sie nicht, vor dem *Deployment* die geänderten Java-Klassen neu zu kompilieren.

13.17 WAM – Hochladen von Bildern **

Die nächste Aufgabe von Herrn Schulz ist es, das Hochladen von Bildern für Verkaufsangebote zu realisieren. Herr Schulz weiß, dass das Hochladen von Dateien mit Formularen erfolgt, deren Attribut enctype den Wert multipart/form-data hat. Bei dieser Angabe werden die hochgeladenen Dateien und die anderen Formularparameter im *Message Body* der HTTP-Request-Nachricht kodiert (siehe »JavaBeans und das Hochladen von Dateien«, S. 180). Er weiß auch, dass das Empfangen von hochgeladenen Dateien in JSP-Seiten zwar grundsätzlich möglich ist, aber weder in JSP direkt, noch im Servlet-API dafür eine komfortable Schnittstelle vorhanden ist. Herr Schulz definiert folgende Arbeitspakete, um das Hochladen von Bildern zu implementieren:

- »JavaBean für das Hochladen von Dateien«, S. 376: Erstellung eines Konzepts für das Hochladen von Dateien und Implementierung des Konzepts in einer JavaBean-Klasse.
- »Ergänzung der MVC-Komponenten«, S. 381: Implementierung bzw. Ergänzung der MVC-Komponenten für die Funktion des Hochladens von Bildern zu Verkaufsangeboten.
- ☐ Ergänzung der Klasse AnzeigeDB um Methoden zum Speichern des Bildes einer Web-Anzeige.
- ☐ Ergänzung der Front-Controller-Komponente.
- ☐ Ergänzung der Command-Controller-Komponente CmdContrSpeichereAnzeige.java.

☐ Ergänzung der View-Helper-Komponente vh_formular_anzeige
.jsp für die Erfassung eines Verkaufsangebots.

13.17.1   WAM – JavaBean für das Hochladen von Dateien **

Für einen komfortableren Zugriff auf den Inhalt des *Message Body* einer HTTP-Request-Nachricht besorgt sich Herr Schulz das Zusatzpaket org.apache.commons.fileupload von Apache (siehe »JavaBeans und das Hochladen von Dateien«, S. 180). Bei der Evaluierung des Pakets macht er folgende Erfahrungen:

■ Eine Liste der im multipart/form-data *Message Body* gelieferten Parameter kann über die Schnittstelle ServletFile Upload.parseRequest(request) geholt werden.

■ Für jedes Element der Liste kann mit isFormField() abgeprüft werden, ob es sich um ein einfaches Feld des Formulars oder um eine hochgeladene Datei handelt.

■ Für beide Arten von Parametern ist das Lesen der Werte relativ einfach und komfortabel.

■ Nachdem ein Objekt von ServletFileUpload mit parseRequest() den *Message Body* in Parameter zerlegt hat, kann kein weiteres Objekt von ServletFileUpload die Parameter für diese HTTP-Request-Nachricht nochmals ermitteln. Die mit parse Request() erzeugte Liste kann allerdings mit verschiedenen Iteratoren mehrmals durchlaufen werden.

■ Die Formularparameter eines multipart/form-data *Message Bodys* können nicht, wie üblich, mit ServletRequest .getParameter() ermittelt werden!

Nach diesen Erfahrungen entschließt sich Herr Schulz zu dem in Abb. 13.17-1 gezeigten Entwurf einer JavaBean-Klasse Bean Hochladen, um sowohl die Formularparameter als auch die hochgeladenen Dateien auszulesen.

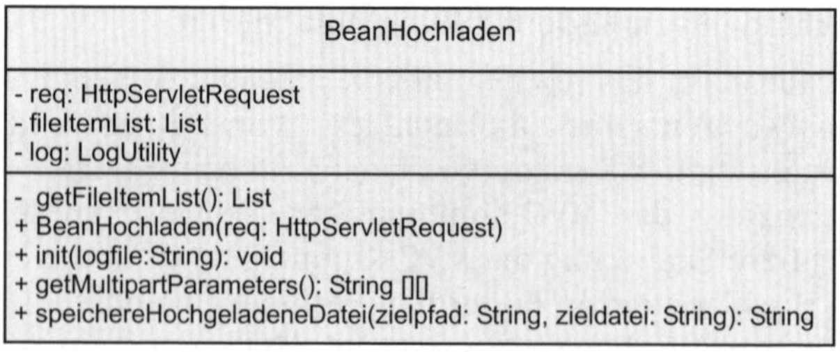

BeanHochladen
- req: HttpServletRequest - fileItemList: List - log: LogUtility
- getFileItemList(): List + BeanHochladen(req: HttpServletRequest) + init(logfile:String): void + getMultipartParameters(): String [][] + speichereHochgeladeneDatei(zielpfad: String, zieldatei: String): String

Abb. 13.17-1: Objektorientierter Entwurf der JavaBean-Klasse BeanHochladen als UML-Klassendiagramm.

Die Methoden von BeanHochladen, die in der Klasse ParamZuBean benutzt werden, sind init(), um den Pfad und Namen der Log-Datei zu setzen, sowie getMultipartParameters() und speichereHochgeladeneDatei(), um die übergebenen Formularparameter zu verarbeiten.

Jede der beiden letzten Methoden benutzt die private Methode getFileItemList(), welche die Formularparameter aus dem *Message Body* ausliest und in eine Liste einfügt, die anschließend von getMultipartParameters() und speichereHochgeladeneDatei() mit Hilfe von Iteratoren durchlaufen werden kann. getFileItemList() erstellt die Liste jedoch nur einmal und merkt sich dann das Listenobjekt in der Objektvariablen fileItemList.

```java
package jsplernen;
import java.util.*;
import java.io.*;

import javax.servlet.http.*;
import org.apache.commons.fileupload.disk.DiskFileItemFactory;
import org.apache.commons.fileupload.FileItem;
import org.apache.commons.fileupload.FileUploadException;
import org.apache.commons.fileupload.servlet.ServletFileUpload;

import jsplernen.LogUtility;

public class BeanHochladen {
  private HttpServletRequest req=null;
  private List fileItemList=null;
  /* Beachte: fileListItem kann nur einmal pro Request
   geholt werden. Deshalb hier die Liste merken.
  */
  private LogUtility log;
  private String clsname;
  /* ---------------------------------------------- */
  public BeanHochladen()
  {
    clsname = getClass().getName();
  }
  /* ---------------------------------------------- */
  public BeanHochladen(HttpServletRequest request,
    String logfile)
  {
    clsname = getClass().getName();
    log = new LogUtility(logfile);
    req = request;
  }
  /* ---------------------------------------------- */
  private List getFileItemList()
  {
    String from=clsname+".getFileItemList()";
    if (fileItemList!=null)
    { // fileItemList schon vorhanden
      return fileItemList;
    }
    // Ansonsten fileItemList erstmals holen
```

BeanHochladen
.java

```
  DiskFileItemFactory factory = new DiskFileItemFactory();
  ServletFileUpload upload = new ServletFileUpload(factory);
  try {
    /* Beachte: upload.parseRequest() kann nur einmal
       pro Request ausgeführt werden. Danach ist der
       zugehörige InputStream leer.
    */
    fileItemList = upload.parseRequest(req);
    return fileItemList;
    } // try
  catch (FileUploadException e) {
    return null;
  } // catch
} // getFileItemList()
/* ------------------------------------------------------ */
public String[][] getMultipartParameters()
{
  String from=clsname+".getMultipartParameter()";
  String[][] res=null;
  fileItemList=getFileItemList();
  if (fileItemList==null)
  { // Fehler
    return res;
  } // if
  // fileItemList vorhanden, also Parameter holen
  // zähle normale Formular-Parameter
  int count=0;
  for (Iterator iter = fileItemList.iterator();
    iter.hasNext();)
  {
    FileItem element = (FileItem) iter.next();
    if (element.isFormField()) {
      count++;
    } // if
  } // for
  res=new String[count][2];
  // speichere normale Formular-Parameter
  int i=0;
  for (Iterator iter = fileItemList.iterator();
    iter.hasNext();)
  {
    FileItem element = (FileItem) iter.next();
    if (element.isFormField()) {
      res[i][0] = element.getFieldName();
      res[i][1] = element.getString();
      i++;
    } // if
  } // for
  return res;
} // getMultipartParameters()
/* ------------------------------------------------------ */
public String speichereHochgeladeneDatei (String zielpfad,
  String zieldatei)
  /* Liefert Namen unter dem eine Datei gespeichert wurde
     oder null, wenn keine Datei gespeichert wurde.
```

```
*/
{
  String from=clsname+".saveUploadedFile()";
  String result=null;
  fileItemList=getFileItemList();
  if (fileItemList==null)
  { // Fehler
    return null;
  } // if
  String fileName="";
  try
  {
    for (Iterator iter=fileItemList.iterator();
      iter.hasNext();)
    {
      FileItem element = (FileItem) iter.next();
      if (!element.isFormField()) {
        // Ermittle Namen der hochgeladenen Datei
        fileName = element.getName();
        if (!fileName.equals("")){
          fileName = fileName.replace('\\', '/');
          // Dateiname aus Pfad extrahieren
          fileName = fileName.substring
            (fileName.lastIndexOf('/') + 1);
          // Dateinamenserweiterung extrahieren
          String extname=fileName.substring
            (fileName.lastIndexOf('.') + 1);
          /* Falls Dateiname über Methodenparameter
             gegeben, dann diesen nehmen
          */
          if (zieldatei !=null)
          {
            fileName=zieldatei;
            // Dateinamenserweiterung anfügen
            fileName=fileName+"."+extname;
          }
          // Hole Inhalt einer hochgeladenen Datei
          InputStream is = element.getInputStream();
          // Hole Stream für das Abspeichern
          FileOutputStream fos = new FileOutputStream
            (new File(zielpfad, fileName));
          // // Schreibe Daten in die Zieldatei
          byte[] buffer = new byte[16384];
          int len = 0;
          while ((len = is.read(buffer)) > 0) {
            fos.write(buffer, 0, len);
          } // while
          fos.flush();
          fos.close();
          is.close();
          // Nach erster gesicherter Datei abbrechen
          result=fileName;
          break;
        } // if
      } // if
```

```
        } // for
        return result;
      } // try
      catch (IOException io)
      {
        return null;
      } // catch
    } // speichereHochgeladeneDatei()
    /* ------------------------------------------------------ */
} // class BeanHochladen
```

Die Klasse BeanHochladen wird in der Klasse ParamZuBean verwendet, um die Formularparameter in ein JavaBean-Objekt der Klasse Anzeige zu übertragen, wenn der *Message Body* des Formulars den Typ multipart/form-data hat. Dies ist der Fall beim Formular für neue Verkaufsangebote. In der Klasse ParamZuBean kommt die Methode holeAusMultipart() hinzu.

ParamZuBean
.java
Stufe 10
(Änderungen)

```
package jsplernen.markt;
import javax.servlet.http.*;
import jsplernen.BeanHochladen;
import jsplernen.Utility;

public class ParamZuBean
/*
  Abbildung der Request-Parameter in die Propertys
  einer JavaBean
*/
{
  private String clsname = ParamZuBean.class.getName();
  /* ------------------------------------------------------ */
  public Anzeige holeNormal
      (HttpServletRequest req)
  { ........// wie vorherige Stufe
  } // holeNormal
  /* ------------------------------------------------------ */
  public Anzeige holeAusMultipart
    (HttpServletRequest req, BeanHochladen multipartbody)
  {
    Anzeige anzeige=null;
    String [][] params=
      multipartbody.getMultipartParameters();
    if (params!=null )
    { // Formular absenden war ausgeählt
      anzeige = new Anzeige();
      String val =
        Utility.schluesselZuWertDefaultEmpty(params,
        "rubrik");
      anzeige.setRubrik(val);
      val =
        Utility.schluesselZuWertDefaultEmpty(params,
        "titel");
      anzeige.setTitel(val);
      val = Utility.schluesselZuWertDefaultEmpty(params,
```

```
        "details");
      anzeige.setDetails(val);
      val = Utility.schluesselZuWertDefaultEmpty(params,
        "preis");
      anzeige.setPreis(val);
      val = Utility.schluesselZuWertDefaultEmpty(params,
        "gueltigbis");
      anzeige.setGueltigbis(val);
      val = Utility.schluesselZuWertDefaultEmpty(params,
        "email");
      anzeige.setEmail(val);
    } // if
    return anzeige;
  } // holeAusMultipart
  /* ------------------------------------------------ */
} // class ParamZuBean
```

Die Methode speichereHochgeladeneDatei() von BeanHochladen
wird in der Command-Controller-Komponente
CmdContrSpeichereAnzeige verwendet (siehe »WAM – Ergänzung der
MVC-Komponenten«, S. 381).

13.17.2 WAM – Ergänzung der MVC-Komponenten **

Herr Schulz diskutiert mit Frau Aust, der Software-Architektin
der Firma WebSoft, bezüglich der Ablage der zu den Verkaufsangeboten hochgeladenen Bildern. Die beiden entscheiden, dass
die Bilddateien im Dateisystem im Verzeichnis bilderanzeigen der
Web-Anwendung abgelegt werden. In der Datenbank wird nur der
Ablageort eines Bildes gespeichert. Herr Schulz definiert den Ablauf für das Speichern eines neuen Verkaufsangebots, bei dem
ein Bild hochgeladen wird. Der Ablauf ist in Abb. 13.17-2 zu sehen.

- Im ersten Schritt werden die zu speichernden Daten des Ver-
  kaufsangebots in der Klasse AnzeigeDB gesetzt.
- Im Schritt 2 werden die Daten des Verkaufangebots ohne das
  Bild in der Datenbank gespeichert. Dieser Schritt ist in Abb.
  13.17-2 vereinfacht dargestellt und wurde bereits in »WAM
  – Schreiben in die Datenbank«, S. 335, ausführlich erläutert.
  Wenn Schritt 2 erfolgreich ist, erhält die Web-Anzeige eine
  eindeutige Nummer (key) in der Datenbank.
- Wenn der zweite Schritt erfolgreich war, dann wird das Bild
  im Dateisystem abgelegt. Dazu wird die eindeutige Nummer
  der Web-Anzeige in der Datenbank im Dateinamen der Bild-
  datei verwendet, damit keine Namenskollisionen bei den Dateinamen der Bilder entstehen.

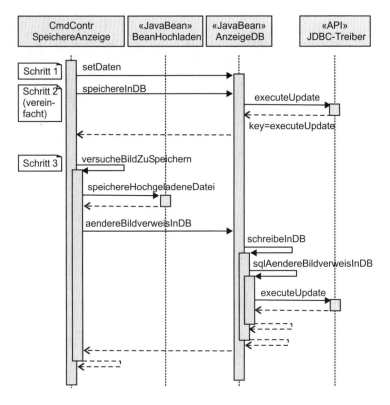

Abb. 13.17-2: UML-Sequenzdiagramm für den Ablauf beim Speichern einer Web-Anzeige in die Datenbank mit Hochladen eines Bildes.

▨ Nach dem Ablegen des Bildes im Dateisystem wird in Schritt 3 der Ablageort in der Datenbank mit aendereBildverweisInDB() gespeichert. Dazu werden die Daten zum Bildverweis der Web-Anzeige mit sqlAendereBildverweisInDB() neu in die Datenbank geschrieben.

Herr Schulz ergänzt jetzt die für das Hochladen von Bildern betroffenen Model-, Controller- und View-Komponenten.

Ergänzung der Model-Komponente AnzeigeDB

Die Klasse AnzeigeDB wird um die Funktionalität ergänzt, den Ablageort eines Bildes in der Datenbank zu speichern.

AnzeigeDB
.java
Stufe 10
(Ergänzungen)
```
.......
public Ergebnis aendereBildverweisInDB()
/* Ändern der Web-Anzeige in der Datenbank.
   Notwendig für BildUpload.
*/
{
    Ergebnis res = new Ergebnis();
```

```
    int resCode = schreibeInDB(CMD_SETZE_BILDVERWEIS);
    setzeErgebnis(res, resCode);
    return res;
} // aendereBildverweisInDB()
/* --------------------------------------------------------*/
private int sqlAendereBildverweisInDB(Statement statement)
    throws SQLException
/* Ändern der Web-Anzeige in der Datenbank.
    Liefert Ergebniscode der Operation zurück.
*/
{
    int res=Ergebnis.SQL_SYSTEM_FEHLER;
    String from=clsname+".sqlAendereInDB()";
    String updatestart =
      "update anzeigen set ";
    String updatevalues =
      "bildverweis='"+daten.getBildverweis()+"' ";
    String updateend = " where nummer="+daten.getNummer();
    String update=updatestart+updatevalues+updateend;
    // Ausführen des SQL-Befehls UPDATE
    statement.executeUpdate(update);
    res=Ergebnis.OK;
    return res;
} // sqlAendereBildverweisInDB()
/* --------------------------------------------------------*/
.......
```

Im Quellcode ist der Ablauf innerhalb der Klasse AnzeigeDB aus
Abb. 13.17-2 direkt umgesetzt.

Ergänzung der Front-Controller-Komponente

In der Front-Controller-Komponente muss Herr Schulz berücksichtigen, ob die Formularparameter in einem *Message-Body* des
Typs multipart/form-data übermittelt werden. Dieser Typ liegt
vor, wenn über ein Formular ein Bild hochgeladen werden kann.
Entsprechend der Übermittlungsart der Parameter werden die Parameterwerte mit spezifischen Methoden in ein JavaBean-Objekt
der Klasse Anzeige transferiert.

```
.......
private void ereignisBehandlung(HttpServletRequest req,
  HttpServletResponse resp)
  throws ServletException, java.io.IOException
{ .......
  } else if (fAusgewaehlt.equals("angebote_erstellen")){
          // JavaBean zur Formularparameteraufnahme
    ParamZuBean pToBeanObj = new ParamZuBean();
    /* Stufe 10 Änderungen: Beginn */
    BeanHochladen multipartbody = new
      BeanHochladen(req,logfileName);
    Anzeige anzeige=pToBeanObj.
      holeAusMultipart(req, multipartbody);
```

FrontContr
.java
Stufe 10
(Änderungen)

```
    // bisher:    Anzeige anzeige=pToBeanObj.holeNormal(req);
        // Command-Controller aufrufen
    CmdContrIf cmdObj = new CmdContrSpeichereAnzeige();
    erg = cmdObj.operiere(fAusgewaehlt,anzeige,
      multipartbody,svlcxt.getRealPath("/"),log);
    // bisher:    null,svlcxt.getRealPath("/"),log);
    /* Stufe 10 Änderungen: Ende */
    urlview="/view_hauptfenster.jsp";
    urlvh="/vh_angebot_neu.jsp";
    } else if (fAusgewaehlt.equals("gesuche_erstellen")){


    .......
} // ereignisBehandlung()
.......
```

Ergänzung der Controller-Komponente CmdContrSpeichereAnzeige

Herr Schulz erweitert die Methode operieren() und fügt die Methode versucheBildZuSpeichern() hinzu.

CmdContr
Speichere
Anzeige.java
Stufe 10
(Ergänzungen)

```
package jsplernen.markt;
import jsplernen.LogUtility;
import jsplernen.BeanHochladen;

public class CmdContrSpeichereAnzeige
  implements CmdContrIf
{
  public Ergebnis operiere(String funktion, Anzeige anzeige,
    BeanHochladen multipartbody, String realpath,
    LogUtility log)
  {
    Ergebnis erg = new Ergebnis(Ergebnis.OK);
    if (anzeige == null)
    { // Aufruf ohne Formular absenden
      return erg;
    }
    // Prüfe die eingegebenen Daten
    boolean datenOK = anzeige.pruefeDaten();
    if (datenOK == false)
    {
      erg = new Ergebnis(Ergebnis.FALSCHE_FORMULAR_EINGABE);
      erg.add(anzeige);
      return erg;
    }
    // Art ermitteln
    String art;
    if (funktion.equals("gesuche_erstellen"))
      art=WamKonfig.ART_GESUCH;
    else
      art=WamKonfig.ART_ANGEBOT;
    // Neu Anzeige in DB speichern
    AnzeigeDB db=new AnzeigeDB();
    anzeige.setArt(art);
```

```
    db.setDaten(anzeige);
    erg=db.speichereInDB();
    // Abspeichern eines ggf. hochgeladenen Bildes
    if (art.equals(WamKonfig.ART_ANGEBOT))
      versucheBildZuSpeichern
        (multipartbody,realpath,anzeige,erg,db,log);
    return erg;
  } // operiere()
  /* ------------------------------------------------ */
  private void  versucheBildZuSpeichern(
    BeanHochladen multipartbody, String realpath,
    Anzeige anzeige, Ergebnis erg, AnzeigeDB db, LogUtility log)
  {
    if (erg.getCode()>=0)
    { /* Einfügen der Anzeige erfolgreich
          Versuche noch ggf. hochgeladene Datei
          zu speichern
      */
      String separator = System.getProperty("file.separator");
      String targetpath = realpath+"bilderanzeigen"+separator;
      int nr = Integer.parseInt(anzeige.getNummer());
      int nrBild=nr+10000; // Nummer soll 5-stellig werden
      String filename="img"+nrBild;

      String resUpload=multipartbody.
        speichereHochgeladeneDatei(targetpath,filename);
      if (resUpload!=null)
      {
        anzeige.setBildverweis("bilderanzeigen/"+resUpload);
        db.aendereBildverweisInDB();
      }
    } // if
    else
    { /*
          Einfügen der Anzeige fehlgeschlagen.
          Nichts weiter zu tun.
      */
    }
  } // versucheBildZuSpeichern()
  /* ------------------------------------------------ */
} // class CmdContrSpeichereAnzeige
```

Der Quellcode ergibt sich aus dem Ablauf aus Abb. 13.17-2.

Änderung der View-Helper-Komponente
vh_formular_anzeige.jsp

```
.......
if (configHochladen !=null)
{ // Die Folgezeile ist jetzt nicht mehr auskommentiert
  enctype="multipart/form-data";
}
.......
```

vh_formular
_anzeige.jsp
Stufe 10
(Änderungen)

Deployen Sie diese Stufe des Web-Anzeigenmarkts und rufen Sie das Programm im Browser auf. Vergessen Sie nicht, vor dem *Deployment* die geänderten Java-Klassen neu zu kompilieren.

13.18   WAM – Projektabschluss **

Die Fa. WebSoft ist kurz vor Abschluss der Version 1 des Web-Anzeigenmarkts.

Realisierung der Detailanforderungen

Sie haben in den vorangehenden Abschnitten schon exemplarisch gesehen, wie folgende Anforderungen zu realisieren sind:

- Prüfung der Benutzereingaben auf Plausibilität und Anzeige von Fehlermeldungen zu Fehleingaben im Browser.
- Erhalt der Formulardaten nach Fehleingaben, damit der Benutzer nur die falschen Eingaben zu korrigieren braucht und nicht wieder alle Formularfelder neu ausfüllen muss.

Die vollständige Implementierung aller Details dieser Anforderungen wird Ihnen als Übungsaufgaben übertragen.

1   Erweitern Sie die Methode pruefeDaten() der JavaBean-Klasse Anzeigen so, dass alle Daten, die vom Benutzer eingegeben werden, auf Plausibilität geprüft und ggf. Fehlermeldungen für den Benutzer erzeugt werden. Überlegen Sie sich für jede *Property* von Anzeige geeignete Plausibilitätskriterien.

2   Stellen Sie die ggf. erzeugten Fehlermeldungen mit Hilfe der entsprechenden View-Helper-Komponenten für *alle* Eingabefelder in Formularen für den Benutzer sichtbar dar.

3   Programmieren Sie das Formular zum Erfassen von Anzeigen so, dass nach Absenden des Formulars der Inhalt *aller* Formularfelder erhalten bleibt.

4   Erweitern Sie die Methode leseAusDB() der Klasse AnzeigeDB so, dass Anzeigen, deren Gültigkeitsdatum abgelaufen ist, nicht mehr in die Ergebnisliste aufgenommen und damit nicht mehr angezeigt werden.

Sicherheit

Die Version 1 des Web-Anzeigenmarkts besitzt Sicherheitslücken, die den Web-Anzeigenmarkt gegen gezielte Angriffe von außen verletzbar machen. Diese Sicherheitslücken werden im Folgenden diskutiert. Danach soll gezeigt werden, wie die Sicherheitslücken beseitigt werden können.

XSS   In der Version 1 konnte ein Angreifer HTML-Code und JavaScript-Code in die Anzeigen eingeben. Dieser Code wurde wie normaler Text in der Datenbank gespeichert, was auch noch nicht zu einem Problem führt. Ein Problem entsteht erst, wenn der Code als Teil der Daten eines Verkaufsangebots oder eines Kaufgesuchs zum Benutzer zurücktransportiert und im Browser angezeigt wird. Dann wird nämlich dieser Code vom Browser als Steuercode interpretiert. Dieses Problem heißt XSS *(Cross-Site-Scripting)*. Um dieses Problem zu lösen, ist es am einfachsten, die Metazeichen von HTML durch ihre Ersatzdarstellung als Entitätsreferenzen (siehe Tab. 13.18-1) zu ersetzen.

Metazeichen	Ersatzdarstellung
<	&lt;
>	&gt;
&	&amp;

Tab. 13.18-1: Für *Cross-Site-Scripting* relevante Metazeichen von HTML.

Erweitern Sie die Prüfmethode pruefeDaten() der JavaBean-Klasse AnzeigeDaten so, dass Sie bei den *Propertys*, die ihre Inhalte durch Benutzereingaben erhalten, HTML-Metazeichen durch ihre Ersatzdarstellung ersetzen.

Diese Vorgehensweise, die Daten vor dem Speichern in der Datenbank »sicher« zu machen, ist der einfachste Ansatz, um das *Cross-Site-Scripting*-Problem zu lösen, wenn sichergestellt ist, dass die Datenbank nur Daten über die Web-Anwendung erhält. Wenn die Datenbank ihre Daten aus verschiedenen Quellen bekommt, dann ist es angemessen, die Ersetzung der HTML-Metazeichen erst vorzunehmen, wenn die Daten ausgeliefert werden, d. h. wenn die Daten in HTML-Code eingefügt werden.

Ein weiteres Sicherheitsproblem der Version 1 ist die Verwundbarkeit der Datenbank durch Einschleusen von SQL-Befehlen. Dieses Problem behebt man dadurch, dass man in der JavaBean-Klasse AnzeigeDB für die Ausführung von SQL-Befehlen statt der Klasse Statement die Klasse PreparedStatement verwendet und den Java-Code entsprechend anpasst.

SQL-Injection

Modifizieren Sie die Klasse AnzeigeDB in der Art, dass Sie stets Objekte der Klasse PreparedStatement verwenden, um SQL-Befehle an die Datenbank zu senden.

Im Rahmen der vorliegenden Fallstudie kann aus Platzgründen nicht weiter auf das Thema Sicherheit eingegangen werden. Der interessierte Leser wird an das BSI (Bundesamt für Sicherheit in der Informationstechnik) verwiesen. Das BSI hält viele Hinweise zur Sicherheit von Web-Anwendungen in Form eines Maßnahmenkatalogs bereit (siehe BSI-Sicherheit von Web-Anwendungen 2006 (http://www.bsi.de/literat/studien/websec/WebSec.pdf)).

BSI

Auslieferung und *Deployment*

Nachdem Herr Schulz alle Anforderungen in der Implementierung erfüllt hat, stellt er den Web-Anzeigenmarkt für die Auslieferung an den Kunden, die Fa. eMarkt, zusammen. Die Auslieferung beinhaltet die Teile

- Quellcode
- Ablauffähiger Code
- Informationen zur Datenbank

Die Zusammenstellung der Quellcodes ist einfach. Herr Schulz kann dazu einfach sein Entwicklungsverzeichnis, welches wie in »Verzeichnisstruktur einer JSP-Anwendung«, S. 154, empfohlen aufgebaut ist, nehmen und ausliefern. Sie sehen das Entwicklungsverzeichnis in Abb. 13.18-1.

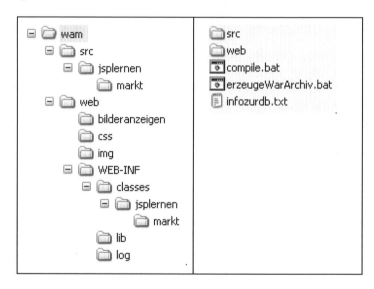

Abb. 13.18-1: Verzeichnisstruktur für die Entwicklung des Web-Anzeigenmarkts.

Ein JSP-Server akzeptiert für das *Deployment* einer JSP-Anwendung immer ein Web-Archiv (WAR-Datei). Ein Web-Archiv lässt sich mit dem Java-Befehl `jar` analog wie ein Java-Archiv (JAR-Datei) erzeugen.

jar-Befehl   `jar cvf wam.war -C web .`

Die Bedeutung der Aufrufparameter von `jar` können Sie in »Verzeichnisstruktur einer JSP-Anwendung«, S. 154, nachlesen. Diesen `jar`-Befehl schreibt Herr Schulz in eine Batch-Datei `erzeugeWarArchiv.bat` (Windows) bzw. ein Shell-Skript (Linux). Diese Kommando-Datei legt er im Verzeichnis `wam` ab und führt Sie dort aus. Dabei wird die Datei `wam.war` generiert, die ebenfalls im Verzeichnis `wam` abgelegt wird.

Das erzeugte Web-Archiv wam.war wird beim Kunden für das *Deployment* des Web-Anzeigenmarkts auf dessen JSP-Server verwendet. Das *Deployment* von JSP-Anwendungen ist leider nicht standardisiert, sodass in Abhängigkeit des JSP-Servers, den der Kunde einsetzt, das *Deployment* mit anderen Werkzeugen durchgeführt werden muss.

Abschließend beschreibt Herr Schulz in infozurdb.txt, welche Konfiguration beim Web-Anzeigenmarkt für den Datenbankanschluss eingestellt werden muss.

Mit einer Übergabe an seinen Kunden, Herrn Herbst von der Fa. eMarkt, schließt Herr Schulz das Projekt ab.

Projektende

14 JSP-Versionen und weitere JSP-Techniken **

JSP hat sich mittlerweile über fast ein Jahrzehnt entwickelt. Dabei sind immer mehr JSP-Techniken entstanden. Bisher wurden in diesem Buch vor allem die grundlegenden Techniken behandelt, deren Kenntnis zum Verständnis von JSP unerlässlich ist und die alle seit der ersten Version von JSP zur Verfügung stehen.

Darüber hinaus gibt es jetzt weitere, fortgeschrittene Techniken, welche die arbeitsteilige Entwicklung von JSP-Anwendungen unterstützen. Des Weiteren helfen diese fortgeschrittenen JSP-Techniken, eine JSP-Anwendung zu strukturieren und wiederverwendbare Komponenten zu bilden. Die Tab. 14.0-1 zeigt die Entwicklung der JSP- und Servlet-Versionen. Die Servlet-Versionen wurden in die Tabelle aufgenommen, weil die JSP-Versionen an die Servlet-Versionen gekoppelt sind. Außerdem zeigt die Tabelle, welche Referenzimplementierungen zu den einzelnen Versionen gehören.

Datum	Servlet-Version	JSP-Version	Referenz-Engine	Referenz-Implementierung
1997 Jun.	1.0			
1999 Jan.	2.1			
1999 Jun.		1.0		
1999 Dez.	2.2	1.1	Tomcat 3.1	
2002	2.3	1.2	Tomcat 4.x	J2EE SDK 1.3.1
2003 Nov. 2005 Nov.	2.4	2.0	Tomcat 5	J2EE SDK 1.4
2006 Mai	2.5	2.1	Tomcat 6	JavaEE5 SDK Glass Fish Project
2009 Dez.	3.0	2.2	Tomcat 7	JavaEE6 SDK Glass Fish Project

Tab. 14.0-1: JSP- & Servlet-Versionen.

Die Tab. 14.0-2 zeigt, welche wichtigen Neuerungen in den einzelnen JSP-Versionen vorgenommen wurden.

So wurden in der Version 1.1 *Custom Tags* als Technik für die benutzerdefinierte Erweiterung von JSP vorgestellt. Bei der Version 1.2 wurde eine XML-Syntax für alle JSP-Anweisungen definiert

Versionen 1.1 & 1.2

Ver-sion	Datum	Funktionalität / Neuerungen
1.0	1999 Jun.	JSP-Skripting, Direktiven, Standardaktionen
1.1	1999 Nov.	*Custom Tags*
1.2	2002	XML-basierte Syntax für alle JSP-Anweisungen, JSTL 1.0 (zwei Varianten: mit RT-Ausdrücken und mit EL-Ausdrücken)
2.0	2003 Nov.	EL *(Expression Language)*, JSTL 1.1, *Simple Tags, Tag-Files*, JSP-Fragmente, Revision XML-basierter Syntax
2.1	2006 Mai	Unified EL, Annotationen in Tag-Handlern und Event-Listenern nutzbar, JSP-Fragment-Dateien heißen jetzt JSP-Segmente
2.2	2009 Dez.	Klarstellungen und Fehlerbehebungen in Version 2.1

Tab. 14.0-2: Funktionalitäten der JSP-Versionen.

und häufig gebrauchte *Custom Tags* als Tag-Bibliothek JSTL 1.0 eingeführt.

Versionen 2.0 & 2.1

Wesentliche Neuerungen in JSP 2.0 waren eine einheitliche *Expression Language* für JSTL, welche dann auch unabhängig von JSTL in JSP-Seiten verwendet werden kann sowie Erweiterungen von JSTL und eine vereinfachte Art von *Custom Tags*. Die Version 2.1 von JSP brachte weitere Vereinheitlichungen mit sich. Insbesondere wurde die *Expression Language* um Konzepte, die für JSF *(JavaServer Faces)* notwendig sind, erweitert. Außerdem wurden Begrifflichkeiten geändert. In der Spezifikation zu JSP 2.1 wird nun zwischen JSP-Fragment-Dateien und JSP-Fragmenten unterschieden:

- JSP-Fragment-Datei bzw. JSP-Segment:
  - ☐ Partieller JSP-Code, der in einer eigenen Datei definiert ist und mit der Direktive `include` eingebunden wird. Dateierweiterung: `jspf` (eigentlich nur empfohlen, aber der de facto Standard).
- JSP-Fragment:
  - ☐ Partieller JSP-Code, der in eine Implementierung der abstrakten Klasse `JSPFragment` übersetzt wird, z. B. JSP-Code bei Fragment-Attributen von *Custom Tags*.

Syntaktische Gruppen

Die Menge der JSP-Anweisungen lassen sich in folgende syntaktische Gruppen einteilen:

- **Standardsyntaxanweisungen** : JSP-Anweisungen sind durch die begrenzenden Markierungen `<%` und `%>` gekennzeichnet, z. B. `<%= person.alter %>`
- **Standardaktionen** : Standardaktionen werden gemäß der Markup-Sprache XML als *XML-Tags* mit Attributen formuliert, z. B. `<jsp:include page="headerPage.jsp" />`
- **EL-Syntaxanweisungen** : Ausdrücke sind in `${` und `}` eingeschlossen, z. B. `${a>b}`.

Für alle JSP-Anweisungen der Gruppe Standardsyntaxanweisung gibt es eine XML-Syntax. Die Syntaxvarianten von JSP finden Sie in:

- »Standardsyntax und XML-Syntax für JSP-Seiten«, S. 393

Die fortgeschrittenen JSP-Techniken werden in ihren Grundzügen dargestellt:

- »Überblick über die Expression Language«, S. 408
- »Einführung in die Expression Language«, S. 411
- »Überblick über JSTL«, S. 419
- »Einführung in die JSTL«, S. 421
- »Überblick über Custom Tags «, S. 429
- »Einführung in Tag Files«, S. 430

Weiterführende Informationen zu JSP finden hier:

- »Informationen zu JSPs«, S. 441

Eine detaillierte Behandlung der fortgeschrittenen Techniken finden Sie in den Kapiteln über JSP und Servlets in [JBC+07].

Weiterführende
Literatur

14.1 Standardsyntax und XML-Syntax für JSP-Seiten **

Für die Nutzung von JSP-Anweisungen hat der JSP-Entwickler die Möglichkeit, unter zwei Notationen für JSP-Seiten zu wählen. Die erste Notation ist die **Standardsyntax** und die zweite ist die **XML-Syntax**.

Diese beiden Notationen werden gegenübergestellt in

- »Standardsyntax für JSP-Seiten«, S. 394 und
- »XML-Syntax für JSP-Seiten«, S. 397

Die Gegenüberstellung geschieht anhand einer JSP-Beispielseite, welche in beiden Notationen vorgestellt wird. Durch die Gegenüberstellung wird auch klar, wie eine Notation in die andere überführt wird.

Mit der XML-Syntax wurden auch neue Standardaktionen eingeführt, welche beschrieben werden in

- »Standardaktionen für JSP-Dokumente«, S. 402

14.1.1   Standardsyntax für JSP-Seiten **

Für JSP-Seiten gibt es eine Standard- und eine XML-Syntax. Die Standardsyntax enthält Direktiven, JSP-Ausdrücke, JSP-Deklarationen, Skriptlets und JSP-Kommentare in einer Notation mit der Anfangsmarkierung <% und der Endmarkierung %>.

Die erste Syntax, die für JSP-Seiten definiert wurde, wird heute als **Standardsyntax** bezeichnet. Bei Nutzung der Standardsyntax sind alle syntaktischen Gruppen von JSP-Anweisungen erlaubt (siehe »JSP – Die Grundlagen 1«, S. 53). Es sind JSP-Anweisungen mit begrenzenden Markierungen <% und %> (syntaktische Gruppe der Standardsyntaxanweisungen) und Standardaktionen, die eine Syntax gemäß der Sprache XML besitzen, genauso wie EL-Syntaxanweisungen, begrenzt durch ${ und }, gestattet. Ursprünglich waren in JSP, d. h. in JSP 1.0, nur Anweisungen aus der Gruppe Standardsyntaxanweisungen und Standardaktionen enthalten. Damals gab es auch noch nicht den Begriff Standardsyntax. Eine Benennung der Syntax wurde erst notwendig, als man für die JSP-Anweisungen aus der Gruppe der Standardsyntaxanweisungen eine alternative Notation basierend auf XML, die sogenannte **XML-Syntax** , definierte.

Beispiel 1   Dieses Beispiel zeigt eine JSP-Seite in Standardsyntax. Es enthält ein Formular zur BMI-Berechnung (siehe Abb. 14.1-1).

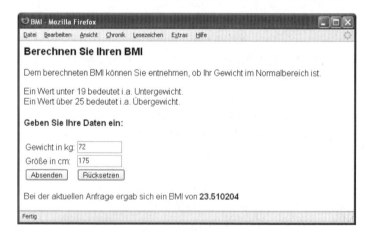

Abb. 14.1-1: Erscheinungsbild von standardsyntax-bmi.jsp im Browser.

Der Quellcode als JSP-Seite in Standardsyntax sieht wie folgt aus:

standard
syntax-bmi.jsp

```
<html>
  <%-- *1* --%>
<%@ taglib uri="http://java.sun.com/jsp/jstl/core" prefix="c" %>
```

```
<%-- *2* --%>
<%@ page contentType="text/html; charset=ISO-8859-1" %>
<head><title>BMI</title></head>
<body>
<h3>Berechnen Sie Ihren BMI</h3>
   <%-- *3* --%>
<%@ include file="bmi-text.jsp" %>

<h3>Geben Sie Ihre Daten ein:</h4>
<form method="get" action="">
<table>
<tr>
<td>Gewicht in kg:</td>
<td><input type="text" name="weight" size="10" /></td>
</tr>
<tr>
<td>Größe in cm:</td>
<td><input type="text" name="height" size="10" /></td>
</tr>
<tr>
<td><input type="submit" value="Absenden" /></td>
<td><input type="reset" value="Rücksetzen" /></td>
</tr>
</table>
</form>


   <%-- *4* --%>
<%-- JSP-Anweisungen zur Berechnung des BMI --%>
   <%-- *5* --%>
<%!
float curBMI=0;
%>
<p>Bei der aktuellen Anfrage ergab sich ein BMI von
   <%-- *6* --%>
<%
// Lesen der Formularparamter
String weight_Str="0";
String height_Str="1";
if (request.getParameter("weight")!=null)
   weight_Str=request.getParameter("weight");
if (request.getParameter("height")!=null)
   height_Str=request.getParameter("height");
// Konvertieren der Zeichenketten in Zahlen
float w=Float.parseFloat(weight_Str);
float h=Float.parseFloat(height_Str)/100;
// Berechnung
curBMI= w/(h*h);
%>
   <%-- *7* --%>
<b><%=curBMI %></b>
</p>
</body>
   <%-- *8* --%>
<!-- Ende des Quellcodes -->
</html>
```

Hinweis Diese JSP-Seite ist aus didaktischen Gründen absichtlich nicht XHTML-konform, weil später anhand dieses Beispiels die Umwandlung einer JSP-Seite in Standardsyntax in eine äquivalente JSP-Seite in XML-Syntax diskutiert werden soll. Äquivalent bedeutet dabei, dass das gleiche Ergebnisdokument erzeugt wird. Die Umwandlung ist einfacher, wenn das Ergebnisdokument ein HTML-Dokument ist, welches keine XML-Deklaration und keine DOCTYPE-Angabe enthält.

Arten von Elementen in Standardsyntaxanweisungen

Es gibt verschiedene Arten von Elementen innerhalb der Standardsyntaxanweisungen. Im Beispielcode ist für jede Art ein Beispiel vorhanden und wird nachfolgend besprochen:

- Die erste JSP-Anweisung bei *1* zeigt eine **Direktive**, nämlich eine Direktive `taglib`. Sie dient zur Einbindung zusätzlicher Anweisungen. Im Beispiel werden die zusätzlichen Anweisungen gar nicht benötigt. Die Direktive `taglib` dient hier lediglich zur Veranschaulichung ihrer Syntax (und der Veranschaulichung der Umsetzung in die XML-Entsprechung).
  Syntax: `<%@ taglib uri="uri-name" prefix="prefix-name" %>`

- Die zweite JSP-Anweisung bei der Markierung *2* zeigt eine **Direktive** `page`. Mit Hilfe der Direktive `page` lassen sich verschiedene, seitenbezogene Eigenschaften steuern. Im Beispiel wird definiert, dass die Ergebnisseite, die an den Webclient zurückgesendet wird, vom **MIME-Typ** `text/html` ist und als Zeichencodierung `ISO-8859-1` benutzt. Diese Direktive bewirkt, dass in der HTTP-Antwort der HTTP-Header `Content-Type` entsprechend mit Werten belegt wird.
  Syntax: `<%@ page contentType="wert" %>`

- Die dritte JSP-Anweisung bei *3* zeigt eine **Direktive** `include`. Sie dient zum Einfügen von Inhalten anderer Dateien in eine JSP-Seite. Hier wird die Datei `bmi-text.jsp` eingefügt.
  Syntax: `<%@ include file="pfadnameMitDateinamen" %>`

- Dann folgt an der Stelle *4* ein **JSP-Kommentar**. JSP-Kommentare dienen der Dokumentation und werden bei der Verarbeitung der JSP-Seite durch die JSP-Engine einfach entfernt, sind also im Ergebnisdokument nicht enthalten und liefern auch keinerlei Beitrag zum Ergebnisdokument.
  Syntax: `<%-- Kommentartext --%>`

- Bei *5* ist eine **JSP-Deklaration** zu sehen. JSP-Deklarationen dienen zusammen mit den beiden letzten noch folgenden Arten von Anweisungen der Einbindung der Programmiersprache Java in eine JSP-Seite. Mit JSP-Deklarationen werden Variablen und Methoden in Java-Klassen definiert.
  Syntax: `<%! Java-Deklarationscode %>`

- Es folgt an der Stelle *6* eine größere JSP-Anweisung, nämlich ein **Skriptlet** . Ein Skriptlet enthält Java-Operationen und Methodenaufrufe.
  Syntax: `<% Java-Anweisungscode %>`
- Die letzte JSP-Anweisung bei *7* stellt einen **JSP-Ausdruck** dar. JSP-Ausdrücke dienen nur zur Ausgabe von Text in das Ergebnisdokument. Das Besondere an der Syntax eines JSP-Ausdrucks ist, dass das bei Java sonst vorhandene abschließende Semikolon fehlt.
  Syntax: `<%= Java-Ausdruck ohne Semikolon %>`
- Alle Texte, die nicht zu JSP-Anweisungen gehören, sind **Schablonentexte** und werden direkt ins Ergebnisdokument übernommen.

Im Beispiel wurden drei Arten von Kommentaren benutzt: Kommentare

- Java-Kommentare bei *6*: `// Java-Zeilenkommentar` oder `/* Java-Kommentar */`. Diese Kommentarsyntax muss innerhalb von Deklarationen und Skriptlets benutzt werden. Solche Kommentare werden von der JSP-Engine herausgefiltert und gelöscht.
- JSP-Kommentare: `<%-- JSP-Kommentar --%>`. Diese werden ersatzlos von der JSP-Engine eliminiert.
- HTML-Kommentare bzw. XML-Kommentare bei *8*: `<!-- HTML/XML-Kommentar -->`. Diese werden in einer JSP-Seite in Standardsyntax als Schablonentext angesehen, bleiben beim Verarbeitungsvorgang unverändert und werden ins Ergebnisdokument übernommen.

Der Inhalt der inkludierten Datei sie wie folgt aus:

```
<!-- Diese Datei ist HTML, aber nicht XHTML -->
<p>Dem berechneten BMI können Sie entnehmen, ob Ihr
   Gewicht im Normalbereich ist.</p>
<p> Ein Wert unter 19 bedeutet i.a. Untergewicht.<br />
Ein Wert über 25 bedeutet i.a. Übergewicht.
</p>
```

bmi-text.jsp

14.1.2   XML-Syntax für JSP-Seiten **

Für JSP-Seiten gibt es neben der Standard-Syntax auch eine XML-Syntax. Die XML-Syntax kam später hinzu. Sie enthält Direktiven, JSP-Ausdrücke, JSP-Deklarationen, Skriptlets und Kommentare in einer Syntax gemäß der Sprache XML.

Mit dem breiten Aufkommen von XML hat man auch für JSP-Seiten eine XML-Syntax geschaffen. Für alle Elemente aus der Gruppe der Standardsyntaxanweisungen gibt es eine Entsprechung gemäß der Sprache XML (siehe Tab. 14.1-1). Die ursprüngliche Syntax für die Elemente dieser Gruppe wird heute als **Standardsyntax** bezeichnet. Die Entsprechung gemäß XML wird **XML-Syntax** genannt.

Element	Standardsyntax	XML-Entsprechung
JSP-Ausdruck	`<%=. .. %>`	`<jsp:expression>. .. </jsp:expression>`
JSP-Deklaration	`<%!. .. %>`	`<jsp:declaration>. .. </jsp:declaration>`
JSP-Skriptlet	`<%. .. %>`	`<jsp:scriptlet>. .. </jsp:scriptlet>`
Direktive	`<%@include. .. %>`	`<jsp:directive.include. .. />`
Direktive	`<%@page. .. %>`	`<jsp:directive.page. .. />`
Direktive	`<%@taglib. .. %>`	Attribut `xmlns:prefix="taglibURL"` bei anderem Element
Kommentar	`<%--. .. --%>`	`<!--. .. -->`

Tab. 14.1-1: Standardsyntax vs. XML-Entsprechung für Standardsyntaxanweisungen.

JSP-Dokumente

JSP-Seiten, in denen die Standardsyntaxanweisungen in der XML-Entsprechung verfasst sind, heißen jetzt **JSP-Dokumente** oder **JSP-Seiten in XML-Syntax**. JSP-Dokumente, die nur Standardsyntaxanweisungen in der XML-Entsprechung und Standardaktionen, deren Syntax sowieso gemäß der Sprache XML definiert ist, enthalten, sind XML-Dokumente. Wird auch die EL in JSP-Dokumenten verwendet, so darf dies nur an Stellen erfolgen, die gemäß der Sprache XML zum Elementinhalt oder Attributwert gehören. Damit sind auch solche JSP-Dokumente XML-Dokumente, was letztlich den Namen JSP-Dokument erklärt. Die Ergebnisdokumente, die mit JSP-Dokumenten erzeugt werden, sind ebenfalls XML-Dokumente. Nachfolgend sehen Sie das Beispiel 1 aus »Standardsyntax für JSP-Seiten«, S. 394, in XML-Syntax.

Beispiel 1
xmlsyntax-bmi.jspx

```
<?xml version="1.0" encoding="ISO-8859-1"?>
  <!-- *1* -->
<html
  xmlns:c="http://java.sun.com/jsp/jstl/core"
  xmlns:jsp="http://java.sun.com/JSP/Page">
  <!-- *2* -->
<jsp:directive.page
  contentType="text/html; charset=ISO-8859-1" />
<head><title>BMI</title></head>
<body>
<h3>Berechnen Sie Ihren BMI</h3>
  <!-- *3* -->
<jsp:directive.include file="bmi-text.jsp" />

<h4>Geben Sie Ihre Daten ein:</h4>
<form method="get" action="">
```

```
<table>
<tr><td>Gewicht in kg:</td>
<td><input type="text" name="weight" size="10"/></td>
</tr>
<tr><td>Größe in cm:</td>
<td><input type="text" name="height" size="10"/></td>
</tr>
<tr><td><input type="submit" value="Absenden"/></td>
<td><input type="reset" value="Rücksetzen"/></td>
</tr></table>
</form>

  <!-- *4* -->
<!-- JSP-Anweisungen zur Berechnung des BMI -->
  <!-- *5* -->
<jsp:declaration>float curBMI=0;</jsp:declaration>
<p>Bei der aktuellen Anfrage ergab sich ein BMI von
  <!-- *6* -->
<jsp:scriptlet>
// Lesen der Formularparamter
String weight_Str="0";
String height_Str="1";
if (request.getParameter("weight")!=null)
    weight_Str=request.getParameter("weight");
if (request.getParameter("height")!=null)
    height_Str=request.getParameter("height");

  // Konvertieren der Zeichenketten in Zahlen
float w=Float.parseFloat(weight_Str);
float h=Float.parseFloat(height_Str)/100;
// Berechnung
curBMI= w/(h*h);
</jsp:scriptlet>
<b>
  <!-- *7* -->
<jsp:expression>curBMI</jsp:expression>
</b>
</p></body>
  <!-- *8* -->
<![CDATA[<!-- Ende des Quellcodes -->]]>
</html>
```

Wie zu sehen ist, lässt sich das Beispiel 1 aus »Standardsyntax für JSP-Seiten«, S. 394, von der Standardsyntax sehr leicht in XML-Syntax übersetzen. Bis auf einen Fall sind quasi nur die Anfangs- und Endmarkierungen der JSP-Anweisungen zu ersetzen. Die Ausnahme ist:

■ Die Übersetzung der Direktive taglib (siehe Markierung *1*) geschieht durch Aufnahme von entsprechenden XML-Namensräumen in der Anfangsmarkierung des Wurzelelements html.

Außerdem ist das Präfix jsp auch via XML-Namensraum-Deklaration einzuführen, damit Elementnamen wie z. B.

`jsp:scriptlet`, die `jsp` als Präfix haben, korrekt erkannt werden. Insbesondere können vor der XML-Namensraum-Deklaration zum Präfix `jsp` keine Elementnamen mit diesem Präfix verwendet werden.

Kommentare

- Java-Kommentare in JSP-Skriptlets und JSP-Deklarationen bei *6*: Diese werden bei der Verarbeitung des JSP-Dokuments, wie bei der Verarbeitung einer JSP-Seite in Standardsyntax, eliminiert.
- XML-Kommentare bei *4*: Ein XML-Kommentar gilt in einem JSP-Dokument als Kommentar der JSP-Quellseite und wird bei der Verarbeitung der JSP-Seite entfernt. Im Gegensatz dazu werden XML-Kommentare in JSP-Seiten in Standardsyntax als Schablonentext gewertet, der ins Ergebnisdokument übernommen wird. XML-Kommentare zeigen bei JSP-Dokumenten das Verhalten, das die JSP-Kommentare in den JSP-Seiten in Standardsyntax haben.
- HTML- bzw. XML-Kommentare für das Ergebnisdokument bei *8*: Kommentare, die als XML-Kommentare ins Ergebnisdokument übernommen werden sollen, müssen als CDATA-Sektion in das JSP-Dokument eingebaut werden.

Hinweis

Zusätzlich ist zu beachten, dass auch das restliche HTML-Dokument nun der XML-Syntax gehorchen muss, d. h. ein wohlgeformtes XML-Dokument sein muss:
Statt `<input>` ohne Endtag (bei HTML erlaubt) nun `<input/>`. Entitäten für Umlaute z. B. `&ouml;` sind in XML nicht vordefiniert. Deshalb statt `&ouml;`, `&uuml;`, `&szlig` etc. nun `&#246;`, `&#252;`, `&223;` etc. schreiben bzw. wie im obigen Beispiel eine entsprechende Zeichencodierung verwenden.

Keine gemischte Verwendung

Innerhalb einer JSP-Seite ist *keine* gemischte Verwendung von Standardsyntax und XML-Entsprechung für Standardsyntaxanweisungen möglich. Möglich ist aber das Zusammenspiel von JSP-Seiten, die in verschiedener Syntax geschrieben sind. Im obigen Beispiel wurde das Hauptdokument in XML-Syntax realisiert, jedoch die inkludierte Datei `bmi-text.jsp` in Standardsyntax geschrieben (bei `<br>` fehlt das Endtag, weshalb diese JSP-Seite kein XML-Dokument und damit kein JSP-Dokument ist). Dies funktioniert problemlos.

Spezielle JSP-Dokument-Elemente

Mit der XML-Syntax sind die Standardaktionen `<jsp:root>` und `<jsp:output>` eingeführt worden, die nur in JSP-Dokumenten eingesetzt werden können:

- `<jsp:root>`: Dieses Element dient zur Kennzeichnung der JSP-Seite als JSP-Dokument und ist als Wurzelelement des JSP-Dokuments zu benutzen. Falls diese Kennzeichnung der JSP-

Seite anderweitig erfolgt, kann ein eigenes Wurzelelement, wie im obigen Beispiel das Element `html`, benutzt werden.

▪ `<jsp:output>`: Dieses Element definiert und steuert die Angabe der XML-Deklaration und/oder die Angabe des Dokumententyps im Ergebnisdokument.

Weiteres zu diesen Standardaktionen ist zu finden in

▪ »Standardaktionen für JSP-Dokumente«, S. 402

Die JSP-Engine muss nun erkennen können, ob eine Datei als JSP-Seite in Standardsyntax oder als JSP-Dokument (XML-Syntax) verarbeitet werden soll. Woran erkennt die JSP-Engine nun, um welche Syntax es sich handeln soll?

Es gibt drei Kennzeichnungsmöglichkeiten für JSP-Dokumente:

▪ Die Dateiendung `.jspx`.

▪ Das Element `<jsp:root>` in der JSP-Seite.

▪ In der Konfigurationsdatei `web.xml` wird für den JSP-Server eine entsprechende Information hinterlegt. Dazu muss im Element `<jsp-config>` ein Element `<jsp-property-group>` und darin die Elemente `<url-pattern>` und `<is-xml>` angegeben werden. Bei `<url-pattern>` wird die Datei angegeben, für die eine Festlegung getroffen werden soll. Mit `true` als Wert von `<is-xml>` wird angezeigt, dass es sich bei der Datei um ein JSP-Dokument handelt (siehe auch »Konfiguration einer JSP-Anwendung«, S. 159).

Kennzeichnung JSP-Dokument

Schreiben Sie die JSP-Seite `merken-aufruf-html.jsp`, die in Standardsyntax formuliert ist, in XML-Syntax um. Die Datei, welche die JSP-Seite in XML-Syntax enthält, soll `merken-aufruf-html.jspx` heißen. Beachten Sie, dass das Ausgangsdokument ein HTML, aber kein XHTML-Dokument ist. Hinweis: Sie müssen den Dokumententyp des Ergebnisdokuments explizit setzen!

merken-aufruf-html.jsp

```
<html>
<head><title>Merken Aufruf</title></head>
<body>
<%@ page import="java.util.Date" %>
<%! Date letzter; %>
<% Date aktuell = new Date(); %>
<h3>Guten Tag!</h3>
<p>Heute ist der <%= aktuell %><br />
Der letzte Aufruf dieser Seite war am <%= letzter %>
<%-- Merken des aktuellen Zeitstempels --%>
<% letzter = aktuell; %>
</p>
<!-- Nachfolgend noch ein Hinweis: -->
<p>Prüfen Sie, dass bei der Umsetzung in eine andere Syntax
auch die Codierung richtig angegeben ist.
</p>
</body>
</html>
```

14.1.3 Standardaktionen für JSP-Dokumente ***

Mit der XML-Syntax für JSP wurden neue Standardaktionen eingeführt, die nur in JSP-Dokumenten eingesetzt werden können bzw. dort Vorteile bieten. Die Standardaktion `<jsp:root>` dient zur Kennzeichnung einer JSP-Seite als JSP-Dokument. Die Standardaktion `<jsp:output>` ermöglicht die Steuerung der Angabe von XML-Deklaration und Dokumententyp im erzeugten Ergebnisdokument. Die Standardaktion `<jsp:text>` wird benutzt, um in JSP-Dokumenten Schablonentext zu kennzeichnen. In JSP-Seiten, die keine JSP-Dokumente sind, ergeben sich durch Verwendung von `<jsp:text>` keine Vorteile.

Durch die Übernahme der XML-Syntax für JSP-Seiten wurden neue JSP-Anweisungen notwendig, die als Standardaktionen eingeführt wurden. Die erste, neue Standardaktion root dient lediglich zur Kennzeichnung einer JSP-Seite als JSP-Dokument. Die zweite, neue Standardaktion output ermöglicht die genaue Steuerung der Angabe der XML-Deklaration und des Dokumententyps im erzeugten Ergebnisdokument. Eine dritte, neue Standardaktion ist text, mit der zur besseren Übersichtlichkeit Schablonentext gekennzeichnet werden kann.

Die Standardaktion root

Zur Kennzeichnung der JSP-Seite als JSP-Dokument kann die Standardaktion root verwendet werden. Wenn dieses Element eingesetzt wird, muss es das **Wurzelelement** des JSP-Dokuments sein. Es hat die Attribute version und xmlns:jsp, mit welchem der Namensraum zur XML-Syntax von JSP-Seiten bekannt gemacht wird. Es kann um weitere Attribute der Form xmlns:taglibPräfix erweitert werden, mit welchen die Benutzung von Tag-Bibliotheken deklariert wird. `<jsp:root>` darf *nur* in JSP-Dokumenten eingesetzt werden.

Beispiel
jsproot1.jspx

```
<?xml version="1.0" encoding="ISO-8859-1"?>
<jsp:root version="2.0"
  xmlns:jsp="http://java.sun.com/JSP/Page"
  xmlns:c="http://java.sun.com/jsp/jstl/core">

<html>
<head><title>Standardaktion jsp:root</title></head>
<body>
<h3>Standardaktion jsp:root</h3>
Dies ist ein HTML-Dokument, sogar ein XML-Dokument,<br/>
aber kein korrektes (gültiges) XHTML-Dokument.
</body>
</html>
</jsp:root>
```

Das Beispiel beginnt mit einer XML-Deklaration. Die XML-Deklaration kann, wie in jedem XML-Dokument, auch in einem JSP-Dokument weggelassen werden. Es ist jedoch guter Stil, die XML-Deklaration zu benutzen. Dann folgt das Element root mit der Versionsangabe und zwei weiteren Attributen. Das erste, weitere Attribut ist die Namensraumangabe für die XML-Syntax. Das zweite Attribut deklariert die Tag-Bibliothek JSTL-Core. JSTL-Core-Elemente werden im Beispiel gar nicht benutzt. Die Deklaration erfolgt nur, um das Bekanntmachen von Tag-Bibliotheken in `<jsp:root>` zu demonstrieren. Im Rumpf des Elements root folgt ein HTML-Code, der als XML-Dokument wohlgeformt sein muss. Wenn Sie das Beispiel ausführen, erhalten Sie das in der Abb. 14.1-2 dargestellte Ergebnis.

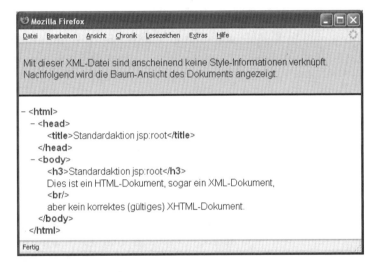

Abb. 14.1-2: Erscheinungsbild von `jsproot1.jsp`.

Was ist passiert? Ein JSP-Dokument erzeugt bei seiner Verarbeitung standardmäßig als Ergebnis ein XML-Dokument. Also erhält ein Browser ein Ergebnis, welches als **Inhaltstyp** text/xml hat und behandelt das Ergebnis, wie in der Abb. 14.1-2 zu sehen ist, vollkommen korrekt als XML-Dokument. Der Inhaltstyp wird in einem Header-Feld der HTTP-Antwort übertragen. Damit das Ergebnis als HTML- bzw. XHTML-Dokument erkannt wird, sind zusätzliche Angaben notwendig. Vorher noch ein Blick in den Quellcode des Ergebnisses, welches zum Browser gesendet wird:

Quellcode
Ergebnis
jsproot1.jspx

```
<html>
<head><title>Standardaktion jsp:root</title> </head>
<body><h3>Standardaktion jsp:root</h3>
Dies ist ein HTML-Dokument, sogar ein XML-Dokument,<br />
  aber kein korrektes (gültiges) XHTML-Dokument.
</body>
</html>
```

Hier fällt auf, dass anders als bei JSP-Seiten in Standardsyntax, die XML-Deklaration der JSP-Seite nicht ins Ergebnis übernommen wird. In Kürze wird gezeigt, wie die XML-Deklaration mit Hilfe der Standardaktion output ins Ergebnisdokument hineingeneriert werden kann. Zurück zum Problem des Inhaltstyps. Mit Hilfe der Direktiven page kann man den HTTP-Header Content-Type setzen. Davon wird jetzt Gebrauch gemacht.

jsproot2.jspx

```
<?xml version="1.0" encoding="ISO-8859-1"?>
<jsp:root  version="2.0"
  xmlns:jsp="http://java.sun.com/JSP/Page">
  xmlns:c="http://java.sun.com/jsp/jstl/core"
<jsp:directive.page
  contentType="application/xhtml+xml; charset=ISO-8859-1" />

<html>
<head><title>Standardaktion jsp:root</title></head>
<body>
<h3>Standardaktion jsp:root</h3>
Dies ist ein HTML-Dokument, sogar ein XML-Dokument,<br/>
aber kein korrektes (gültiges) XHTML-Dokument.
</body>
</html>
</jsp:root>
```

Der Quellcode von Beispiel jsproot2.jspx unterscheidet sich nur in einer Zeile von jsproot1.jspx, nämlich durch die Hinzunahme von <jsp:directive page contentType="text/html; ..." />. Sieht man sich jetzt das Ergebnis von jsproot2.jspx im Browser an, erkennt man die gewünschte HTML-Darstellung. Inspiziert man den Quellcode im Browser, stellt man fest, dass das HTML-Dokument zwar ein XML-Dokument ist, aber noch kein XHTML-Dokument. Es fehlt nämlich die Dokumenttypangabe, die für ein XHTML-Dokument vorgeschrieben ist.

Die Standardaktion output

Das Element output dient zur Steuerung der Angabe der **XML-Deklaration** und/oder der Angabe des **Dokumenttyps** im Ergebnisdokument. <jsp:output> darf *nur* in JSP-Dokumenten verwendet werden.

Ein XHTML-Dokument wird mit folgenden Angaben erzeugt:

Beispiel
jspoutput.jspx

```
<?xml version="1.0" encoding="ISO-8859-1"?>
<jsp:root  version="2.0"
    xmlns:jsp="http://java.sun.com/JSP/Page"
    xmlns:c="http://java.sun.com/jsp/jstl/core">
<jsp:directive.page contentType="application/xhtml+xml;
                    charset=ISO-8859-1" />
<jsp:output omit-xml-declaration="false"
 doctype-root-element="html"
 doctype-public="-//W3C//DTD XHTML 1.1//EN"
 doctype-system="http://www.w3.org/TR/xhtml11/DTD/xhtml11.dtd"/>
<html xmlns="http://www.w3.org/1999/xhtml" xml:lang="de">
<head><title>Standardaktion jsp:root</title></head>
<body>
<h3>Standardaktion jsp:root</h3>
<p>Dies ist ein HTML-Dokument,
sogar ein korrektes (gültiges) XHTML-Dokument,<br/>
nicht nur ein wohlgeformtes XML-Dokument.</p>
</body>
</html>
</jsp:root>
```

Die XML-Deklaration in der ersten Zeile des JSP-Dokuments kennzeichnet nur das JSP-Dokument als XML-Dokument und wird nicht in das Ergebnisdokument übernommen. Mit dem Attribut `omit-xml-declaration="false"` von `<jsp:output>` wird eine XML-Deklaration für das Ergebnisdokument erzeugt. Ein Attributwert `omit-xml-declaration="true"` unterdrückt die XML-Deklaration. Der Voreinstellungswert für dieses Attribut ist `true`, falls das JSP-Dokument ein Element `root` hat, sonst ist der Voreinstellungswert `false`. Als *Encoding* wird in der XML-Deklaration als Voreinstellung `UTF-8` erzeugt. Da im Beispiel aber schon die Direktive `<jsp:directive.page contentType="application/xhtml+xml; charset=ISO-8859-1" />` das *Encoding* als `ISO-8859-1` im HTTP-Header angibt, wird dieser Encoding-Wert in die XML-Deklaration übernommen. Die Dokumenttypangabe im Ergebnis wird durch die weiteren Attribute von `<jsp:output>` erzeugt. Das generierte Ergebnis sieht folgendermaßen aus:

Ergebnis
jspoutput.jspx

```
<?xml version="1.0" encoding="ISO-8859-1"?>
<!DOCTYPE html
   PUBLIC "-//W3C//DTD XHTML 1.1//EN"
   "http://www.w3.org/TR/xhtml11/DTD/xhtml11.dtd">
<html xmlns="http://www.w3.org/1999/xhtml" xml:lang="de">
<head><title>Standardaktion jsp:output</title></head>
<body><h3>Standardaktion jsp:output</h3>
<p>Dies ist ein HTML-Dokument,
sogar ein korrektes (gültiges) XHTML-Dokument,<br />
nicht nur ein wohlgeformtes XML-Dokument.</p>
</body>
</html>
```

Damit hat schließlich auch das JSP-Dokument ein korrektes XHTML-Dokument generiert.

Die Standardaktion text

Die JSP-Standardaktion text erlaubt es, **Text unverändert** in das Ergebnisdokument zu übernehmen.

Nur für JSP-Dokumente

`<jsp:text>` wird nur bei JSP-Dokumenten eingesetzt. JSP-Dokumente sind JSP-Seiten, bei denen XML-Syntax für alle JSP-Anweisungen und für den Schablonentext vorgeschrieben ist (siehe »Standardsyntax und XML-Syntax für JSP-Seiten«, S. 393). In JSP-Dokumenten muss daher auch der **Schablonentext**, d. h. HTML-Inhalt, der **XML-Syntax entsprechen**. HTML-Elemente, die dagegen verstoßen, z. B. `<br>` ohne Endmarkierung, sind in einem JSP-Dokument nicht zulässig. JSP-Anweisungen werden in XML-Syntax als Elemente mit Anfangs- und Endmarkierung geschrieben. Die Werte, die zu den Anweisungen benötigt werden, sind oft zwischen Anfangs- und Endmarkierung als Schablonentext aufgeführt, der selbst aber wieder Markierungen enthalten kann. Dadurch geht im gesamten Dokument schnell der Überblick verloren, ob ein Text ein Schablonentext ist, der ins Ergebnisdokument übernommen wird oder, ob ein Text zur Bestimmung eines Wertes einer JSP-Anweisung dient. Zur deutlicheren Kennzeichnung können Schablonentexte mit der Standardaktion `<jsp:text>` umschlossen werden. Dies führt zu einer klareren Strukturierung und besseren Lesbarkeit eines JSP-Dokuments.

Keine Vorteile bei Standardsyntax

Für JSP-Seiten in Standardsyntax ist die Verwendung von `<jsp:text>` zwar möglich, aber es ergeben sich dadurch keine Vorteile.

Syntax

Die Syntax der Standardaktion text lautet:

`<jsp:text>`*schablonentext*`</jsp:text>`

Beispiel jsptext.jsp

```
<jsp:root version="2.0"
    xmlns:jsp="http://java.sun.com/JSP/Page">
<jsp:directive.page contentType="application/xhtml+xml"/>
<jsp:text>
<![CDATA[
<html>
<head><title>Standardaktion jsp:text</title></head>
<body>
<h1>Standardaktion jsp:text</h1>
<p>
Dieser Text ist im Rumpf der Standardaktion jsp:text enthalten.
<br> Der Paragraph besteht aus zwei Zeilen.
</p>
</body>
</html>
```

```
]]>
</jsp:text>
</jsp:root>
```

Wie Sie erkennen, handelt es sich um eine JSP-Seite in XML-Format, d. h. ein JSP-Dokument. Der gesamte HTML-Text ist ein Schablonentext und wird deshalb durch <jsp:text> umschlossen. Der HTML-Text muss dann, wie bei diesem Beispiel, *kein* wohlgeformtes XML sein. Weil im Beispiel die schließende Markierung zu <br> fehlt, ist der HTML-Text kein wohlgeformtes XML. Da innerhalb von <jsp:text> das Zeichen < (öffnende spitze Klammer) nicht vorkommen darf, wird der gesamte Schablonentext in eine CDATA-Sektion von XML gepackt. Die Inhalte von CDATA-Sektionen werden nicht interpretiert, weshalb das Zeichen < hier auftreten darf und der Inhalt keine XML-Syntax aufweisen muss.

Als Ergebnisdokument wird Folgendes erzeugt:

```
<html>
<head><title>Standardaktion jsp:text</title></head>
<body>
<h1>Standardaktion jsp:text</h1>
<p>Dieser Text ist im Rumpf der Standardaktion
 jsp:text enthalten. </p>
</body>
</html>
```

Ergebnis
jsptext.jsp

Dies ist der HTML-Code, den Sie erwartet haben.

Ergänzen Sie das Beispiel jsptext.jsp, sodass als Ergebnisdokument ein XHTML-Dokument entsteht.

Für die dynamische Berechnung von Werten ist die Verwendung von JSP-Standardaktionen oder JSP-Skriptlets innerhalb von <jsp:text> *nicht* erlaubt. Die EL *(Expression Language)* (siehe »Überblick über die Expression Language«, S. 408) kann aber für dynamische Berechnungen innerhalb von <jsp:text> eingesetzt werden.

Dynamische
Berechnung

Schreiben Sie die JSP-Seite merken-aufruf-xhtml.jsp, die in Standardsyntax formuliert ist, in XML-Syntax um. Nennen Sie die Datei in XML-Syntax merken-aufruf-xhtml.jsp. Hinweise: Sie müssen den Dokumententyp des Ergebnisdokuments explizit setzten und für die Angabe des Dokumententyps des Ergebnisdokuments eine Standardaktion verwenden!

```
<?xml version="1.0" encoding="iso-8859-1"?>
<!DOCTYPE html
  PUBLIC "-//W3C//DTD XHTML 1.1//EN"
  "http://www.w3.org/TR/xhtml11/DTD/xhtml11.dtd">
<html xmlns="http://www.w3.org/1999/xhtml" xml:lang="de">
<head><title>Merken Aufruf</title></head>
<body>
```

merken-aufruf-
xhtml.jsp

```
<%@ page import="java.util.Date" %>
<%! Date letzter; %>
<% Date aktuell = new Date(); %>
<h3>Guten Tag!</h3>
<p>Heute ist der <%= aktuell %><br />
Der letzte Aufruf dieser Seite war am <%= letzter %>
<%-- Merken des aktuellen Zeitstempels --%>
<% letzter = aktuell; %>
</p>
<!-- Nachfolgend noch ein Hinweis: -->
<p>Prüfen Sie, dass bei der Umsetzung in eine andere Syntax
auch die Codierung richtig angegeben ist.
</p>
</body>
</html>
```

14.2 Überblick über die *Expression Language* ***

Die EL (*Expression Language*) ist oft eine Alternative zu JSP-Skripting, wenn dynamische Berechnungen durchgeführt werden müssen. Allerdings ist die EL auf die Auswertung von Ausdrücken beschränkt. Zuweisungen und Schleifen lassen sich mit der EL nicht programmieren. Der Zugriff auf JavaBeans, Arrays und Listen ist mit der EL sehr einfach. Die EL gibt es seit JSP 2.0. Es kann konfiguriert werden, ob die EL in einer JSP-Seite erlaubt ist.

In den meisten JSP-Seiten müssen Ergebnisbeiträge dynamisch berechnet werden. Dazu steht seit der ersten Version von JSP das Konzept des JSP-Skripting zu Verfügung. JSP-Skripting hat jedoch folgende Nachteile:

Nachteile JSP-Skripting
- Die Syntax von JSP-Skriptelementen wie JSP-Deklarationen, JSP-Ausdrücke und JSP-Skriptlets ist jeweils geringfügig unterschiedlich und insgesamt etwas schwerfällig. Dadurch wird JSP-Skripting in der Benutzung fehleranfällig.
- Zum Einsatz von JSP-Skripting sind Java-Kenntnisse erforderlich.
- Beim Einsatz von JSP-Skripting können Java-Ausnahmen auftreten, die, wenn nicht explizit durch den JSP-Programmierer abgefangen, den Benutzer des Browsers beim Aufruf einer JSP-Seite mit unverständlichen Fehlermeldungen konfrontieren können.

Expression Language
Als Alternative zur dynamischen Berechnung von Ergebnisinhalten wurde die ***Expression Language*** definiert. Mit der **EL** lassen sich die meisten Aufgaben, die vorher mit JSP-Skripting erledigt wurden, nun auch lösen. Die Vorteile der EL sind:

+ Einfache Syntax (für den Zugriff auf Daten, für Formulierungen von Ausdrücken).
+ Verwendbarkeit ohne Java-Kenntnisse.
+ Selteneres Auftreten von Java-Ausnahmen oder Fehlern, die zum Benutzer des Browsers als kryptische Fehlermeldung »durchschlagen«.

Vorteile EL

Die EL bietet folgende Möglichkeiten:

Überblick EL

▪ Einfacher Zugriff auf JavaBeans.
▪ Einfacher Zugriff auf Arrayelemente oder Listenelemente.
▪ Dedizierte implizite Objekte und einfacher Zugriff darauf.
▪ Arithmetische und logische Operatoren.
▪ Vergleichsoperatoren.
▪ Nutzung von Funktionen.

Mit der EL lassen sich, wie der Name schon sagt, nur Ausdrücke formulieren, deren Auswertung einen Wert ergibt. Die EL hat *keinen* Zuweisungsoperator. Ebenso kennt die EL *keine* Anweisungen, um Schleifen zu programmieren. D. h. die Funktionalität von for- oder while-Schleifen ist mit der EL alleine nicht realisierbar.

EL-Ausdrücke können an folgenden Stellen in einer JSP-Seite angewendet werden:

Verwendungs-
stellen

▪ Im Schablonentext.
▪ Grundsätzlich im Attributwert eines Attributs einer JSP-Anweisung, wenn die JSP-Anweisung in XML-Notation, d. h. mit Anfangs- und Endmarkierung, vorliegt. Jedoch ist für jedes Attribut einzeln zu definieren, ob für den Attributwert die EL benutzt werden darf. Ist die EL im Attributwert erlaubt, so spricht man von einem **dynamischen Attributwert**.

Die EL kann *nicht* verwendet werden:

▪ In Direktiven.
▪ In JSP-Skriptelementen (JSP-Deklarationen, JSP-Skriptlets, JSP-Ausdrücken).
▪ Für Elementnamen und Attributnamen von JSP-Anweisungen.
▪ In JSP-Kommentaren.

Die EL ist seit JSP 2.0 Bestandteil der JSP-Technik. In JSP 2.1 wurde die EL nochmals stark ergänzt, heißt nun *Unified Expression Language* und bietet über die im Überblick dargestellten Möglichkeiten hinaus weitere Funktionalitäten. Die neuen Funktionalitäten erfüllen Anforderungen, die bei der Zusatztechnik JSF (*Java Server Faces*) zu erfüllen sind. Ursprünglich hatte JSF seine eigene *Expression Language*. Die EL von JSP 2.1 ist im Wesentlichen die Vereinheitlichung der EL von JSP 2.0 mit der *Expression Language* von JSF. Daher auch der neue Name. Da die neuen

Verfügbarkeit

Funktionalitäten erst bei Zusatztechniken (z. B. JSF) zum Tragen kommen, werden sie hier nicht weiter behandelt.

Erlauben und Verbieten der EL und von JSP-Skripting

In der Standardeinstellung von JSP 2.0 kann sowohl die EL als auch JSP-Skripting eingesetzt werden. In vielen Projekten wird aus Gründen der Wartbarkeit aber gefordert, dass nur eine der beiden Techniken zum Einsatz kommt.

Ausschalten der EL
Das Ausschalten der EL für eine einzelne JSP-Seite erfolgt durch Einfügen einer Direktive page in die JSP-Seite:

```
<%@ page isELIgnored="true"%>
```

Das Ausschalten der EL für mehrere oder alle Seiten einer Web-Anwendung erfolgt in der Konfigurationsdatei web.xml. Dazu ist unter dem Wurzelelement web-app ein Element jsp-config einzufügen:

```
<web-app>
...
<jsp-config>
  <jsp-property-group>
    <url-pattern>*</url-pattern> <!-- * = alle -->
    <el-ignored>true</el-ignored> <!-- EL aus -->
  </jsp-property-group>
</jsp-config>
...
</web-app>
```

Soll in web.xml die Verwendung der EL für einzelne JSP-Seiten ausgeschaltet werden, so ist für jede JSP-Seite ein Element url-pattern anzugeben, dessen Inhalt der interne Name der JSP-Seite ist. Z. B. wird durch <url-pattern>/einzelne.jsp</url-pattern> die JSP-Seite einzelne.jsp adressiert. Wichtig ist dabei das Zeichen / am Anfang der JSP-Seitenangabe.

Wird in web.xml als Version von JSP, eine Version kleiner als 2.0 eingestellt, dann kann die EL auch *nicht* benutzt werden. Dabei wird die Version von JSP nicht direkt eingestellt, sondern die zugehörige Servlet-Version. Konkret bedeutet dies, dass die EL in JSP nicht verwendet werden kann, wenn als Servlet-Version 2.3 oder kleiner in web.xml angegeben ist.

Ausschalten von JSP-Skripting
JSP-Skripting kann nur durch einen Eintrag in web.xml ausgeschaltet werden. Das Ausschalten von JSP-Skripting erfolgt für eine einzelne, mehrere oder alle JSP-Seiten einer Web-Anwendung. Dies wird durch das Element url-pattern gesteuert.

```
<web-app>
...
<jsp-config>
  <jsp-property-group>
```

```
      <url-pattern>/einzel1.jsp</url-pattern>
      <url-pattern>/einzel2.jsp</url-pattern>
      <!-- JSP-Skripting aus -->
      <scripting-invalid>true</scripting-invalid>
    </jsp-property-group>
  </jsp-config>
  ...
</web-app>
```

Im Beispiel wird für die beiden JSP-Seiten `einzel1.jsp` und `einzel2.jsp` JSP-Skripting ausgeschaltet. Durch den Wert `*` als Inhalt des Elements `url-pattern` kann JSP-Skripting für alle JSP-Seiten ausgeschaltet werden.

Vordefinierte Schlüsselwörter

In der EL sind folgende Zeichenketten als Schlüsselwörter reserviert und dürfen nicht als Bezeichner, d. h. als Namen von Objekten, verwendet werden:

`and`, `or`, `not`, `eq`, `ne`, `gt`, `lt`, `ge`, `le`, `true`, `false`, `mod`, `div`, `empty`, `null`, `instanceof`

14.3 Einführung in die *Expression Language* ***

Mit der EL kann durch eine einfache Syntax ein Ausdruck definiert werden, dessen Wert zur Laufzeit berechnet wird. Als Bestandteile zur Bildung eines Ausdrucks stehen verschiedene Operatoren zur Verfügung. Punkt- und Indexoperatoren werden für den Zugriff auf Listen von Name-Wert-Paaren, insbesondere für den Zugriff auf *Properties* von JavaBeans benutzt. Arithmetische und Vergleichsoperatoren sowie der Auswahloperator können für Berechnungen eingesetzt werden. Zusätzlich gibt es einen Satz von vordefinierten, impliziten Objekten für die EL, die z. B. den Zugriff auf Request-Parameter vereinfachen.

Die EL besitzt eine vereinfachte Syntax für die Definition von Ausdrücken, deren Wert zur Laufzeit berechnet wird. Äquivalente Ausdrücke müssten sonst mit JSP-Skripting programmiert werden, was in der Regel komplizierter ist. Die grundlegende Syntax eines **EL-Ausdrucks** ist:

`${`*ausdruck*`}`   Syntax

Im Folgenden werden Sie sehen, aus welchen Bestandteilen *ausdruck* aufgebaut werden kann. Dabei werden für alle Arten von Bestandteilen jeweils Beispiele angeführt, um die Grundidee zu verdeutlichen.

Punktoperator, arithmetische und Vergleichsoperatoren, Auswahloperator

Zugriff auf JavaBeans
Ein essenzielles Konzept für die Realisierung von Web-Anwendungen mit JSP sind die JavaBeans (siehe »JavaBeans«, S. 169). In der EL kann mit dem Punktoperator auf die *Properties* von JavaBean-Objekten zugegriffen werden:

```
${beanname.propertyname}
```

Der Wert des Ausdrucks ist der Wert der *Property* des JavaBean-Objekts.

Arithmetische Operatoren
Für Rechenoperationen stehen arithmetische Operatoren bereit.

Beispiel
Eine Addition kann mit dem binären Operator + durchgeführt werden:

```
${person.alter+3}
```

Der Wert des Ausdrucks ist der Ergebniswert der Addition der beiden Summanden.

Vergleichsoperatoren
Vergleiche liefern als Ergebnis einen Wahrheitswert wahr bzw. falsch. In der EL gibt es binäre Vergleichsoperatoren <, <= usw.

Beispiel
```
${person.alter>=18}
```

Der Wert des Ausdrucks ist der Ergebniswert des Vergleichs der Werte person.alter und 18. Je nach Vergleichsergebnis ist der Wert des Ausdrucks wahr (true) oder falsch (false).

Auswahloperator
Ein weiterer Operator ist der Auswahloperator. Er entspricht dem?-Operator in Java. Seine einfachste Form lautet:

```
${bedingung?wert1:wert2}
```

Zur Berechnung des Ausdruckswerts wird zunächst die Bedingung bedingung ausgewertet. Ist der Berechnungswert der Bedingung wahr, dann ist der Ergebniswert des Auswahlausdrucks wert1. Wird die Bedingung zu falsch evaluiert, dann ist der Ergebniswert des Auswahlausdrucks wert2. Es sei hier auch erwähnt, dass anstelle fester Werte wert1 und wert2 auch EL-Ausdrücke zugelassen sind.

Beispiel
In der JSP el-erste.jsp kommen die besprochenen EL-Ausdrucksarten zum Einsatz (Abb. 14.3-1).

el-erste.jsp
```
<body>
<h3>Expression Language (EL): Erste Beispiele</h3>
 <p> Es werden zwei JavaBean-Objekte der Klasse BeanPerson
 angelegt, mit Werten initialisiert und dann benutzt.</p>
    <%-- *1* --%>
<jsp:useBean id="person1" class="jsplernen.BeanPerson">
  <jsp:setProperty name="person1" property="name"
```

```
        value="Peter"/>
   <jsp:setProperty name="person1" property="alter"
        value="12"/>
</jsp:useBean>
    <%-- *2* --%>
<jsp:useBean id="person2" class="jsplernen.BeanPerson">
   <jsp:setProperty name="person2" property="name"
        value="Hans"/>
   <jsp:setProperty name="person2" property="alter"
        value="27"/>
</jsp:useBean>
<h5>Zugriff auf Propertys von JavaBeans (Operator '.')</h5>
    <%-- *3* --%>
<p>person1.name= ${person1.name}<br />
person1.alter= ${person1.alter}<br />
person2.name= ${person2.name}<br />
person2.alter= ${person2.alter}
</p>
<h5>Berechnung Gesamtalter (Arithmetischer Operator '+')</h5>
    <%-- *4* --%>
<p>Die beiden Personen sind zusammen
${person1.alter+person2.alter} Jahre alt.</p>
<h5>Berechnung der Eigenschaft 'erwachsen'
(Vergleichsoperator'&gt;=')</h5>
<p>
    <%-- *5* --%>
person1 erwachsen = ${person1.alter>=18}<br />
person2 erwachsen = ${person2.alter>=18}
</p>
<h5>In Abhängigkeit von Bedingungen Texte
 ausgeben (Auswahloperator '?:')</h5>
<p>
    <%-- *6* --%>
person1 ist ${person1.alter>=18?'erwachsen':'noch ein Kind'}.
<br />
person2 ist ${person2.alter>=18?'erwachsen':'noch ein Kind'}.
</p>
</body>
```

Die erklärungsbedürftigen Stellen des Quellcodes sind mit *n* gekennzeichnet:

○ Zuerst werden bei *1* und *2* jeweils mit der Standardaktion useBean zwei Objekte der Klasse BeanPerson erzeugt. Als Besonderheit sind hier die Standardaktionen setProperty innerhalb <jsp:useBean>...</jsp:useBean> zu erwähnen. Die Standardaktionen setProperty werden nur dann ausgeführt, wenn ein JavaBean-Objekt erzeugt wird. Ist das JavaBean-Objekt schon vorhanden, so wird dieses durch die Standardaktion useBean lediglich ermittelt. In diesem Fall werden die Standardaktionen setProperty ignoriert. Anschließend kann in jedem Falle auf die *Propertys* der JavaBean-Objekte zugegriffen werden.

○ Der Zugriff auf die *Propertys* alter und name erfolgt bei *3* mit dem Punktoperator der EL.

○ Danach wird an der Stelle *4* das Gesamtalter der beiden Personen mit ${person1.alter+person2.alter}, also mit Hilfe des +-Operators, berechnet.

○ Für die Aussage, ob eine Person erwachsen ist, kann ein Vergleichsoperator verwendet werden. Durch ${person1.alter>=18} bei der Markierung *5* wird ein Wahrheitswert ermittelt, der als true oder false ausgegeben wird.

○ Abschließend wird bei *6* die gleiche Bedingung in einem Auswahlausdruck ${person1.alter>=18?'erwachsen':'noch ein Kind'} benutzt, um ergebnisabhängig einen speziellen Text auszugeben. Als Werte werden dabei Zeichenketten-konstanten verwendet.

Abb. 14.3-1: Erscheinungsbild von el-erste.jsp im Browser.

 Ergänzen Sie das Beispiel el-erste.jsp, indem Sie das Durch-schnittsalter der beiden Personen ausgeben.

Indexoperator vs. Punktoperator

Indexoperator   Mit Hilfe des Indexoperators [] kann auf Arrayelemente sowie auf Elemente von indizierten Listen und Listen, die Name-Wert-Paare verwalten, zugegriffen werden.

Da *Propertys* von JavaBeans als Name-Wert-Paare verwaltet werden, ist der Zugriff auf die *Propertys* auch über den Indexoperator möglich. Es sind für den Zugriff auf JavaBeans äquivalent:

Zugriff auf
Propertys von
JavaBeans

`${person.alter}` sowie `${person["alter"]}` und `${person['alter']}`

Der Name der *Property* wird also in einfachen oder doppelten
Hochkommata in den Klammern angegeben.

Welche Vorteile hat jetzt der Indexoperator gegenüber dem
Punktoperator? Im gerade gesehenen Beispiel ist die Syntax des
Indexoperators ja komplizierter als die Syntax des Punktopera-
tors. Beim Punktoperator muss der Name der *Property* fest angegeben werden. Beim Indexoperator kann der Name durch einen
EL-Ausdruck definiert und *zur Laufzeit* berechnet werden. Etwa
kann mit Hilfe `${person[info.name]}` zur Laufzeit durch den Wert
der *Property* `name` der JavaBean `info` ausgewählt werden, welche
Information, sprich welche *Property*, bestimmt werden soll. Außerdem ist als Name für *Property* beim Punktoperator nur ein Name möglich, der ein gültiger Java-Bezeichner ist. Bei allgemeinen
Listen von Name-Wert-Paaren sind die Namen jedoch nicht immer gültige Java-Bezeichner. Deshalb kann bei allgemeinen Listen häufig der Punktoperator nicht eingesetzt werden, jedoch
der Indexoperator. Diesem Fall werden Sie jetzt gleich bei der
Besprechung der impliziten Objekte begegnen.

Implizite Objekte der EL

Die EL kennt einen eigenen Satz von impliziten Objekten, der
sich von den impliziten Objekten für JSP-Skripting *unterscheidet*. Wichtige implizite Objekte sind `param`, welches zur Abfrage
der Request-Parameter dient, und `header`, über welches die HTTP-
Header-Felder einer HTTP-Anfrage abgefragt werden können. Typische Verwendungen sind:

`${param.alter}` und `${header['Host']}`

Die JSP-Seite `el-zweite.jsp` demonstriert den Indexoperator
und die Verwendung der impliziten Objekte `param` und `header`
(siehe Abb. 14.3-2).

Beispiel

el-zweite.jsp

```
<body>
<h3>Expression Language (EL): Weitere Beispiele</h3>
<p>
Anleitung: Geben Sie in der Adresszeile des Browsers die
Request-Parameter <b>alter</b>, <b>groesse</b> und
<b>hname</b> mit Werten ein. Der Wert von <b>hname</b>
bestimmt den Namen des HTTP-Headers, dessen Wert im letzten
Beispiel dieser Seite ausgegebeen werden soll.</p>
<h4>Punktoperator ('.') und Indexoperator ('[]')</h4>
<p>Zugriffsvarianten auf die Propertys <b>autor</b> und
<b>text</b> des JavaBean-Objekts <b>gruesse</b> der
JavaBean-Klasse <b>Person</b>.
```

```
</p>
    <%-- *1* --%>
<jsp:useBean id="gruesse" class="jsplernen.BeanGruesse" />
<jsp:setProperty name="gruesse" property="autor"
    value="Peter" />
<jsp:setProperty name="gruesse" property="text"
    value="JSP ist klasse!" />
    <%-- *2* --%>
<p>
gruesse.autor= ${gruesse.autor}<br />
gruesse.text= ${gruesse.text}<br />
</p>
    <%-- *3* --%>
<p>
gruesse['autor']= ${gruesse['autor']}<br />
gruesse["text"]= ${gruesse["text"]}<br />
</p>
<h4>Implizite Objekte in EL</h4>
<p>
Zugriffsvarianten auf die Propertys der impliziten Objekte
<b>param</b>(Request-Parameter) und <b>header</b>
(Request-Header).
</p>
    <%-- *4* --%>
<p>param.alter=${param.alter}<br />
param['groesse']=${param['groesse']}<br />
param['hname']=${param['hname']}
</p>
<p>header.Connection=${header.Connection}<br />
    <%-- *5* --%>
header.Accept=${header.Accept}<br />
header["User-Agent"]=${header["User-Agent"]}<br />
header['Accept-Charset']=${header['Accept-Charset']}<br />
    <%-- *6* --%>
header[param.hname]=${header[param.hname]}<br />
</p>
</body>
```

Anhand der Markierungen *n* wird der Quellcode erläutert:

○ Bei der ersten Markierung *1* werden die JavaBean-Objekte mit der Standardaktion useBean erzeugt und anschließend mit <jsp:setProperty> mit Werten belegt.

○ Beim Vergleich des Quellcodes an den Stellen *2* und *3* sehen Sie die Äquivalenz des Punkt- und des Indexoperators für den Zugriff auf *Propertys* einer JavaBean, z. B. ${gruesse.autor} versus gruesse['autor'].

○ Danach wird bei *4* mit dem impliziten Objekt param auf die Werte der Request-Parameter zugegriffen, z. B. auf den Wert des Request-Parameters alter mit param.alter. Die Request-Parameter werden hier, da es sich nur um eine Testseite handelt, direkt an die URL angehängt und in der Adressleiste des Browsers eingegeben (siehe Abb. 14.3-2).

○ Die Header-Felder Connection, Accept, User-Agent und Accept-Charset werden über das implizite Objekt header bei der Stelle *5* abgefragt. Das Header-Feld Connection kann mit dem Punktoperator mit ${header.Connection} abgefragt werden. Für das Header-Feld User-Agent ist dies nicht möglich, da User-Agent kein gültiger Java-Bezeichner ist. Hier kommt der Indexoperator zum Einsatz: ${header["User-Agent"]}.

○ Der Name des zuletzt abgefragten Header-Feldes bei *6* wird durch den Request-Parameter hname erst zur Laufzeit festgelegt. Daher kann hierfür der Punktoperator nicht verwendet werden. Der Indexoperator erlaubt einen EL-Ausdruck als Argument und leistet die Bestimmung des Werts des erst zur Laufzeit bekannten Header-Feldes durch ${header[param.hname]}.

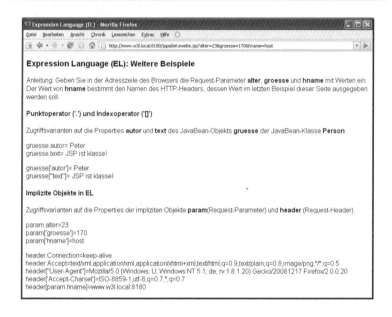

Abb. 14.3-2: Erscheinungsbild von el-zweite.jsp im Browser.

Zeichenkettenkonstanten und Fluchtsymbolsyntax

Sie haben gelernt, dass EL-Ausdrücke im Schablonentext ausgewertet und der berechnete Wert in den Schablonentext eingefügt wird. Wollen Sie jedoch, dass der Ausdruck nicht ausgewertet wird, sondern als Text im Ergebnis erscheint, so muss der Text zum EL-Ausdruck mit Hilfe eines weiteren EL-Ausdrucks, der eine konstante Zeichenkette als Argument erhält, verarbeitet werden.

EL-Ausdruck als Text ausgeben

Beispiel

Soll etwa ${person.alter>=18} als Text auf der Webseite erscheinen, so muss in der JSP-Quelldatei dieser Text als Zeichenkettenkonstante in Einfach- oder Doppelhochkommata eingeschlossen angegeben werden: ${"${person.alter>=18}"}

Der ursprüngliche EL-Ausdruck ist hier also eine Zeichenkette, die als Argument an den neuen EL-Ausdruck übergeben wird, dessen Auswertung wieder den Text des ursprünglichen EL-Ausdrucks ergibt.

Fluchtsymbol \

Zeichenkettenkonstanten werden stets durch die Zeichen Einfach- oder Doppelhochkommata gekennzeichnet. Treten die Zeichen Einfach- und Doppelhochkommata in einem auszugebenden Text selbst auf, so müssen sie besonders beachtet werden. Wird die gesamte Zeichenkette in Einfachhochkommata eingeschlossen, dann muss ein Einfachhochkommata innerhalb der Zeichenkette mit dem Fluchtsymbol \ (Rückschräger) markiert werden. In diesem Fall könnte ein Doppelhochkommata ohne Markierung durch das Fluchtsymbol innerhalb der Zeichenkette verwendet werden.

Beispiel

Es soll folgender Text ausgegeben werden:

```
${person.name=='Peter'}
```

Dann sieht der EL-Ausdruck zur Ausgabe folgendermaßen aus:

```
${'${person.name=\'Peter\'}'}
```

Wird die Zeichenkettenkonstante in Doppelhochkommata eingeschlossen, so sind in analoger Weise die Doppelhochkommata innerhalb der Zeichenkette mit dem Fluchsymbol \ zu markieren, während Einfachhochkommata direkt benutzt werden können.

Soll das Fluchtsymbol \ selbst als Zeichen dargestellt werden, dann ist es auch mit dem Fluchtsymbol zu markieren.

Beispiel

Der EL-Ausdruck ${"{1,3,4}\\{2,4}={1,3}"} ergibt im Ergebnis der JSP-Seite den Text

```
{1,3,4}\{2,4}={1,3}
```

 Erweitern Sie das Beispiel el-zweite.jsp um die Ausgabe des Werts des Request-Parameters name-vorname analog zu den anderen Request-Parametern. Ergänzen Sie die JSP-Seite am Ende durch die Ausgabe der Textes Die Syntax eines EL-Ausdrucks lautet ${ausdruck}. Testen Sie Ihre Lösung.

14.4   Überblick über JSTL ***

Wiederkehrende Erweiterungsfunktionalitäten von JSP sind als Elemente der Tag-Bibliothek JSTL *(JavaServer Pages Standard Tag Library)* allgemein verfügbar. Die Funktionalitäten enthalten insbesondere Elemente, um Zuweisungen und Kontrollstrukturen zu programmieren. Außerdem werden Internationalisierung, SQL- und XML-Verarbeitung sowie Operationen auf *Collections* und Zeichenketten unterstützt.

Die JSP-Technik bietet Erweiterungsmechanismen, mit denen Anwendungsentwickler eigene JSP-Anweisungen definieren und mit Funktionalität belegen können.

Einer der Erweiterungsmechanismen besteht darin, neue JSP-Anweisungen über Markup-Elemente in XML-Syntax, d. h. neue *Tags*, zu definieren. Die Implementierung der Funktionalität erfolgt entweder über Java oder über andere JSP-Seiten. Auf diese Weise entstehen sogenannte Tag-Bibliotheken. Bei der Anwendung dieser Erweiterungsmechanismen wurde festgestellt, dass viele Anwender die gleichen Erweiterungsfunktionalitäten programmiert haben. Dies wurde zum Anlass genommen, standardisierte Tag-Bibliotheken zu realisieren.

Erweiterung durch neue Elemente

Eine dieser standardisierten Tag-Bibliotheken ist **JSTL** *(JavaServer Pages Standard Tag Library)* (siehe auch JSTL (http://java.sun.com/jsp/jstl/core)). JSTL hat sich mittlerweile bei den Anwendern etabliert und kann quasi als ein Bestandteil von JSP angesehen werden.

JSTL

JSTL ist in Gruppen von Funktionalitäten aufgeteilt:

Teil-bibliotheken

- Core: http://java.sun.com/jsp/jstl/core
- Internationalization: http://java.sun.com/jsp/jstl/fmt
- SQL: http://java.sun.com/jsp/jstl/sql
- XML: http://java.sun.com/jsp/jstl/xml
- Functions: http://java.sun.com/jsp/jstl/functions

Technisch gesehen entspricht jede Gruppe einer eigenen Tag-Bibliothek. Um Tag-Bibliotheken nutzen zu können, müssen diese mit der Direktive taglib in einer JSP-Seite deklariert werden.

Die URIs nach dem Gruppennamen in obiger Auflistung geben den Wert an, der bei der Direktive taglib im Attribut uri angegeben werden muss, um die entsprechende Tag-Bibliothek zu deklarieren. In der Tab. 14.4-1 ist in der Spalte Präfix der Präfixname aufgeführt, an den üblicherweise in der Direktive taglib die entsprechende Tag-Bibliothek gebunden wird. Die Tab. 14.4-1 gibt einen Überblick über die Funktionalitäten der einzelnen Gruppen in JSTL.

Gruppe	Funktionalität	Präfix
Core	Unterstützung von Objekten in Kontexten	c
	Kontrollstrukturen	c
	URL-Verwaltung	c
	Verschiedenes	c
Internationalization	Einstellung von Sprach- und Landeskennung	fmt
	Ausgabe von sprachspezifischen Nachrichten	fmt
	Formatierung von Zahlen und Datum	fmt
SQL	SQL-Abfragen	sql
XML	Laden von XML-Dokumenten und Übergabe an Objekte	x
	Kontrollstrukturen	x
	XSLT-Transformationen	x
Functions	Länge von *Collections*	fn
	Manipulation von Zeichenketten	fn

Tab. 14.4-1: Funktionalität der Teilbibliotheken.

Verfügbarkeit von JSTL

Die Entwicklung von JSTL geht mit der Entwicklung von JSP einher. Die Tab. 14.4-2 listet die Versionen von JSTL mit ihren Charakteristika auf.

Version	Abhängigkeit	Bemerkung
JSTL 1.0	Servlet 2.3, JSP 1.2, verwendbar z. B. mit Tomcat 4	JSTL führt eine EL *(Expression Language)* ein
JSTL 1.1	Servlet 2.4, JSP 2.0, verwendbar z. B. mit Tomcat 5	Die EL von JSTL nach JSP übernommen; Gruppe Functions aufgenommen
JSTL 1.2	Servlet 2.5, JSP 2.1, verwendbar z. B. mit Tomcat 6	*Unified Expression Language* in JSTL verwendbar, JSTL nun in JSF einsetzbar, JSTL Bestandteil von JavaEE 5

Tab. 14.4-2: Versionen von JSTL.

Für JSTL 1.0 gab es zwei Versionen. Eine Version benutzte zum Adressieren von Objekten und zur Berechnung von Werten JSP-Skripting-Ausdrücke und die andere Version verwendete dafür eine spezielle, in JSTL eingeführte *Expression Language*. In der nächsten JSP-Version 2.0 wurde dann die in JSTL 1.0 definierte

Expression Language als Technik in JSP aufgenommen, die natürlich weiterhin in JSTL eingesetzt werden konnte. JSTL 1.0 wurde um die Gruppe *Functions* ergänzt, was zur Version 1.1 von JSTL führte. Die Überarbeitung von JSTL 1.1 zu JSTL 1.2 hatte im Wesentlichen zum Ziel, JSTL zusammen mit JSF *(JavaServer Faces)* verwenden zu können. Dazu wurde JSTL so modifiziert, dass die *Unified Expression Language* von JSP 2.1 verwendet werden kann.

In Abhängigkeit der Version von JSTL, die Sie verwenden, und dem JSP-Server, den Sie einsetzen wollen, sind jeweils andere Schritte zur Installation von JSTL notwendig. Am einfachsten ist die Situation für JSTL 1.2 zusammen mit einem JavaEE5-konformen JSP-Server. Da hier JSTL ein Bestandteil von JavaEE5 ist, unterstützt jeder JavavEE5-konforme JSP-Server automatisch JSTL 1.2, ohne dass Sie etwas zusätzlich installieren müssen. Für die Nutzung anderer Versionen von JSTL und die Nutzung anderer JSP-Server sind versionsspezifische JAR-Archive zu installieren. Die Installation kann in der Web-Anwendung erfolgen. Dazu sind für JSTL 1.1 die beiden Archive `jstl.jar` und `standard.jar` ins Verzeichnis `WEB-INF/lib` der Web-Anwendung zu kopieren. Die Installation von JSTL kann auch zentral im JSP-Server durchgeführt werden. Dazu sei auf dessen Dokumentation verwiesen.

Installation

■ JAR-Archive und Taglib-Deskriptordateien für JSTL: JSTL-JAR-Archive (`http://java.sun.com/products/jsp/jstl/downloads/index.html`)

Download

Wie die Darstellung der Entwicklung von JSTL schon vermuten lässt, sind Kenntnisse in der EL für den Einsatz von JSTL unverzichtbar (siehe »Überblick über die Expression Language«, S. 408).

Was Sie wissen sollten

Verwendete und weiterführende Quellen zu JSTL finden Sie im Kapitel »Informationen zu JSPs«, S. 441.

Referenzen

14.5   Einführung in die JSTL ***

Die Tag-Bibliothek JSTL-Core enthält Elemente zur Umsetzung der Funktionalitäten für Variablenunterstützung, Kontrollstrukturen, URLs, Abfangen von Java-Ausnahmen und Ausgaben ins Ergebnisdokument. Unter Variablen versteht man dabei Objekte, die in den Gültigkeitsbereichen *Page*, *Request*, *Session* oder *Application* abgelegt sind. Mit `<c:set>` können diese Objekte erzeugt und mit der EL gelesen werden. Für den lesenden Zugriff auf Variablen und die Formulierung von Bedingungen und Ausdrücken wird in JSTL die EL *(Expression Language)* verwendet. JSTL-Core muss als Tag-Bibliothek mit der Direktive `taglib` in einer JSP-Seite deklariert werden und wird üblicherweise an das Präfix c gebunden.

Die Tag-Bibliothek JSTL-Core enthält Elemente für grundlegende Funktionalitäten zum Umgang mit Objekten und URLs sowie Elemente zur Realisierung von Kontrollstrukturen. Die Tab. 14.5-1 gibt einen Überblick über alle vorhandenen Elemente.

Zweck	Element	Wirkung
Variablen-unter-stützung	set	Erzeugung eines Objekts und Ablage in einem Kontext (*Page, Request, Session, Application*).
	remove	Löschen eines Objekts aus einem Kontext.
Kontroll-strukturen	if	Bedingtes Ausführen von Anweisungen.
	choose mit when und otherwise	Bedingtes Ausführen von Anweisungen mit mehreren Zweigen. Analogon zur switch-Anweisung in Java.
	forEach	Iteration über eine *Collection*.
	forTokens	Iteration über eine Zeichenkette, die intern durch Trennzeichen in Teilzeichenketten zerfällt. Analogon zu StringTokenizer von Java.
URL-Mana-gement	import mit Unterelement param	Laden einer Datei vom Dateisystem oder über eine URL und Übertragung des Dateiinhalts an ein Objekt.
	redirect mit Unterelement param	HTTP-redirect: Sendet neue URL an Browser.
	url mit Un-terelement param	Anhängen der Sitzungsidentifikation an eine URL, wenn mit URL-*Sessions* gearbeitet wird.
	param	Optional und nur als Subelement von import, redirect oder url erlaubt. Anhängen von Parametern an die URL.
Verschiede-nes	catch	Abfangen von Java-Ausnahmen.
	out	Ausgabe von Inhalten ins Ergebnisdokument der JSP-Seite. Wie implizites Objekt out oder JSP-Ausdruck <%= %>.

Tab. 14.5-1: Übersicht über die Elemente von JSTL-Core.

Präfix   Üblicherweise wird JSTL-Core an das Präfix c gebunden. Damit treten die Elemente in der JSP-Seite als <c:set>, <c:if> etc. auf.

Variable   Mit <c:set> wird ein Objekt erzeugt und unter einem Namen in einem Kontext abgelegt. Mit der EL kann lesend auf ein so erzeugtes Objekt zugegriffen werden. Man spricht dann von einer Variablen, da mit <c:set> und Zugriff via der EL die typischen Lese- und Schreiboperationen für Variablen umgesetzt sind. Ins-

besondere ist durch <c:set> die in der EL nicht vorhandene Zu-
weisungsoperation möglich.

Hinweis

Im Folgenden wird im Zusammenhang mit JSTL statt von Objekten, die in einem Kontext abgelegt sind, einfach von Variablen gesprochen.

Die Verwendung der Elemente von JSTL wird nachfolgend anhand einfacher Beispiele demonstriert.

Es wird der BMI *(body mass index)* berechnet. Es werden dazu die *Tags* <c:set>, <c:remove>, <c:if>, <c:choose>, <c:catch>
und <c:out> verwendet. Das Ergebnis im Browser zeigt die Abb.
14.5-1.

Beispiel 1

jstl-bmi.jsp

```jsp
<body>
    <%-- *1* --%>
<%@ taglib uri="http://java.sun.com/jsp/jstl/core"
prefix="c" %>
<h3>BMI-Berechnung mit JSTL-Core implementiert</h3>
    <%-- *2* --%>
<%-- Übertragung der Request-Parameter in Objekte --%>
<c:set var="h" value="${param.height}" />
<c:set var="w" value="${param.weight}" />
    <%-- *3* --%>
<%-- Belegung eines Objekts mit einem Fehlermeldungstext --%>
<c:set var="errMsg">
Keine BMI-Berechnung möglich.<br />
  Für Größe und Gewicht müssen ganze,
  positive Zahlen angegeben werden.
</c:set>
    <%-- *4 --%>
<%-- Überprüfung,
    ob die benötigten Request-Parameter empfangen wurden --%>
<c:if test='${h!=null && h !="" &&
             w!=null && w !=""}' >
    <%-- *5* --%>
<%-- Exceptions bei BMI-Wert-Berechnung abfangen --%>
<c:catch var="exept">
    <c:set var="bmi" value="${w/(h*h)*(100*100)}" />
</c:catch>
    <%-- *6* --%>
<%-- Prüfen,
    ob bei BMI-Wert-Berechnung eine Exception aufgetreten
    ist --%>
<c:if test="${exept!=null}">
  <p style="color:red">
    <%-- *7* --%>
  ${errMsg}</p>
</c:if>
    <%-- *8* --%>
<%-- Bei BMI-Wert-Berechnung keine Exception aufgetreten --%>
<c:if test="${exept==null}">
  <p>
```

```
      Ihr BMI-Wert ist: ${bmi}<br />
      <%-- *9* --%>
      <c:choose>
        <c:when test="${bmi<19}">Sie haben Untergewicht.</c:when>
        <c:when test="${bmi>25}">Sie haben Übergewicht.</c:when>
          <c:otherwise>Sie haben Normalgewicht.</c:otherwise>
      </c:choose>
      </p>
    </c:if>
  </c:if>
      <%-- *10* --%>
<%-- Fall:
      die benötigten Request-Parameter wurden nicht vollständig
      gesendet --%>
<c:if test='${h==null || h =="" ||
              w==null || w ==""}' >
  <p style="color:blue">
      <%-- *11* --%>
  <c:out value="${errMsg}" /></p>
</c:if>
<%-- Formular zur Eingabe von Größe und Gewicht --%>
<form method="get" action="">
<table>
<tr><td>
Größe </td>
      <%-- *12* --%>
<td><input type="text" name="height" value="${h}"/>
      <%-- *13* --%>
<c:out value="positive & ganze Zahl (0<z)" /></td></tr>
<tr><td>Gewicht </td>
      <%-- *14* --%>
<td><input type="text" name="weight" value="${w}"/>
      <%-- *15* --%>
positive & ganze Zahl (0<z)</td></tr>
<tr><td><input type="submit" name="submit" value="Absenden" />
</td><td> </td></tr>
</table>
</form>
      <%-- *16* --%>
<c:remove var="h"/>
<c:remove var="w"/>
</body>
```

Die Erklärung des Quellcodes erfolgt anhand der markierten Stellen:

○ An der Stelle *1* sehen Sie die Direktive taglib, mit der die Tag-Bibliothek JSTL-Core deklariert wird. Als Wert des Attributs prefix ist c angegeben. Dadurch sind die Elemente von JSTL-Core in der JSP-Seite mit dem Präfix c ansprechbar.

○ Bei *2* sehen Sie das erste Element aus JSTL. Mit <c:set> werden die beiden Variablen h und w erzeugt und über das Attribut value jeweils mit einem Wert belegt. Als Wert wird jeweils über die EL ein Objekt bestimmt. Die Objekte enthalten die Werte der Request-Parameter height bzw. weight.

○ An der Stelle *3* wird eine Variable erzeugt, die einen Fehlermeldungstext enthält. Hier wird der Variablenwert nicht über das Attribut value angegeben sondern über den Elementrumpf, der sich zwischen Start- und Endtag befindet.

○ Bei *4* wird mit <c:if> überprüft, ob die benötigten Request-Parameter empfangen wurden. Dabei wird der Attributwert von test als Bedingung ausgewertet. Zur Formulierung der Bedingung kommt die EL zum Einsatz. In der EL kann auf die Variablen von JSTL zugegriffen werden. Wird die Bedingung zu true evaluiert, dann wird der Code im Rumpf von <c:if>...</c:if> ausgeführt.

○ Die Markierung *5* zeigt, wie die Berechnung des BMI-Wertes mit <c:catch> umschlossen ist. Dadurch werden Java-Ausnahmen, die bei der BMI-Wert-Berechnung auftreten, z. B. Division durch 0, abgefangen und führen nicht zu einem Laufzeitfehler. Das Attribut var von <c:catch> definiert eine Variable, die gesetzt wird, wenn eine Java-Ausnahme auftritt. Die Variable enthält in diesem Fall das Exception-Objekt, welches später ausgewertet werden kann.

○ An der Stelle *6* wird geprüft, ob die Variable except einen Wert ungleich null enthält. Wenn die Prüfung »wahr« ergibt, dann ist eine Java-Ausnahme aufgetreten, die im Rumpf von <c:if>...</c:if> behandelt wird.

○ Bei *7* wird einfach eine Fehlermeldung ins Ergebnisdokument geschrieben. Dazu wird die Variable errmsg, die unter *3* erzeugt wurde, mit der EL ausgegeben.

○ Das Element if bei Markierung *8* behandelt den Fall, dass keine Java-Ausnahme aufgetreten ist, die BMI-Wert-Berechung also erfolgreich war.

○ Die Auswertung des BMI-Werts erfolgt bei *9* durch das Element <c:choose>...</c:choose>, welches als Unterelemente für die einzelnen durch Bedingungen ausspezifizierten Fälle when und für den Standardfall otherwise enthält.

○ Bei *10* wird mit dem Element if der Fall behandelt, dass die erwarteten Request-Parameter nicht vollständig gesendet wurden.

○ An der Stelle *11* wird eine Fehlermeldung ins Ergebnisdokument ausgegeben. Im Unterschied zu *7* wird hier <c:out> verwendet und der EL-Ausdruck, der bei *7* im Schablonentext stand, hier als Wert im Attribut value angegeben. Bei der Ausgabe ins Ergebnisdokument macht sich nur dann ein Unterschied zwischen den Ansätzen aus *7* und *11* bemerkbar, wenn der Wert selbst wieder Markup-Elemente enthält. Sie sehen im Erscheinungsbild im Browser, dass das *Tag*
 als Text ausgegeben wird. Bei Ausgabe mit <c:out> werden nämlich alle Zeichen, die in XML eine besondere Bedeutung haben, durch ihre Zeichenentitäten (Ersatzdarstellung in XML) ersetzt. Schauen Sie sich den Quelltext im Browser an. Sie werden statt <br /> die Zeichenfolge <br />, also die Ersatzdarstellung, finden. Wenn Sie z. B. als Gewicht statt einer Zahl einen Buchstaben eingeben, dann erhalten Sie die Fehlermeldung aus *7*. Dort wird das <br /> als HTML-Element ins Ergebnisdokument geschrieben und führt zu einem Zeilenumbruch in der Browserdarstellung.

○ Bei den Markierungen *12* und *14* werden die beim Server ankommenden Request-Parameterwerte als Vorbelegungswerte in die Formularfelder geschrieben. Dazu werden die EL und die Variablen h und w genutzt.

○ An den Stellen *13* und *15* soll noch einmal der Unterschied zwischen der Ausgabe von Texten mittels <c:out> und der EL im Wert des Attributs value einerseits und Ausgabe durch die EL im Schablonentext andererseits aufgezeigt werden. Sie sehen, dass bei *15* aufgrund der fehlenden Ersatzdarstellung und der besonderen Bedeutung des Zeichens < für Markup-Sprachen die Darstellung des Textes fehlerhaft ist. Bei *13* wird der Text wegen der speziellen Behandlung des Zeichens < in <c:out> korrekt ausgegeben.

○ Abschließend werden in *16* mit <c:remove> die Variablen h und w wieder gelöscht. Diese Anweisungen sind im Beispiel nur zur Demonstration von <c:remove> eingeführt. Da die Variablen h und w im Gültigkeitsbereich *Page* angelegt sind, werden sie sowieso am Ende der Bearbeitung der JSP-Seite gelöscht.

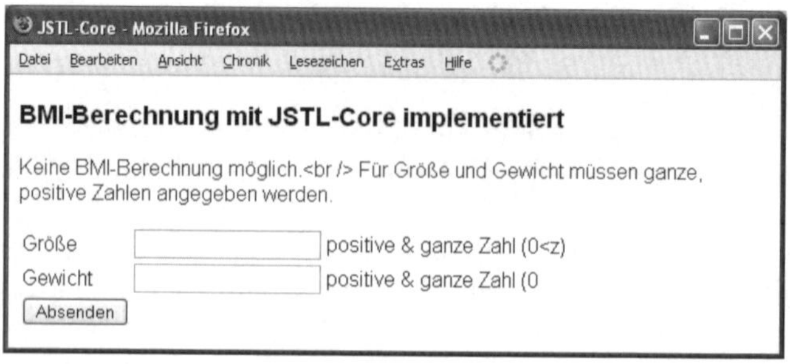

Abb. 14.5-1: Erscheinungsbild von jstl-bmi.jsp im Browser.

Das Element out hat folgende Nutzungsvarianten:

Syntax <c:out>

```
<c:out value="wert1" [escapeXml=" { true / false } " ] />
```

Variante 1

```
<c:out value="wert1" default="wert2"
[escapeXml="{true/false}"]/>
```

Variante 2

```
<c:out value="wert1" default="wert2" [escapeXml="{true/false}"]>
defaultwert</c:out>
```

Variante 3

Nur die Variante 1 wurde im Beispiel 1 benutzt. Wird der Wert von value zu null evaluiert, dann wird der Wert des Attributs default bzw. der Wert defaultwert des *Bodys* ins Ergebnisdokument geschrieben. Ferner existiert ein Attribut escapeXml, welches mit true voreingestellt ist.

Alle Attribute von <c:out> können Ausdrücke enthalten, die erst zur Laufzeit berechnet werden.

Dynamische Attributwerte

Das Element set aus JSTL wird benutzt, um Variablen zu definieren und mit Werten zu belegen. Wie Sie schon wissen, bedeutet dies technisch, dass ein Objekt erzeugt und unter einem Namen in einem Gültigkeitsbereich abgelegt wird. Der Gültigkeitsbereich wird über das Attribut scope von <c:set> festgelegt. Als Voreinstellung gilt der Wert page. Folgende Syntaxvarianten existieren:

Syntax <c:set>

```
<c:set value="wert" var="variablenname"
[scope="{page/request/session/application}"] />
```

Variante 1

```
<c:set var="variablenname"
[scope="{page/request/session/application}"]>
wertImRumpf
</c:set>
```

Variante 2

Neben dem Erzeugen von Variablen kann mit <c:set> auch eine *Property* eines vorhandenen JavaBean-Objekts gesetzt werden.

```
<c:set value="wert" target="objektname"
property="propertyname" />
```

Variante 3

```
<c:set target="objektname"property="propertyname" >
wertImRumpf
</c:set>
```

Variante 4

Die Attribute var und scope sind zur Erstellungszeit der JSP-Seite fest mit Werten, d. h. Zeichenketten, zu belegen. Sie dürfen *keine* Ausdrücke enthalten, die erst zur Laufzeit berechnet werden. Alle anderen Attribute dürfen Ausdrücke enthalten, deren Wert erst zur Laufzeit bestimmt wird.

Dynamische Attributwerte

Wie Sie sehen, bietet <c:set> die Funktionalitäten von <jsp:useBean> und <jsp:setProperty>. Darüber hinaus können mit <c:set> auch elementare Java-Datentypen, d. h. Zahlen, Zeichenketten und Wahrheitswerte, als Werte an Variablen übergeben

Vergleich <c:set> mit Standardaktionen für JavaBeans

werden. Im Beispiel 1 geschieht dies bei Markierung *5* bei der Berechnung des BMI-Werts. Früher haben Sie gelernt, dass man in Kontexten nur Objekte, aber keine elementaren Datentypen ablegen kann. Dies gilt auch weiterhin. Bei Anwendung von <c:set> werden nämlich elementare Datentypen automatisch in Objekte umgewandelt und die Objekte im entsprechenden Kontext hinterlegt. Zum Beispiel wird zu einem elementaren Datentyp int implizit ein Objekt des Typs Integer erzeugt, das den Wert des elementaren Datentyps erhält. Das Objekt vom Typ Integer wird dann im Kontext abgelegt. Die Funktionalität von <jsp:getProperty> wird nicht durch ein Element aus JSTL, sondern durch die EL realisiert.

Syntax <c:if>

Das Element if aus JSTL besitzt folgende Syntaxvarianten:

Variante 1

```
<c:if test="bedingung" [var="variablenname"
[scope="{page/request/session/application}"] ]>
AnweisungenImRumpf
</c:if>
```

Variante 2

```
<c:if test="bedingung" var="variablenname"
[scope="{page/request/session/application}"] />
```

Die erste Variante wurde im Beispiel 1 benutzt. Wenn die Bedingung zu true evaluiert wird, dann werden die Anweisungen im Rumpf ausgeführt, sonst nicht. Optional kann man hier zusätzlich das Evaluierungsergebnis der Bedingung in eine Variable speichern. Bei der zweiten Variante wird die Bedingung evaluiert und in eine Variable gespeichert. Die Variable kann dann später für eine weitere Berechnung oder Ausgabe ins Ergebnis verwendet werden.

Dynamische Attributwerte

Die Attributwerte von var und scope dürfen keine Ausdrücke enthalten, die erst zur Laufzeit berechnet werden. Der Attributwert von test kann natürlich Ausdrücke enthalten, deren Werte erst zur Laufzeit bestimmt werden.

Ergänzen Sie im Beispiel zur BMI-Berechnung den Fall, dass der BMI-Wert größer als 30 ist, und geben Sie dann einen entsprechenden Ergebnistext aus. Außerdem sollen Sie die Ausgabe beim Eingabefeld Gewicht so umprogrammieren, dass der Hinweistext im Browser korrekt dargestellt wird. Korrigieren Sie auch die Darstellung der Fehlermeldung, die ausgegeben wird, wenn im Eingabefeld Gewicht oder im Eingabefeld Größe kein Wert eingegeben wurde. Es soll dann nämlich im Browser ein Zeilenumbruch vorgenommen und nicht die Zeichenkette <br /> dargestellt werden.

14.6 Überblick über *Custom Tags* ✱✱✱

**Ein Web-Entwickler kann mit Hilfe von *Custom Tags* seine eige-
nen Markup-Elemente als Erweiterung von JSP definieren. Er gibt
drei Ansätze, um in JSP 2.0 die Funktionalität von *Custom Tags*
zu implementieren: *Simple Tags*, *Classic Tags* und *Tag Files*. Die
Verwendung der implementierten Elemente ist unabhängig von
der Implementierungsart stets gleich.**

Die JSP-Teiltechnik *Custom Tags* ist ein wesentlicher Ansatz zur
Strukturierung, Modularisierung und Wiederverwendung in JSP-
Anwendungen. Mit *Custom Tags* kann ein Web-Entwickler seine
eigenen Markup-Elemente als Erweiterung von JSP definieren und
darin seine eigene, oft benötigte und ggf. komplexe Funktionalität kapseln. Ein *Custom Tag* besitzt als Markup-Element einen
Namen, kann Attribute haben und definiert einen Inhalt zwischen Start- und End-Tag. Einem ***Custom Tag*** ist dann eine Funktionalität zugeordnet, die auf verschiedene Art und Weise implementiert werden kann. Mehrere *Custom Tags* werden zu Einheiten zusammengefasst, die **Tag-Bibliotheken** heißen.

Beim Einsatz von *Custom Tags* muss zwischen der Verwendung
eines *Custom Tags* und der Implementierung der Funktionalität
eines *Custom Tags* unterschieden werden.

Die Verwendung von *Custom Tags* geschieht analog der Verwendung von Elementen standardisierter Tag-Bibliotheken wie z. B.
JSTL (siehe »Einführung in die JSTL«, S. 421). Soll in einer JSP-
Seite ein *Custom Tag* eingesetzt werden, so ist mit der Direktive taglib zunächst die Tag-Bibliothek zu deklarieren, in der sich
der *Custom Tag* befindet (siehe »JSP-Direktive taglib«, S. 66). Danach können alle Elemente der deklarierten Tag-Bibliothek wie
vordefinierte Elemente verwendet werden.

*Verwendung
von Custom
Tags*

Zur Implementierung der Funktionalität von *Custom Tags* gibt es
seit JSP 2.0 drei Ansätze:

*3 Implemen-
tierungen*

▦ *Tag Files*
▦ *Simple Tags*
▦ *Classic Tags*

Die Realisierung über *Tag Files* ist die einfachste Art. Dabei wird
die Funktionalität eines *Custom Tags* als JSP-Seite bzw. als Fragment einer JSP-Seite realisiert. Diese JSP-Seite kann dabei alle
JSP-Teiltechniken benutzen. Es können sogar andere, bereits definierte *Custom Tags* eingesetzt werden. Dieser Ansatz ist für
Web-Entwickler gedacht, die keine oder wenig Java-Kenntnisse
besitzen.

Eine Implementierung eines *Custom Tags* als *Simple Tag*
oder *Classic Tag* erfolgt in der Programmiersprache Java. Da-

bei wird für jeden *Custom Tag* eine Java-Klasse programmiert, die den Typ `javax.servlet.jsp.tagext.SimpleTagSupport` bzw. `javax.servlet.jsp.tagext.TagSupport` erweitern muss. Bei *Simple Tags* und *Classic Tags* ist der **TLD** (Taglib-Deskriptor) das Bindeglied zwischen der Java-Implementierung und der Direktive `taglib`, mit welcher die Deklaration einer Tag-Bibliothek in einer JSP-Seite erfolgt. Der TLD ist eine XML-Datei, in der die Namen der *Custom Tags*, deren Attribute und weitere Eigenschaften definiert werden und dann die Tag-Namen den Java-Klassen zugeordnet werden.

Gleiche Art der Verwendung　An dieser Stelle sei betont, dass unabhängig von der Implementierung der *Custom Tags* die Verwendung stets auf die gleiche Art und Weise erfolgt.

Historie　Historisch gesehen war der Ansatz *Classic Tags* die erste Möglichkeit, *Custom Tags* zu definieren. Da dieser Ansatz vielen Web-Entwicklern zu kompliziert schien, wurde mit JSP 2.0 ein vereinfachtes API zu Realisierung von *Custom Tags* definiert, welches zum Ansatz *Simple Tags* führte. Des Weiteren wurde mit den *Tag Files* ab JSP 2.0 ein dritter Ansatz geboten, welcher bei der Implementierung der *Custom Tags* ohne Java-Programmierung auskommt.

Tag Files　Der Ansatz *Tag Files* ist als Einstieg in die Verwendung von *Custom Tags* am einfachsten.

Literatur　[JBC+07, Kapitel "The Web Tier"], [BDJ+05]

14.7 Einführung in *Tag Files* ***

Ein *Tag File* ist die Realisierungsform eines *Custom Tags* als JSP-Seite. Jedes *Custom Tag* wird dabei in einer eigenen JSP-Seite implementiert. Der Dateiname einer solchen JSP-Seite muss die Dateinamenerweiterung `.tag` haben. Diese Datei heißt *Tag File*. Der Name der Datei ohne die Dateinamenerweiterung `.tag` definiert den Namen eines zugehörigen *Custom Tags*. Zur Implementierung können in *Tag Files* alle JSP-Teiltechniken verwendet werden. Auch bei der Implementierung als *Tag File* werden *Custom Tags* zu Tag-Bibliotheken zusammengefasst. Alle *Tag Files*, die im gleichen Verzeichnis liegen, definieren die *Custom Tags* einer Tag-Bibliothek. Ein über ein *Tag File* definiertes *Custom Tag*, das in einer JSP-Seite `A.jsp` verwendet wird, wird ausgeführt, indem das *Tag File* als eigenständige JSP-Seite durchlaufen wird. Das dabei erzeugte Ergebnis wird in das Ergebnis der JSP-Seite `A.jsp` eingefügt.

Tag File　Ein *Tag File* ist die Implementierung eines *Custom Tags* als JSP-Seite. Dabei wird die JSP-Seite in einer Datei mit der Dateinamenerweiterung `.tag` abgelegt. Diese Datei heißt *Tag File*. In einem *Tag File* dürfen alle JSP-Techniken, wie z. B. JSP-Skripting (siehe »JSP-Skriptelemente im Detail«, S. 55), EL (siehe »Überblick über die Expression Language«, S. 408), JSTL (siehe »Überblick über JSTL«, S. 419) etc. eingesetzt werden.

Der Name eines *Custom Tags* ergibt sich aus dem Namen des zugehörigen *Tag Files*. *Tag Files* müssen die Dateinamenserweiterung `.tag` haben. Der Dateiname ohne diese Erweiterung definiert den Namen des *Custom Tags*.

Name des *Custom Tags*

Die Erstellung von *Custom Tags* als *Tag Files* und die Anwendung von *Custom Tags* in einer JSP-Seite werden anhand eines einfachen »Hallo Welt«-Beispiels erläutert.

Es wird eine JSP-Seite erstellt, die folgende Struktur aufweist: Kopfbereich, Inhaltsbereich und Fußbereich. Die Inhalte im Kopfbereich von Webseiten, die zur gleichen Website gehören, sind in der Regel gleich. Daher bietet es sich an, den Inhalt nur einmal zu schreiben, als Modul zu kapseln und in allen Webseiten wieder zu verwenden. Analoges gilt für den Fußbereich. Für den Kopfbereich und den Fußbereich wird daher jeweils ein *Custom Tag* definiert. Das auf der Webseite ausgegebene Datum soll landessprachenspezifisch formatiert werden. Die Operationen für die Formatierung werden in einem *Custom Tag* versteckt:

Beispiel

```
<%@taglib tagdir="/WEB-INF/tags/owntags1" prefix="t"%>
<body>
<t:kopf />
<h3>TLIB - Hallo Welt!</h3>
<p>Wie in der Programmierwelt üblich, ist das erste
 Beispiel ein "Hallo Welt"-Beispiel.<br />
Heute ist der <t:datum />.</p>
<t:fuss />
</body>
```

tlib
-hallowelt.jsp

Das im Browser dargestellte Ergebnis der Ausführung dieser JSP-Seite zeigt die Abb. 14.7-1.

Wie die Abb. 14.7-1 zeigt, wurden die *Custom Tags* `<t:kopf>`, `<t:fuss>` und `<t:datum>` durch andere Inhalte ersetzt. Diese Inhalte stammen von der Implementierung der *Custom Tags* in den *Tag Files* `kopf.tag`, `fuss.tag` bzw.`datum.tag`.

```
<hr />
<p>Website von JSPLERNEN</p>
<hr />
```

kopf.tag

```
<hr />
<p>Ende der Seite</p>
<hr />
```

fuss.tag

Abb. 14.7-1: Erscheinungsbild von tlib-hallowelt.jsp im Browser.

Diese beiden *Custom Tags* bestehen nur aus Schablonentext und liefern als Ergebnisbeitrag den zugehörigen HTML-Code.

datum.tag

```
<%
java.util.Date myDate = new java.util.Date();
String myString = java.text.DateFormat.getDateTimeInstance
  (java.text.DateFormat.LONG, java.text.DateFormat.LONG,
   java.util.Locale.GERMANY).
  format(myDate);
out.println(myString);
%>
```

In der Realisierung dieses *Custom Tags* werden das aktuelle Datum und die aktuelle Zeit in einem deutschen Format erzeugt. Durch die explizite Angabe des Formats ist die Darstellung des Datums und der Zeit unabhängig von den lokalen Einstellungen des Rechners, auf dem die Web-Anwendung ausgeführt wird. Für die Abfrage der Informationen wird die Java-Klasse Date aus dem Paket java.util und für die Formatierung werden die Java-Klassen Dateformat aus dem Paket java.text und Locale aus dem Paket java.util eingesetzt.

Hinweis

Die Direktive page darf in *Tag Files* nicht verwendet werden. Deshalb kann z. B. die Klasse Date nicht mit <%@ page import="java.util.*" %> bekannt gemacht werden. Java-Klassennamen sind daher stets als vollständige Namen mit Paketnamen anzugeben.

Wie funktioniert die JSP-Seite tlib-hallowelt.jsp? Zunächst wird über die Direktive taglib eine Tag-Bibliothek bekannt gemacht.

tagdir für *Tag Files*

Das Attribut tagdir gibt an, dass die verwendeten *Custom Tags* als *Tag Files* realisiert sind. Der Attributwert /WEB-INF/tags/owntags1 definiert das Verzeichnis, in dem sich die

Tag Files befinden. Alle *Tag Files* in diesem Verzeichnis gehören zur gleichen Tag-Bibliothek. Als Wert von `tagdir` dürfen nur Pfade angegeben werden, die mit `/WEB-INF/tags` beginnen. Der Pfad wird relativ zum Wurzelverzeichnis der Web-Anwendung interpretiert. Das Attribut `prefix` gibt an, mit welchem Präfix die *Custom Tags* in der JSP-Seite referenziert werden können. Im vorliegenden Beispiel ist das Präfix t. Ein TLD (Taglib-Deskriptor) ist für *Tag Files* nicht notwendig.

Wird vom JSP-Server das *Custom Tag* `<t:kopf>` in tlib-hallowelt.jsp entdeckt, dann wird die Implementierung von `<t:kopf>` ausgeführt. Für die Ausführung wird die Implementierung als eigene JSP-Seite betrachtet. Das Ergebnis der Ausführung von `<t:kopf>` wird in das Ergebnis von tlib-hallowelt.jsp eingefügt. Entsprechend wird mit allen *Custom Tags* verfahren.

Ausführung eines Custom Tags

Ein zweites Beispiel soll zeigen, dass in *Tag Files* nicht nur Schablonentext verwendet werden kann.

Die Abb. 14.7-2 zeigt das Beispiel tlib-halloweltmotto.jsp im Browser.

Beispiel 2

```
<%@taglib tagdir="/WEB-INF/tags/owntags1" prefix="t"%>
<body>
<t:kopf />
<h3>TLIB - Hallo Welt mit Motto des Tages</h3>
<p>
<t:mottoEcho />
<t:autorEcho />
</p>
<p>Geben Sie ein neues Motto ein:</p>
<t:mottoForm />
<t:fuss />
</body>
```

tlib-hallo weltmotto.jsp

Der Quelltext von tlib-halloweltmotto.jsp ist gut strukturiert. In der JSP-Seite wird neben Kopf- und Fußbereich auch ein Teil des weiteren Inhalts, der etwas komplexer ist, über *Custom Tags* definiert. Aus den gewählten Namen der *Custom Tags* ist deren Funktion leicht erkennbar.

```
Das letzte Motto lautete: ${param.motto}<br />
```

mottoEcho.tag

Diese *Custom Tags* steuern einen Text und einen Zeilenumbruch zum Ergebnisdokument bei. Zur Erstellung des Textes wird mit der EL der Request-Parameter motto ermittelt und in den Schablonentext eingefügt. Für *Custom Tags* steht die EL samt allen impliziten Objekten zur Verfügung.

```
Das letzte Motto kam von:
<%=request.getParameter("autor") %><br />
```

autorEcho.tag

Das *Custom Tag* autorEcho ist genauso aufgebaut wie mottoEcho. Um zu zeigen, dass in der Implementierung eines *Custom Tags* auch JSP-Skripting benutzt werden kann, wird hier der Request-Parameter autor über das implizite JSP-Skripting-Objekt request abgefragt. Die Alternative in der EL wäre ${param.autor}. Einen Unterschied der beiden Ansätze zur Abfrage des Request-Parameters gibt es allerdings: Ist der Parameter autor in der HTTP-Anfrage nicht enthalten, so liefert der Ansatz über JSP-Skripting null, während die Variante mit der EL die leere Zeichenkette zurückgibt.

Abb. 14.7-2: Erscheinungsbild von halloweltmotto.jsp im Browser.

Hinweis

Da autorEcho.tag zur Laufzeit als eigene JSP-Seite ausgeführt wird, könnten mit JSP-Deklarationen in tlib-halloweltmotto.jsp angelegte Objektvariablen in autorEcho.tag nicht benutzt werden.

mottoForm.tag

```
<form method="get" action="">
<table>
<tr>
<td>Motto</td>
<td><input type="text" name="motto" value="" size="80"/></td>
</tr>
<tr> <td>Autor</td>
<td><input type="text" name="autor" value="" size="80"/></td>
</tr>
<tr> <td><input type="submit" value="Senden"/></td>
<td></td>
</tr>
</table>
</form>
```

Das *Custom Tag* `<t:mottoForm>` kapselt ein HTML-Formular, dessen Eingabefelder in einer Tabelle angeordnet sind. Die Vermaschung von Formularelementen mit Tabellenelementen führt immer zu etwas unübersichtlichem Code. Aber dadurch, dass die Vermaschung hier nur in der kleinen Datei `mottoForm.tag` auftritt, ist der Code noch relativ gut lesbar und die übergeordnete JSP-Seite `tlib-halloweltmotto.jsp` wird durch Einsatz des *Custom Tags* `<t:mottoForm>` sehr übersichtlich gehalten.

In den Beispielen wurde gezeigt, wie durch den Einsatz von *Custom Tags* modularisiert, d. h. gekapselte Funktionalitäten erstellt werden, eine JSP-Seite strukturiert und der Quellcode sehr übersichtlich gehalten werden kann. Fazit

In den behandelten Beispielen wurden nur einfache *Custom Tags* benutzt. Alle *Custom Tags* hatten keine Tag-Attribute und einen leeren Rumpf, d. h. keinen Inhalt zwischen Start- und Endtag. Mit Tag-Attributen kann ein *Custom Tag* beim Aufruf parametriert werden. Das Verhalten der *Custom Tags* kann mit JSP-Anweisungen im Rumpf erweitert werden. Im Rumpf sind JSP-Anweisungen wie die EL, Elemente von JSTL oder weitere *Custom Tags* nutzbar. Damit kann sehr komplexe Funktionalität, die beim Aufruf spezifisch angepasst wird, in einem *Custom Tag* untergebracht werden. Ausblick

Erweitern Sie `tlib-halloweltmotto.jsp` dadurch, dass Sie beim Formular ein drittes Eingabefeld `Ort` hinzufügen, in das der Autor seinen Wohnort eintragen kann. Erstellen Sie außerdem ein *Custom Tag* mit Namen `ortEcho` und geben Sie darin den Wohnort des Autors aus. Bauen Sie das neue *Custom Tag* in die JSP-Seite ein. Testen Sie Ihre neue JSP-Seite.

15 Ausblick *

Sie kennen die grundlegenden Techniken zu JSP wie z. B. JSP-Skripting, implizite Objekte, Kontexte als Gültigkeitsbereiche, JavaBeans nun sehr genau und haben auch bereits einen Einblick in fortgeschrittene Techniken wie die EL, JSTL und *Custom Tags* erhalten. Damit sind Sie für den Einstieg in die professionelle Web-Anwendungsentwicklung mit JSP bestens gerüstet. Um Ihr Know-how als professioneller JSP-Anwendungsentwickler zu vervollständigen, sollten Sie sich mit weiteren Themen beschäftigen.

Die fortgeschrittenen Techniken **EL**, **JSTL** und ***Custom Tags*** wurden bisher nur einführend behandelt. Bei der EL wurden exemplarisch eine Auswahl an arithmetischen Operatoren und Vergleichsoperatoren behandelt. EL bietet jedoch etliche zusätzliche Operatoren. Die Menge der impliziten Objekte für EL wurde auch nur gestreift. Die EL besitzt spezielle, in JSP-Skripting nicht verfügbare implizite Objekte.

EL, JSTL & Custom Tags

Selbst definierte und mit Java implementierte Funktionen können in der EL aufgerufen werden. Als weiteres wichtiges Konzept, welches neu in der EL-Version 2.1 ist, gibt es die sogenannte »deferred Evaluation«. Diese wird in Verbindung mit JSF (*JavaServer Faces*) eingesetzt.

Von JSTL wurde die Teilbibliothek *Core* besprochen. Neben der behandelten if-Anweisung gibt es in *Core* auch Schleifenkonstrukte als Kontrollanweisungen, mit denen über Java-Collections iteriert werden kann. Weitere Teilbibliotheken gibt es für die Verarbeitung von XML-Dokumenten und die Anbindung an Datenbanken via SQL. Die Teilbibliothek *Functions* enthält Funktionen zur Verarbeitung von Zeichenketten und die Bestimmung von Größen von Java-Collections.

Bei *Custom Tags* wurde nur die einfachste Art von *Tags*, nämlich *Tags* ohne Aufrufparameter, behandelt. Außerdem wurde als Realisierungsansatz nur der Ansatz der ***Tag Files*** besprochen. *Custom Tags* mit Parameter und *Custom Tags*, bei denen beim Aufruf JSP-Anweisungen übergeben werden können, weisen eine sehr starke Flexibilität auf. Diese sind möglich und oftmals sehr nützlich.

Bei den Realisierungsansätzen *Classic Tags* und *Simple Tags* wird die Funktionalität eines *Custom Tags* als Java-Klasse implementiert. Dies bietet noch mehr Möglichkeiten als die Realisierung in Form von *Tag Files*.

Insgesamt sehen Sie, dass es bei den fortgeschrittenen JSP-Techniken noch allerhand Konzepte gibt, die gewinnbringend im Sinne der Wiederverwendung von Code, der Arbeitsteiligkeit des Entwicklungsprozesses und einer besseren Codestruktur bei komplexeren JSP-Anwendungen eingesetzt werden können. Tiefer gehende Informationen finden Sie in [JBC+07].

Frameworks   Für die geeignete Strukturierung einer Web-Anwendung in Komponenten sind Architekturen und Muster für Architekturen entscheidende Ingredienzen. Sie haben das MVC-Muster und Java EE-Entwurfsmuster als Architekturansatz und -muster kennengelernt. Darüber hinaus gibt es weitere Architekturmuster und unzählige Verfeinerungen davon, die oft als **Frameworks** implementiert sind.

Frameworks bieten den Vorteil, dass Sie eine Architektur vorgeben und deren Grundstruktur implementieren. Der Web-Entwickler wird dadurch von lästigen Routinearbeiten entlastet und kann sich verstärkt auf den applikationsspezifischen, inhaltlichen Teil seiner Entwicklung konzentrieren.

Das wohl bekannteste *Framework* in diesem Zusammenhang ist Struts von Apache, welches eine Verfeinerung und Implementierung des MVC-Musters ist (siehe Struts-Website (`http://struts.apache.org/`)). Über Struts gibt es einschlägige Fachliteratur, auf die an dieser Stelle verwiesen wird (z. B. [Weße05]).

Ebenfalls weite Verbreitung hat das *Framework* Spring gefunden, welches allgemein für Java EE-Anwendungen eingesetzt werden kann und in der Variante Spring MVC für Web-Anwendungen genutzt wird (siehe Spring-Website (`http://www.springframework.org/`)). Der Schwerpunkt bei Spring liegt darin, die Komponenten einer Anwendung zu entkoppeln und dadurch die Entwicklung zu vereinfachen. Dies geschieht vor allem durch Einsatz des Entwurfsmusters *Dependency Injection*.

Dieses Entwurfsmuster ist ein Ansatz, die Abhängigkeiten zwischen Komponenten durch »Inversion der Verantwortlichkeiten« zu reduzieren. Damit ist gemeint, dass ein Objekt seine Abhängigkeiten von außen zugeteilt bekommt und nicht selbst ermitteln muss.

Viele weitere *Frameworks* sind in der Praxis im Einsatz. Jedes *Framework* hat einen anderen Schwerpunkt, sodass die Verwendung mehrerer *Frameworks* in der gleichen Web-Anwendung wünschenswert wäre. Jedoch sind zwei *Frameworks* meist zueinander inkompatibel und können deshalb nicht gemeinsam in einer Web-Anwendung eingesetzt werden.

JSF   Mehrere Unternehmen haben in Zusammenarbeit das *Framework* JSF (JavaServer Faces) geschaffen, um komplexe Benutzungsoberflächen ähnlich wie bei Desktopanwendungen mit relativ geringem Aufwand entwickeln zu können (siehe [JBC+07],

[Urba10]). Neuere *Frameworks* sind zunehmend auf Basis von JSF implementiert. So ist etwa das *Framework* Shale (siehe Shale-Website (http://shale.apache.org/)) auf JSF aufgebaut und kombiniert die Vorteile des MVC-Musters mit denen der einfachen Programmierung von Benutzungsoberflächen mit JSF.

Darüber hinaus lässt sich Shale mit dem *Framework* Spring kombinieren und bietet Unterstützung für AJAX *(Asynchronous Java-Script and XML).*

Das Testen von Web-Anwendungen ist ein wichtiges, aber noch relativ wenig systematisch entwickeltes Gebiet. Durch seine »Natur« ist eine Web-Anwendung ein verteiltes System mit Komponenten auf verschiedenen Rechnerknoten und Teilkomponenten innerhalb der Rechnerknoten. Typisch sind zumindest drei Rechnerknoten, die zu den Komponenten Browser, Server und Datenhaltung (meist Datenbank) korrespondieren. Des Weiteren werden in einer Web-Anwendung verschiedenste Techniken wie HTML, JavaScript, JSP/Servlet, JavaBeans, SQL und *Frameworks* eingesetzt.

Testen

Für einen vollständigen Test müssen alle Teilkomponenten unter Berücksichtigung aller eingesetzten Techniken getestet werden. Die zeigt die Komplexität des Testens von Web-Anwendungen auf. Bisher gibt es viele Testansätze, die jeweils einzelne Aspekte der gesamten Testaufgabe abdecken. Eine gute Übersicht dazu finden Sie in [BDJ+05]. Einen Ansatz, der alle Aspekte systematisch berücksichtigt, gibt es noch nicht.

Die Sicherheit von Web-Anwendungen ist in der Praxis eminent wichtig. Dabei versteht man unter Sicherheit die Aspekte **Vertraulichkeit**, **Integrität**, **Authentizität** und **Verfügbarkeit**.

Sicherheit

Die Vertraulichkeit und Integrität von Daten muss über Techniken außerhalb der JSP-Technik sichergestellt werden. Verschlüsselte Verbindungen, z. B. HTTPS-Verbindungen, sind der übliche Ansatz um Vertraulichkeit und Integrität zu gewährleisten.

Die Verfügbarkeit einer Web-Anwendung hängt einerseits von der Verfügbarkeit des Webservers, auf dem die Web-Anwendung läuft, und andererseits von der Robustheit der Web-Anwendung selbst gegen Angriffe wie XSS *(Cross Site Scripting)* und SQL-Injection ab.

Für das Thema Robustheit und Verfügbarkeit eines Webservers muss auf Informationen zum jeweils verwendeten Webserver verwiesen werden, die man, oft verstreut, im Internet findet. Die Robustheit der Web-Anwendung selbst ist in der Verantwortung des Web-Entwicklers. Einfache Vorgehensweisen um XSS und SQL-Injection zu verhindern, haben Sie im Kapitel »WAM – Projektabschluss«, S. 386, gesehen.

Bei jeder neu eingesetzten Technik muss aber der Web-Entwickler auf der Hut sein und verfolgen, welche Gefahren sich ergeben
und mit welchem Maßnahmen den Gefahren begegnet werden
kann. Dazu ist eine aufmerksame Verfolgung des Themas Sicherheit im Internet notwendig.

Anhang A   Informationen zu JSPs *

Es gibt zahlreiche Möglichkeiten, sich über JSPs zur informieren. Wichtige Online-Quellen finden Sie hier:

- Informationen zur JSP-Technik von der Firma Oracle (hat den Erfinder der JSP-Technik, die Firma Sun Microsystems, im Jahr 2010 übernommen): JSP-Website von Oracle (`http://www.oracle.com/technetwork/java/javaee/jsp/index.html`) Von dieser Seite aus gelangen Sie auch über Hyperlinks zu Spezifikation, Dokumentation, FAQs etc.
  — JSP-Technik

- Die Syntax von JSP: JSP-Syntax 1 (`http://java.sun.com/products/jsp/syntax/2.0/card20.pdf`), JSP-Syntax 2 (`http://java.sun.com/products/jsp/syntax/2.0/syntaxref20.html`)
  — Syntax

- JSP-Spezifikation (`http://java.sun.com/products/jsp/reference/api/index.html`)
  — JSP-Spezifikation

- Häufig gestellte Fragen zu JSP werden hier beantwortet: FAQs zu JSPs (`http://java.sun.com/products/jsp/faq.html`)
  — FAQs

- Einführungen in die JSP-Technik finden Sie hier:
  — Tutorials
- ☐ JavaServer Pages Fundamentals von jGuru (`http://java.sun.com/developer/onlineTraining/JSPIntro/contents.html`)
- ☐ JSP (Java Server Pages) von T. Horn (`http://www.torsten-horn.de/techdocs/index.htm#JSP1`)
- ☐ JSP-Tutorial von W. Rittmeyer (`http://www.jsptutorial.org/`)
- ☐ JavaEE 5 Tutorial mit Kapiteln über JSP und Servlets (`http://docs.oracle.com/javaee/5/tutorial/doc/`)

- Informationen von der Firma Oracle, als Weiterentwickler der Servlet-Technik: Java Servlet Technology (`http://www.oracle.com/technetwork/java/javaee/servlet/index.html`)
  — Servlet-Technik

- Für die JSP-Programmierung benötigt man öfter Klassen und Schnittstellen, die zum Servlet-API von Java gehören. Hier finden Sie die Deklarationen dieser Servlet-APIs:
  — Servlet-API-Spezifikation
- ☐ Servlet-API-Referenz Download (`http://jcp.org/aboutJava/communityprocess/mrel/jsr154/index.html`)

- Die Komponententechnologie von Java basiert auf JavaBean. Hier finden Sie die genaue Spezifikation:
JavaBean-Spezifikation   (`http://www.oracle.com/technetwork/java/javase/tech/index-jsp-138795.html`)
  — JavaBean-Spezifikation

- Das Dokument Expression Language Specification Version 2.1, 8.5.2006, finden Sie in Expression Language Specification V 2.1 (`http://java.sun.com/products/jsp/reference/api/index.html`) Das Dokument gehört zu den Dokumenten der Spezifikation von JSP 2.1.
  — Expression Language Spezifikation

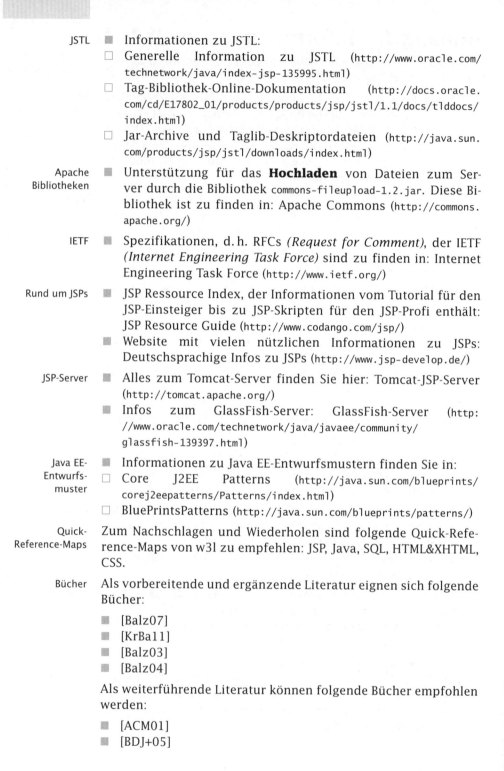

JSTL ▦ Informationen zu JSTL:

☐ Generelle Information zu JSTL (http://www.oracle.com/ technetwork/java/index-jsp-135995.html)

☐ Tag-Bibliothek-Online-Dokumentation (http://docs.oracle. com/cd/E17802_01/products/products/jsp/jstl/1.1/docs/tlddocs/ index.html)

☐ Jar-Archive und Taglib-Deskriptordateien (http://java.sun. com/products/jsp/jstl/downloads/index.html)

Apache Bibliotheken ▦ Unterstützung für das **Hochladen** von Dateien zum Server durch die Bibliothek commons-fileupload-1.2.jar. Diese Bibliothek ist zu finden in: Apache Commons (http://commons. apache.org/)

IETF ▦ Spezifikationen, d. h. RFCs *(Request for Comment)*, der IETF *(Internet Engineering Task Force)* sind zu finden in: Internet Engineering Task Force (http://www.ietf.org/)

Rund um JSPs ▦ JSP Ressource Index, der Informationen vom Tutorial für den JSP-Einsteiger bis zu JSP-Skripten für den JSP-Profi enthält: JSP Resource Guide (http://www.codango.com/jsp/)

▦ Website mit vielen nützlichen Informationen zu JSPs: Deutschsprachige Infos zu JSPs (http://www.jsp-develop.de/)

JSP-Server ▦ Alles zum Tomcat-Server finden Sie hier: Tomcat-JSP-Server (http://tomcat.apache.org/)

▦ Infos zum GlassFish-Server: GlassFish-Server (http: //www.oracle.com/technetwork/java/javaee/community/ glassfish-139397.html)

Java EE-Entwurfs-muster ▦ Informationen zu Java EE-Entwurfsmustern finden Sie in:

☐ Core J2EE Patterns (http://java.sun.com/blueprints/ corej2eepatterns/Patterns/index.html)

☐ BluePrintsPatterns (http://java.sun.com/blueprints/patterns/)

Quick-Reference-Maps Zum Nachschlagen und Wiederholen sind folgende Quick-Reference-Maps von w3l zu empfehlen: JSP, Java, SQL, HTML&XHTML, CSS.

Bücher Als vorbereitende und ergänzende Literatur eignen sich folgende Bücher:

▦ [Balz07]
▦ [KrBa11]
▦ [Balz03]
▦ [Balz04]

Als weiterführende Literatur können folgende Bücher empfohlen werden:

▦ [ACM01]
▦ [BDJ+05]

Anhang B   WAM – CSS-Datei **

Zum vollständigen Nachvollziehen des Programms zum Web-Anzeigenmarkt sehen Sie nachfolgend die CSS-Stile, die benutzt werden.

```css
/* wam.css : Stilvorgaben fuer den Web-Anzeigenmarkt */

/* Anpassung von Element-Klassen */

body {
    font-family        : "Verdana", "Tahoma", "Sans Serif";
    font-size          : 12px;
    margin             : 0px;
    padding            : 0px;
    background-color   : #FFFFFF;
    position           : relative;
}


/* spezielle Klassen */

.AktivNavigation {
    color              : #7d2000;
    padding            : 5px 7px 5px 30px;
    font-weight        : bold;
    line-height        : 20px;
}

a.Startverweis {
    color              : #103755;
    text-decoration    : none;
    border-bottom      : none;
}
a.Startverweis:link {
}
a.Startverweis:visited {
}
a.Startverweis:hover {
    color              : #103755;
    text-decoration    : none;
    border-bottom      : none;
}
a.Startverweis:active {
    color              : #103755;
    text-decoration    : none;
    border-bottom      : none;
}
a.Startverweis:focus {
}

a.Navigation {
    color              : #103755;
    text-decoration    : none;
    padding            : 5px 7px 5px 30px;
    line-height: 20px;
}
```

```css
a.Navigation:link {
}
a.Navigation:visited {
}
a.Navigation:hover {
   color             : white;
   background-color  : #99ccee;
   padding           : 5px 7px 5px 30px;
}
a.Navigation:active {
   color             : white;
   background-color  : #103755;
   padding           : 5px 7px 5px 30px;
}
a.Navigation:focus {
   color             : white;
   background-color  : #103755;
   padding           : 5px 7px 5px 30px;
}

.InhaltAngebote table {
  background-color  : white;
}
.InhaltFormulare {
}
.InhaltAngebote table caption {
   padding           : 5px;
   background-color  : #7d2000;
   color             : white;
   font-weight       : normal;
}
.InhaltAngebote th {
   line-height       : 30px;
   font-weight       : bold;
   border-bottom     : 3px double #7d2000;
}
.InhaltAngebote td {
   border-bottom     : 1px solid #7d2000;
}

table.AngeboteMitRubrik {
   width             : 96%;
   border            : none;
   border-collapse   : collapse;
   empty-cells       : show;
   padding           : 2px;
   margin            : 10px 0px 3px 0px;
}
.AngeboteMitRubrik th {
   color             : #7d2000;
   padding           : 5px;
}
.AngeboteMitRubrik td {
   padding           : 5px;
}
```

```
.titel {
    width              : 200px;
    text-align         : left;
}
.bild {
    width              : 200px;
    text-align         : left;
}
.nummer {
    width              : 30px;
    text-align         : right;
}
.preis {
    width              : 100px;
    text-align         : right;
}
.gueltig {
    width              : 100px;
    text-align         : center;
}
.details {
    width              : 70px;
    text-align         : center;
}

a.details {
    color              : #103755;
}
a.details:link {
}
a.details:visited {
}
a.details:hover {
    color              : white;
    background-color : #99ccee;
}
a.details:active {
    color              : white;
    background-color : #103755;
}
a.details:focus {
    color              : white;
    background-color : #103755;
}

.NavigationUeberschrift {
    color              : black;
    text-decoration    : none;
    padding            : 5px 7px 5px 20px;
}

div.Seitenkopf {
    position           : absolute;
    top                : 0px;
    left               : 0px;
```

```
        height          : 100px;
        overflow        : hidden;
        font-size       : 18px;
        color           : black;
        vertical-align  : middle;
        text-align      : left;
    }

    div.Navigation {
        position        : absolute;
        top             : 100px;
        left            : 0px;
        width           : 200px;
        overflow        : hidden;
    }
    div.Hauptinfo {
        position        : absolute;
        top             : 100px;
        left            : 200px;
        width           : 700px;
        overflow        : hidden;
    }
    /* EOF */
```

Glossar

Anfragezeit
Zeit während Verarbeitung eines HTTP-Requests durch einen Webserver.

ASCII *(American Standard Code of Information Interchange)*
Genormter 7-Bit-Zeichensatz (128 Positionen) zur Darstellung von Ziffern, Buchstaben, Sonderzeichen und Steuerzeichen.

Ausnahme *(exception)*
Fehlerhafte Situationen während der Ausführung eines Programms (Laufzeitfehler) führen zur Auslösung von Ausnahmen, auf die der Programmierer durch spezielle Sprachkonstrukte reagieren kann, um einen Absturz der Anwendung zu verhindern. In der Programmiersprache Java dient dazu das try-catch-Konstrukt.

Cache *(cache)*
Ein *Cache* ist ein temporärer Zwischenspeicher in Computern, der benutzt wird, um Informationen, auf die öfter zugegriffen wird, schneller wieder zu erhalten, als sie von der Ursprungsquelle neu zu holen. Webbrowser speichern Webseiten, die vom Internet heruntergeladen wurden, auf der Festplatte zwischen, um sie bei einem erneuten Aufruf der URL schneller anzeigen zu können.

clientseitige Webtechnik
Sie sind die Sprachen, mit denen die Webseiten, die der Webbrowser auf dem Webclient verarbeiten kann, programmiert sind.

Computerknoten
Gerät als Kommunikationsteilnehmer in einem Netzwerk zur Datenübertragung. Im → Web sind ein Computersystem mit einem Webbrowser und ein Computersystem mit einem Webserver typische Computerknoten.

Cookie
Ein Cookie ist ein kleines Stück Textinformation, das browserspezifisch auf der Clientseite abgespeichert wird. Im Wesentlichen ist ein Cookie ein Name-Wert-Paar. Neben Namen und Wert eines Cookies werden aber noch zusätzliche Verwaltungsinformationen wie z. B. Ende der Lebensdauer eines Cookies abgespeichert. Ein Cookie ist einer URL ohne Dateinamen zugeordnet. Meist wird das Setzen eines Cookies von der Serverseite initiiert. Es gibt aber auch die Möglichkeit, auf der Clientseite, z. B. durch JavaScript, Cookies zu setzen. Cookies dienen hauptsächlich zur Clientidentifikation und zur Sitzungsverfolgung.

CSS *(Cascading Style Sheets)*
Stylesheet-Sprache, die festlegt, wie Elemente in einem strukturiertem Dokument dargestellt werden. CSS wird vor allen in HTML-, XHTML- und XML-Dokumenten eingesetzt. Es ist möglich, die Darstellung an das spezifische Ausgabemedium anzupassen.

Custom Tag
Neue JSP-Anweisung als Markup-Element, die durch den Programmierer von JSP-Seiten selbst definiert und implementiert wird. Die Implementierung der Funktionalität erfolgt als Java-Klasse oder alternativ als JSP-Seite. Die Verwendung der Funktionalität geschieht über ein Markup-Element, dessen Name auch vom Programmierer festgelegt wird.

Datenpaket
Eine Portion von Daten, meist fester Länge und bestehend aus Steuerdaten für

den Pakettransport und Anwendungsdaten. Die Nutzdaten, z. B. eine Datei, werden durch Aufteilung in Datenpakete im Netzwerk übertragen.

Debugger *(debugger)*
Software-Werkzeug, das das →Debugging unterstützt. Ein Debugger durchläuft ein Programm Zeile für Zeile oder läuft bis zu einem festgesetzten Haltepunkt. So besteht die Möglichkeit, alle Werte der Variablen eines Programms zu überprüfen und u. U. neu zu setzen. Durch eine sorgfältige Analyse des Programmflusses zur Laufzeit lassen sich so Fehler finden und lokalisieren.

Debugging *(debugging)*
Während und nach der Erstellung von Programmen müssen mögliche Fehler erkannt, lokalisiert und entfernt werden. Den Prozess der Fehlerverfolgung und Fehlerbeseitigung bezeichnet man als Debugging, abgeleitet aus dem Englischen *bug* (Wanze). Im übertragenen Sinn steht *debug* für das Beseitigen von Wanzen/Fehlern. Zur Unterstützung des Debugging gibt es spezielle Software-Werkzeuge – Debugger genannt. (Syn.: entwanzen)

Deployment
Im Kontext von JSP und Servlets die Vorgehensweise, um eine fertiggestellte Web-Anwendung beim Web-Server produktiv zu stellen, so dass über den Webserver auf die Web-Anwendung zugegriffen werden kann.

DNS *(domain name server, domain name system)*
1 *Domain Name Server:* Spezieller Server im Internet, der zu Domain-Namen anhand von Tabellen die zugehörige IP-Adresse ermittelt. Kurz auch Nameserver genannt.
2 *Domain Name System:* Verteilte Datenbank im Internet, die in der Lage ist, die IP-Adresse zu einem → DNS-Namen zu ermitteln.

DNS-Name *(DNS name)*
Namen eines Computerknotens im → DNS. Wird auch Hostname genannt.

Dokumententyp
Vorlage für die Struktur eines XML-Dokuments. Der Dokumententyp wird über die Dokumententypdeklaration mit Hilfe des Schlüsselworts DOCTYPE im XML-Dokument angegeben. Die Definition der Strukturen, die DTD, erfolgt über eine spezielle Sprache. Alternativ kann der Dokumententyp auch über Namensräume angegeben werden, wenn der Dokumententyp als XML-Schema definiert ist.

Domänenname
Bezeichnet einen Namensbereich im → DNS-System, der einem Besitzer zugeordnet ist. Mit Hilfe des Domänennamens können im Internet verwendbare, eindeutige Hostnamen gebildet werden. Z.B. kann der Domänenname w3l.de benutzt werden, um die Hostnamen www.w3l.de und intern.w3l.de zu bilden.

EL *(Expression Language)*
Teiltechnik von JSP. Spezielle Sprache zur Formulierung von Ausdrücken (im Sinne eines Terms) in einer JSP-Seite. Die EL wurde in Anlehnung an ECMAScript und XPath entwickelt. EL-Ausdrücke können in vielen Fällen JSP-Skriptlets ersetzen.

EL-Syntaxanweisung
JSP-Anweisung in Form eines Ausdrucks, der in ${ und } eingeschlossen ist, z. B. ${a>b}.

Entwurfsphase *(design phase)*
Umfasst alle Tätigkeiten, um für ein (Software-)Produkt, das durch eine Produktspezifikation (z. B. Lastenheft, Pflichtenheft) beschrieben ist, einen (Software-)Produkt-Entwurf zu erstellen.

Ergebnis der JSP-Seite
Das Verarbeitungsergebnis einer JSP-Seite im Webserver, das entsteht, nachdem alle JSP-Anweisungen durch die Teilergebnisse, die von ihnen erzeugt werden, ersetzt sind.

Formularfeld
Feld eines → Formulars, um Informationen zu erfassen.

Formularparameter
→ Request-Parameter, dessen Wert aus einem Formularfeld stammt.

Framework
Ein Framework – zu Deutsch Rahmenwerk – unterstützt einen Entwickler bei der Applikationsentwicklung. Hier ist der grobe Aufbau der Applikation (also der Rahmen) meist bereits durch das Framework vorgegeben. Lösungen zu bestimmte Aufgabenstellungen, die in vielen Anwendungen benötigt werden, sind schon fertig implementiert. Frameworks berücksichtigen in der Regel Entwurfsmuster. Bekannte Frameworks im Web-Umfeld sind Struts und Spring. Für Enterprise-Applikationen ist EJB ein oft verwendetes Framework.

Getter
get-Methode einer → JavaBean, die einer speziellen Namenskonvention gehorcht und dadurch zu einer → Property einer JavaBean gehört.

Glossar *(glossary)*
Definiert und erläutert Begriffe, um eine einheitliche Terminologie sicherzustellen.

Gültigkeitsbereich *(scope)*
Definiert die Lebensdauer und Sichtbarkeit eines Objekts.

Hochladen *(upload)*
Transport einer Datei vom Webbrowser zum Webserver mit dem Ziel, die Datei auf der Serverseite abzuspeichern.

Hostname
Name eines Computersystems. Siehe → DNS-Name.

HTML *(HyperText Markup Language)*
Auszeichnungssprache zur Darstellung von Inhalten wie Texten, Bildern und Hyperlinks in Dokumenten. HTML wurde vom W3C standardisiert und wird vom W3C weiterentwickelt.

HTML-Dokument *(HTML document)*
Besteht aus Text und HTML-Elementen. Dateiendung .html bzw. htm (siehe auch: HTML).

HTTP-Client
Komponente in einem Netzwerk, welche einen →HTTP-Request sendet, meist ein Webbrowser.

HTTP-Protokoll
(Hypertext Transfer Protocol) Dient im Internet zur Übermittlung der Anfragen vom Browser zum Webserver und der Antworten vom Webserver zum Browser. Durch die IEFT standardisiertes Protokoll. Version 1.1 spezifiziert in RFC 2616.

HTTP-Request
Nachrichtenart beim →HTTP-Protokoll. Anfrage, die mit den Mitteln des HTTP-Protokolls formuliert ist. Typischerweise die Anforderung einer Webseite.

HTTP-Response
Nachrichtenart beim →HTTP-Protokoll. Antwort als Reaktion auf eine →HTTP-Request-Nachricht.

HTTP-Server
Komponente in einem Netzwerk, welche eine →HTTP-Response sendet, meist ein Webserver.

HTTP-URL
→URL, der das Schema http verwendet. Dies sind spezielle URLs, die im Zusammenhang mit dem →HTTP-Protokoll verwendet werden.

Hyperlink *(hyperlink)*
Verweis auf eine andere Webseite oder eine Position innerhalb einer Webseite durch eine URL. Diese Verweise sind meist hervorgehoben, z. B. durch Unterstreichung. Klickt der Benutzer mit der Maus auf einen solchen Verweis, dann wird die entsprechende Stelle oder Webseite im Browser dargestellt. (Syn.: Link)

IANA *(Internet Assigned Numbers Authority)*
Organisation, welche das Verfahren für die eindeutige Vergabe von IP-Adressen, Domänennamen, IP-Protokollnummern und standardisierten Portnummern regelt. Arbeitet mit → ICANN zusammen.

ICANN *(Internet Corporation for Assigned Names and Numbers)*
Koordiniert technische Aspekte des Internets, z. B. Domänennamen und IP-Adressen. Arbeitet mit → IANA zusammen.

IETF *(Internet Engineering Task Force)*
Organisation, welche die Standardisierung im Internet vorantreibt.

Implementierungsphase *(implementation phase)*
Umfasst alle Tätigkeiten, um im Produkt-Entwurf spezifizierte Systemkomponenten durch Programme zu realisieren.

Implizites Objekt *(implicit object)*
Objekt, das der JSP-Server zur Verfügung stellt und in jeder JSP-Seite ohne Deklaration benutzt werden kann. Es gibt solche Objekte für →JSP-Skripting und für →EL.

IP-Adresse
Eindeutige Adresse eines Netzwerkanschlusses eines Computersystems im Internet. Hat das Computersystem nur einen Netzwerkanschluss, so spricht man meist von der Adresse des Computersystems im Internet. In der Version IPv4 besteht eine Adresse aus vier durch Punkte getrennte Zahlen aus dem Bereich 0..255. Ein Beispiel für eine IP-Adresse ist 192.168.2.1.

IP-Protokoll *(Internet Protocol)*
Standardisiertes Übertragungsprotokoll für Daten zwischen Computersystemen, auf welchem das Internet basiert.

Java
Eine der am meisten eingesetzten objektorientierten Programmiersprachen, 1990 von der Firma Sun Microsystems entwickelt.

Java EE *(Java Enterprise Edition)*
Spezifikation der Firma Oracle und beteiligter Interessengruppen, die die Entwicklungsarchitektur für verteilte Enterprise-Anwendungen konzipiert. Die Java EE-Spezifikation beschreibt verschiedene Standards und Dienste, die im Rahmen der Architektur verwendet werden. Die wichtigsten sind Server- und Containerdienste für die Verwaltung von Komponentenmodulen, den *Enterprise JavaBeans* (EJB).

Java-Applet *(Java applet)*
Programm, geschrieben in der Programmiersprache Java, das in einem Webbrowser abläuft. Webbrowser benötigt in der Regel eine Zusatzkomponente, damit ein Java-Programm ausgeführt werden kann.

JavaBean *(JavaBean)*
Eine JavaBean ist eine Java-Klasse, die zusätzlich eine Reihe von Anforderungen erfüllen muss. Zu den Mindestanforderungen gehört ein parameterloser Konstruktor. Im Abhängigkeit vom Anwendungskontext muss sie über entsprechende get- und set-Methoden zum Zugriff auf ihre Properties verfügen.

JavaScript *(JavaScript)*
Am meisten verbreitete Skriptsprache zur Verknüpfung von Programmcode mit HTML-Dokumenten. JavaScript wird im Browser ausgeführt. Sie ermöglicht es, Webseiten dynamisch zu verändern.

JSP *(JavaServer Pages)*
Technik, die zur dynamischen Erzeugung von Webseiten dient. JSPs ermöglichen es, statische Inhalte mit Java-Code und speziellen JSP-Elementen zu mischen. Eine JSP wird von einem JSP-Server in ein Servlet übersetzt und anschließend ausgeführt.

JSP-Anweisung
Sprachkonstrukt bzw. Befehl der Programmiersprache JSP.

JSP-Anwendung
→Web-Anwendung, die mit JSP programmiert ist. Es zählen dabei alle JSP-Seiten und alle Hilfsdateien wie Java-Klassen, Bilder, CSS-Dateien etc. zu dieser Web-Anwendung.

JSP-Ausdruck *(JSP-Expression)*
JSP-Skriptelement zur Erzeugung einer Ausgabe in das Ergebnisdokument einer JSP-Seite.

JSP-Compiler
Programm, welches aus einer JSP-Seite den Quellcode der zugehörigen Java-Klasse erzeugt. Das Programm läuft in der Regel als eine Komponente der JSP-Engine.

JSP-Datei
Datei, in welcher der Programmcode einer JSP-Seite abgelegt ist.

JSP-Deklaration *(JSP-Declaration)*
JSP-Skriptelement, mit dem in der Java-Klasse zur JSP-Seite Attribute und Methoden eingefügt werden können.

JSP-Direktive
JSP-Anweisung, die den Übersetzungsvorgang der JSP-Seite in eine Java-Klasse steuert.

JSP-Dokument *(JSP document)*
JSP-Seite, die JSP-Elemente enthält, die ausschließlich in der XML-Syntax angegeben sind. Jedes JSP-Dokument muss →wohlgeformt sein. Als Dateierweiterung sollte .jspx verwendet werden.

JSP-Engine
Der Teil eines Webservers, der die JSP-Seiten verarbeitet.

JSP-Klasse
Java-Klasse, die aus einer JSP-Seite von der JSP-Engine generiert wird. Diese Klasse ist insbesondere auch ein Servlet.

JSP-Kommentar
JSP-Skriptelement zur Kommentierung einer JSP-Seite. Wird bei der Verarbeitung der JSP-Seite entfernt.

JSP-Seite
Eine HTML-Seite, in die JSP-Anweisungen eingestreut sind.

JSP-Server
Ein Webserver, der JSP-Seiten verarbeiten kann.

JSP-Skriptelement
JSP-Anweisung, mit dem Java-Programmcode, in eine JSP eingefügt werden kann. Laut Spezifikation kann der Programmcode auch in einer anderen Programmiersprache als Java geschrieben sein. Dies ist jedoch in der Praxis nicht anzutreffen. → JSP-Ausdruck, → JSP-Deklaration, → JSP-Skriptlet.

JSP-Skripting
Der Einsatz von → JSP-Skriptelementen.

JSP-Skriptlet *(scriptlet)*
JSP-Skriptelement, mit dem Java-Programmcode in eine JSP eingefügt werden kann. Kann lokale Variablendeklarationen enthalten und ermöglicht den Zugriff auf JSP-Deklarationen der aktuellen JSP. (Syn.: JSP-Skriptlet)

JSTL *((JavaServer Pages Standard Tag Library)*
Tag-Bibliothek für JSP-Seiten, die eine Sammlung von Funktionalitäten zur Verfügung stellt, die in JSPs häufig benötigt werden. Die Funktionalitäten müssten sonst mit JSP-Skripting programmiert werden. Durch die Möglichkeit, eine Funktionalität als Markup-Element (gekennzeichnet durch Starttag und Endtag) abzurufen, vereinfacht sich das Erstellen einer JSP-Seite wesentlich.

Klasse *(class)*
Definiert für eine Kollektion von Objekten deren Struktur (Attribute), Verhalten (Operationen, Methoden) und Beziehungen (Assoziationen, Vererbungsstrukturen). Aus Klassen können – mit Ausnahme von abstrakten Klassen – neue Objekte erzeugt werden. Der Klassenname muss mindestens im Paket, besser im gesamten System eindeutig sein.

Klassendiagramm *(class diagram)*
Stellt die objektorientierten Konzepte Klasse, Attribute, Operationen und Beziehungen (Vererbung, Assoziation) zwischen Klassen in grafischer Form dar (UML). Zusätzlich können Pakete modelliert werden.

Kontext
Im Zusammenhang mit JSP ein Gültigkeitsbereich für die Ablage, Lebensdauer und Sichtbarkeit von Objekten. Zu einem Kontext gibt es ein korrespondierendes Objekt, welches den Kontext repräsentiert und Zugang zu ihm bietet. Es gibt die Kontexte *Application*, *Session*, *Request* und *Page*.

Laufzeitfehler *(runtime error)*
Fehler der während der Abarbeitung eines Programms auftritt. Im Unterschied dazu gibt es während der Entwicklung eines Programms andere Fehler z. B. Übersetzungsfehler.

MIME-Typ
MIME-Typ oder Inhaltstyp. Notation zur Angabe eines Datenformats. Ursprünglich wurde diese Notation benutzt, um das Format von Anhängen in E-Mails anzuzeigen. Heute im Internet generell für die Angabe des Datenformats in Verwendung. Beispiele: text/html, image/jpg.

Name-Wert-Paar
Ein Zweitupel von Informationen, bei dem das erste Element einen Namen und das zweite Element einen Wert darstellt.

Nebenläufigkeit *(concurrency)*
Parallele Ausführung von Programmcode ohne kausalen Zusammenhang. Nebenläufigkeit ist bei der parallelen Ausführung von Prozessen und Threads gegeben.

Nebenläufigkeitsproblem
Gefahr für eine Fehlersituation, die nur bei gleichzeitiger und konkurrierender Ausführung von Programmcode entstehen kann.

Objektorientierte Programmiersprache *(object-oriented programming language)*
Problemorientierte Programmiersprache, die die Konzepte der Objektorientierung wie Klassen, Objekte und Vererbung unterstützt. Beispiele für objektorientierte Programmiersprachen sind Smalltalk-80 (die erste objektorientierte Sprache), Eiffel, Java und C#. (Abk.: OOPL)

Objektorientierter Entwurf *(object oriented design)*
Erweitert, modifiziert und optimiert ein →OOA-Modell unter technischen Gesichtspunkten, so dass anschließend eine Implementierung des →OOD-Modells möglich ist. (Abk.: OOD, ood)

OOA *(object oriented analysis)*
(Objektorientierte Analyse) Kurzform für Objektorientierte Analyse.

OOD *(ood)*
→objektorientierter Entwurf

Paket *(package)*
In Java können Klassen zu Paketen zusammengefasst und in einem Ordner abgelegt werden. Das Paket bildet einen Namensraum für die darin enthaltenen Kassen. Ein Paket kann selbst Pakete enthalten.

Pflichtenheft *(requirements specification, detailed specification)*
Anforderungsdokument, das die Anforderungen an ein neues Produkt aus Auftraggeber- und Auftragnehmer-Sicht festlegt. Oft eine Detaillierung eines Lastenheftes. Meist nur verbal beschrieben.

Phase *(phase)*
Zusammenfassung von Aktivitäten in einem Projekt nach zeitlichen, begrifflichen, technischen und/oder organisatorischen Kriterien.

Programmierrichtlinie
Programmierrichtlinien sind Vorgaben für die Art und Weise, wie die Sprachmittel einer Programmiersprache in Programmen eingesetzt werden. Zu diesen Vorgaben zählen z. B. die Wahl von Namen (Groß- und Kleinschreibung von Variablen- und Methodennamen), die Benennung von Dateien oder die Platzierung von öffnenden Klammern (Zeilenende oder Zeilenanfang) bei if-Anweisungen.

Property
Im Zusammenhang mit → JavaBeans eine Eigenschaft, die über get- und set-Methoden zugänglich ist. Die Zuordnung der Methoden zu den Properties ist über eine Namenskonvention definiert.

Prozess *(process)*
Logische Ausführungseinheit zur Abarbeitung eines Programms auf einem Computersystem. Zur Ausführungseinheit gehören der Programmcode und ein eigener Datensatz der aktuellen Programmausführung. Durch Anwendung dieses Konzepts können mehrere verschiedene Programme parallel abgear-

beitet werden und dasselbe Programm mehrfach gleichzeitig ausgeführt werden. Dadurch ergibt sich eine bessere Nutzung der zur Verfügung stehenden Ressourcen.

Race Condition
(deutsch: Wettlaufsituation) Fehler, die beim konkurrierenden Zugriff von Prozessen oder Threads auf gemeinsame Ressourcen dadurch entstehen, dass das Berechnungsergebnis von der zeitlichen Reihenfolge der verzahnten Abarbeitung der einzelnen Anweisungen aus den Prozessen und Threads abhängt.

Request-Parameter
Parameter, der mit einer Anfrage gesendet wird. Im Zusammenhang mit Web-Anwendungen ein Name-Wert-Paar, das mit einem → HTTP-Request geschickt wird.

Review *(review)*
Manuelle Prüfmethode mit mehr oder weniger festgelegtem Ablauf, die nach einer individuellen Vorbereitung der Gutachter in einer Teamsitzung Stärken und Schwächen eines schriftlichen Prüfobjekts identifiziert (→Walkthrough und →Inspektion).

RFC *(Request For Comments)*
Reihe von technischen und organisatorischen Dokumenten zum Internet. RFC-Beschreibungen werden meist zum allgemeinen Standard. RFC werden von der Organisation IETF verwaltet.

Rolle *(role)*
Beschreibt die notwendigen Erfahrungen, Kenntnisse und Fähigkeiten, über die ein Mitarbeiter verfügen muss, um eine bestimmte Aktivität bzw. Aufgabe durchzuführen.

Schablonentext
Die Teile einer JSP-Seite, die keine JSP-Anweisungen sind, also die HTML-Elemente und einfacher Text. Diese Teile werden einfach ins Ergebnis der JSP-Seite übernommen.

serverseitige Webtechnik
Techniken, die auf einem Webserver zum Einsatz kommen. Z.B. Programmiersprachen, mit denen Web-Programme, die auf dem Webserver ausgeführt werden, erstellt sind.

Servlet
Java-Klasse, welche ein besonderes Interface unterstützt, das in der Laufzeitumgebung (meist Webserver) zur Anbindung an die externen Anfragen und die externen Antworten benötigt wird.

Setter
set-Methode einer → JavaBean, die einer speziellen Namenskonvention gehorcht und dadurch zu einer → Property einer JavaBean gehört.

Sitzung *(Session)*
Menge der zusammenhängenden Aktionen eines logischen Vorgangs, z.B. alle Aktionen vom Start eines Textverarbeitungsprogramms bis zum Beenden des Programms. Im WWW sind benutzerspezifische Sitzungen relevant. Da eine Web-Anwendung viele Benutzer gleichzeitig bedienen muss, muss erkannt werden, welche Aktion von welchem Benutzer kommt, damit sie zum richtigen Vorgang zugeordnet werden kann. Z.B. sind die Aktionen »Ware in den Warenkorb legen« und »Warenkorb bezahlen« zwei Aktionen eines einzigen logischen Vorgangs, nämlich eines Kaufvorgangs, wenn Sie vom gleichen Benutzer kommen. Zu einer Sitzung muss in der Regel ein Sitzungszustand verwaltet werden.

Sitzungsverfolgung *(session tracking)*
Pflegen des Sitzungszustandes. d. h. Pflegen der für die Anwendung wichtigen, fachlichen Daten eines Benutzers.

Sitzungsverwaltung *(session management)*
Erzeugen und Löschen von Sitzungen; Abfragen und Setzen von Time-out-Werten; Abfragen von Verwaltungswerten wie Sitzungsidentifikation (Session-ID) etc.

Softwarearchitektur *(software architecture)*
Strukturierte oder hierarchische Anordnung der Systemkomponenten sowie Beschreibung ihrer Beziehungen.

Spezifikationsphase *(requirements specification phase)*
Umfasst alle Tätigkeiten, um die Anforderungen *(requirements)* an ein neues Produkt aus Auftraggebersicht zu beschreiben und eine fachliche Lösung zu modellieren. (Syn.: Definitionsphase, Requirements Engineering)

Standardaktion *(action)*
JSP-Anweisung, die nur eine Syntax als XML-Tags besitzt, z. B. `<jsp:include page="headerPage.jsp" />`

Standardsyntax
Im Kontext von JSP spricht man von einer JSP-Seite in Standardsyntax, wenn sie JSP-Anweisungen, enthält, die in Standardsyntax geschrieben sind. Für die JSP-Anweisungen der Kategorien JSP-Skriptelemente und JSP-Direktiven gibt es zwei Schreibweisen: Die Schreibweise in Standardsyntax (die historisch erste Syntaxform) und die Schreibweise als XML-Element.

Standardsyntaxanweisung
JSP-Anweisung, die durch die begrenzenden Markierungen <% und %> gekennzeichnet ist, z. B. `<%=person.alter %>`

Synchronisation
Zwangssequentialisierung der Abarbeitung von (kleinen) Codestücken bei parallelen Prozessen oder Threads.

Tag File
Realisierungsform eines Custom Tag als JSP-Seite.

Tag-Bibliothek
Zusammenfassung von neuen Markup-Elementen, die über einen gemeinsamen Präfix in einer JSP-Seite verwendet werden können. Die neuen Elemente erweitern den Sprachumfang von JSP. Anwendungsspezifische Markup-Elemente heißen Custom Tags. Eine standardisierte Tag-Bibliothek ist JSTL.

TCP *(Transport Control Protocol)*
Internet-Protokoll der Transportschicht oberhalb von IP, das – im Gegensatz zu → UDP – einen verbindungsorientierten und zuverlässigen Transport von Datenpaketen sicherstellt.

Thread *(thread)*
Logische Ausführungseinheit innerhalb eines Prozesses. Dient zur parallelen Ausführung von Code innerhalb eines Prozesses. Alle Threads eines Programms haben Zugriff auf die globalen Daten des Programms, was den Datenaustausch zwischen den Threads sehr erleichtert. Jeder Thread hat zusätzlich einen eigenen Datensatz.

UDP *(user datagramm protocol)*
Internet-Protokoll der Transportschicht oberhalb von IP, das im Gegensatz zu → TCP auf eine Erfolgsrückmeldung verzichtet und für einen sogenannten verbindungslosen Transport der Daten sorgt. Es entsteht keine zweiseitige Verbindung zwischen Sender und Empfänger. Es funktioniert eher wie eine

Postwurfsendung. Kann daher auch für Live-Übertragungen per Multicast eingesetzt werden, da es Bandbreite schont.

URI *(uniform ressource identifier)*
Name zur eindeutigen Identifizierung von Ressourcen. Syntaktische Struktur des Namens standardisiert durch →IETF in RFC 3986. Spezielle URIs sind → URLs zur Adressierung von Webseiten im Web.

URL *(uniform ressource locator)*
Im Web verwendete standardisierte Darstellung von Internetadressen. Eine URL enthält das verwendete Zugriffsprotokoll (z. B. HTTP) und den Ort der Ressource. Aufbau: `protokoll://domain-Name/Dokumentpfad`. URLs sind eine Unterart der allgemeineren URIs *(Uniform Ressource Identifier)*. (Syn.: Adresse, Web-Adresse)

URL-Kodierung
Abbildung von Zeichen, deren Zeichencodes im Bereich 128..255 liegt, in Kombinationen des Zeichens % und zwei weiterer Zeichen aus dem →ASCII-Zeichensatz. Z.B. wird der Umlaut ä aus der Kodierung ISO-8859–1 mit Zeichencode 228 in %E4 abgebildet. Ziel ist, alle Zeichen eindeutig mit Zeichen aus dem ASCII-Zeichensatz darzustellen. Dies ist z. B. für die Übertragung von URLs im HTTP-Protokoll notwendig, weil dort nur die ASCII-Zeichen erlaubt sind. Ein Webbrowser wandelt z. B. eine URL in seine URL-Kodierung und versendet in der HTTP-Nachricht die URL-kodierte Form des URLs. Im Webserver wird die URL-Kodierung dann rückgängig gemacht.

URL-Mapping
Abbildung von öffentlich bekannten Namen auf interne Namen. Der Zugriff erfolgt über die öffentlichen Namen. Die Verarbeitung erfolgt anhand der internen Namen.

URN *(uniform resource name)*
Name nach dem →URI-Standard, dem im Allgemeinen keine physikalische Ressource, wie z. B. eine Datei oder Gerät, zugeordnet ist. Ein typischer URN ist der Name eines Namensraums bei XML.

W3C *(World Wide Web Consortium)*
Organisation, welche die Standardisierung im Web vorantreibt.

Walkthrough *(walkthrough)*
Manuelle, informale Prüfmethode, die in einer Teamsitzung Defekte und Probleme eines schriftlichen Prüfobjekts identifiziert (→Review, →Inspektion).

Web-Anwendung *(web application)*
Programm, das auf einem Webserver ausgeführt wird. Die Kommunikation mit dem Benutzer erfolgt über den Browser. Browser und Server sind durch ein Netzwerk miteinander verbunden, z. B. das Internet oder das Intranet. (Syn.: Web-Applikation)

Web-Archiv *(WAR file)*
WAR-Datei. Typ einer JAR-Datei (Java-Archivdatei), die für →JSP- und →Servlet-Anwendungen verwendet wird. Dateiendung: .war. Eine WAR-Datei *(Web Application ARchive)* repräsentiert eine gesamte Web-Anwendung und wird in einen JSP- bzw. Servlet-Server installiert.

Webclient *(web client)*
Programme, die auf einem Client laufen und lesend sowie schreibend auf das Web zugreifen. Beispiele für solche Programme sind Webbrowser und Suchroboter.

Webseite *(web page)*
Seite, die in einem Browser angezeigt wird. In der Regel handelt es sich um ein HTML-Dokument, das Texte, Medien (Bilder, Video, Audio), Hyperlinks und Programme enthalten kann. Bestandteil einer Website.

Webserver *(web server)*
Server, der Informationen für das Web zur Verfügung stellt. Dies können sowohl statische Seiten (z. B. HTML-Dokumente) als auch dynamisch erzeugte Seiten sein.

Website *(website)*
Online-Angebot eines Anbieters (Privatperson, Organisation, Unternehmen), das unter einer URL erreichbar ist. Eine Website besteht in der Regel aus mehreren Webseiten, die über Hyperlinks untereinander verknüpft sind. Die einzelnen Webseiten müssen sich dabei nicht zwangsläufig auf nur einem Server befinden.

Wohlgeformtes XML-Dokument *(wellformed XML document)*
XML-Dokument, das alle Syntaxvorschriften der XML-Spezifikation des W3C erfüllt.

XHTML *(Extensible HyperText Markup Language)*
Auszeichnungssprache zur Darstellung von Inhalten wie Texten, Bildern und Hyperlinks in Dokumenten. XHTML ist eine Neuformulierung von HTML 4 in XML-Syntax.

XHTML-Dokument *(XHTML document)*
Besteht aus Text und XHTML-Elementen. Dateiendung .html bzw. htm (siehe auch XHTML).

XML-Syntax
Im Kontext von JSP spricht man von einer JSP-Seite in XML-Syntax, wenn alle JSP-Anweisungen (außer EL) als XML-Elemente geschrieben sind und die JSP-Seite ein wohlgeformtes XML-Dokuemnt ist. Eine solche JSP-Seite heißt JSP-Dokument.

Literatur

[ACM01]
  Alur, Deepak; Cupi, John; Malks, Dan; *core J2EE Patterns – Best Practices and Design Strategies*, Upper Saddle River, Prentice Hall PTR, 2001.

[Balz03]
  Balzert, Heide; *Webdesign & Web-Ergonomie – Websites professionell gestalten*, Herdecke, Dortmund, W3L-Verlag, 2003.

[Balz04]
  Balzert, Helmut; *Lehrbuch Grundlagen der Informatik – Konzepte und Notationen in UML, Java und C++, Algorithmik und Software-Technik, Anwendungen*, 2. Auflage, Heidelberg, Spektrum Akademischer Verlag, 2004.

[Balz07]
  Balzert, Heide; *Basiswissen Web-Programmierung – XHTML, CSS, JavaScript, XML, PHP, JSP, ASP.NET, Ajax*, 1. Auflage, Herdecke, Witten, W3L GmbH, 2007.

[Balz98]
  Balzert, Helmut; *Lehrbuch der Software-Technik – Software-Management, Software-Qualitätssicherung, Unternehmensmodellierung*, Heidelberg, Spektrum Akademischer Verlag, 1988.

[BDJ+05]
  Brown, Simon; Dalton, Sam; Jepp, Daniel; Johnson, Dave; Li Sing; Matt. Raible; *Pro JSP 2*, 4. Auflage, Berkeley, APRESS, Inc., 2005.

[GHJ+96]
  Gamma, Erich; Helm, Richard; Johnson, Ralph; Vlissides, John; *Entwurfsmuster, Elemente wiederverwendbarer objektorientierter Software*, 1, Addison Wesley, 1996.

[JBC+07]
  Jendock, Eric; Ball, Jennifer; Carson, Debbie; Evans, Ian; Scott, Fordin; Hasse, Kim; *The Java EE 5 Tutorial, For Sun Java System Application Server 9.1, Part II The Web Tier*, Santa Clara, Sun microsystems, 2007, http://java.sun.com/javaee/5/docs/tutorial/doc/.

[Kras88]
  Krasner, Glenn; Pope, Stephen; *A Cookbook for Using the Model-View-Controller User Interface Paradigm in Smalltalk-80*, in: Journal Of Object Oriented Programming (JOOP), August/September 1988, 1988.

[KrBa11]
  Krüger, Sandra; Balzert, Helmut; *HTML5, XHTML & CSS – Websites systematisch und barrierefrei entwickeln, 2. Auflage*, 2. Auflage, Herdecke, Witten, W3L-Verlag, 2011.

[RFC 1945]
  Berners-Lee, T et. al; *Hypertext Transfer Protocol -- HTTP/1.0*, Fremont, California, IETF (The Internet Engineering Task Force), 1996, http://tools.ietf.org/html/rfc1945.

[RFC 2109]
  Kristol D.Montulli L.; Fielding, R.; Masinter, L.; *HTTP State Management Mechanism* , Fremont, California, IETF (The Internet Engineering Task Force), 1997, http://tools.ietf.org/html/rfc2109.

[RFC 2616]
  Berners-Lee, T et. al; *Hypertext Transfer Protocol -- HTTP/1.1*, Fremont, California, IETF (The Internet Engineering Task Force), 1999, http://tools.ietf.org/html/rfc2616.

[RFC 2965]

Kristol, D.; Montulli, L.; *HTTP State Management Mechanism*, Fremont, California, IETF (The Internet Engineering Task Force), 2000, http://datatracker.ietf.org/doc/rfc2965/.
Spezifiakation der Cookies.

[RFC 3986]

Berners-Lee, Tim; Fielding, R.; Masinter, L.; *Uniform Resource Identifier (URI): Generic Syntax*, Fremont, California, IETF (The Internet Engineering Task Force), 2005, http://tools.ietf.org/html/rfc3986.

[RFC 6265]

Barth, A.; *HTTP State Management Mechanism*, Berkeley, California, IETF (The Internet Engineering Task Force), 2011, http://datatracker.ietf.org/doc/rfc6265/.
Spezifikation der Cookies.

[Urba10]

Urbanek, Marcel; *JavaServer Faces – JSF verstehen und praktisch einsetzen*, W3L-Verlag, 2010.

[Weße05]

Weßendorf, Matthias; *Struts – Websites effizient entwickeln*, 2. Auflage, Herdecke, Bochum, W3L GmbH, 2005.

Sachindex

Ressource
  konkurrierender Zugriff 242
Review **114**
RFC **40**, 44
  1867 181
  1945 45
  2109 188
  2616 45
  2965 188
  3986 40
Rolle **281**

S

Schablonentext **8**, 19, **53**, **397**, 406
Schema 41
Schichten-Modell 257
Schlüsselwort
  EL 411
scope 87
scripting-invalid 166
Segment 41
seitenzentrierte Architektur 260
Serialisierung 169
Server 257
serverseitige Webtechnik **6**
Serversitzung 212
service
  Servlet 98
Service-to-Worker-Muster 274
  Fallstudie 287
Servlet **93**, **101**
  Aufruf 100
Servlet-API
  Cookie 187, 193
servlet-class 162
Servlet-Klasse 96, 109
servlet-name 162
Servlet-Objekt
  Lebenszyklus 238
Servlet-Version 159
ServletContext 135
session
  Implizites Objekt 134
  page Direktive 62
Session-Cookie 210, 231
Session-ID 205, 208, 212
Session-Objekt 151
session-timeout 166
set
  JSTL 427
setProperty 175
  Standardaktion 88
Setter **29**, **169**, 170
Shale 439
Sicherheit
  Fallstudie 386

Web-Anwendung 439
Simple Tag 429, 437
Sitzung 63, **133**, **205**, **206**
  benutzerspezifisch 207
  Ende 209, 212
  Start 209, 212
Sitzungsidentifikator 205, 208, 212
Sitzungsobjekt 134, 212, 216
Sitzungsteilnahme 229
Sitzungsverfolgung 193, **205**, **215**
Sitzungsverwaltung **205**, **212**
Skriptlet 126
SMTP 38
Software-Architektur 281
Software-Ergonom 295
Softwarearchitektur **287**
Spezifikationsphase **281**
sql
  Präfix 420
SQL-Injection 387, 439
Standardaktion **54**, **68**, **114**, **393**, 394
  element 89
  fallback 85
  forward 74, 79, 80
  getProperty 88
  include 56, 70, 79, 80
  output 401, 404
  param 80, 85
  params 82, 85
  plugin 82, 83
  root 400, 402
  setProperty 88
  text 406
  useBean 86, 153
Standardprotokolldatei 126
Standardsyntax **12**, **393**, **394**, **398**, 406
Standardsyntaxanweisung **54**, **393**, 394, 397
Startseite 160
  Fallstudie 296
Status-Code 48
Status-Zeile 48
Strukturierung 26, 30
Struts 263, 438
Synchronisation **247**, **249**, 292
synchronized 250
syntaktische Gruppen 54, 392
Syntax
  EL 411
Syntaxfehler 113
Systemanalytiker 282